W0192140

Buch

Die Kenntnis des jüdischen Glaubens und Lebens ist heute nicht nur bei Nichtjuden weitgehend verschüttet. Kaum jemand weiß noch Bescheid über die jüdische Symbolik, die Sabbatvorschriften und die Hohen Feiertage, über die Synagogen und die Gebete, über die Vorschriften hinsichtlich koscherer Ernährung und hinsichtlich der Bekleidung, über die jüdische Einstellung zu Liebe, Ehe und Sexualität und über vieles andere mehr.

Der weltbekannte Erfolgsautor Herman Wouk gibt in seinem Buch *Das ist mein Gott* auf fesselnde, klare und humorvolle Weise Aufschluß über alle diese Dinge. Und er zeigt eindrucksvoll, daß das Judentum immer noch eine der reichsten, vielschichtigsten und faszinierendsten Kulturen der Menschheit darstellt. Dabei ist Wouks Werk weit mehr als ein ebenso lehrreiches wie vergnügliches Sachbuch. Es ist auch ein literarisches und persönliches Dokument eines großen Autors und ein Werk, das den Leser auf eine unvergeßliche Reise in eine ebenso fremde wie einzigartige Welt entführt.

»Ein wertvolles, unersetzliches Buch, geschrieben in Demut, weise, still bewegend und außerdem auch unterhaltend...«
(Chicago Tribune)

Autor

Herman Wouk, als Sohn eines russischen Emigranten 1915 in New York geboren, schrieb nach dem Studium an der Columbia-University zunächst für den Rundfunk. Als junger Seeoffizier begann er in den langen Gefechtspausen auf dem pazifischen Kriegsschauplatz seine schriftstellerische Laufbahn mit dem satirischen Roman *Aurora schaumgeboren*. Weltbekannt wurde er durch Romane wie *Die Caine war ihr Schicksal* (mit Humphrey Bogart verfilmt) oder *Feuersturm*.

*Außer dem vorliegenden Band sind von Herman Wouk
als Goldmann-Taschenbücher lieferbar:*

Marjorie Morningstar (6787)
City Boy (6715)
Feuersturm (8538)
Das Land im Mond (23439)
Aurora schaumgeboren (6866)

HERMAN WOUK

Das ist mein Gott

Glaube und Leben der Juden

GOLDMANN VERLAG

Aus dem Amerikanischen von Ruth Malchow-Huth
Titel der Originalausgabe: »This is my God«,
erstmals erschienen bei Doubleday & Company, Inc., New York

Made in Germany · 10/86 · 1. Auflage
Genehmigte Taschenbuchausgabe
© 1959 by The Abe Wouk Foundation, Inc.
© der deutschsprachigen Ausgabe: Albrecht Knaus Verlag, Hamburg 1984
Umschlaggestaltung: Design Team München
Umschlagillustration: Design Team München
Druck: Elsnerdruck, Berlin
Verlagsnummer: 8526
G.R. · Herstellung: Gisela Ernst
ISBN 3-442-08526-8

INHALT

DRITTER TEIL: Das Gesetz

VIERTER TEIL: Die Gegenwart

Dieses Buch ist dem Gedächtnis meines Großvaters und Lehrers Mendel Leib Levine gewidmet, der in Minsk, New York und Tel Aviv Rabbiner war. Sein Leben, das vierundneunzig Jahre währte, umspannte einen Abschnitt, der von den letzten Tagen Abraham Lincolns bis zum Beginn des Atomzeitalters reichte. Er war Rabbinatsassessor und Rabbiner und übte seinen Beruf unter dem Zarismus und Kommunismus aus, in der Freiheit Amerikas und im neugeborenen Land Israel, wo seine Gebeine ruhen.

VORWORT

Als ich im letzten Sommer am Strand von Fire Island spazie-
renging, traf ich einen Mann, der mich daran erinnerte, daß
ich ihn vor zehn Jahren – in dem Jahr, in dem mein Buch *Das
ist mein Gott* zum erstenmal erschienen war – von einer Cocktailparty am Strand weggeschleppt hatte, weil ich ihn als
zehnten Mann beim Sabbat-Abendgottesdienst brauchte.
Seitdem hatten wir uns nicht mehr gesehen.

«Wie ist es», fragte er mich, «sind Sie immer noch religiös?»

Zunächst war ich über diese Frage verblüfft, aber dann
wurde mir klar, daß sie ganz berechtigt war. Es hatte sich unendlich viel verändert in diesen zehn Jahren – in der Einstellung der Menschen, in den politischen Verhältnissen auf der
ganzen Welt, und im Leben der Juden. Die Menschen haben
ihre Stiefelabdrücke auf dem Mond hinterlassen. Das Heimatland der Juden hat sich in einem ans Wunderbare gren-
zenden militärischen Sieg vor der Vernichtung gerettet.
Spricht es nicht vielleicht für den Starrsinn oder die Indolenz
eines Menschen, wenn er ein derartig wildes Jahrzehnt durch-
leben und dabei heiter und ohne seinen Standpunkt zu ändern an Ideen festhalten konnte, die in einem Buch wie *Das
ist mein Gott* ausgedrückt werden? Ich glaube, ja.

Wenn ich *Das ist mein Gott* wieder lese, finde ich wenig,
das ich ändern würde. Ich habe die jüdische Religion so genau geschildert, wie es mir damals möglich war. Ich freue
mich, daß unter den vielen Briefen von Lesern aus aller Herren Länder, die ich in zehn Jahren bekommen habe, nicht einer war, der eine grundlegende Änderung des Textes notwendig machte. Aber natürlich hat sich in der Einstellung der Juden vieles geändert, seit mein Buch herauskam. Auch meine
eigene Einstellung ist nicht mehr ganz dieselbe wie damals. In
dieser neuen Ausgabe habe ich deshalb ein abschließendes
Kapitel über den Sechstagekrieg und seine Folgen hinzugefügt, in dem ich über neue Tendenzen im Zionismus und im
Judentum spreche.

Der Erfolg von *Das ist mein Gott* ist ein befriedigender Lohn für eine Arbeit, die ich mit großer Liebe getan habe. Ursprünglich wollte ich das Buch für Mitjuden schreiben, vielleicht ein paar tausend, die gern etwas über den Glauben wissen wollten, aber keine Zeit hatten oder zu wenig hebräisch konnten, um die Quellen zu studieren. Statt dessen hat sich das Buch zu einem zwanglosen, populären Führer und Nachschlagewerk für Juden genauso wie für Andersgläubige entwickelt. Ich habe deshalb in dieser Ausgabe den Untertitel «Glaube und Leben der Juden» hinzugefügt.

Es gibt heutzutage viele jüdische Lebensweisen, das weiß ich sehr gut. In meinem Buch beschreibe ich sie. Aber der Ausgangspunkt für alle war und bleibt immer unser uralter lebendiger Glaube. Der Name für das Mosaische Gesetz ist in der Überlieferung *Halacha* – der Weg. Für diejenigen, die nach diesem Weg suchen, und für die, die nichts weiter als neugierig sind, für jeden, der klar und ehrlich über unser ewiges Volk unterrichtet werden möchte, habe ich dieses einfache Buch geschrieben.

Aller Erlös aus diesem Buch soll einem Wohltätigkeits- und Erziehungsfonds zugute kommen, den meine Frau und ich im Jahre 1954 zur Erinnerung an unseren erstgeborenen Sohn Abe errichtet haben.

Niemand weiß besser als ich selbst um die großen Mängel dieses Buches Bescheid. Das Thema bedarf eines Propheten. Der Stoff erfordert höchste Gelehrsamkeit. So lege ich denn dieses Buch im Vertrauen auf die Weisheit Rabbi Tarfons vor, der in den *Sprüchen der Väter* sagt:

«Dir liegt nicht ob, die Arbeit zu vollenden, doch bist du auch nicht frei, dich ihr zu entziehen.»

Herman Wouk

Washington, 15. Dezember 1969 – 10. Tevet 5733

ERSTER TEIL

Das erstaunliche Überleben der Juden

PROLOG

Eine beiläufige Frage

Einer meiner jüdischen Freunde, ein Skeptiker, weit davon entfernt, gläubiger oder gar praktizierender Jude zu sein – ein, wie ich hinzufügen muß, hervorragender Mann mit scharfem Verstand –, fragte mich an einem frostigen Novemberabend beiläufig und fast verlegen: «Sagen Sie, können Sie mir vielleicht ein gutes Buch über Chanukka empfehlen? Ich finde nämlich, daß mein Sohn ein bißchen besser über sein jüdisches Erbe Bescheid wissen sollte.» Und mit einem spöttischen Seitenblick fügte er hinzu: «Es geht mir ausschließlich um seine Bildung, nicht um seine Religion.»

Nicht einmal bei einem so schreibfreudigen Menschen wie einem Romanschriftsteller kommt es oft vor, daß er sich hinsetzt und ein ganzes Buch verfaßt, nur um eine beiläufige Frage zu beantworten – aber genau das habe ich getan. Offenbar wartete das Buch darauf niedergeschrieben zu werden, und die Frage meines Freundes gab nur den letzten entscheidenden Anstoß. Ich wollte seit Jahren ein Buch über den jüdischen Glauben schreiben. Die jüdische Religion hat mich von jeher stark interessiert. Sie ist Teil meines Lebens und des Lebens meiner Familie. Meine beiden Söhne sprechen hebräisch und sind mit der Heiligen Schrift und der rabbinischen Literatur vertraut. Wir leben damit. Unter diesen Voraussetzungen gelingt es mir vielleicht, ein Bild unseres Glaubens zu zeichnen, das für den interessierten Leser informativ und gleichzeitig unterhaltend ist, wobei ich meine ganze schriftstellerische Erfahrung einsetzen werde, um ihn nicht mit unwichtigen Einzelheiten oder meinen persönlichen, nicht sehr maßgeblichen Theorien zu langweilen. Es gibt viele Juden, die sich nicht an die religiösen Vorschriften halten und trotzdem gern mehr über ihre Religion wissen möchten. Es gibt auch Nichtjuden, die gelegentlich den Wunsch verspüren, Näheres über den alten hebräischen Glauben zu erfahren. Aber die Literatur darüber ist so umfangreich und zudem häufig so wissenschaftlich im Stil, daß der normale Leser oft entmutigt aufgibt, weil er nicht weiß, wo er anfangen soll.

Ihm biete ich dieses Buch als Anfangslektüre an. Natürlich ist das, was der eine für ein unerläßliches Mindestmaß an Information hält, für einen anderen nur ein Ersticken im Detail. Ich habe versucht, einen Mittelweg zu finden. Wenn Wissenschaftler einen Blick in dieses Buch werfen sollten, werden sie, hoffe ich, die vielen Lücken nicht meiner Unwissenheit zuschreiben. Ein gut Teil meiner Arbeit bestand nämlich im Weglassen. Ich mußte ein kurzes Buch über ein Thema schreiben, das beinahe die gesamte Geschichte umfaßt, ganze Bibliotheken füllt, sich auf die grundlegenden Probleme des menschlichen Lebens erstreckt und bis auf den heutigen Tag im Mittelpunkt stürmischer Kontroversen steht. Der Zwang zu ungeheuer komprimierter Darstellung ergab sich von selbst.

Gott

Es ist sinnlos, mit jemand über Religion zu sprechen, der überzeugt ist, daß es keinen Gott gibt. Mein Buch wird so jemand nur irritieren und ihm zu keiner Erkenntnis verhelfen. Ich kann seine Einstellung nicht ändern, und ich versuche es auch nicht. Aber ich gebe zu bedenken, daß der Agnostizismus, wenn er sich taub und dogmatisch jedem Argument verschließt, ein genauso schlimmes geistiges Handicap sein kann wie der Aberglaube. Bislang ist noch kein endgültiger Beweis für oder gegen die Existenz Gottes erbracht worden. Um unsere Welt wäre es fraglos merkwürdig bestellt, wenn ihr Schöpfer sich so deutlich offenbaren würde wie, sagen wir, ein Autor bei seiner Premiere. Auf der einen Seite haben wir das Universum – verwirrend mit seinen einem geheimnisvollen Plan folgenden Wundern –, das auf einen Schöpfer hinzudeuten scheint. Und andererseits haben wir das menschliche Leben mit all seiner Trübsal, seinem Unheil, seiner Vergeblichkeit und seinem unausweichlichen bitteren Tod, das für viele Menschen jeden Gedanken, es könne einen Gott geben, zu widerlegen scheint. Alle Behauptungen über Gott – daß es ihn gibt oder nicht gibt, daß wir ihn erkennen oder nicht erkennen können – sind immer ein Sprung ins Ungewisse.
Religiöse Menschen stoßen bei Leuten, die es nicht sind,

häufig auf die unerschütterliche Überzeugung, der Glaube an Gott sei eine Krücke für die Schwachen und Furchtsamen. Es wäre genauso töricht, zu behaupten, der Unglaube sei eine Krücke für die Unmoralischen und Ungebildeten. Es fällt mir immer schwer, ernst zu bleiben, wenn mir jemand, der offensichtlich auf diesem Gebiet nicht mehr gelesen hat als eine unterhaltsame agnostische Abhandlung wie zum Beispiel *Der Mensch und seine Götter*, großzügig erklärt – und dabei so tut, als stamme der Gedanke von ihm – für Trostbedürftige sei die Religion sicher sehr hilfreich. Nun kann sich der Glaube an Gott am Jüngsten Tag vielleicht als Irrtum erweisen. Bis dahin aber, darüber wollen wir uns völlig klar sein, ist er nicht nur ein Trost für schlichte Gemüter, obwohl er das sehr rühmenswerterweise auch ist – sondern er ist eine gewaltige Geisteshaltung, an der die größten Geister des Menschengeschlechts zu allen Zeiten, jeder auf seine Weise, mitgewirkt haben. Wir leben in einer Zeit, in der es – seit etwa hundert Jahren – Mode ist, nicht zu glauben. Wir werden mit einer Flut populärwissenschaftlicher, rationalistischer Bücher überschüttet. Aber diese allgemeine Begeisterung für einen einzigen Standpunkt müßte genügen, um einen ernsthaft denkenden Menschen mißtrauisch zu machen. Schafe bleiben Schafe, ob sie nun alle gemeinsam ausbrechen, oder ob sie dicht zusammengedrängt in ihrem Pferch bleiben. Kierkegaard, der sich vor einem Jahrhundert nicht durchsetzen konnte, steht heute im Mittelpunkt neuer geistiger Bewegungen. Seine tief religiösen Bücher, die hundert Jahre lang unbeachtet blieben, haben sich nicht geändert. Aber die geistige Elite ist dabei, ihre Position zu ändern, das ist alles. Es wird nur zu klar, daß – um bei den Krücken zu bleiben – Freud eine Krücke sein kann, Marx eine Krücke sein kann, der Rationalismus eine Krücke sein kann und der Atheismus seine Anhänger sogar mit zwei Krücken und einem eisernen Korsett versorgt. Niemand von uns ist allwissend und wird es wahrscheinlich auch nie sein. Aber wer im Land der Lahmen am meisten überzeugt ist, daß er nicht hinke, ist vielleicht am schwersten verkrüppelt. Ich stehe vor der Aufgabe, über die im Judentum herrschende Vorstellung von Gott zu sprechen, so gut ich kann. In einem schematisch gegliederten Buch gehörte dieses Kapitel wohl an den Anfang. Ich kann nur darauf hoffen, daß die hebräische Idee des Schöpfers aus dem Gesamtbild hervorgeht, das ich hier schildere. Ich weiß, daß ich die Auswirkung unserer Religion auf das tägliche Leben beschreiben kann, aber bei theologischen Fragen fürchte ich, manchmal ins Straucheln zu kommen. Jedenfalls werde ich mir alle Mühe geben. Mir war vom ersten Satz an bewußt, daß ich mich auf jeder Seite dieses Buches mit Fragen über Gott auseinandersetzen muß. Ich schreibe für Menschen, die über Gott zumindest mit sich reden lassen, und die etwas darüber erfahren möchten, wie der Jude seinen Weg zu ihm findet.

Der Standpunkt

Ein Buch über das Judentum muß fast zwangsläufig etwas zu beweisen suchen. Das Thema duldet keine Unparteilichkeit. Wer über das Judentum schreibt, muß Stellung nehmen. Der Leser wird bald merken, daß ich im Überleben des jüdischen Volkes das Eingreifen der göttlichen Vorsehung in die Geschichte zu erkennen glaube, ebenso wie ich daran glaube, daß das Mosaische Gesetz der Schlüssel zu unserem Überleben ist. Viele ihres Judentums sehr bewußte Juden werden ganz anders darüber denken als ich. Wenn mein Buch Beachtung findet, wird es zu Kontroversen kommen. Mir liegt vor allem daran, das Interesse am jüdischen Glauben zu wecken. Wer sich mit meinem Buch auseinandersetzt, dient mit seinen besten Einwänden der gleichen Sache. Es gibt Leute – und es sind nicht wenige und keineswegs dumme Menschen –, die der ehrlichen Überzeugung sind, die einzig vernünftige und längst überfällige Lösung des jüdischen Problems bestehe darin, daß die Juden in der allgemeinen Menschheit aufgehen. Dieses Buch vertritt das genaue Gegenteil. Ich glaube, es ist uns bestimmt, in unserer alten Identität zu leben und zu dienen bis hin zum Tage der Verheißung, da der Herr einzig und sein Name überall auf Erden einzig sein wird. Ich meine, das Aussterben der jüdischen Lehre und der jüdischen Religion wäre eine unermeßliche Tragödie.

Der Zweck

Die Juden leben heute in den Vereinigten Staaten als freie und gleichberechtigte Bürger, was ihnen im Laufe ihrer langen Geschichte anderswo nur selten beschieden war. In Israel stehen sie als freies Volk auf ihrem geheiligten Boden, für den nachdenklichen Beobachter ein immer wieder tief bewegendes, sichtbares Wunder. Hinter dem Eisernen Vorhang erfahren sie eine formelle sozialistische Gleichberechtigung, die sie mit dem Verlust ihrer Kultur bezahlen müssen. Überall ist infolge der gewaltigen Veränderungen im vorigen Jahrhundert ein Niedergang der jüdischen Lehre und damit eine gewaltige Verarmung an Wissen zu beobachten. Diese Erscheinung hat es in der Geschichte, und zwar in Zeiten tiefgreifender Veränderungen, immer wieder gegeben. Die Bücher Esras und Nehemias, die nach dem babylonischen Exil entstanden sind, schildern eine jüdische Gemeinschaft, die viel näher am Abgrund der Unwissenheit und vor dem Aussterben stand als wir heute. Zum Glück sind in den Ländern, in denen wir in Freiheit leben, die Bemühungen um eine geistige Renaissance heute kräftig auf dem Vormarsch. Ich hoffe, daß mein Buch dabei als anspruchsloses Hilfsmittel von einigem Nutzen sein wird.

Der Leser wird feststellen, daß ich mit besonderem Nachdruck auf alles eingehe, was an Juden und am Judentum anziehend und eindrucksvoll ist, weil ich das für wesentlich halte. Die Fehler der Juden – und wir haben unsere Fehler wie alle anderen Menschen – sind zu allen Zeiten mit wilden Übertreibungen und Lügen angeprangert worden. Die Nazis haben Millionen dafür ausgegeben, uns vor der Welt als Untermenschen hinzustellen, einzig und allein mit der Absicht, unser Volk – Männer, Frauen und Kinder – auszurotten. In diesem Buch will ich, so gut ich es vermag, über meinen Glauben und mein Volk sprechen, und ich will die Wahrheit sagen.

Noch eine Bemerkung zum Stil: wenn ich gelegentlich mit leichter Hand schreibe, so heißt das nicht, daß ich das Gesagte weniger ernst meine. Dem Leser ist nicht damit gedient, wenn ich ihn mit Fachjargon überhäufe, nur um meinen Worten besonderes Gewicht zu verleihen. Ich habe versucht, so klar und ansprechend wie möglich zu schreiben, und ich habe mir sehr große Mühe damit gegeben.

ERSTES KAPITEL

Wer sind wir?

Was die Bibel sagt

Das jüdische Volk ist über dreitausend Jahre alt. Die Archäologie hat diese erstaunliche Überlieferung, die unsere Großväter auf Treu und Glauben hinnahmen, inzwischen längst als wahr bewiesen. Viele Denker versuchten und versuchen noch, eine Erklärung für dieses Überleben eines Volkes, einer Religion und einer Kultur über drei Jahrtausende hinweg unter fast unmöglichen historischen Bedingungen zu finden. Die Tatsache selbst ist in der Geschichte so einmalig wie die Lichtgeschwindigkeit in der Physik. Sie schreit nach einer Erklärung.

Die Bibel, die geschichtliche Quelle unserer Vorfahren, sagt, daß die Juden von einem mesopotamischen Nomaden namens Abraham abstammen, der mit seinen Herden und seinen Zelten in grauer Vorzeit nach Kanaan, dem heutigen Israel, kam. Die Linie führt weiter über seinen Sohn Isaak zu seinem Enkel Jakob, der, um einer Hungersnot zu entgehen, mit seiner großen Familie nach Ägypten weiterzog. Jakobs Familie ließ sich in der nördlichen Provinz Goschen, in der hauptsächlich Viehzucht getrieben wurde, nieder, kam zu Wohlstand und vermehrte sich.

Ägypten war damals der glanzvolle Höhepunkt der Mittelmeerkultur, das Rom oder Amerika seiner Zeit, hervorragend in Kunst und Wissenschaft, ein gefürchteter Gegner im Krieg. Seine Architektur und Bildhauerei sind in vielem heute noch unübertroffen. Seine Regierungsform war eine nicht abreißende Tyrannei von Pharaonen, Verwaltungen und Priestern. Seine Religion war wie alle damaligen Religionen ein widerlicher, verworrener Götzendienst mit obszönen Riten, kindischen Mythen und unheimlichen, halb menschlichen, halb tierischen Göttern. Eine geradezu besessene Vorstellung von Tod und Magie beherrschte das Land.

Statt ägyptische Viehzüchter großen Stils zu werden, hielten die zahlreichen Nachkommen Jakobs ihre abgesonderte

Stammesgemeinschaft aufrecht und entwickelten sich zu einer Art Nation innerhalb der Nation. Was diese Menschen von Ägypten trennte, war ihre Religion. Abraham hatte seinen Nachkommen, wie die Bibel sagt, eine Vision von einem großen unsichtbaren Geist, dem Schöpfer des Universums, hinterlassen und ihnen verheißen, daß sie eines Tages im Lande Israel leben würden und zu Lehrern der gesamten Menschheit ausersehen seien. Die Bibel erzählt weiter, daß Ägypten im Laufe der Zeit das fremdartige Volk in seiner Mitte versklavte. In Moses, dem Gesetzgeber, entstand den Juden ein Befreier, der die Sklaven in einem aufsehenerregenden und in mancher Hinsicht übernatürlichen Siegeszug befreite und durch die Wüste an die Schwelle des Gelobten Landes führte. Seine größte Tat aber war nicht die Befreiung.

Bei einem Berg in der Wüste – dem Horeb oder Sinai – hatte er, und in gewissem Umfang auch sein Volk, ein mystisches Erlebnis, das die gesamte Weltgeschichte veränderte. Was genau bei der Offenbarung am Sinai geschah, werden wir wohl nie wissen. Die Bibel spricht von wunderbaren Naturerscheinungen, die an einen Vulkanausbruch denken lassen. Aber kein anderer Vulkanausbruch hat jemals eine Sammlung von Vorschriften bewirkt, die zum Gesetz der zivilisierten Menschheit wurde. Als die Israeliten vom Horeb aufbrachen und ihre Wanderung in das Gelobte Land fortsetzten, waren sie kein Stamm mehr, der durch den Glauben zusammengehalten wurde, sondern eine Nation, die unter einem Gesetz – der Thora – lebte, das ihr von Moses als Wort des Schöpfers übermittelt worden war.

Diese Thora enthielt sowohl Volksgeschichte als auch Gesetze, und sie schloß mit einer genauen Prophezeiung über die Zukunft der Juden. Es hieß darin, daß sie nach einer glanzvollen Zeit der Monarchie im Heiligen Land durch den Wohlstand korrumpiert, ihre Bindung an die überlegene Religion, die sie zu einer Nation gemacht hatte, verlieren und dem Götzendienst ihrer semitischen Nachbarn verfallen würden. Die Folge davon werde politischer Zusammenbruch, militärische Niederlage und nationale Vernichtung sein. Die Thora prophezeite, daß ein Rest des Volkes ein langes und qualvolles Exil, Wanderung und Verfolgung überstehen und nie aussterben werde. In einer fernen Zukunft würden sie dann nach Israel zurückkehren, um nach dem Mosaischen Gesetz zu leben und zum Licht der Völker zu werden.

Die meisten Akte dieses gewaltigen Dramas sind längst Geschichte geworden. Einige Christen sind sogar der Ansicht, daß der Schlußvorhang des ganzen Stücks schon vor zweitausend Jahren gefallen sei. Wir Juden glauben – und das ist ein Kernpunkt unserer Religion –, daß die letzten Akte noch bevorstehen.

Wie wahr ist das alles?

Auf dem Tiefpunkt der Achtung vor der Bibel, im 18. und Anfang des 19. Jahrhunderts, als sich die größten Geister der Welt noch damit abmühten, die Zwangsjacke des Mittelalters abzustreifen, verbreitete sich die Ansicht, die biblische Geschichte sei nichts weiter als ein Haufen Ammenmärchen, Moses eine erfundene Figur wie Apollo, und weder der Auszug aus Ägypten noch die anderen uns berichteten Ereignisse hätten sich je zugetragen. Dann kam die Archäologie. Mit der Zunahme ihrer Entdeckungen lebte auch die Achtung vor der Bibel als historischer Quelle für weit zurückliegende Ereignisse wieder auf, ein Prozeß, der noch nicht abgeschlossen ist. Noch immer ist nicht allgemein bekannt, in welchem Umfang die Heilige Schrift der Juden durch sichtbare Beweise eine Bestätigung erfahren hat. Modeschriftsteller neigen dazu, die Gemeinplätze des 19. Jahrhunderts zu wiederholen; es braucht seine Zeit, bis sich solche Strömungen ändern. Die Archäologen wissen schon lange, daß die Geschichte der Zivilisation im östlichen Mittelmeerraum in der Bibel zutreffend geschildert wird, daß wir handfeste Beweise für die Hauptpunkte der jüdischen Geschichte haben, daß sich – abgesehen von den übernatürlichen Einzelheiten, die das wissenschaftliche Denken grundsätzlich ablehnt – alles wirklich zugetragen hat.

Die biblischen Autoren waren natürlich keine kühlen Historiker, sondern leidenschaftliche Propheten. Sie wählten, ordneten und beurteilten Tatsachen nicht so wie ein moderner Universitätsprofessor. Daran denken Professoren natürlich auch, wenn sie die Bibel lesen. Aber sie können nicht auf dieses allumfassende Dokument des Altertums verzichten.

Daß Moses lebte und Gesetze erließ, daß die Nachkommen Abrahams Kanaan eroberten, daß die hebräische Monarchie entstand und unterging – diese Dinge stellt kein ernsthafter Denker mehr in Frage.

Die Aufzeichnungen der Griechen und Römer, die größtenteils nicht erst ausgegraben werden mußten, weil sie immer zum Rüstzeug der Gelehrten gehörten, sind – vom jüdischen Standpunkt aus gesehen – die Zeitung von gestern. Griechenland und Rom kannten die Juden und das Mosaische Gesetz sehr gut und haben ausführlich darüber berichtet. Es gibt chaotische Zeiten nach dem Untergang Roms, in denen die jüdische Geschichte sehr viel schwieriger zu rekonstruieren ist als in der Kaiserzeit. Aber wir wissen, daß die Juden auch diese Zeiten überstanden und ihr Gesetz befolgten.

Kurz zusammengefaßt also, wir sind Israeliten, stammen von der kleinen Nation ab, die vor dreitausend Jahren aus der Wüste Sinai nach Kanaan kam und uns die Geschichte ihrer Befreiung aus Ägypten unter einem Gesetzgeber und Retter namens Moses überlieferte. Wir werden Juden genannt und unser Erbteil Judentum, weil der Stamm, der den politischen Niedergang und Zerfall unserer Nation am längsten überdauerte und im Exil den Rest der Überlebenden bildete, den die Thora vorausgesagt hatte, den Namen Juda führte.

Fast alle heutigen Juden stammen, in einem Abstand von höchstens vier oder fünf Generationen, von gesetzestreuen Juden ab. Es ist eine historische Tatsache, daß Israeliten, die das Mosaische Gesetz nicht mehr befolgten, innerhalb von hundert oder zweihundert Jahren von ihrer Umgebung aufgesogen worden sind und ihre Identität eingebüßt haben. Im Laufe der Jahrhunderte fielen natürlich ungeheuer viele Juden ab. Die Juden, die übrigblieben, sind in der Hauptsache Söhne und Enkel derjenigen, die am Glauben festhielten und dafür sorgten, daß die Kette vom 20. Jahrhundert bis zurück zum Erwachen der menschlichen Vernunft nie abriß.

Bevor wir dieseh Glauben untersuchen, können wir jedenfalls zwei Dinge rühmend feststellen: erstens, daß die Bewahrung des jüdischen Glaubens von großer geistiger Tapferkeit zeugt und hoch anzurechnen ist, und zweitens, daß, wenn eine lange Ahnenreihe eine Quelle berechtigten Stolzes ist, die Juden allen Grund haben, auf ihr Volk stolz zu sein.

Stolz?

«Was hat dem lieben Gott gefehlt, / daß er die Juden auserwählt?» heißt der alte Knittelvers, zu dem sicherlich viele Christen und nicht wenige Juden leise «Amen» sagen werden, obwohl es in unserem Land heute sehr verpönt ist, Minderheiten zu kritisieren. Wenn sich zwei Nichtjuden vertraulich unterhalten und sich vorsichtig vergewissert haben, daß keiner den anderen mißversteht und den geistig Minderbemittelten zurechnet, die man Antisemiten nennt, dann sind sie sich wahrscheinlich darin einig, daß diesem ganzen liberalen Gerede zum Trotz Juden dazu neigen, aufdringlich, anmaßend, gerissene Geschäftsleute und unangenehm laut zu sein, daß sie schlechte Manieren haben, und daß die ganze Sippschaft wie Pech und Schwefel zusammenhält, wenn es gegen die Christen geht. Natürlich gibt es auch andere Juden, und sie selbst zählen einige davon zu ihren besten Freunden ... Es gibt natürlich viele Christen, die sich nie auf einen derartigen Gedankenaustausch einlassen würden, aber der Leser kennt solche Gemeinplätze zur Genüge.

Es gibt Juden, die noch weniger von sich und ihrem Judentum halten als kritische Christen. Sie vertrauen sich einander nur nicht so leicht an, manche Leute sind so schnell beleidigt.

Stellen Sie sich einen gutsituierten und durchschnittlich gebildeten Juden dieser Art vor. Nehmen wir an, daß er ein tüchtiger Mann in leitender Stellung ist oder ein Buchhalter, oder auch ein Rechtsanwalt. Er hat mit Erfolg ein gutes College besucht, und er bewohnt ein hübsches Haus mittlerer Preislage in einem Vorort. In seinem Bücherschrank steht das meiste, was die Modern Library herausgebracht hat, und eine ganze Reihe «Anchor»-Bücher. Sein Hi-Fi-Plattenspieler ist sein ganzer Stolz und Brahms seine große Liebe. Er spielt gut Golf und Tennis, und sein Hauptvergnügen ist Segeln. Seine Großeltern waren ziemlich religiös, seine Eltern schon sehr viel weniger, und ihm ist sein Glaube völlig gleichgültig. Im Garten hat er seinen Grillapparat, auf dem er je nach Laune Schweineschnitzel oder Beefsteaks grillt, ohne den geringsten Gedanken daran zu verschwenden, daß Schweinefleisch schließlich Schweinefleisch ist. Möglicherweise ist er kürzlich einer Synagogengemeinde in der Nachbarschaft beigetreten, weil die Kinder ohne eine bestimmte Religionszugehörigkeit etwas unsicher zu sein schienen; oder aber er hat sich mit seiner Frau deswegen gestritten und erklärt, er sehe nicht ein, warum er sich einer Gemeinschaft anschließen solle, deren Glaube ihm völlig fremd sei. Er ist ein warmherziger, anständiger, hilfsbereiter und außergewöhnlich intelligenter Amerikaner.

Jetzt sehen wir ihn nach einem anstrengenden Arbeitstag in seinem Büro im Rockefeller Center die Fifth Avenue entlangschlendern. Er verzichtet darauf, mit dem Taxi zum Great Central zu rasen und genießt die frische Abendluft. Zwei Männer gehen an ihm vorbei; es sind offensichtlich Überlebende aus irgendeinem Ghetto, das Hitlers Judenvernichtung zum Opfer fiel. Der ältere hat einen Bart und trägt einen pelzverbrämten Hut, und über die Wangen fallen ihm graue Schläfenlocken. Er steckt in einem langen, verschossenen schwarzen Kaftan, obwohl es warm ist. Der jüngere Mann ist blaß und glattrasiert, und obwohl er wie ein gewöhnlicher Amerikaner gekleidet ist, wirkt er kaum weniger fremdartig als sein Gefährte. Sein Hut ist zu groß und sitzt ihm etwas verrutscht fast am Hinterkopf. Sein Anzug ist mehr als unmodern, seine Hose ist schlecht gebügelt und schlottert ihm viel zu weit um die Knöchel. Sein Blick hat etwas seltsam Abwesendes. Die beiden Männer sprechen jiddisch miteinander und unterstreichen jedes Wort mit schwungvollen Gesten. Als die beiden, als Juden unverkennbar, an unserem Mann vorbeigehen, empfindet er ausgesprochene Ablehnung. Am liebsten möchte er ihnen über die ganze Straße laut zuschreien – aber das geht leider nicht –: «Ich bin keiner von euch! Wenn ihr Juden seid, dann bin ich kein Jude!» Er fühlt sich doppelt elend, denn er weiß, daß er es in die ganze Welt hinaustrompeten könnte, ohne daß er damit etwas ändern würde. Er ist einer von ihnen.

Warum aber? Was hat er mit diesen Menschen gemein, die einer Gruppe angehören, von der er wenig weiß und noch weniger wissen will? Er erinnert sich dunkel an die Atmosphäre im Hause seiner Großeltern, und diese beiden Männer beschwören die ganze Langeweile, die Absonderlichkeiten und entsetzliche Rückständigkeit des Judentums herauf, die er dort empfunden hatte. Die beiden Alten waren in einem Netz voller Tabus verfangen, die ihnen ein zeitgemäßes Leben unmöglich machten. Sie befolgten die bizarrsten Gebräuche, ohne erklären zu können, warum. Sie machten ein großes Getue darum, daß man an Feiertagen kein Streichholz anzünden oder das elektrische Licht einschalten durfte. Sie ergingen sich argwöhnisch des langen und breiten darüber, ob der Inhalt einer Konservendose auch wirklich den Speisegesetzen entsprach, und jeder, der anders lebte als sie und nicht dasselbe glaubte wie sie, stieß auf halsstarriges Mißtrauen und Verachtung ohne jeden vernünftigen Grund. Er besuchte seine Großeltern immer nur mit Widerstreben, und wenn er wieder auf der Straße war, genoß er den Sonnenschein mit der Freude eines Menschen, der eben aus dem Gefängnis kommt. Wenn er eins in dieser unsicheren Welt mit Sicherheit weiß, dann das, daß er nichts mit diesem schäbigen Gespenst einer toten Kultur zu tun hat und je zu tun haben wird.

Diese Männer, die auf der Fifth Avenue an ihm vorbeigingen, sind ihm nicht nur zuwider, weil man ihn mit diesen Ausländern über einen Kamm scheren könnte; ihre pure Existenz hier und heute erregt seinen Anstoß, es mißfällt ihm, daß sie jene tote Kultur weiter aufrechterhalten und ihn mit ihr konfrontieren, und ihre bloße Anwesenheit auf der Straße macht ihm klar, daß er eine Herkunft verleugnet, die sich nicht verleugnen läßt. Sie sind wie ein Gespenst, das er sorgfältig versteckt hat, und das plötzlich zum Vorschein kommt.

Er hat vielleicht davon gehört, daß es hier und da moderne Menschen gibt – einen Arzt oder einen Rechtsanwalt, oder auch einen Geschäftsmann, die tatsächlich «orthodoxe» Juden sind. Vielleicht kennt er solche Leute sogar persönlich und hat festgestellt, daß sie ihm erstaunlich ähnlich sind, daß sie über Bücher, Musik und Kleidung dieselben Ansichten haben wie er, und daß sie trotzdem an diesem ganzen Speise- und Sabbatklimbim festhalten. Sie bleiben ihm unverständlich, und er hat sie als Neurotiker abgetan, die dieses Zeug wohl für irgendeinen Defekt in ihrer Psyche brauchen.

Sagt man einem solchen Mann, er solle stolz sein auf sein Judentum, so lacht er einen aus. Sagt man ihm, daß er Angehöriger eines auserwählten Volkes ist, muß man damit rechnen, daß er die Ärmel hochkrempelt und auf einen losgeht, so tief hat man ihn in allem, woran er glaubt, beleidigt. Selbst für den wortgewandtesten Schriftsteller der Welt wäre es vermutlich ein hoffnungsloses Unterfangen, unseren Mann eines anderen belehren zu wollen, wenn da nicht eine Sache wäre.

Und das ist folgendes: Tief im Herzen eines jeden kritischen Christen, eines jeden seinem Glauben entfremdeten Juden gibt es – ich kann nicht einmal sagen, was es ist, ein Gefühl, nein, nicht einmal ein Gefühl, nur den Schatten einer Ahnung, nicht faßbarer als der sinnlose und trotzdem gebieterische Zwang, auf Holz zu klopfen, wenn jemand die Gesundheit unserer Kinder lobt – irgend etwas, das uns sagt, daß an den Juden mehr ist, als man auf den ersten Blick erkennt. Es ist ein Geheimnis um die Juden. Dieses Geheimnis ist der Grund dafür, daß das bloße Wort «Jude» auf der Bühne immer etwas schockierend wirkt. Dieses Geheimnis ist auch der Grund, warum viele Leser dieses Buch bis zur letzten Zeile durchlesen werden, ohne vielleicht mit einer einzigen einverstanden zu sein, nur weil sie insgeheim hoffen, es könne sie der Lösung des Rätsels näherbringen. Und in diesem Geheimnis liegt der Grund für den Stolz aller Angehörigen des Hauses Abraham. Dieser Stolz wurde trotz aller Unzulänglichkeiten, die aus einer jahrhundertelangen Diskriminierung herrühren, nicht preisgegeben. Er tritt zutage im Mangel an geschliffenen Manieren und im Extremfall in den allmählich verschwindenden Schläfenlocken und Pelzmützen, der alten, stolzen, trotzigen Antwort der Juden auf den gelben Judenfleck der Ghettos.

Das Geheimnis

Vor einem Jahr gab es in Israel erregte Debatten über die Frage: «Wer ist ein Jude?» Man sollte meinen, daß ein Volk im Laufe seiner über dreitausend Jahre alten Geschichte eine annehmbare Antwort auf diese Frage erarbeitet hätte. Aber man stritt darüber, als hätte man bisher noch nie über dieses Problem nachgedacht.

Die Diskussion war dringend notwendig, weil es um die israelische Staatsbürgerschaft ging. Das Land, das als Zuflucht für unterdrückte Juden entstanden war, sah in seinem Grundgesetz vor, daß jeder Jude sofort die Staatsbürgerschaft erhalten konnte, wenn er sie beantragte. Das führte schließlich zu der Frage, ob sich jeder, der um die israelische Staatsbürgerschaft nachsuchte, damit auch zum Judentum bekannte. Was war überhaupt ein Jude? Die Diskussion endete wie immer damit, daß man ganz und gar uneinig auseinanderging. Ich glaube, die Regierung beauftragte eine Kommission damit, die Angelegenheit zu klären – die klassische Methode aller Politiker, sich um ein heißes Eisen zu drücken. Vielleicht hat die Kommission mittlerweile das Problem zur Zufriedenheit aller Beteiligten gelöst. Die Chance ist allerdings sehr gering.

In den Vereinigten Staaten kann man eben diese Frage bei jeder Unterhaltung aufs Tapet bringen. Die Meinungen gehen dabei auseinander, ob die Juden eine Rasse, eine Nation, eine Religionsgemeinschaft, ein Volk, eine Sekte oder aber eine Geistesverfassung bei Nichtjuden sind. Zu einer Einigung kommt es nie (außer bei den Antisemiten, die genau wissen, daß die Juden der Weltfeind Nr. eins sind). Ich kann hier wiedergeben, was die jüdische Religion unter einem Juden versteht, aber ich erwarte nicht, daß ich damit eine Streitfrage entscheide, die bisher der Zeit und der Vernunft getrotzt hat.

Unsere Geschichte schreibt uns eine Reihe seltsamer Dinge zu, auf die heute kein anderes Volk Anspruch erhebt oder besonderen Wert legt. Erstens begannen wir unser Dasein als eine Familie. Ein Volk von etwa elf Millionen Menschen stammt von einem einzigen Mann ab, von Abraham, und von einem einzigen Geschlecht, dem Hause Israel.

Zweitens sind nicht die Bande des Bluts entscheidend für die Zugehörigkeit. Entscheidend ist der Glaube. Jeder Mann und jede Frau, die bereit sind, den Gott Abrahams anzubeten und sein durch Moses verkündetes Gesetz zu befolgen, können Mitglieder unserer alten Familie werden. Unser Glaube hält zwar nichts davon, sich eifrig um Konvertiten zu bemühen, aber dank solcher Übertritte hat sich unsere Schar doch stark vermehrt, und wir verdanken ihnen einige unserer berühmten Führer und Schriftgelehrten. Auch die Bibel erzählt von solchen Adoptivkindern. Umgekehrt haben wir eine große Menge Juden durch Abtrünnigkeit verloren. Die hebräischen Herkunftsmerkmale sind jedoch so stark, daß ein Jude, der zu einem anderen Glauben übertritt, in den Augen der Welt immer nur ein konvertierter Jude ist. Nach unserer Überlieferung bestimmt also die Abstammung oder der Glaube, wer Jude ist.

Zum dritten entstand unsere Nation, bevor sie ein eigenes Land hatte. Wir haben unser geschriebenes Gesetz von Moses in der Wüste empfangen. Eine Nation sein, heißt für andere Völker vor allem, gemeinsam in einem Land zu leben. Für die Juden ist das Kennzeichen ihrer Nation die Zeit. Sie traten erstmalig nicht an einem bestimmten Ort auf – denn sogar ihr Stammvater Abraham war ein Nomade –, sondern zu einem bestimmten Zeitpunkt, bevor sie irgendein Stück Land ihr eigen nennen konnten. Das ist, glaube ich, auch der Grund dafür, daß sie den Verlust ihres Bodens so lange überleben konnten. Das Heilige Land war ihre geschichtliche Vollendung, aber nicht ihr Ursprung.

Das Merkwürdigste von allem aber ist der Zweck, den die Überlieferung unserer Geschichte und unserem Ursprung zuschreibt. Er ist schlechthin übernatürlich. Die Überlieferung sagt, der Schöpfer gab unserem Volk die Aufgabe, für sein sittliches Gesetz auf Erden Zeugnis abzulegen. Das ist der eigentliche Sinn der abgenutzten Phrase vom «Auserwählten Volk». Unsere Geschichte ist – in der Heiligen Schrift und auch später – ein trauriger Bericht über unser Versagen vor dieser Aufgabe und die Katastrophen, die sich daraus ergaben. Aber wir sind nun einmal dazu auserwählt worden, der Auftrag gilt noch immer, und weil das so ist, leben wir. So lehrt es unser Glaube.

«Das auserwählte Volk»

Diese Vorstellung ist allerdings geeignet, in jedem denkenden Menschen von heute ein Gefühl des Unbehagens zu erzeugen. Wir wollen sie uns also lieber etwas genauer ansehen.

Offensichtlich gibt es überall in unserer Umgebung «Auserwählte», die von allen beneidet werden. Es gibt die großartige und unverwüstliche britische Herrscherklasse. Es gibt die internationalen Schoßkinder des Geldes und der Macht, die ihre eigenen Rennställe besitzen, in ihren eigenen Maschinen fliegen, in ihren eigenen Jachten segeln und den schönen Schauspielerinnen den Hof machen. Es gibt die mächtigen harten Männer, die in den Direktorien der Riesenkonzerne sitzen und sich nie fotografieren lassen. Es gibt die rücksichtslosen privilegierten Funktionärscliquen der kommunistischen Länder. Unter allen diesen Leuten, die durch Geburt, besondere Umstände oder Glück zur Elite ausersehen sind, gibt es bezeichnenderweise so gut wie keine Juden.

Dann gibt es noch die unbedeutenderen Gruppen der Auserwählten in der Kunst, der Industrie, im Sport, in der Finanz- und in der Modewelt. Sie wohnen in den vornehmsten Stadtvierteln und Villenvororten und verbringen ihre Zeit in den Luxushotels oder den Clubs der oberen Zehntausend. Unter ihnen kann man ein paar Juden finden, aber es sind verdächtig wenige.

Was hat es also mit der «Auserwähltheit» der Juden auf sich? Besteht sie nur in ihrer eigenen Vorstellung? Dann würden sie sich durch nichts von den in sich abgeschlossenen Gruppen auf der ganzen Welt unterscheiden, von den Babbits von Zenith, Boston, Moskau, Paris, Buenos Aires und jeder kleineren Gemeinde, die alle fest überzeugt sind, daß nichts über ihre Art zu leben geht, und daß sie besser sind als alle anderen Menschen. Der Spießbürger, der sich ob seines Spießertums hocherhaben dünkt, war schon immer eine beliebte Witzfigur. Wenn das «Auserwählte Volk» nichts anderes bedeuten würde als das, hätten wir es mit einer allgemein üblichen menschlichen Torheit zu tun, über die man kein Wort zu verlieren braucht.

Aber es ist die Bibel, die die Juden so bezeichnet. Es ist ein vorherrschendes Thema der Bibel, des Buchs, das für die meisten Menschen der westlichen Welt im einen oder anderen Sinn Gottes Wort ist, und es gibt Tausende von Zitaten darüber, zum Beispiel:

Genesis 12: «... Und Gott sprach zu Abraham: Gehe aus deinem Lande und aus deinem Geburtsorte und aus dem Hause deines Vaters in das Land, das ich dir zeigen werde. Und ich werde dich machen zu einem großen Volke ... und es werden sich segnen mit dir alle Geschlechter des Erdbodens ...»

Exodus 19: «... Wenn ihr nun auf meine Stimme hören

und meinen Bund wahren werdet, so sollt ihr mir sein ein Eigentum vor allen Völkern, denn mein ist die ganze Erde. Und ihr sollt mir sein ein Königreich von Priestern und ein heiliges Volk ...»

Jesaja 49: «... So mache ich dich zum Lichte der Völker, daß mein Heil reiche bis an der Erde Saum ...»

Das Christentum erkennt diese Bestimmung der Juden an und stützt sich darauf. Ein wichtiger christlicher Lehrsatz (wie ich ihn verstehe) besagt, daß Jesus diese auserwählte Gemeinschaft auf alle ausdehnte, die daran glaubten, daß er Gottes Sohn sei, und seinen Lehren folgten. Deshalb lautet ein allgemein anerkannter Name für die Kirche «Das neue Israel». Das Christentum hat aber einen entscheidenden Satz hinzugefügt: Wer dem neuen Bund nicht beitrat, riskierte ewige Verdammnis oder war ihr nach Ansicht einiger von vornherein verfallen.

Diese Vorstellung einer auf eine einzige Gruppe beschränkten Erlösung hat es im jüdischen Glauben nie gegeben und gibt es auch heute nicht. Im Judentum führt das richtige Verhalten zu Gott, und dieser Weg steht Juden und Nichtjuden offen.

Der jüdische Glaube behauptet nicht einmal, daß die Juden die ersten waren, die einen einzigen Gott anbeteten. Die Genesis lehrt, daß es das schon zu Abrahams Zeiten gab. Es war und ist die universale ethische Religion rechtlich denkender Menschen. Unsere Tradition nennt sie das Gesetz der Söhne Noahs, das auf sieben hochwichtigen Geboten beruht:
auf der Anbetung Gottes,
dem Verbot zu morden,
dem Verbot zu stehlen,
dem Verbot der Blutschande und der widernatürlichen Unzucht,
dem Verbot, vom «Fleisch eines lebenden Tieres» zu essen – also der Tierquälerei,
dem Verbot der Gotteslästerung,
dem Gebot der Gerechtigkeit – der Einsetzung eines Systems der geordneten Rechtspflege.

Nationen und Personen, die nach diesen Geboten leben, sind nach dem Ausspruch des Talmud die Gerechten der Welt. Unser Glaube erkennt an, daß es Menschen, die nicht zur jüdischen Glaubensgemeinschaft gehörten, zu einer Frömmigkeit gebracht haben, die nur wenige Sterbliche erreichen können. Ihre Erlösung anzuzweifeln, kommt für uns nicht in Frage. Nach unserer Überlieferung war Hiob, die höchste Verkörperung des auch im tiefsten Leid gläubigen Menschen, einer der Gerechten dieser Welt und kein Jude.

Wie steht es dann um die Auserwähltheit Israels? Sie beruht, wie es die Bibel ausdrückt, auf der Erwählung der Familie Abrahams zu besonderen Vorschriften und Pflichten im Dienste Gottes. Die Vorschriften sind die Gesetze der Thora, die Israel zu einem ewigen Volk zusammenschmieden sollten. Die Pflichten bestehen in der Aufgabe, nach den Geboten Gottes zu leben und in der Geschichte als das Volk aufzutreten, das die Erkenntnis Gottes und die Liebe zu ihm aufrechterhält.

Zu allen Zeiten, vom Auszug aus Ägypten an, haben Nichtjuden dieses Joch auf sich genommen und sind zum jüdischen Glauben übergetreten; die Bibel spricht von dem bunten Haufen, der zusammen mit Israel aus Ägypten fortzog und ehrfürchtig Moses folgte. Das Judentum hat es niemals darauf angelegt, Andersgläubige zu seiner Religion zu bekehren. Es lehrt, daß das Heil des Menschen in seinem gottesfürchtigen Lebenswandel liegt und nicht im Übernehmen der besonderen Pflichten, die für das Haus Abraham verbindlich sind. Wie schwierig es ist, Jude zu sein, ist allgemein bekannt, so daß immer nur einige wenige Menschen ernsthaft entschlossen sind, dieses Schicksal freiwillig auf sich zu nehmen, obwohl es jedem Mann und jeder Frau freisteht.

Das also ist das Geheimnis der Juden. Ihre Überlieferung lehrt – ebenso wie die Religion des Abendlandes –, daß sie die Überlebenden eines großen Hauses mit einem geschichtlichen Auftrag sind, der von Gott kommt. Übezeugte Rationalisten, die heute sehr zahlreich sind und in deren Reihen sich viele hochgebildete Juden befinden, lehnen das natürlich als völlig unmöglich ab. Sie müssen sich dann aber mit der Frage auseinandersetzen, wie es kommt, daß die Juden so lange überlebt haben, und daß es sie immer noch gibt.

Man kann nämlich den Gedanken der Bestimmung nicht einfach damit abtun, daß man auf die vielen durchschnittlichen Juden hinweist, die man überall zu sehen bekommt, oder auf die reichlich unangenehmen, die man in einigen mondänen Badeorten treffen kann. Die Streitkräfte der Vereinigten Staaten haben die Aufgabe, für die Sicherheit unseres Landes zu sorgen, die höchste Aufgabe, die es gibt. Daran ändern auch betrunkene Matrosen, unredliche Offiziere oder eingebildete Generäle nichts; das sind nur Musterbeispiele dafür, wie groß die Kluft zwischen der Natur des Menschen und seinen Idealen ist. Das Versagen der Juden, ihrer Sendung gerecht zu werden, ist das Leitmotiv eines Jeremias oder Jesaja ebenso wie des dummen Geschwätzes in den vornehmen Clubs.

Für Gläubige sind die Juden ein Geheimnis, weil sich das Eingreifen Gottes in die Geschichte der Menschheit mit Vernunft nicht erklären läßt. Für die Ungläubigen sind die Juden ein Geheimnis, weil sie nach den üblichen Gesetzen der Geschichte schon vor Jahrhunderten hätten verschwinden müssen, aber sie sind trotzdem noch da.

Überleben: ja – Wunder: nein

Rationalisten werden mit dieser sonderbaren Tatsache – das äußerste Zugeständnis, zu dem sie sich durchringen können – auf ihre Weise fertig.

Historiker und Soziologen, die sich Gedanken über das Beharrungsvermögen unseres Volkes machen, sind sich in einem alle einig: daß es das Mosaische Gesetz ist, das uns von anderen Völkern unterscheidet. In den religiösen Gesetzen, nach denen wir schon so lange leben, sehen sie ein System von Verordnungen, ein Gewebe aus Denk- und Verhaltensgewohnheiten, das in bemerkenswerter Weise darauf zugeschnitten ist, eine kleine Nation, selbst wenn sie unter anderen Nationen zerstreut lebt, aller Wahrscheinlichkeit zum Trotz und unter den widrigsten Umständen, ein Jahrtausend um das andere am Leben zu erhalten.

Die Überlieferung geht gewissermaßen vom entgegengesetzten Ende aus an die Frage heran. Sie behauptet, daß unser Überleben ein göttliches Gesetz ist, daß dieses Gesetz befolgt werden muß, weil es Gottes Wille ist, und daß das ewige Volk durch die Gnade Gottes am Leben bleibt. Die gesamte Überlieferung unseres Volkes, die sich mit der Erforschung und Bestimmung des Judentums befaßt, beginnt und endet mit dieser Vorstellung. Der Rationalist hält sich bei seiner Theorie vom Judentum lieber an die sichtbaren Tatsachen: das merkwürdige Beharrungsvermögen der Juden, die Größe und Macht der Bibel, der wichtige hebräische Einfluß auf die westliche Kultur. Er will nichts davon wissen, daß es Gott tatsächlich gibt, räumt aber ein, daß er ein Produkt der menschlichen Einbildungskraft sei, ein Element des jüdischen Problems unter mehreren anderen Elementen. Er spürt im jüdischen Gesetz gewisse Ähnlichkeiten mit der Gesetzgebung uralter semitischer Völker auf, die darauf hindeuten, daß die Angaben der jüdischen Überlieferung über Zeit und Ursprungsort zutreffen. Er gibt zu, daß sich das jüdische Gesetz in einigen Dingen davon unterscheidet: in seiner literarischen Großartigkeit, seiner moralischen Überlegenheit, und in seinem eindrucksvollen Überlebensplan. Mehr gibt er nicht zu.

Der Standpunkt der Überlieferung hat sich über drei Jahrtausende lang gehalten. Er hat das sorgsam gesammelte Wissen und die natürliche Autorität der uralten Weisheiten einer Gemeinschaft für sich. Hört man einem gelehrten Rabbi zu, wie er die Thora auslegt, und liest man dann, was ein aufgeklärter Jude über das Judentum schreibt, so kommt man sich vor, als ob man aus einer Mozart-Oper kommt und am nächsten Tag die Kritik in der Zeitung liest. Die Skeptiker behaupten, ihre Ansicht sei zeitgemäß, wissenschaftlich fundiert und komme der Wahrheit näher. Sie halten die religiöse Sicht trotz ihres umfangreichen Quellenmaterials und ihrer inneren Größe für naiv; für einen Traum, wenn auch einen bezaubernden, unglaublich dauerhaften, gut aufgebauten Traum. Für den religiös Denkenden ist das ein blutleeres Urteil eines ahnungslosen Außenseiters. So stehen die Dinge zur Zeit.

Muß man es für den Augenblick dabei bewenden lassen? Es ist ein altes, hartnäckiges Dilemma, und wir werden es mit noch so viel Für und Wider kaum lösen können. Vielleicht finden wir bei den Geisteshelden unserer Zeit, den Physikern, einen Hinweis. Sie erklären uns, vieles lasse darauf schließen, daß sich Licht in Wellen fortpflanzt, während andere Eigentümlichkeiten des Lichts darauf hindeuten, daß es korpuskularer Natur ist. Das könnte ein auswegl4oses Dilemma sein.

Aber die Physiker experimentieren mit der fröhlichen Unbekümmertheit, die das moderne Denken auszeichnet, auf der Grundlage einer Kombination von Wellen- und Korpuskulartheorie. In der Hoffnung, auf diese Weise der Wahrheit etwas näherzukommen, behalten sie sich ein endgültiges Urteil vor und arbeiten mit allen zur Zeit zur Verfügung stehenden Kenntnissen weiter.

So können wir es auch halten. Ich schildere den jüdischen Glauben für alle, die ihn kennenlernen wollen, gleichgültig aus welchem Grund. Wir werden uns nicht über unsere unterschiedlichen Theorien über das Geheimnis zerstreiten. Das Licht dieses Glaubens ist das älteste noch lebendige religiöse Licht, die Quelle der Religion des Abendlandes und selbst des ethischen Humanismus, der ohne Religion auszukommen glaubt. Dieses Licht verlangt geradezu danach, von uns erforscht zu werden. Wir können es gemeinsam erforschen, ob Sie nun an die Wellen- oder an die Korpuskulartheorie glauben – oder auch an eine seltsame Mischung aus beiden.

ZWEITER TEIL

Der Glaube

ZWEITES KAPITEL
Vorherrschen der Symbole

Was das Symbol bewirkt

Wir werden uns viel Zeit nehmen müssen für Symbole und Zeremonien. Sie sind die Substanz – man könnte auch sagen das technische Werkzeug – des Überlebenssystems, das am Judentum immer wieder überrascht. Zugegeben, dieses System ist nur ein Mittel zum Zweck, zur Erfüllung der historischen Mission der Juden – wenn man an diese Mission glaubt; andernfalls ist es nur eine interessante, soziologische Erscheinung. In jedem Fall aber beginnt das Studium der jüdischen Religion mit diesen Dingen. Und es endet mit dem Versuch, so weit wie möglich in die religiöse Vision Moses' einzudringen.

Natürlich haben die Juden Symbole und Zeichen nicht erfunden. Die gibt es in allen Kulturen. Das menschliche Leben ist so kurz, so vielseitig, so komplex, daß es unweigerlich zum Stillstand käme – möglicherweise sogar nie entstanden wäre – hätte Adam nicht, als er sich durch seine einzigartige Intelligenz über die Tiere erhob, die erste Kurzschrift erfunden: Symbol und Ritus. Jede Handlung, die das menschliche Dasein betrifft, jedes ernsthafte Geschäft ist auf diese Kurzschrift angewiesen. Der Verkauf eines New Yorker Wolkenkratzers ist heute eine so lange und verwickelte Zeremonie, die so viele Requisiten und Zeichen verlangt, wie einst die Krönung eines römischen Kaisers. Diese Symbolik variiert von Handlung zu Handlung, von Land zu Land, von Zeitalter zu Zeitalter, von Kultur zu Kultur, aber es gibt keine Handlung, kein Land, keine Kultur und keine Zeit ohne eigene Symbolschrift.

Die Riten und Symbole der ägyptischen Religion, der babylonischen Geldwirtschaft, der byzantinischen Jurisprudenz sind tot, auch wenn man sie aus Neugier, oder weil man sich davon ein besseres Verständnis der Gegenwart erhofft, noch immer studiert. Die Symbolsprache des Judentums ist heute so lebendig wie einst und regelt immer noch das Verhalten von Millionen Menschen. Sie ist die Hieroglyphe, mit der die großen Gedanken der Bibel in das tägliche Leben gemeißelt sind. Ein Jude kann ohne diese alte, geheiligte Kurzschrift ebensowenig nach seinem Glauben leben, wie ein Finanzmann moderne Geldwirtschaft ohne ihre Symbole betreiben kann. Ein echtes Symbol ist keine Spiegelfechterei und kein Mummenschanz, es ist destillierte Realität.

Die Quelle der jüdischen Symbolik

Die Thora legt sowohl die Symbole wie auch das Zivil- und Strafgesetz des Judentums dar. Die Gesetze, die sich auf Landwirtschaft, Schadensersatz, Verbrechen und Eigentumsverhältnisse bezogen, wurden durch Eroberung und Exil außer Kraft gesetzt, aber das religiöse Gesetz überlebte und gilt auch heute noch.

Es gab Zeiten in der jüdischen Geschichte, sowohl in den Tagen der Bibel als auch danach, in denen es zweifelhaft schien, ob die religiösen Gesetze überleben würden. Wir leben heute in einer solchen Periode, auch wenn breite Schichten von Juden noch das Gesetz befolgen. Unsere Zeit ähnelt der Zeit der hellenistischen Zügellosigkeit, als Palästina unter griechischer Herrschaft stand. Eine Zeitlang sah es so aus, als ob unter dem Einfluß der hochentwickelten, hinreißenden Kultur Griechenlands die jüdische Religion überlebt, naiv und zum Sterben verurteilt sei. Fast alle reichen und viele der intelligentesten Juden gaben die alten Symbole auf. Sie sprachen griechisch, kleideten sich griechisch, aßen wie die Griechen und bauten griechische Stadien, in denen sie nackt um die Wette liefen; sie erkannten die griechische Philosophie und Wissenschaft als die einzig wahre an und verehrten schließlich die griechischen Götter. Aber die große Masse, die der jüdischen Religion treu blieb, brachte neue politische, wirtschaftliche und geistige Führer hervor, und letzten Endes auch Jesus von Nazareth und seine Apostel. Die Hellenisten verschwanden. Sie haben vielleicht ein sehr angenehmes Leben geführt, viele haben es bestimmt, aber wir können es lei-

der nicht beweisen. Sie haben keine Literatur und keine Überlieferung hinterlassen, sie sind spurlos verschwunden.*

Die Symbole der Gesetzgebung vom Sinai haben einige Parallelen in anderen semitischen Kulturen des Altertums. Das ist
natürlich nicht anders zu erwarten, wenn man Zeit und Ort der
mosaischen Gesetzgebung bedenkt. Das Volk Israel mußte von
Anfang an innerhalb bestimmter, vorhandener Lebensformen
leben. Es konnte genausowenig eine vollkommen neue, anders-
artige Kultur, die praktisch vom Himmel fiel, entwickeln, wie es
etwa plötzlich englisch sprechen konnte. Das Mosaische Gesetz übernahm vorhandene Elemente der semitischen Welt, die
es veredelte und zu einem Überlebenssystem für ein ewiges
Volk entwickelte; so wie die amerikanische Revolution die
Ideen Lockes und der anderen Philosophen seiner Zeit sowie einen Teil des britischen Rechts aufgriff und daraus das Funda-
ment einer neuen Nation bildete.

Da ich hier das hebräische und das amerikanische Gesetz
in einem Atemzug genannt habe, erhebt sich eine wichtige
Frage, mit der wir uns befassen müssen. Menschen, die es
nützlich oder auch nur amüsant finden, Juden zu ärgern, haben immer wieder gefragt, wie die Juden es eigentlich fertig-
brächten, die Gesetze ihrer Religion und gleichzeitig die Gesetze ihres Gastlandes zu befolgen.

Welche Gesetze kommen zuerst?

Die Antwort ist ganz einfach; nach der jüdischen Lehre sind
beide Gesetze eins. Wir kennen keine doppelte Loyalität. Als
das jüdische Reich vor zweitausend Jahren zusammenbrach
und sein Zivilgesetz keinen realen Sinn mehr hatte, machten es
die Weisen des Talmud für die Juden im Exil ein für allemal zur
Regel: «dino d'malkuto dino», das Gesetz des Landes ist unser
Gesetz. In das Vakuum, das durch den Untergang des Staates

* Ich möchte Fußnoten möglichst vermeiden – einige wenige ausführliche Erläuterungen stehen im Anhang –, aber hier bleibt mir nichts anderes übrig. Jeder Gelehrte, der ein Buch, das so offensichtlich kein
Fachbuch ist, bis hierher gelesen hat, denkt natürlich sofort an Philo,
Josephus und die Autoren der Apokryphen. Ich meine mit Hellenisten
die damaligen Juden, die ihre jüdische Religion aufgaben, und nicht
die Juden, die in beiden Kulturen zu Hause waren und an der jüdischen Überlieferung festhielten. Philo und Josephus waren alle beide
gesetzestreue Juden.

entstanden ist, tritt der Staat ein, der die Heimat eines Juden ist und ihn als Staatsbürger anerkennt. Damit ist der traditionelle Jude durch das Gesetz seiner Religion – ganz abgesehen von seiner staatsbürgerlichen Gesinnung – verpflichtet, das Gesetz seines Landes zu halten, als Franzose, wenn er in Frankreich geboren ist, als Israeli in Israel und als Amerikaner in Amerika. Verbietet ein Staat den Juden, ihren Gott anzubeten, dann widersetzen sie sich allerdings, und sie haben ihre Standhaftigkeit oft genug mit dem Leben bezahlt. Das ist der einzige Punkt, in dem es zu einem Konflikt kommen kann. Aber der kann sich, glaube ich, unter den entsprechenden Umständen genausogut für Christen und Moslems ergeben.

Die Kraft des Symbols

Wir wollen als Beispiel einmal ein Bridgespiel nehmen. Um einen interessanten Abend zu verbringen, verabreden vier Personen, so zu tun, als hätten Karten einen bestimmten Wert. Jedes Spiel endet mit einem Geldgewinn für die einen und einem Verlust für die anderen. Sie stöhnen, wenn unversehens ein As auftaucht, und strahlen, wenn ihnen ein besonders geschickter Zug gelingt. Dann ist das Spiel zu Ende, und die Karten sind wieder nur buntes Papier. Selbst in einer so unwichtigen Sache bedarf es einer gewissen Autorität, um die Symbolkraft der Karten zu erhalten. Es gibt Bücher mit Bridgeregeln, Bridgeverbände und die ungeschriebenen Gesetze der Etikette. Man darf seinem Partner zu verstehen geben, was für Karten man hat – aber nur auf eine ganz bestimmte, zugelassene Weise. Wird man dabei ertappt, daß man es in nicht erlaubter Form versucht, ist es mit dem Bridgespiel in dieser Gesellschaft womöglich ein für allemal aus und schadet sogar dem guten Ruf. Man hatte sich mit den Spielregeln einverstanden erklärt; verstößt man gegen sie, vergeht man sich gegen den Ehrenkodex.

Die Geldsymbole sind ernster zu nehmen. Sie verkörpern ein eisernes Gesetz. Ein Bankscheck ist nichts weiter als ein Stück Papier. Es ist ganz einfach, sich ein solches Stück Papier zu verschaffen und mit der Unterschrift eines reichen Mannes zu versehen. Wenn man dabei erwischt wird, wird man Betrüger genannt, verliert seinen guten Namen und wandert für Jahre ins Gefängnis. Dabei hatte man nur versucht, zu etwas Geld zu kommen, was schließlich das Ziel aller Leute ist. Aber man hatte es auf eine Weise versucht, die gegen das Zeremoniell verstieß. Das Verbrechen bestand nicht darin, daß man sich bereichern wollte, indem man ein papiernes Symbol manipulierte. Die Manipulation von Papiersymbolen trägt Finanzleuten große Reichtümer ein. Manche Leute sind sogar der Ansicht, daß diese Manipulationen nur eine gerissenere Methode, schnell zu Geld zu kommen, seien als eine Scheckfälschung. Aber diese Manipulationen verstoßen nicht gegen das vorgeschriebene Zeremoniell. Die Symbole und Riten der Finanzwelt werden vom Staat gedeckt. Die Menschen haben sich automatisch und weltweit geeinigt, sie als das anzunehmen, was sie vorstellen sollen. Der zeremonielle Aspekt ist bei Banknoten, Bankschecks, Aktien und Versicherungspolicen gar nicht mehr wahrzunehmen. Sie wirken so wirklich, so solide und so echt wie Bäume und Kinder. Sie sind es auch, solange die Autorität, die sie schuf und mit deren Einverständnis sie existieren, ungebrochen ist.

Die Gesetze unserer Religion nun bilden, obwohl keinerlei Polizeigewalt hinter ihnen steht, ein organisches Ganzes, ein lebendiges Verhaltensmuster für eine Gemeinschaft und für jedes einzelne ihrer Mitglieder. Die Symbole und Riten des Glaubens sind jedem wichtigen Teil des Lebens eingeprägt: der Nahrung, der Kleidung, der Behausung, der Zeit, der Sexualität, der Sprache. Einem Juden der alten Schule waren diese Gesetze und Zeremonien so selbstverständlich wie einem Amerikaner die amerikanische Lebensweise. Sie waren für ihn sozusagen unsichtbar geworden, sie verschmolzen mit dem Alltag und schienen ihm ganz natürlich. Während des Passah-Festes Mazzo zu essen und alles Gesäuerte zu meiden, war für ihn eine so selbstverständliche Sache wie für uns heute der Bankverkehr oder Wahlen (zwei sehr merkwürdige Riten). Die wissenschaftliche Erklärung war Sache der Schriftgelehrten. Man tat diese Dinge, weil man ein kultivierter Jude war und es sich für Juden so gehörte.

Diese natürliche jüdische Einstellung gibt es bei den Juden in Amerika oder überhaupt in der freien Welt des Westens nur noch sehr selten. Wir leben in ständiger Spannung zwischen zwei Kulturen, der unseres Glaubens und der unserer Umgebung. Darin ähneln wir den jüdischen Gemeinschaften in anderen Perioden verhältnismäßiger Freiheit: den Juden in Babylon, den Juden, die unter den liberalen Regierungen Griechenlands und Roms lebten, und den Juden unter der Herrschaft der Mohammedaner im Mittelmeerraum. Sicher ist ein Leben in dieser Spannung nicht so angenehm wie ein ruhiges Leben unter dem Schutz des Gesetzes; aber die meisten großen nachbiblischen Persönlichkeiten und Schriften des Judentums sind aus diesen Perioden der Spannung hervorgegangen. Die Herausforderung der fremden Umgebung spornt den alten Glauben an und befruchtet ihn aufs neue. Das war immer so, und wir haben allen Grund zu hoffen, daß es auch jetzt so sein wird.

Inzwischen hat unsere Generation die schwierige Aufgabe, sich der Herausforderung des 20. Jahrhunderts zu stellen. Viel zu viele von uns müssen unseren Glauben überhaupt erst kennenlernen, müssen herausfinden, worin seine Autorität liegt, und was von ihnen verlangt wird. Unsere Väter, Juden der alten Schule, versuchten uns klarzumachen, daß die seltsamen komplizierten Gesetze und Rituale selbstverständlich seien und zum täglichen Leben gehörten. Sie waren verletzt und empört, wenn wir ihnen nicht glauben wollten, und schließlich konnten wir überhaupt nicht mehr miteinander reden.

Konformismus

Vor kurzem geriet ich in eine Unterhaltung über die Religion. Im allgemeinen gehe ich solchen Gesprächen aus dem Weg, weil sie meist damit enden, daß ich stumm dasitze, während meine Partner mir eifrig zu erklären versuchen, welche Fehler die jüdische Religion macht. Gewöhnlich läuft es darauf hinaus, daß Schweinefleisch nur in heißen Ländern ungesund ist, daß es bei Religion um Ethik und nicht um Zeremonien geht, und so weiter. Diesmal war die Unterhaltung angenehmer als sonst, weil mir eine hübsche Siebzehnjährige den Kopf zurechtsetzte, eine Collegestudentin im zweiten Semester, der ich ohne große Mühe gutgelaunt zuhören konnte.

Sie hatte unter anderem Soziologie gehört und überschüttete mich mit Fachausdrücken wie Anomie, Fremdbestimmung, kulturelle Anpassung und ähnliche Zungenbrecher, die ihr mühelos über die Lippen flossen. Ihr Hauptargument war, daß Judentum Ritualismus bedeute, und daß Ritualismus Konformismus bedeute, der ja doch ein schlimmes Übel sei. Ich hatte das Wort «Konformismus» in letzter Zeit auffallend oft gehört, und das junge Mädchen überzeugte mich, daß dieses Schlagwort endlich das Wort «Verunsicherung» ausgestochen hat und das neue Modewort geworden ist. Ich für meinen Teil bin froh über diese Entwicklung. Der Zug zur Konformität ist wirklich ein Übel der amerikanischen Kultur, das Tocqueville schon vor einem Jahrhundert festgestellt hat, und das sich in immer stärkerem Maß bemerkbar macht. In ihm liegt die weitaus größte Gefahr für das Überleben der Juden in den Vereinigten Staaten. Ich komme später noch darauf zurück. Ich verspreche mir jedenfalls sehr viel mehr davon, wenn man sich über Konformismus die Köpfe heiß redet, als wenn immer wieder Freud durchgekaut wird. Interessant war, daß meine reizende Aufklärerin bei ihrer Philippika über Konformismus in ihrer Kleidung so zeremoniell war wie ein katholischer Bischof. Von den korrekten Falten in den Pulloverärmeln bis hinunter zu dem vorgeschriebenen Schmutzfleck auf ihren Sportschuhen war alles da. Sie brachte ihr Plädoyer für Eigenständigkeit im Jargon ihrer jugendlichen Altersgenossen vor, so starr, so festgelegt, so stereotyp und monoton wie eine Litanei. Ihre Gesten, ihre Frisur, ihr Make-up – alles war auf einen ganz bestimmten Stil ausgerichtet. Ihre Eltern, die strahlend vor Stolz zuhörten, waren rechtschaffene Leute, rettungslos gefangen in den stahlharten Vorschriften ihres Villenviertels: wie man sich benimmt, wie man sich anzieht, vierundzwanzig Stunden des Tages am Gängelband eines nicht zu durchbrechenden gesellschaftlichen Rituals.

Schieße ich mit Kanonen auf Spatzen? Aber in intellektuellen Kreisen ist es nicht anders. Ich habe hochgebildete Literaten mit scharfem kritischem Verstand sagen gehört, der Konformismus in der Religion sei für sie das größte Hindernis, religiös zu sein. Dabei verriet ihr Haarschnitt so betont den Literaten wie der des jungen Mädchens den Teenager, und wenn sie den Mund aufmachten, wußte man genau wie bei ihr schon im voraus, was kommen würde. Mit ihnen zu trinken, zu reden und sie zu besuchen, hieß, Gesten zu sehen und Ideen zu hören und bestimmte Bücher in den Regalen zu sehen, bestimmte Musik zu hören, bestimmtes Essen und bestimmten Wein vorgesetzt zu bekommen mit derselben Einförmigkeit einer Gruppenzugehörigkeit wie bei den Chassidim. Wenn man die wirklich fanatischen, borniertesten, besessenen Ritualisten von heute sehen will, dann muß man zu den jungen Nonkonformisten im Greenwich Village gehen, die alle die gleichen Tonsuren tragen, das gleiche Zeug reden, die gleiche Kluft tragen, mit den gleichen Gliederverrenkungen tanzen und wie eine Art weltlicher Derwische wirken.

Aber das alles ist unvermeidlich, und es ist auch gar nicht weiter schlimm. Das menschliche Leben kommt nicht ohne Form aus. Die einzigen echten Nonkonformisten sind in den Irrenhäusern, die einzigen radikal freien Geister sitzen in den Todeszellen und warten auf ihre Hinrichtung. Wir leben nach bestimmten Mustern. Wir bewegen uns in den Kreisen Gleichgesinnter. Wir können nicht eine Hand, nicht einen Fuß rühren ohne Zeichen und Kennworte, gleichgültig, was für einen Beruf oder was für eine soziale Stellung wir haben. Und solange wir leben, tragen wir alle eine Uniform. Konformismus ist ein Übel, wenn er fruchtbare Wege, eigenwillige Ideen und naturbedingte Besonderheiten verbiegt, abstumpft und vernichtet; er ist ein Übel, wenn er wie eine Dampframme alles niederwalzt. Aber der Mensch ist immer ein Teil seines Milieus – und zwar ein erkennbarer Teil –, es sei denn, er flieht nackt in eine Höhle und kehrt nie zurück.

Das Vernünftigste, was man tun kann, ist, scharf nachzudenken, welche Lebensweise die richtige für einen ist, und dann auch danach zu leben, gleichgültig, ob sie für viele oder für wenige Menschen richtig ist. Wenn ein Jude beschließt, sein Erbe anzutreten und es zu einem Teil seines Lebens zu machen, handelt er entschieden vernünftig. Es kann ihm blühen – zumindest heute –, daß er in manchen Kreisen als reichlich verrückter Nonkonformist angesehen wird. Aber das ändert sich auch wieder; und außerdem: kommt es darauf an? Worauf es ankommt, ist, daß man mit Würde, mit Anstand und ohne Angst lebt und seiner Intelligenz und Herkunft Ehre macht.

DRITTES KAPITEL

Wir können nicht alles untersuchen

Die unbenutzten Gesetze

Einer Enzyklopädie des Judentums am nächsten kommt wohl der Babylonische Talmud; er besteht aus zwanzig umfangreichen Wälzern und befaßt sich mit fast jeder menschlichen Tätigkeit. Gesetzesauszüge aus dem Talmud wie die Mischne Thora des Maimonides und *Der gedeckte Tisch* von Caro umfassen viele dickleibige Bände. Sich in ihnen auszukennen, ist eine Lebensaufgabe für Spezialisten. So ausführlich können wir unser Thema natürlich nicht behandeln.

Aber wir können uns ohne weiteres beschränken. Als das jüdische Reich zusammenbrach und der Tempel zerstört wurde, waren viele Gesetzesabschnitte hinfällig, unter anderem die Strafgesetze, die Agrargesetze und die Regeln für Priester. Das heißt nicht, daß die Juden diese Gesetze nicht mehr studierten. Noch heute kann man in jeder Jeschiwa in den Vereinigten Staaten oder in Israel ausführliche Diskussionen über die Vorschriften zur Verkündung des Neumonds oder über die vier Klassen der Schadensersatzregelungen im Talmud hören. Der gesamte Talmud ist so stark vom Geist und Wesen des Judentums durchdrungen, daß Studenten, die sich ernsthaft mit dem Judentum beschäftigen, ihn von A bis Z zu studieren suchen. Aber die meisten Laien haben nur wenig mit dieser theoretischen Seite des Glaubens zu tun. Wir beschäftigen uns hier nur mit Dingen, die auf unser tägliches Leben Einfluß haben.

Die jüdische Überlieferung kennt sechshundertdreizehn Gebote. Diese erstaunliche Zahl ist ziemlich bekannt. Weniger bekannt ist, daß die meisten dieser Gebote in den unbenutzten Gesetzen verankert sind, die sich auf die Landwirtschaft, den Tempel und das Strafrecht beziehen. Ein übereifriger frommer Jude findet vielleicht hundert Gebote, die sich auf unser heutiges Leben anwenden lassen. Ein Jude, der zwei Dutzend Hauptgebote hält, gilt schon als orthodox. Ein ganz schöner Unterschied: vierundzwanzig statt der abschreckenden sechshundertdreizehn. Das muß man sich vor Augen halten, wenn man zu einer vernünftigen Einschätzung der jüdischen Religion kommen will.

Ich behaupte nicht und möchte auch nicht so verstanden werden, daß es genügt, ein paar formale Vorschriften zu befolgen und im übrigen, ohne sich viel Gedanken zu machen, genauso zu leben wie jeder andere moderne Mensch. Ich sage nur, daß man sich als praktizierender Jude nicht völlig von den allgemeinen Sitten, Ideen und Tätigkeiten fernzuhalten braucht, daß die jüdische Lebensweise nicht so verwirrend und seltsam ist, daß man dadurch völlig gelähmt wird, und daß man sich nicht aus dem allen gemeinsamen Schicksal der Menschen ausschließen muß. Das sind Mißverständnisse, die es leider immer wieder gibt.

Die Schwäche des Wilnaer Gaons

Vom Maggid von Dubno, dem berühmten Prediger in den osteuropäischen Ghettos, erzählt man sich folgende Geschichte. Der große Schriftgelehrte, der Gaon von Wilna, wie man ihn nannte, forderte ihn einmal auf, ihm seine, des Gaons, Fehler zu nennen. Der Maggid sträubte sich zunächst, aber als der Gaon in ihn drang, gab er schließlich nach und sagte: «Also gut. Du bist der frömmste Mann unter der Sonne. Von der Welt zurückgezogen, studierst du Tag und Nacht, umgeben von deinen vielen Büchern, der Heiligen Lade und den Gesichtern deiner ergebenen Schüler. Du hast es zu großer Heiligkeit gebracht. Wie hast du das erreicht? Geh auf den Markt, Gaon, wie alle anderen Juden. Ertrage ihre Mühen, ihre Anstrengungen, ihre Verzweiflung. Misch dich unter die Menschen. Höre dir das Gerede voller Zweifel und Unglauben an, das sie täglich hören, erdulde die Schläge, die sie einstecken müssen. Nimm die alltäglichen Heimsuchungen des ganz gewöhnlichen Juden auf dich. Und dann wollen wir sehen, ob du der Gaon von Wilna bleibst.» Es heißt, daß der Gaon zusammenbrach und weinte.

Die eindeutige Absicht unseres Gesetzes ist es, den Menschen zu befähigen, in dieser Weise zu leben und trotzdem auch im Alltag seinen Glauben nie aus den Augen zu verlieren. Der Lama und der Mönch ziehen sich aus der Welt zurück, um durch nichts von ihrer Religion abgelenkt zu werden. Unser Glaube lehrt uns, in der Welt zu bleiben, aber unsere Stunden mit dem Siegel religiöser Verpflichtungen zu prägen. Dadurch wird unser Leben nicht immer leicht. Es kann sich nie ganz dem Augenblick hingeben, nie ganz der herrschenden Mode anpassen. Unsere weltlichen Handlungen unterliegen immer der kritischen Musterung durch das göttliche Gesetz. Doktrinen werden hochgespielt und wieder fallengelassen, Meinungen werden Mode und verschwinden wieder; ironisch und gelassen verfolgt man das alles, auch wenn man selbst hineingerissen wird. Die religiösen Vorstellungen hingegen müssen Tag für Tag den Anforderungen des Geschäfts und des gesunden Menschenverstandes standhalten. Um überleben zu können, müssen sie Substanz haben.

Der innerste Kern des Judentums

Vor mir auf meinem Schreibtisch liegt der Brief eines agnostischen Freundes, mit dem ich seit vielen Jahren korrespondiere. Er schreibt: «Was ist das *Wesentliche* für einen Juden – sich in den Gewohnheiten des täglichen Lebens von den anderen zu unterscheiden, oder ein Leben zu führen, das sich auf das moralische Verhalten dem Nächsten gegenüber stützt? Die Unterstellung, daß die schrecklichen Probleme des menschlichen Zusammenlebens auf einem überfüllten Planeten ernstlich dadurch gelöst werden können, daß man sich weigert, Hummer zu essen, kommt mir unerträglich albern vor.»

Auch wenn der fromme Leser vielleicht nicht einverstanden ist, halte ich das für eine ausgezeichnete Formulierung. Ich habe einmal ein ähnliches, wenn auch nicht so differenziertes Argument vorgebracht, bei dem es um die Marine ging. Ich war seit ein paar Wochen Seekadett und hatte eine Eintragung im Führungszeugnis bekommen, weil ich mich nicht korrekt ausgedrückt hatte. Als der tyrannische Marineleutnant gegangen war, sagte ich wütend zu meinem Kabinenkameraden: «Als ob wir die Japaner nicht schlagen könnten, nur weil ich Leiter statt Niedergang sage!»

Ich lernte es dann schließlich doch noch. Ich habe nicht den Eindruck, daß ich damit die Zeremonie der Übergabe im Hafen von Tokio auch nur um drei Tage beschleunigt habe. Aber eins weiß ich, daß ich, nicht zuletzt weil ich die Seemannssprache lernte, ein brauchbarer Marineoffizier wurde, und wie winzig mein Beitrag zum Sieg auch war, ich leistete ihn als Marineoffizier.

Vielleicht habe ich, weil die Marine in meinem Leben eine so große Rolle spielte, immer gefunden, daß sich die Stellung der Juden innerhalb der Menschheit ein bißchen mit dem Verhältnis der Marineleute zu den übrigen Amerikanern vergleichen läßt. Sind Matrosen und Offiziere weniger amerikanisch, weil sie in der Marine sind? Sie haben ihre besonderen Pflichten und Vorschriften, ihre Kleidung fällt aus dem Rahmen, und ihre Freiheit ist drastisch begrenzt. Dafür haben sie, zumindest ihrer Meinung nach, die Genugtuung, ruhmreiche und lebenswichtige Taten vollbracht zu haben. Die Juden sind durch ihren Glauben nicht von der übrigen Menschheit abgeschnitten, aber sie unterscheiden sich deutlich von ihr. Sie haben ihre besonderen Vorschriften und – jedenfalls ihrer Ansicht nach – ihre Entschädigungen.

Ich entsinne mich, daß ich im Krieg als Marineoffizier mit Respekt behandelt wurde. Als dann der Friede kam und ich zu einer Übung auf mein Schiff mußte, betrachteten mich die Leute im Zug und im Flugzeug fast wie eine unglückselige Mißgeburt. Ein paar fragten mich tatsächlich: «Wieso sind Sie eigentlich immer noch dabei?» Das aber ist genau die Frage, die Agnostiker gesetzestreuen Juden stellen.

Wir sind immer noch dabei, glaube ich, weil wir fest daran glauben, daß das Gesetz Moses' von Gott ist, und weil uns unsere Beobachtungsgabe sagt, daß eben dieses Gesetz unser winziges Volk durch alle Stürme der Geschichte hindurch am Leben erhält. Wir teilen die Hoffnung unserer Väter, daß aus diesem winzigen Volk eines Tages auf eine Weise, die niemand voraussehen kann, das Licht ewigen Friedens kommen wird. Ich kann den Messias nicht hervorbringen. Aber in meinen beiden Söhnen kann ich, wenn es die Vorsehung erlaubt, zwei Juden heranziehen, die diese Hoffnung über meinen Tod hinaus am Leben erhalten.

Damit beantwortet sich die Frage meines Freundes von

selbst. Der Kern des Judentums ist das richtige Verhalten anderen Menschen gegenüber. Der Talmud erzählt (aber ich will nicht zu sehr in die Anekdote abschweifen), daß einmal ein Ungläubiger zu Rabbi Hillel kam und fragte, ob er ihn die ganze jüdische Religion lehren könne, solange er auf einem Bein stehen könne. Hillels Kollege, Rabbi Shammai, hatte dem Mann die Tür gewiesen, weil er die Frage als Unverschämtheit empfand. Hillel erwiderte freundlich: «Was du nicht willst, das man dir tu, das füg auch keinem andern zu. Das ist der Kern der jüdischen Religion. Alles übrige ist Beiwerk. Und nun studiere eifrig weiter.» Der Mann trat zum Judentum über. Der Kern eines Kernreaktors oder eines Apfels oder einer Religion ist nicht das Ganze. Wir treffen nur wenige grundsätzliche Entscheidungen im täglichen Leben, es ist zu sehr mit Trivialitäten und mechanischem Einerlei angefüllt. Das Judentum läßt diesen Teil des Lebens nicht außer acht. Ein ganzes Gewebe von Vorschriften gibt dem Alltag zumindest formale Bedeutung. Es stimmt, daß Christen wie Juden manchmal die Form für das Wesentliche halten. Daher kommt einerseits die agnostische Mißbilligung des Glaubens als «kleinliches Beharren auf Zeremonien». Und daher kommt andererseits die ultra-orthodoxe Einstellung, die den Staat Israel nicht anerkennen will, weil nicht alle Mitglieder seiner Regierung fromm sind. Aber welche Lebensweise kann schließlich vor dem Urteil derer bestehen, die sie falsch verstehen?

Freiwillige Isolierung

Wie können wir uns als vernünftige Menschen freiwillig isolieren? Wir haben keine andere Welt als die, in der wir leben. Die Völker der Welt sind unsere Brüder vor Gott. Die Heilige Schrift lehrt uns, daß Gott alle Menschen, nicht nur die Israeliten, nach seinem Ebenbild erschaffen hat. Auf den Altären beider Tempel brachten Juden und Nichtjuden ihre Opfer dar. «Seid ihr mir nicht wie der Kuschiter Kinder», rief der Prophet Amos im Namen des Herrn, «und habe ich nicht die Philister aus dem Lande Kaphtor geführt?»

Wir sehen mit eigenen Augen, was uns Moses überlieferte

– daß wir ohne die Thora unter allen Nationen die unbedeutendste wären. Was sonst hätten wir angesichts der Weisheit und des schöpferischen Geistes, die Gott der Welt geschenkt hat, vorzuweisen? Haben wir Sokrates oder Aristoteles, Shakespeare oder Cervantes, Newton oder Galilei, Bach oder Beethoven, Michelangelo oder Rembrandt, Dickens oder Tolstoi, Gandhi oder Lincoln hervorgebracht? Sollen wir nicht mit dem Flugzeug reisen, weil die Gebrüder Wright keine Juden waren, sollen wir auf Elektrizität verzichten, weil Faraday, Maxwell und Edison nicht aus unserem Volk stammen? Zerfällt diese absurde Fehlkonstruktion des Judentums nicht bei der leisesten Berührung zu Staub?

Welchen Platz wir in der Welt einnehmen, hängt, glaube ich, davon ab, was wir für die Menschheit leisten. Wir haben die Thora beigesteuert, die mosaische Vision vom richtigen Verhalten und von den ersten und letzten Dingen. Sie ist unser Leben, und sie bleibt gültig bis ans Ende unserer Tage. Wenn wir diese Flamme am Leben erhalten, haben wir uns, glaube ich, das Recht verdient, vor Gott und den Menschen als Volk zu bestehen.

Wenn wir das begriffen haben, nähern wir uns der Vision auf die Weise unserer Väter, durch ein Gebäude aus Symbolen und Vorschriften. Für den Neuling ist dieses Gebäude ein Labyrinth. Aber es nützt nichts, wir müssen hindurch. Um zum Kern vorzudringen, müssen wir die Siegel verstehen lernen, die das Judentum dem Leben aufgeprägt hat, das Beiwerk, wie Hillel es ausdrückte, um den Kern der Thora herum.

Die ersten Siegel, mit denen wir uns beschäftigen, gelten der Zeit.

VIERTES KAPITEL
Der Sabbat

Ein anstrengender Anfang

Logischerweise müssen wir also mit einem der kompliziertesten und verzweigtesten Symbole des Judentums anfangen, das noch dazu den heutigen Sitten und Denkgewohnheiten heftig gegen den Strich geht. Aber vielleicht ist es ganz gut, wenn der Anfang etwas mühsam ist.

Das Sabbatgesetz macht eine der umfangreichsten Abhandlungen des Talmud aus. In der hebräischen Literatur sind unzählige Millionen Wörter über dieses Thema geschrieben worden. Aber die paar Worte, auf die es ankommt, kennt der Leser bestimmt: das erste Kapitel der Genesis und das vierte Gebot.*

Die ersten Seiten der Genesis waren natürlich der Boden, um den es in dem Krieg zwischen Theologen und Naturwissenschaftlern im 19. Jahrhundert ging. Inzwischen schweigen die Waffen und rosten im hohen Gras vor sich hin. Die Toten sind begraben, der Pulverdampf der Schlacht hat sich längst verzogen. Vor uns liegt eine friedliche grüne Ebene, die wir wegen der Schlacht, die dort ausgetragen wurde, mit anderen Augen ansehen. Die Naturwissenschaftler haben gewonnen. Die Theologen gingen mit dem Aufschrei unter, der schandbare Sieg bedeute das Ende der Bibel. Aber das Ende ist bisher nicht eingetreten, und es sieht auch nicht so aus, als ob es in absehbarer Zeit eintreten würde. Fest steht allerdings, daß die Welt die Genesis heute anders auffaßt.

---

* Die Numerierung der Zehn Gebote ist in der jüdischen Übersetzung etwas anders als in der christlichen, wodurch das Gebot der Sabbatheiligung nicht das dritte sondern das vierte Gebot ist.

Der wirkliche Sinn der Genesis

Das erste Kapitel der Genesis durchfuhr das Dunkel der uralten Mythologie mit einem Strahl des Lichts – eines Lichts, das heute die ganze Welt erhellt, so daß wir uns kaum eine Vorstellung von seiner Wirkung machen können, als es zum erstenmal aufleuchtete. Das Weltall wurde als ein natürliches Ordnungssystem erklärt, das von einer einzigen Macht erschaffen und gleich einer riesigen Maschine in Gang gesetzt wurde, um sich dann aus eigener Kraft weiterzuentwickeln. Es gab keine menschenähnlichen Götter, die Tiere waren keine Götter und die Götter waren keine Tiere. Es gab keinen Sonnengott, keine Mondgöttin, keinen Liebesgott, keinen Meergott und keinen Kriegsgott. Die Welt und die Menschheit waren nicht im Inzest der Titanen und nicht in der Sodomie himmlischer Ungeheuer entstanden. Sonne, Mond, Wind, Meer, Berge, Sterne, Steine, Bäume, Pflanzen, Tiere – sie alle waren Teil der Natur ohne eigene magische Kraft. Der ganze Hokuspokus war ein Irrtum. Die Götter und Priester, die verbrannte Kinder forderten, bei lebendigem Leib herausgerissene Menschenherzen oder scheußliche Obszönitäten und einen endlosen Strom von Gaben, waren nutzlose, törichte, verderbenbringende Beleidigungen des Universums. Die kindlichen Alpträume der Menschheit waren vorüber. Es war Tag geworden.

Der Schöpfungsbericht der Genesis entfernte das Krebsgeschwür Götzendienst aus dem Denken der Menschen. Es dauerte lange, bis er sich durchsetzte, aber schließlich zerfielen selbst die bezaubernden Götter Griechenlands und Roms unter seinem Zuschlag zu Staub. Die Genesis ist die Trennlinie zwischen moderner Vernunft und primitivem Herumwursteln auf dem Gebiet der ersten und letzten Dinge. Ich kann mir nicht vorstellen, daß sie in dieser Funktion je abgelöst werden könnte.

Die buchstabentreuen Theologen behaupteten, daß man entweder die von Moses gegebene Darstellung wörtlich nehmen, oder aber alles, was er geschrieben hat, als die Worte eines unwissenden Steinzeitmenschen verwerfen müsse. Die Naturwissenschaftler nahmen diese Formulierung mit Freuden auf. Sie gewannen, aber die traurigen Folgen traten nicht ein, weil die Theologen eine falsche Alternative gestellt hatten. Die Menschen bewundern die Genesis immer noch. Das moderne Denken nimmt es heute als selbstverständlich hin – was die Rabbiner schon seit langem behauptet haben –, daß die Genesis eine mystische Vision vom Ursprung aller Dinge ist, in die klarsten und kraftvollsten Worte gefaßt, so daß ein Kind sie versteht und der Erwachsene sich dafür begeistert, so einleuchtend, daß sie sich in primitiven Zeiten durchsetzen konnte, und so tiefgründig, daß sie es mit den intelligentesten Kulturen aufnehmen kann.

Der Sabbat in der Genesis

Das alles ist im Grunde Nebensache. Man kann aber kaum über die Genesis sprechen, ohne die gewaltigen Kriege zu erwähnen, die ihretwegen geführt wurden. Uns geht es vor allem darum, den Sabbat auf seinen Ursprung zurückzuführen, auf den jüdischen Schöpfungsbericht.

Die ganze Welt weiß, was der Sabbat ist. An jedem siebten Tag ruht die Arbeit zu Ehren des Schöpfers. Diese jüdische Vorschrift hat sich in der gesamten Zivilisation durchgesetzt. Sie ist fast in jedem Land gesetzlich festgelegt. Das Produktionsprogramm der Vereinigten Staaten hält sich streng daran, selbst die härtesten Kriegsmaßnahmen ändern kaum etwas daran. Gewohnheit hat etwas sehr Überzeugendes, und vielleicht ist das der Grund dafür, daß uns das Verhältnis von sechs Arbeitstagen zu einem Ruhetag so richtig und dem menschlichen Rhythmus so genau zu entsprechen scheint. Obwohl sich in unserem überproduktiven Land zum Teil die Fünftagewoche durchzusetzen beginnt, wissen wir doch ganz genau, daß dieser zusätzliche halbe oder ganze Ruhetag reiner Luxus ist, eine Dividende, die freie Marktwirtschaft, Energie und Wissenschaft abwerfen, und durchaus, daß er nicht in der Natur der Dinge liegt.

Die Ruhe ist nur das halbe Gebot, der negative Teil sozusagen. Der siebte Tag ist heilig: Er wird dadurch gekennzeichnet, daß man sich anders kleidet als sonst, anders benimmt, etwas anderes ißt, sich mit anderen Dingen beschäftigt und dem Schöpfer auf besondere Weise Lob und Dank sagt. Auch diese jüdische Sitte hat ihr Gegenstück in der allgemeinen Kultur. Wir alle kennen den Sonntagsanzug, den Sonntagsbraten, die Sonntagsruhe und den sonntäglichen Kirchgang. Wenn wir nicht in einem christlichen Land lebten, könnten wir alles Nähere darüber aus englischen und amerikanischen Romanen erfahren, die ein lebendiges Bild des christlichen Sabbat vermitteln.

Der Sonntag ist kein reines Idyll. Wer im amerikanischen Süden unterwegs ist oder auch wer nach Boston kommt und am Sonntag kein einziges Glas Whisky bekommen kann, ist – zumindest in diesem Augenblick – durchaus nicht in der Stimmung, den Schöpfer zu loben und zu preisen. Die Londoner beklagen sich seit Generationen darüber, daß am Sonntag die Theater geschlossen sind. Die trübseligen Gesetze über die Sonntagsruhe, die in der anglo-amerikanischen Welt noch aus der Puritanerzeit übriggeblieben sind, werden von vielen Leuten als unbequem, als Einbuße an harmlosen Vergnügungen und als ärgerliche Beschränkung der persönlichen Freiheit empfunden. Aber der Sabbatgedanke ist so fest im christlichen Geist verankert, daß sich diese Gesetze nur sehr langsam und mancherorts wohl nie ändern werden.

Verglichen mit dem jüdischen Sabbat sind jedoch selbst die strengsten Sonntagsgesetze milde. Gegner der Sonntagsruhe unter den Christen haben immer eingewandt, daß die Sonntagsgesetze eine Form der Judaisierung seien, und daß es keinen Sinn habe, Christen diese alttestamentarischen Vorschriften aufzuzwingen. Die Puritaner, sagen sie, hätten das Alte Testament viel zu ernst genommen.

Der fromme Jude reist nicht am Sabbat, kocht nicht, benutzt nichts, was mit Motorkraft oder Elektrizität betrieben wird, gibt kein Geld aus, raucht nicht und schreibt nicht. Für ihn steht die Welt der Arbeit still. Fast alle mechanischen Annehmlichkeiten der Zivilisation fallen weg. Das Radio bleibt stumm, der Fernsehschirm dunkel. Kino, Fußballspiele, der Golfplatz, Theater, Nachtclubs, Autobahnen, Kartenspiele, der Grillofen – im Grunde so ziemlich alles, was man gewöhnlich in seiner Freizeit treibt, fällt für ihn weg. Der jüdische Sabbat ist eine Zeremonie, die ungeheure Anforderungen stellt, um eine durchschlagende Wirkung zu erzielen. Ein Jude, der den Sabbat halten will, lebt vom Sonnenuntergang am Freitag bis zum Einbruch der Nacht am Sonnabend in einer abgeschlossenen Welt für sich. Das müssen wir ohne weiteres zugeben.

Aber es kann eine sehr schöne Welt sein. Ich glaube, ich habe dem Leser genügend mit der schweren und harten Seite des Sabbat zugesetzt, um ihm jetzt anständigerweise zu zeigen, daß dieser Tag für einen praktizierenden Juden der Angelpunkt ist, um den sich sein ganzes Leben dreht, und die Quelle, aus der er Kraft und Erholung und Lebensfreude schöpft. Das ist leicht gesagt, aber Andersdenkenden schwer begreiflich zu machen. Ich will versuchen, es zu erklären.

Der große Unterschied zwischen dem puritanischen Sabbat und dem sogar noch strengeren jüdischen *Schabbat* ist ein kaum faßbarer und dennoch einschneidender Unterschied der inneren Einstellung. Unser Sabbat beginnt mit Segenssprüchen über Licht und Wein. Licht und Wein sind die Schlüssel zu diesem Tag. Zur Sabbatheiligung gehört ein bestimmtes feierliches Zeremoniell, aber in der Hauptsache bedeutet er Entspannung, Friede, Heiterkeit und gehobene Stimmung.

Eine persönliche Abschweifung

Der Sabbat hat immer dann besonders einschneidend in mein Leben eingegriffen, wenn Proben meiner Stücke stattfanden. Die hochgradige Spannung bei Theaterproben am Broadway hat sich längst herumgesprochen und ist durchaus nicht übertrieben. Vor einer Seeschlacht stand ich innerlich viel weniger unter Druck als vor einer Premiere. Während der Proben wird es immer gerade dann Freitagnachmittag, wenn die ganze Aufführung zusammenzubrechen droht. Ich kam mir manchmal wie ein Verräter vor, wenn ich in einer so kritischen Situation am Sabbat festhielt. Aber ich wußte aus Erfahrung, daß es beim Theater immer dasselbe ist. Manchmal stolpert die Aufführung wirklich dem Untergang entgegen, und manchmal stolpert sie auf einen Riesenerfolg zu, aber Stolpern ist jedenfalls die normale Gangart, und leidenschaftliche Ausbrüche sind die normale Stimmung. Also habe ich mich zögernd am Freitagnachmittag von meinen Kollegen verabschiedet, um am Samstagabend zurückzukommen. Nie ist eine Aufführung in der Zwischenzeit hoffnungslos zusammengebrochen. Wenn ich zurückkomme, klappt es genauso wenig wie vorher, und die verzweifelten Ausbrüche haben nichts an Lautstärke eingebüßt. Ich habe mit meinen Stücken Erfolge und Mißerfolge erlebt, aber keins von beidem kann ich darauf zurückführen, daß ich den Sabbat einhielt.

Ich lasse also das Halbdunkel des Theaters hinter mir zurück, die überall herumstehenden Kaffeetassen, den Wust der zerfledderten Rollenbücher, die überreizten Schauspieler, die schimpfenden Bühnenarbeiter, den besessenen Regisseur, den auf seinen Knöcheln herumkauenden Produzenten, die klappernde Schreibmaschine, die dichten Tabakschwaden, den Kulissenstaub – und ich komme nach Hause. Der Wechsel ist frappierend – fast so, wie wenn man auf einen Kurzurlaub von der Front kam. Meine Frau und meine beiden Jungen, deren Existenz ich bei dem aufreibenden Kampf gegen den drohenden Ruin fast vergessen hatte, warten schon auf mich, sie sind festlich angezogen, heiter und in meinen Augen ungeheuer reizvoll. Wir setzen uns zu einem ausgezeichneten Abendessen an den mit Blumen und den alten Sabbatsymbolen geschmückten Tisch; den brennenden Kerzen, den geflochtenen Weißbroten, dem gefüllten Fisch und dem bis zum Rand mit Wein gefüllten Silberpokal meines Großvaters. Ich spreche den uralten Segen über meine Söhne, und wir singen die in heiteren Synkopen gehaltenen Sabbat-Tischlieder. Das Gespräch dreht sich nicht etwa um die unglückselige Theateraufführung. Meine Frau und ich holen die Unterhaltung nach, zu der wir während der Woche nicht gekommen sind. Die Jungen stellen ihre Fragen, zu denen am Sabbat die beste Gelegenheit ist. Die Bibel, die Enzyklopädie, der Atlas liegen aufgetürmt auf dem Tisch. Wir unterhalten uns über das Judentum, und die Kinder bombardieren uns mit ihren üblichen unmöglichen Fragen nach Gott, die meine Frau und ich mehr oder weniger geschickt beantworten. Für mich ist das Ganze die reinste Wunderkur.

Der Sonnabend verläuft ganz ähnlich. Die Jungen sind in der Synagoge völlig zu Hause und genießen den Gottesdienst. Noch mehr genießen sie, daß sie ihre Eltern heute ganz für sich haben. Während der Woche mit den Schulaufgaben, den Anforderungen des Haushalts und meiner Arbeit – besonders während der Proben für ein Stück – kommt es oft vor, daß sie uns wenig zu sehen bekommen. Am Sabbat sind wir immer da, und das wissen sie. Sie wissen auch, daß ich dann nicht arbeite, und daß auch meine Frau Zeit hat. Dieser Tag gehört ihnen.

Er gehört aber auch mir. Das Telefon schweigt. Ich kann nachdenken, lesen, studieren, spazierengehen oder gar nichts tun. Er ist eine Oase der Ruhe. Wenn es dunkel wird, kehre ich zurück an den Broadway, und das herrliche, nervenaufreibende Spiel beginnt wieder. Gerade dann kommen mir oft die besten Einfälle zu der heiklen Aufgabe des Streichens und Umschreibens, die sich bis zum Premierenabend hinzieht. Mein Produzent sagte eines Abends zu mir: «Ich beneide Sie nicht um Ihre Religion, aber um Ihren Sabbat beneide ich Sie.»

Ich habe das so ausführlich erzählt, weil mir diese Erfahrung meines eigenen Lebens dem am nächsten zu kommen scheint, was der Sabbat für unsere Vorfahren gewesen sein muß. In einer vom Glück begünstigten Gruppe wie der amerikanischen jüdischen Gemeinschaft, die ihren vollen Anteil an den angenehmen Dingen des Lebens hat und in Frieden lebt, ist der Wechsel vom Wochentag zum Sabbat gewiß nicht so dramatisch wie früher, als er einen Übergang von Finsternis, Mühsal, Armut und ständig drohender Gefahr zu einem Tag voller Frieden und Heiterkeit bedeutete. Unsere Väter schonten alle neuen Kleider, sparten alle Leckerbissen auf für diesen Tag zu Ehren des Schöpfers. Niemand war so arm, daß er nicht den Wein, die Kerzen, die geflochtenen Brote und das bißchen Fleisch und Fisch hatte. Wenn er sie sich nicht selbst kaufen konnte, bekam er sie von der Synagoge geschenkt. Die Einschränkungen hinwiederum, die der Sabbat verlangte und die der amerikanischen Lebensweise andauernd in die Quere zu kommen scheinen, waren unseren Vätern zur zweiten Natur geworden und gehörten, ohne daß man sich darüber lange den Kopf zerbrach, zum menschlichen Dasein. Es gab eine ganze Menge Dinge, die man am siebten Tag nicht tat, so wie es eine Menge Dinge gibt, die ein Gentleman von heute an keinem Tag tut. Natürlich waren die Sabbatvorschriften von der Religion diktiert und nicht von der gesellschaftlichen Konvention. Aber sie waren einem so vertraut, daß sie zum Leben gehörten wie die Luft zum Atmen und keineswegs als streng zu erfüllende Pflichten empfunden wurden. Es gab nichts gegen sie einzuwenden, im Gegenteil, man genoß sie.

Auch der amerikanische Jude kann alles haben, was der Sabbat zu bieten hat, wenn er sich genügend Mühe gibt, wenn er den Sabbat jahrein, jahraus einhält, wenn er die Schwierigkeiten um des Lohnes willen auf sich nimmt. Er muß sich sehr viel mehr anstrengen als seine Väter, weil sein religiöser Eifer sehr viel schwächer ist. Es ist eine schwierige Sache. Vielleicht ist es unvermeidlich, daß der Sabbat der Punkt ist, an dem sich die Geister scheiden: die einen bringt er dazu, dem Glauben ihrer Väter den Rücken zu kehren, die anderen führt er zur jüdischen Religion zurück. Er ist wahrscheinlich der natürliche Angelpunkt – nicht zuletzt, weil der Sabbat das einzige jüdische Symbol ist, das in den Zehn Geboten vorkommt.

Das vierte Gebot

Die beiden Gesetzestafeln enthalten die sieben großen Verbote, auf denen die Zivilisation beruht: das Verbot des Götzendienstes, des Meineids, des Mordes, des Ehebruchs, des Diebstahls, der falschen Zeugnisaussage und der Begehrlichkeit. Daneben enthalten sie drei positive Gebote: die Anbetung eines einzigen Gottes, die Verehrung der Eltern (wodurch die Tradition möglich wird) und die Einhaltung des Sabbat. Das ist alles. Ich habe mich manchmal über Juden gewundert, die den Versöhnungstag und sogar die Festtage – vielleicht auch Chanukka – wichtiger nehmen als den Sabbat, obwohl ihnen doch jedesmal, wenn sie eine Synagoge oder einen Tempel betreten, das Sabbatgebot in die Augen springt, das auf den Tafeln über der Heiligen Lade so flammend verkündet wird. Aber wahrscheinlich ist es nur natürlich, daß man etwas übersieht, was man nur mit schlechtem Gewissen sehen könnte.

Was hat ausgerechnet dieses Symbol unter den vielen tausend anderen, die im Judentum verankert sind, in den Gesetzestafeln zu suchen, so daß es mit dramatischem Nachdruck über alle anderen Riten und Zeremonien erhoben wird? Es gibt zwei Fassungen, die eine im Exodus und die andere im Deuteronomium. Sie bilden die beiden Grundlagen für den Sabbat, die in Wirklichkeit die Grundlagen für alle übrigen Gebote der Thora sind. Der Sabbat steht an führender Stelle, glaube ich, weil er sehr klar und deutlich diese doppelte Bedeutung hat.

Er ist die Thora en miniature.

Im Exodus heißt es:

«Gedenke des Sabbat-Tages ihn zu heiligen: Sechs Tage sollst du arbeiten und all dein Werk verrichten: aber der siebente Tag ist ein Sabbat dem Ewigen, deinem Gott. Da sollst du keinerlei Werk verrichten, du und dein Sohn und deine Tochter, dein Knecht und deine Magd und dein Vieh, und dein Fremdling, der in deinen Toren ist. Denn in sechs Tagen hat der Ewige den Himmel und die Erde geschaffen, das Meer, und alles, was darin ist; aber am siebenten Tag hat er geruht; daher hat der Ewige den Sabbat-Tag gesegnet und ihn geheiligt.»

Und im Deuteronomium steht:

«Wahre den Sabbat-Tag, ihn zu heiligen, wie der Ewige, dein Gott, dir geboten hat. Sechs Tage sollst du arbeiten und all dein Werk verrichten; aber der siebente Tag ist ein Sabbat dem Ewigen, deinem Gott. Da sollst du keinerlei Werk verrichten, du und dein Sohn und deine Tochter, dein Knecht und deine Magd, dein Ochs und dein Esel und all dein Vieh, und dein Fremdling, der in deinen Toren ist, auf daß ruhe dein Knecht und deine Magd wie du. Und du sollst gedenken, daß du Knecht warst im Lande Ägypten, und daß der Ewige, dein Gott, dich von dort herausgeführt hat mit starker Hand und mit ausgestrecktem Arm; darum hat der Ewige, dein Gott, dir geboten, den Sabbat-Tag zu halten.»

Der Sabbat ist also zuallererst eine dramatische Geste der Gemeinschaft, die vor undenklichen Zeiten entstandene kollektive Geste, die Arbeit ruhen zu lassen und zu feiern. Die meisten Nationen begehen den Tag ihres Auftretens in der Geschichte mit Arbeitsniederlegungen und Feierlichkeiten. Die Juden, die glauben, daß Gott die Welt erschaffen hat, feiern dieses Ereignis unter Danksagungen an den Schöpfer einmal in der Woche. Daß die Menschheit diese Sitte allgemein übernommen hat, spricht vielleicht dafür, daß dieses Verhältnis eins zu sechs richtig ist.

Zweitens bezeichnet der Sabbat die Gründung der jüdischen Nation mit dem Auszug aus Ägypten. Die Juden verehren nicht nur den Gott der Schöpfung, sondern auch Gott, der sich um die Geschichte der Menschen kümmert. Das bedeutet für uns der Auszug aus den Sklavenlagern von Goshen. Sklaven werden nicht gefragt, ob sie arbeiten oder ausruhen wollen; sie sind Tiere, die sprechen können, und dem Willen ihres Herrn unterworfen. Sie können nicht über die Schöpfung verfügen. Die Zeit können sie sich nicht einteilen. Freiheit ist eine Grundbedingung Adams, die Freiheit, seine eigene Wahl zu treffen, und die Herrschaft über die Zeit. Der Sabbat hat eine besondere nationale Bedeutung für das Volk Israel, das zur Nation wurde, als es aus der Sklaverei den Schritt in die Freiheit tat.

Diese doppelte Bedeutung zieht sich wie ein roter Faden durch die Symbole der jüdischen Religion: dankbare Verehrung des Gottes, der Himmel und Erde geschaffen hat, und die feierliche Erinnerung an Israels besondere Bestimmung als sein Zeuge in der Geschichte.

Was der Sabbat vollbringt

Aber es geht hier nicht um ein normales Niederlegen der Arbeit. Das ist nur der Anfang der Sabbatheiligung. Sein eigentliches Wesen besteht im zeremoniellen Verzicht auf alle Tätigkeiten, selbst die leichtesten, gleichgültig, ob man etwas anfangen, weiterführen oder vollenden will. Die Thora verbietet das Sammeln von Reisig und Anzünden eines Feuers, zwei leichte und (möchte man denken) harmlose, notwendige Aufgaben, die ein Krüppel, ein fünfjähriges Kind oder eine alte Frau von neunzig Jahren verrichten können. Die Überlieferung, die auf mosaische Zeiten zurückgeht, führt neununddreißig Tätigkeiten auf, die untersagt sind. Sie sind in einigen wenigen Gruppen zusammengefaßt, die sich auf die Grundbedürfnisse des Menschen erstrecken: Brot, Kleidung, Wohnung, Fleisch und Leder, Handwerk und Handel. Geht man diesen Gruppen im Talmud näher nach, stellt man ein Netz von Verboten fest, in dem alles allgemein übliche Schaffen gefangen ist. Der Einwand gegen, sagen wir, das Verbot, ein Streichholz anzuzünden – daß eine kleine Drehung des Handgelenks doch keine schwere Arbeit sei –, geht am Wesentlichen vorbei. Jeder Mensch vermeidet schwere Arbeit, wenn er kann, und zwar an jedem Tag der Woche. Leichte Arbeit zu vermeiden gehört zur Zeremonie. Der jüdische Sabbat mag manchen Leuten zu streng sein, oder sie sind nicht mit seinen Ideen einverstanden; aber innerhalb seiner eigenen Gesetze ist er eine feierliche Zeremonie, die das ganze Leben durchdringt. Er ist nicht einfach nur ein freier Tag. Dieser anspruchsvolle Ritus verwandelt jede Woche vierundzwanzig Stunden in eine ganz besondere Zeit, die sich in ihrer Stimmung, ihrer Beschaffenheit, ihrem Handeln und ihren Ereignissen vom täglichen Leben absetzt.

Religiöses Symbol und religiöse Zeremonie zielen wie die Kunst auf Erschütterung durch das Erlebnis der Wahrheit. Vielleicht verführte diese Ähnlichkeit Santayana zu der Schlußfolgerung, daß die Religion in Wirklichkeit eine Spielart ästhetischer Erfindung ist, der beste schöpferische Traum des Menschen. Ich glaube, das stimmt nicht ganz, es sei denn, wir wollen Moses und Dickens auf eine Stufe stellen. Richtig ist allerdings, daß Religion und Kunst an verschiedenen Fronten gegen den Rost der Gewohnheit kämpfen, der die Wunder der Welt mit der Zeit abstumpft. Ein Baum ist ein unübertroffenes Wunder der Schöpfung, aber die meisten von uns brauchen Cézanne oder Corot, um zu sehen, wie schön ein Baum ist. Der Sabbat ist ein stets wiederkehrendes Wahrzeichen, das uns an die Schöpfung und Israels Anfang erinnert. Darin liegt seine Wirkung.

Trotzdem sollte man seine Erwartungen nicht zu hoch schrauben. Vielleicht haben einige wenige geniale Juden am Sabbat-Tag tatsächlich so etwas wie die gewaltige mosaische Vision der Schöpfung und der Bestimmung Israels erlebt. Für gewöhnliche Menschen hält der Sabbat in der Hauptsache die Erinnerung an diese Visionen wach. Der Siebentagerhythmus ist ein Siegel, das sich sehr tief in das jüdische Leben eingeprägt hat. Jedes Vorhaben steht in Beziehung zum Schöpfungstag: Arbeitspläne, Reisepläne, Ferienpläne, sogar die

Wahl des Wohnorts. Da der Sabbat eine so große Bedeutung im Leben hat und so oft wiederkehrt, hat er ein Leben lang Zeit, seine Bedeutung Seele und Geist des Menschen einzuprägen. Wer diesen Tag hält, muß unweigerlich die Idee der Schöpfung und des Schöpfers, des Auszugs aus Ägypten und der jüdischen Identität ständig im Kopf haben.

Ich kann hier nicht einmal andeutungsweise darauf eingehen, wie die Philosophie des Sabbats und die Vorstellungen, die man sich von ihm macht, jüdisches Denken und jüdische Folklore beeinflußt haben. Die Literatur ist sehr umfangreich, mit zahlreichen mystischen Bildern: der Sabbat ist eine Braut, und der Einbruch der Nacht ist die Hochzeitsstunde, so daß Juden jeden Freitagabend bei Sonnenuntergang die strahlende Liebeslyrik des Hohenliedes lesen ... Der Sabbat besiegelt in der Ordnung der Schöpfung die Partnerschaft zwischen Gott und den Menschen ... Der Sabbat ist der Beginn der menschlichen Nachahmung Gottes ... Im Sabbat wird ein Tag des messianischen Zeitalters in unserer Zeit vorweggenommen; er ist ein Vorgeschmack des kommenden Friedens zwischen Mensch und Gott, Mensch und Natur, Mensch und Mensch ... Die Schriften über den Sabbat, seine Liturgie und seine Gebräuche sind voll von solchen Themen. Der Leser, der sich dafür interessiert, wird sich auf die Suche nach weiteren Beispielen machen. Wenn es mir gelungen ist, drei Gedanken zu vermitteln – daß der jüdische Sabbat über seine strengen Vorschriften hinaus ein Tag erhabener Freude ist, daß er schwer einzuhalten, aber aller Mühen wert ist, und daß er in unserer Religion der Grundpfeiler des Gewölbes aus Symbolen ist, das wir auf der Suche nach den großen Wahrheiten durchwandern –, dann habe ich alles getan, was ich konnte. Noch zwei kurze Bemerkungen zu dieser knappen Skizze eines gewaltigen Themas, dann muß ich zum nächsten Thema übergehen.

Alle Beschränkungen, die das Sabbatgesetz ausspricht, sind in Notfällen wie Krankheit, Katastrophenfall, Lebensgefahr und so weiter aufgehoben. Wenn der Glaube an einen einzigen Gott die erste Schicht des jüdischen Fundaments ist, dann ist der gesunde Menschenverstand die zweite Schicht. Die Bestimmung dessen, was als Notfall zu gelten hat, ist streng, aber realistisch. Gefahr für Leib und Leben ist ein

Notfall. Gefährdung eines Geschäfts, das viele tausend Dollar einbringen kann, ist keiner. Ich weiß, daß es Leute gibt, die hier nur zu gern eine Ausnahme machen würden, aber so steht es geschrieben.

Der Sabbat schien im 19. Jahrhundert durch die Philosophie bedroht, als die besten Naturwissenschaftler glaubten beweisen zu können, daß das Universum ewig sei und keinen Anfang in der Zeit habe. Der jüdische Gedanke der Schöpfung stand jahrhundertelang der griechischen Vorstellung einer Zeit ohne Anfang gegenüber, doch blieb es aus Mangel an Beweisen bei reinen Wortgefechten. Heute schlägt das Pendel wieder mehr und mehr zur anderen Seite aus. Die Beweise, heißt es, weisen in zunehmendem Maß und immer deutlicher auf ein in Raum und Zeit endliches Universum hin. Sie und ich möchten natürlich gern wissen: «Und was war vor der Erschaffung der Welt? Und was liegt jenseits der Grenzen des Universums?» Die Wissenschaftler lächeln weise und wechseln das Thema – nicht viel anders, als es mein Großvater machte, wenn ich ihn mit einer Frage bedrängte, die er für absurd hielt, ohne mir erklären zu können, warum meine Frage so absurd war. So groß war die Kluft zwischen uns. Ich erinnere mich, daß ich ihn meistens mit der Frage behelligte: «Und wer hat Gott gemacht?»

FÜNFTES KAPITEL

Die Naturfeste

Das Rad des Jahres

Die Zeit auf Erden ist ein Getriebe, bei dem ein Rad ins andere greift – der Tag, die Woche, die Jahreszeiten, das Jahr – und jedes dieser Räder hat im Judentum seinen eigenen Stempel.

Die drei Feste der jahreszeitlichen Wenden sind *Pessach* im Frühling, *Schawuos* im Sommer und *Sukkos* im Herbst. Ackerbau und Viehzucht bestimmten in den ersten tausend Jahren der jüdischen Geschichte das Leben des jüdischen Volkes. Diese Feiertage sind durch Symbole und Zeichen der Erinnerung an das bäuerliche Leben gekennzeichnet. Langes Exil, meistens in den Städten Europas, hat weder die Symbole der Bindung an die Erde noch die Gebete um günstiges Wetter im Heiligen Land auszutilgen vermocht.

Die drei Feste feiern also den Reichtum der Natur, und wie der Sabbat ist jedes zugleich ein historischer Gedenktag. Pessach ist natürlich das Fest des Auszugs aus Ägypten. Schawuos, das auf den Tag der Offenbarung am Sinai fällt, ist der Tag der Gesetzgebung. Sukkos versinnbildlicht die vierzigjährige Wanderung durch die Wüste mit der symbolischen Laubhütte oder *Sukko.*

Die Liturgie ist für alle drei Feste fast dieselbe. Geringfügige Änderungen im Wortlaut und ein paar unterschiedliche spätmittelalterliche Dichtungen kennzeichnen die verschiedenen Jahreszeiten und Gedenktage. Aber die Zeremonien unterscheiden sich sehr stark und geben jedem Fest sein besonderes, farbiges Gepräge.

Diese Feiertage, so alt wie das jüdische Volk, sind ein Teil des Mosaischen Gesetzes und gelten wie der Sabbat als Ruhetage. Die gesetzlichen Vorschriften sind sehr ähnlich, wenn auch etwas milder, um dem fröhlichen Treiben bei einem Dankfest Raum zu lassen.

Eine Abschweifung
über den hebräischen Kalender

Die Bibel sagt, die Juden verließen vor etwa dreitausendzwei-
hundert Jahren Ägypten um Mitternacht bei Vollmond, dem
Vollmond der Frühlings-Tagundnachtgleiche, in der vierzehnten Nacht des Monats Nisan. In dieser Nacht also wird
das Pessach- oder Passahfest gefeiert.

Dabei ergibt sich eine Schwierigkeit in der genauen zeitlichen Festlegung. Das jüdische Jahr hat wie das mohammeda-
nische zwölf Mondmonate von je neunundzwanzig oder dreißig Tagen. Das Sonnenjahr, das die Jahreszeiten bestimmt, ist
etwa elf Tage länger. Ein nach dem Mond bestimmter Kalender bleibt alle drei Jahre um etwa einen Monat zurück. Die
Mohammedaner feiern Ramadan nacheinander im Winter,
Herbst, Sommer und Frühjahr. Aber das Mosaische Gesetz
weist das Passahfest ausdrücklich als Frühlingsfest aus; das
Fest der Freiheit muß in die Blütezeit fallen. Die alte jüdische
Lösung dieses Problems bestand darin, daß das Synedrium,
die jüdische Ratsversammlung, alle paar Jahre einen Schaltmonat verkündete. Als sich die Juden in alle Welt zerstreuten
und als Nation untergingen, und als damit die Verbindung
zwischen den geistigen Zentren im Exil immer lockerer wurde, arbeiteten die Rabbiner einen immerwährenden Kalender
aus, der auf einem neunzehnjährigen Zyklus mit sieben
Schaltmonaten beruht und so eingeteilt ist, daß Pessach stets
auf die Frühlings-Tagundnachtgleiche fällt. Dieser Kalender
ist bei modernen Astronomen hoch angesehen. Fast zweitausend Jahre lang ist Pessach immer in den Frühling gefallen
und wird es auch in absehbarer Zukunft tun.

In alten Zeiten rief der Oberste Gerichtshof in Jerusalem
jeden neuen Monat aus, sowie der zunehmende Mond zum
erstenmal nach dem Neumond aufging. Natürlich konnte
man nie mit Sicherheit sagen, ob das neunundzwanzig oder
dreißig Tage nach dem letzten Neumond geschehen würde.
Sobald der Monat verkündet war, wurden überallhin Boten
entsandt, die den jüdischen Gemeinden im ganzen Orient das
Datum ihrer Feiertage mitteilten. An Orten, die mehr als vierzehn Tagesreisen von Jerusalem entfernt waren, gab es keine
Möglichkeit, den genauen Tag für das Passahfest festzustel-

len. Um das Fest trotzdem richtig zu begehen, feierte man es vorsichtshalber an den beiden möglichen Tagen. Mit der Zeit bürgerte sich überall außerhalb Palästinas der Brauch ein, zwei Festtage zu feiern. Heute noch feiern die Juden außerhalb Israels dieses Fest zwei Tage lang, obwohl sie seit zweitausend Jahren einen genauen Kalender haben und man von Jerusalem aus New York oder Tokio anrufen kann; und was den Mond anbelangt, so ist es nur noch zweifelhaft, wer zuerst oben landet, die Russen oder die Amerikaner (und auch das ist, wenn dieses Buch erscheint, wahrscheinlich schon entschieden). In diesen Dingen sind wir gern ein bißchen konservativ.

Passah: der Seder

Der zentrale und höchst eindrucksvolle Ritus des Passahfestes, das gemeinsame Verzehren des Osterlamms, existiert heute nicht mehr. Mit der Zerstörung des Tempels schwand auch dieses Symbol, wie so viel anderes im Judentum, dahin.

Das Lamm mußte im Vorhof des Tempels geschlachtet, unzerteilt gebraten und am Abend bei einem gemeinsamen Festmahl gegessen werden. Scharen von fröhlichen Pilgern fanden sich zum Passahfest in Jerusalem ein. Die Priester im Tempel hatten ein ausgezeichnet funktionierendes System, um ganz Jerusalem und alle Pilger an dem einzigen Nachmittag, der für das Ritual zugelassen war, mit Osterlämmern zu versorgen.

Höfliche Autoren, die über das Judentum schreiben, übergehen gern die Tatsache, daß der Heilige Tempel zum Teil auch ein Schlachthaus war, aber das war er. Ein Tier zu schlachten, war in unserer Religion nicht selbstverständlich, sondern etwas, das Gott uns bewilligt hatte und das strengen, humanen Gesetzen unterlag, zu denen wir später kommen werden. Das Fleisch für die Priester und Leviten im Tempel wurde unter peinlicher Wahrung der Reinheitsvorschriften zubereitet. Die Laien brachten Dank- und Sühnopfer dar, wobei das Fleisch mit dem Tempelpersonal geteilt und einige Stücke auf dem großen Altar verbrannt wurden. Moses und die Propheten betonten immer wieder, daß Gott dieses Opfer nur als Symbol der Hingabe und Läuterung des Menschen annehme. Maimonides ging so weit zu sagen, das Opfersystem sei vermutlich ein Zugeständnis an die primitive Zivilisation gewesen. Im Talmud steht, daß in der messianischen Zeit im wiederaufgebauten Tempel außer Dankopfern keine Opfer mehr gebracht werden.

Die Pilger verzehrten das Lamm nach der Vorschrift der Thora mit ungesäuertem Brot und bitteren Kräutern. Das Osterlamm ist längst verschwunden, aber das große Familienfestmahl, das ungesäuerte Brot und die bitteren Kräuter bilden bis zum heutigen Tag einen Bestandteil der jüdischen Religion. Das Gesetz schreibt vor, daß die Erwachsenen beim Festmahl den Kindern die Geschichte des Auszugs aus Ägypten erzählen, damit die Erinnerung an die große Befreiung lebendig bleibe. Diese Vorschrift hat über dreitausend Jahre lang gewirkt. Es gibt sicher nur sehr wenige jüdische Kinder, die mit acht Jahren nicht alles über den Auszug aus Ägypten wissen und ihn als wesentlichen Bestandteil ihrer eigenen Geschichte empfinden. Der Talmud hat in seiner systematischen Art eine genaue Reihenfolge – das hebräische Wort dafür ist *Seder* – für die Passahzeremonien festgelegt. Mit der Zeit wurde «Seder» der allgemein gebräuchliche Name für das Festmahl. Zum Seder versammeln sich die Familie und ihre Gäste um den festlich gedeckten Tisch und stellen die Geschichte des Auszugs aus Ägypten in einem spannenden Schauspiel dar. Kinder und Erwachsene haben ihre bestimmten Texte zu sprechen, es wird im Chor rezitiert und gesungen, und eine Anzahl farbenreicher, symbolhafter Speisen sind die Requisiten in dieser Darstellung des Freiheitsdramas. Das Textbuch zu diesem Spiel ist ein kurzes, lebendig und in einfachem Hebräisch geschriebenes Buch (die *Haggada* oder Erzählung), das die Geschichte des Auszugs mit einigen Talmudischen Zutaten und Erklärungen enthält.

Die Haggada, wahrscheinlich das beliebteste Stück der hebräischen Liturgie, ist in zahllosen Neudrucken verbreitet. Fast alle jüdischen Maler von Rang und Namen haben sie illustriert. Man kann Haggadas umsonst bekommen durch die Firmen, die für Passah vorgeschriebene Lebensmittel herstellen, es gibt kleine Haggada-Ausgaben, die ein paar Cents kosten, und herrlich illustrierte Ausgaben, die über hundert

Dollar kosten. Modernisten, die es gut meinen, versuchen von Zeit zu Zeit die Haggada zu kürzen und zu revidieren. Aber die breite Masse der Juden zieht nach wie vor die alte Form vor. Die Leute haben offenbar ein Gefühl dafür, daß gelegentliche veraltete Wendungen in ein Buch, das zweitausend Jahre überdauert hat, hineingehören und sogar einen besonderen Wert haben.

Mazzo

Die Abhandlung *Pessachim* im Talmud beginnt mit den Vorschriften zur Vernichtung des Sauerteigs, das heißt: der Hefe.

Alles Gesäuerte, alle gesäuerten Speisen müssen aus dem Haus sein, ehe das Fest beginnt. Die rabbinischen Vorschriften zur Durchführung dieses Gesetzes erinnern an die strengen Regeln der Asepsis in Krankenhäusern. Jüdische Hausfrauen, die diese Vorschriften zu allen Zeiten streng befolgt haben, machten daraus eine Art frommes Frühlings-Großreinemachen in der Woche vor dem Fest, dem keine Brotkrume in Rocktaschen, dunklen Kellerecken und Kammern entgeht. Die Hausfrau reinigt ihr Metallgeschirr und Besteck in kochendem Wasser, räumt alles für den Alltag bestimmte Geschirr fort und holt das gute Porzellan für die Feiertage aus dem Schrank.

Die Vernichtung alles Gesäuerten und das Verzehren von *Mazzo* – ungesäuertem Brot – sind Schlüsselsymbole des Passahfestes. Das gesamte Familienleben steht unter ihren Zeichen. Die Kinder, die am Abend vor Passah mit ihrem Vater beim Kerzenlicht die letzten Brotreste suchen, um sie zu verbrennen (die Mutter hatte sie sorgfältig in der längst gereinigten Wohnung versteckt), werden dieses Erlebnis nie vergessen. Die merkwürdigen, dünnen, trockenen Fladen, die das gesäuerte Brot ersetzen, sind eine aufregende Abwechslung. Daß man in dieser Woche auf so viele gewohnte Speisen verzichten muß, macht sie zu einer ganz besonderen Woche.

Wenn man die Bedeutung eines Symbols auseinandernehmen kann wie eine Maschine oder entschlüsseln wie einen Kriminalroman, fehlt ihm die Poesie, durch die Symbole lebendig werden. Trotzdem kann man versuchen, ihre Bedeutung zu erraten. Der Weg aus der Sklaverei in die Freiheit wird durch das unterschiedliche Brot, das wir essen, deutlich und unmittelbar anschaulich gemacht. Die Juden verzichten während des Passahfests auf das weiche Brot, zu dem man Sauerteig braucht, und leben eine Woche lang von den flachen, harten Fladen, die nur aus Mehl und Wasser gebacken werden. Die Haggada nennt Mazzo «das Brot des Elends», das unsere Väter am ersten Passahfest in der Nacht des Auszugs aus Ägypten aßen.

Das Brot der Freiheit ist ein hartes Brot. Der Gegensatz zwischen Brot und Mazzo deutet möglicherweise auf den Gegensatz zwischen der üppigen Zivilisation des Nillandes, die die Juden am ersten Passah hinter sich zurückließen, und der grauen, steinigen Wüste hin, in der sie zu ihrer Identität fanden. Die Bibel erzählt, daß sie sich bei Moses beklagten, sie könnten das Fleisch, die Gurken und die Zwiebeln nicht vergessen, die ihnen ihre Fronvögte auf den Festungswällen des Ramses zu essen gaben. Die gelegentlichen Peitschenhiebe waren natürlich unangenehm gewesen, aber die Erinnerung daran verblaßte so schnell, wie die Striemen in der trockenen Luft der Wüste heilten. Was blieb, war die Erinnerung an die verlorene Sicherheit.

Wirtschaftswissenschaftler wissen, daß Sklaven, der allgemeinen Auffassung zum Trotz, nicht schwer arbeiten. In einer Zivilisation, die auf Sklavenarbeit beruht, geht es träge und bequem zu; Spuren davon sind heute noch im amerikanischen Süden festzustellen. Wenn man einem Menschen das Selbstbestimmungsrecht nimmt, stumpft er ab, wird bequem, verschlagen und unaufrichtig, ein Meister in der Kunst, sich vor Verantwortung zu drücken und möglichst wenig zu arbeiten. Die Peitsche ist kein Heilmittel gegen diese weltweit verbreitete, menschliche Reaktion. Es gibt überhaupt kein Heilmittel dagegen. Der Peitschenhieb bringt den Sklaven, der dumpf und uninteressiert vor sich hinbrütet, nur dazu, wieder mit seinen Leidensgenossen in den gleichen nachlässigen Trott zu verfallen, zu mehr nicht. Das Leben eines Sklaven ist ein Hundeleben, entwürdigend, aber nicht allzu beschwerlich, und für jemand, dessen Mut gebrochen ist, nicht einmal unangenehm. Die Generation der Juden, die Moses in die Wüste führte, brach in Krisenmomenten immer wieder voll

Angst und Verzweiflung zusammen. Moralisch gebrochen durch die Sklaverei, konnten sie sich nicht mehr von ihrer Gedankenlosigkeit, Feigheit und Götzendienerei freimachen. Alle, die in Ägypten Sklaven waren, mußten in der Wüste sterben, und erst als eine neue Generation den Kampf um ihre Religion aufnahm, konnten die Juden den Jordan überschreiten.

Der Gärungsprozeß würde also in diesem Gleichnis die Korruption durch das Sklavendasein bedeuten. Aber das Symbol ist sehr verzweigt. Die Rabbiner nannten die Leidenschaften des Menschen «die Hefe im Teig». Der Stoff, der die Gärung bewirkt, ist eine merkwürdige und durchdringende Substanz. Er ist lebendig; er ist unsterblich; er ist unfaßbar und trotzdem überall in der Luft; er fermentiert Korn zu Brot, Trauben zu Wein; er ist der farblose Sauerteig des Lebens selbst. Eine Woche lang im Frühling, in der Zeit des Säens und Wachsens, feiern die Juden ihre Unabhängigkeit und verbannen jede Spur des Gärungsstoffes aus ihrem Leben. Niemand hat die Frage nach der Bedeutung dieses Stoffes bisher erschöpfend beantworten können. Daß er die ganze Zeit Macht über die Vorstellungskraft Israels besaß, weiß jeder.

In den letzten Jahren ist es in den Vereinigten Staaten leichter und damit üblicher geworden, die Passah-Vorschriften zu beachten. Die Herstellung von Passah-Produkten hat sich zu einem ganzen Industriezweig entwickelt. Fast alle Lebensmittel des täglichen Bedarfs, die Hefe enthalten – oder auch nur enthalten können –, sind heute auch ohne den Zusatz von Hefe zu bekommen. Wenn Passah auf einen Seder am ersten Abend mit Mazzo und Gesang beschränkt bleibt, ist es nichts anderes mehr als die Geste einer Erinnerung an einen alten Volksbrauch. Die Macht des Passah – und ich behaupte, das wirklich Gute daran, ob man dieses Gute nun im Dienste Gottes oder in der lebendigen Selbstbehauptung eines großen Volkes oder auch in beidem sieht – liegt im absoluten Verzicht auf alles Gesäuerte vom Vorabend des vierzehnten Tages im Monat Nisan bis zum Abend des zweiundzwanzigsten Tages. Der erste und der letzte Tag des Passah sind volle Feiertage. In der Zwischenzeit, der sogenannten Festwoche, geht fast alle Arbeit ihren gewohnten Gang.

Pfingsten: Schawuos

Am Morgen des zweiten Passah-Tages brachte in früheren Zeiten die Gemeinde ein Maß Gerste – *Omer* genannt – im Tempel dar, um damit die erwachende Fruchtbarkeit der Erde zu feiern. Mit diesem *Omer* begann die offizielle jährliche Erntezeit, und niemand in Palästina aß von den frischen Früchten des Feldes vor diesem Gersteopfer. Der Weizen wurde in Palästina etwa sieben Wochen später reif. Das Judentum machte diese Zeitspanne zu einem seiner wichtigsten Zeitsymbole, zum «Zählen des Omers». Von dem Tag, an dem das erste Maß im Tempel dargebracht wurde, zählte man genau sieben Wochen weiter. Am fünfzigsten Tag feierte die Nation das Sommerfest – *Schawuos.* Zum zweitenmal ergoß sich ein Pilgerstrom nach Jerusalem, diesmal, um die ersten Feld- und Gartenfrüchte im Tempel zu opfern.

Daraus erklären sich die beiden Namen des Festes. Schawuos ist das hebräische Wort für Wochen. Pfingsten stammt aus dem Griechischen und bezeichnet den fünfzigsten Tag.

Das Sommerfest dauert nur einen Tag, außerhalb Israels zwei Tage. Zur Zeit des Tempels gehörte ein reichhaltiges Ernteritual dazu; heute ist davon bis auf die allgemein für den Sabbat und die Feiertage geltenden Vorschriften nichts mehr übrig. Der Talmud nennt es *Azeres* oder Tag der Schlußversammlung, ein Hinweis darauf, daß der Festtag am Ende einer einzigen religiösen Zeremonie steht, die mit Passah beginnt. Der Auszug aus Ägypten war der Beginn des Ereignisses, der Höhepunkt war Sinai.

Die Rabbiner stellten bei der Analyse der erzählenden Textstellen des Exodus fest, daß die Offenbarung am Sinai fünfzig Tage nach dem zweiten Passahtag stattfand, dem Datum des Schawuos. Das Sommerfest wurde deshalb gleichzeitig das Fest der Offenbarung am Sinai; und je mehr die Erntefeierlichkeiten verschwanden, um so stärker rückte der Jahrestag der Gesetzgebung in den Mittelpunkt des Festtages. Im Gegensatz zu den anderen Festtagen findet der Tag im jüdischen Gesetz und in der Lehre nur wenig Beachtung. Im Talmud gibt es keine eigene Abhandlung über ihn. Hinweise, wie er zu feiern ist, finden sich verstreut unter den Landwirtschafts- und Tempelgesetzen.

Zum Hauptfestmahl werden nach alter Tradition Milch- und Mehlspeisen serviert. Auf diese Weise entstanden eine ganze Reihe köstlicher jüdischer Gerichte, die von Leuten, denen sonst wenig am Glauben ihrer Väter liegt, hoch geschätzt werden. Die Sitte, Synagogen und Wohnungen am Schawuos mit vielen Blumen und Zweigen zu schmücken, erinnert noch an die Zeit, als die Pilger den Tempel und die Straßen Jerusalems mit frischem Grün, Getreide und Früchten schmückten.

Die Zeit des Zählens oder der *Sefira* zwischen Passah und Pfingsten wurde nach der Vertreibung zu einer Zeit nationaler Trauer. Nach der Überlieferung hängt diese Trauer mit einer Seuche zusammen, der viele tausend Schüler des Rabbi Akiba zum Opfer fielen. Das Symbol des Zählens und Wartens, für die Juden im Exil voll melancholischer Untertöne, trug wahrscheinlich dazu bei, daß diese Zeitspanne als eine Zeit der Halbtrauer empfunden wurde. Religiöse Juden verzichten während Sefira auf jede Feier. Hochzeiten werden auf den dreiunddreißigsten Tag, *Lag B'Omer,* gelegt, an dem der Überlieferung nach die Seuche erlosch. Der dreiunddreißigste Tag ist ein jüdischer Schulfeiertag, an dem die Schulkinder meistens Ausflüge und Picknicks veranstalten.

Sukkos oder Laubhüttenfest:
das Herbstfest

Der fünfzehnte Tag des Monats Tischri ist der Tag des Vollmonds der Herbst-Tagundnachtgleiche. Die Ernte des Jahres stapelt sich in den Speichern und Scheunen: die Früchte, das Korn, der Wein, das Öl – gelbe und grüne und rote Haufen und bis zum Rand mit Purpur und Gold gefüllte Bottiche. Die Bauern des alten Israel bereiten sich wie die Bauern in allen Ländern und zu allen Zeiten auf das Erntedankfest vor.

Der Vollmond scheint auf alle Männer, Frauen und Kinder in Israel. Niemand bleibt im Haus. Das Mosaische Gesetz verlangt, daß alle Juden sieben Tage und Nächte lang in Hütten leben, die teilweise mit grünen Ästen oder Palmzweigen oder Schilf gedeckt sind. In diesen Hütten feiert man, singt man, besucht man einander und schläft man. Jedem Wetter ausgeliefert, leben die Juden wie ihre Vorfahren in den ersten vierzig Jahren ihrer Unabhängigkeit in der Wüste, bevor sie Kanaan eroberten. *Sukkos* ist eine so überwiegend fröhliche und lustige Zeit, daß der Talmud es schlicht «ein Fest» nennt. Für ein Volk, das in einem fruchtbaren Land lebte und im Herbst volle Scheunen hatte, trug dieses kurzfristige Hüttendasein vielleicht dazu bei, daß die satte Selbstgefälligkeit des Wohlstands nicht überhandnahm. Wind und Regen konnten das Leben in der Sukko unter dem nächtlichen Himmel ziemlich ungemütlich machen. Der Mond schien durch das lockere Geflecht des Dachs, die uralte Mahnung an die Wechselfälle des Lebens. Die Sterne – das Gesetz bestimmte, daß die Sterne durch das Dach zu sehen sein mußten – sollten vielleicht daran erinnern, daß das Leben, wenn es hoch kommt, nur ein kurzes Aufleuchten im geheimnisvollen Dunkel des großen Mysteriums ist. So etwa könnte man sich diese Vorschrift erklären. Moses schrieb, daß Israel, wenn es einmal im Jahr in Hütten lebte, sich immer an sein Leben in Hütten in der Wüste erinnern würde. Mehr sagte er nicht dazu.

Als sich die Juden zerstreuten und in kältere Gegenden zogen, änderten sich die mit den Laubhütten verbundenen Bräuche. Es gibt fromme Juden, die immer noch in der Hütte schlafen, wenn es das Wetter erlaubt, aber die meisten beschränken sich heute darauf, dort ihre Mahlzeiten einzunehmen und ihre Gebete zu sprechen.

Im jüdischen Leben Amerikas hat, besonders durch das Anwachsen der Vorortgemeinden, das Laubhüttenfest viel von seinem alten Charme und aufregenden Reiz zurückgewonnen. Denn die Laubhütte (das uralte Wort dafür ist «Tabernakel», das Stiftzelt) macht Kindern ungeheuren Spaß und eignet sich herrlich dazu, ihnen einiges beizubringen. Wer bedauert, daß es bei uns nicht so etwas wie einen Weihnachtsbaum gibt, vergißt ganz, daß wir die Sukko haben, das heißt, wahrscheinlich hat er nie etwas davon gehört.

Man kann die Hütte im eigenen Garten aufstellen. Es gibt Sukkos aus Fertigteilen, die sich ohne große Anstrengung zusammensetzen lassen. Man braucht nicht mehr als drei oder vier Wände, ein paar Holzlatten für das Dachgerüst, und Äste, Zweige, Gras oder Schilf zum Decken. In der Sukko muß Platz für einen Tisch und ein paar Stühle sein. Es ist ein herrliches Spiel, die Hütte auszuschmücken und sich dabei immer neue Muster aus Früchten, Blumen, grünen Zweigen, und was sonst noch Farbe und Leben gibt, einfallen zu lassen. Die kleinen Kinder laufen aus und ein und spielen eine Art Räuber und Gendarm, nicht anders als die Kinder vor dreitausend Jahren in den Bergen Judas, wenn die Laubhütte aufgestellt wurde. Die älteren Kinder helfen beim Schmücken der Sukko oder übernehmen es ganz allein und haben ungeheuren Spaß dabei. Die Haufen von Obst, Blumen, Getreideähren, Maiskolben und Kürbissen werden immer kleiner, und die kahlen Wände der Hütte verschwinden allmählich unter lebendigen Mustern aus Gelb, Scharlachrot und Grün.

Schließlich wird es dunkel. Die Familie ißt bei Kerzenlicht und Mondschein im Freien zu Abend – in der seltsamen Hütte, die vom zarten Duft der Erntefrüchte erfüllt ist. Die alten Festtagsmelodien und Gesänge klingen draußen merkwürdig neu. Vielleicht ist es so kühl, daß man beim Essen den Mantel anbehalten muß. Vielleicht hält sich das schöne Wetter, und man genießt in der schummrigen Sukko das Idyll eines Dinners im Freien. Manchmal fängt es an zu regnen, und alles drängt unter Schimpfen und Lachen ins Haus. Der Reiz des Ungewohnten, das Vergnügen, alltägliche Dinge auf eine neue, farbige Weise zu verrichten, macht das Laubhüttenfest zu einem sieben Tage langen Picknick, in dem sich tiefe symbolische Bedeutung mit viel Fröhlichkeit verbindet.

In der Stadt geht viel von diesen Freuden des Festes verloren. Viele Leute müssen sich mit einem gemeinschaftlichen Mahl in einer Hütte auf dem Dach oder im Hof einer Synagoge begnügen. Aber selbst das vermittelt einen lebendigen Eindruck davon, was das Laubhüttenfest sein kann.

Der Palmzweig

Das Gesetz über das Sukkosfest lautet: «Und nehmt euch eine Frucht vom Baume Hadar, Palmzweige und Zweige von dichtbelaubten Bäumen und Bachweiden, und freut euch vor dem Ewigen, eurem Gott.»

Das ist nicht der Vorschlag zu einer improvisierten Dekoration, sondern die Grundlage für eines der ausdruckvollsten Symbole des Judentums, den Ritus des Palmzweiges.

Der *Esrog* ist eine aromatische gelbe Frucht, die in Palästina heimisch ist, ähnlich wie eine Zitrone, aber größer, mit einem merkwürdigen bräunlichen Knopf an der Spitze der vertrockneten Blüte, die niemals ganz abfällt. Der Andächtige nimmt in die eine Hand einen grünen Palmzweig, der unten mit frischen Weiden- und Myrtenzweigen umwunden ist, und in die andere den gelben Esrog. Mit diesen uralten palästinensischen Erntesymbolen schließt er sich der Prozession durch die Synagoge an und schwenkt die beiden während der Hallelujah-Psalmen. Weidenzweige und Myrte sind in fast jedem Land leicht zu bekommen. Aber Palmen wachsen nicht in Kopenhagen und Esrogs nicht in Quebec. Daher beginnt schon lange vor Sukkos der Versand dieser Artikel in alle Länder der Welt, und wenn es soweit ist, hat jeder Jude, der den Ritus des Palmzweiges befolgen will, die Möglichkeit dazu.

Bei der ungeheuren räumlichen und zeitlichen Entfernung vom Palästina Davids und Salomos weckt der Anblick der im Takt hebräischer Gesänge geschwungenen Palmzweige in einer amerikanischen Synagoge die Erinnerung an eine große Vergangenheit. Dasselbe gilt auch für die Hosianna-Prozession, einem Umzug, den der Kantor mit den Gesetzesrollen auf den Armen anführt, und bei dem alle, die einen Palmzweig und die Frucht haben, mitmachen. In Europa konnten sich oft nur die Reichen einer Stadt einen *Lulaw* (den Palmzweig) und Esrog leisten. Daher schafften die Gemeinden mit Geld aus ihrem Gemeindefonds mehrere an, so daß jeder Beter an die Reihe kommen konnte, den Segen zu sprechen und den Lulaw zu schwingen. Wenn man heute in den Vereinigten Staaten – und noch mehr in Israel – in einer Synagoge die vielen, vielen hin und her geschwenkten Palmzweige und die vom Aroma der Esrogfrüchte erfüllte Luft miterlebt, weiß man, daß dieser Ritus zu den schönsten jüdischen Riten gehört. Kinder sind tief beeindruckt davon.

Wie Passah dauert Sukkos eine ganze Woche lang, aber auch hier sind nur der erste und der letzte Tag volle Feiertage.

Sch'mini Azeres: der achte Tag

Unmittelbar auf Sukkos folgt ein achter Tag, der in der Bibel
Azeres genannt wird. Er ist ein eigener Festtag ohne die Symbole der Hütte, des Palmzweiges und der Frucht. Dieser Tag
hat sich zu einem der fröhlichsten des jüdischen Kalenders
entwickelt. An diesem Tag endet die Lesung der Thora mit
dem letzten Kapitel des Deuteronomium und beginnt wieder
mit der Genesis; deshalb hat der Feiertag auch noch einen
zweiten Namen: *Simchas Thora*, Feier zu Ehren des Gesetzes.
Außerhalb Israels findet dieses Fest an einem zusätzlichen
neunten Tag statt. Wer diesen Tag einmal in einer Synagoge
erlebt hat, braucht keine lange Schilderung der Feier; für den,
der nie dabei war, bleibt jede Beschreibung blaß und farblos.
Die Feiern variieren: vom frenetischen Jubel der chassidischen Gemeinden bis hin zum gemessenen Tanzen und Singen in den eleganten Synagogen Manhattans. Aber im wesentlichen ist es überall das gleiche: Aufregung, Musik,
Scherz, Freude in der sonst so ernsten und feierlichen Stätte
des Gottesdienstes. Siebenmal werden sämtliche Thorarollen
in einer Prozession unter Gesängen rund um die ganze Synagoge getragen. Fähnchen schwenkende Kinder marschieren
in fröhlichem Durcheinander hinterher. Uralte Witze, die
sich von Jahr zu Jahr wiederholen, werden immer wieder be-
lacht. An Gemeindemitglieder, die sich auf wissenschaftli-
chem oder philanthropischem Gebiet oder durch besondere
Leistungen für die Gemeinde ausgezeichnet haben, werden
als besondere Ehrung Preise verteilt. Der Mann, der den Segensspruch über die letzten Verse der Thora spricht, heißt
«Bräutigam der Thora». Ihm folgt sofort der «Bräutigam der
Genesis», der nun den Segensspruch über das erste Kapitel
der Bibel spricht, dessen erstes Wort: «Im Anfang . . .» vom
Synagogendiener intoniert wird. Und dann ist die ganze Syn-
agoge von einem einzigen Jubel und Frohlocken erfüllt.
Schließlich wird auch der Rabbiner mit der Thorarolle im
Arm in den heiteren und feierlichen Tanz miteinbezogen.
Mein Großvater, der das ganze Jahr hindurch auf patriarcha-
lische Würde hielt, ließ es sich noch mit über neunzig Jahren
nicht nehmen, mit ein paar schlurfenden, schwankenden
Schritten mitzutanzen. Sein ganzes Gesicht strahlte dabei vor

Freude, während er die Thora mit seinen alten Armen umfing.

Der Zyklus der Naturfeste:
Zusammenfassung

Die Naturfeste sind heute selbst in Israel nur noch ein Abglanz, ein Symbol dessen, was sie einst waren. Die überwältigenden Pilgerprozessionen in den Straßen Jerusalems, die überfüllte, prächtig geschmückte Heilige Stadt, der große Tempel des Herrn, die Reihen der weißgekleideten Priester, die silbernen Trompeten und goldenen Tore, die Tempelgesänge, die ehrfürchtigen Feierlichkeiten – das alles sind nur noch Worte aus alten Büchern.

Aber die Thora des Moses, die diese Feste, Prozessionen, Priesterschaften und Tempelfeierlichkeiten anordnete, prophezeite, daß diese Pracht vergänglich sei, daß die Menschen in ihrer satten Zufriedenheit das Gesetz vergessen, aus ihrem Land vertrieben und über die ganze Welt zerstreut werden würden; und sie ordnete an, daß die Juden diese Feste immer und für alle Zeiten einhalten sollten, gleichgültig, wo sie lebten. Und das tun wir. Unser Volk hat Tausende von Jahren an dem Glauben festgehalten, daß Gott, wenn er die Zeit für gekommen hält, sein Volk in sein Land zurückführen wird und die Festtage in späterer Zeit ihre alte Kraft und Herrlichkeit wiedergewinnen werden.

In der Zwischenzeit – und die Zwischenzeit ist sehr lang! – sind diese Feiertage, die so viel von ihrer Pracht eingebüßt haben, das Bollwerk des Judentums im Exil. In Israel sind sie selbst für die Nichtreligiösen zu den großen Nationalfeiertagen geworden. Sie vernachlässigen heißt, die Dämme vernachlässigen, die der Flut des Vergessens Einhalt gebieten, und sich selbst um schöne und lehrreiche Erfahrungen betrügen. Worte sind trocken und dürftig, verglichen mit so lebendigen Handlungen wie der Reinigung des Hauses von allem Gesäuerten oder dem Umzug mit dem Palmzweig. Man kann sich hundert Vorlesungen über das Judentum anhören und vierzig Bücher darüber lesen, und man lernt dabei weniger, als wenn man ein einziges Jahr lang an den Pflichten und Freuden der Festtage teilnimmt.

SECHSTES KAPITEL

Die Hohen Feiertage

Die Beliebtheit des Jom Kippur

Juden, die normalerweise nie eine Synagoge oder einen Tempel betreten, Juden jeglicher Geistesrichtung – sei es konservativ, reformistisch, orthodox, ohne Mitgliedschaft bei irgendeiner Gemeinde oder sogar atheistisch –, sie alle drängen sich am Jom Kippur für wenigstens eine oder zwei Stunden in eine überfüllte Synagoge. Sie sind bereit, viel dafür zu bezahlen, und wenn es sie den Mitgliedsbeitrag für ein ganzes Jahr kostet.

Dieses Massenphänomen hat sich auf die Architektur der Synagogen und Tempel ausgewirkt. Die Architekten entwerfen immer wieder neue Pläne für einen Raum, der einerseits die Flut der Besucher an einem einzigen Tag aufnehmen kann, und andererseits nicht in der ganzen übrigen Zeit den trostlosen Anblick eines Häufleins von Betern bietet, das sich um den verloren in der gähnend leeren Halle stehenden Rabbi schart. Eine völlig zufriedenstellende Lösung hat bis jetzt noch niemand gefunden. Das Problem ist so faszinierend wie eine unlösbare mathematische Aufgabe, die Quadratur des Kreises etwa.

Für den amerikanischen Juden steht die Bedeutung des Jom Kippur für das Judentum so unumstößlich fest, daß er seine Anerkennung bei den staatlichen Behörden durchsetzte. In Städten mit starker jüdischer Bevölkerung ist Jom Kippur ein gesetzlicher Feiertag. Er steht auf den üblichen Firmenkalendern vermerkt. Schulen und Arbeitgeber gehen ganz selbstverständlich davon aus, daß jüdische Schüler und Arbeitnehmer an diesem Tag fehlen. Bis zu einem gewissen Ausmaß gilt das auch für das jüdische Neujahrsfest, Rosch Haschana. Zusammen bilden diese beiden großen religiösen Feiertage die Hohen Feiertage oder die furchtgebietenden Tage. Der Talmud nennt die Zeitspanne zwischen Rosch Haschana und Jom Kippur «die zehn Bußtage».

Was liegt der geradezu hypnotischen Fixierung auf diese

beiden Feiertage zugrunde, die Juden auch dann noch mit dem Judentum verbindet, wenn alle anderen Bindeglieder durchgerostet oder gesprungen sind?

Die gesetzliche Darstellung der furchtgebietenden Tage

Die Satzung, die diese Tage regelt, ist kurz und knapp. Sie steht im 23. Kapitel des Buches Leviticus, Vers 24 bis 29:

«Im siebenten Monat, am Ersten des Monats, soll euch eine Ruhefeier sein, Mahnung des Posaunenschalls, heilige Berufung. Keinerlei Dienstarbeit dürft ihr verrichten, und ein Feueropfer sollt ihr dem Ewigen darbringen.

Jedoch am Zehnten dieses siebenten Monats ist der Sühnungstag, heilige Berufung soll euch sein, und ihr sollt euch kasteien und ein Feueropfer darbringen dem Ewigen. Und keinerlei Arbeit dürft ihr verrichten an eben diesem Tag; denn ein Tag der Sühnung ist er, um für euch Sühne zu erwirken vor dem Ewigen, eurem Gott. Denn jede Person, die sich nicht kasteit an eben diesem Tag, soll ausgetilgt werden aus ihrem Volk. Und jede Person, die irgendeine Arbeit verrichtet, an eben diesem Tag, jene Person werde ich vertilgen aus der Mitte ihres Volkes.

Keinerlei Arbeit dürft ihr verrichten; eine ewige Satzung für eure Geschlechter an allen euren Wohnsitzen. Ein Sabbat vollkommener Ruhe ist er euch, und ihr sollt euch kasteien; am Neunten des Monats, am Abend, von Abend zu Abend sollt ihr euren Sabbat begehen.»

Der siebte hebräische Monat, der *Tischri*, fällt in die Erntezeit, meist in den September und Oktober. Die furchtgebietenden Tage gehen dem Laubhüttenfest voraus, das mit dem Vollmond beginnt. In der Thora findet sich keine Erklärung für den Ritus, am 1. Tischri das Horn zu blasen, und der Tag wird als der Beginn des siebten Monats und nicht als der des Neuen Jahres bezeichnet. Wir müssen also nach anderen Quellen suchen, um die Zeremonie in ihrer heutigen Form zu verstehen. Jom Kippur andererseits ist heute genau das, was es in der Thora genannt wird: ein Tag der Sühnung, der strengen Askese und der «Kasteiung».

Der Bericht über die Sühnezeremonie nimmt das gesamte 16. Kapitel des Buches Leviticus ein. Es war der einzige Tag des Jahres, an dem Aaron den gefürchteten totenstillen Raum betrat, der sich, durch einen Vorhang abgetrennt, am westlichen Ende des Heiligtums in der Wüste befand: das Allerheiligste, den Ort der göttlichen Gegenwart, den Ort, an dem die steinernen Gesetzestafeln und die Bruchstücke der ersten Tafeln unter einem Deckel aus massivem Gold und flankiert von zwei Cherubim in der goldenen Heiligen Lade lagen. Der Talmud beschreibt, wie der Hohepriester in den letzten Tagen des zweiten Tempels diesen furchterregenden Ritus zelebrierte.

Der Hohepriester suchte an diesem Tag im Heiligtum der Wüste und in den beiden Tempeln Vergebung für sich, für die Priesterschaft und für ganz Israel für die Übertretungen des göttlichen Gesetzes zu erreichen. Wenn die Zeremonie, die fast den ganzen Tag dauerte, ohne unglückliche Zwischenfälle beendet war, verbreitete sich die Nachricht vom Tempel aus über ganz Jerusalem und löste überall lauten Jubel aus. Jom Kippur war infolgedessen in der Tempelzeit ein Tag mit zwei Seiten: von ernster Feierlichkeit und Angst erfüllt, aber auch ein Tag der aufregenden Darbietungen und zum Schluß von einem Ausbruch allgemeiner Fröhlichkeit begleitet.

Heute kennen wir nur noch die ernste Feierlichkeit, das Fasten, das Bewußtsein, seinem Schöpfer Rechenschaft ablegen zu müssen, und das Gefühl für die Vergänglichkeit der Zeit und das Ablaufen der Lebensuhr. Nach dem Gesetz soll zum Versöhnungstag auch Heiterkeit gehören. Für die Andächtigen ist weiße Kleidung vorgeschrieben als Symbol für das Vertrauen auf die durch die Gnade Gottes wiedergewonnene Reinheit. Aber seit dem Fall Jerusalems ist alle Fröhlichkeit, die im Jom Kippur lag, allmählich verschwunden. Unser Versöhnungstag ist ein Tag schriller Trauermelodien, gesenkter Häupter und gequälter Herzen. Niemand, der je bei Sonnenuntergang, wenn der Feiertag beginnt, das *Kol Nidre* singen gehört hat, kann daran zweifeln, daß die Beter buchstäblich ein viele tausend Jahre altes Gesetz erfüllen und ihre Seelen kasteien.

Diese «Kasteiung der Seele» verlangt nach der Überlieferung fünf Enthaltungen: Verzicht auf Essen und Trinken, Verzicht auf Geschlechtsverkehr, Verzicht auf das Bad, Verzicht darauf, den Körper mit Öl zu salben (die orientalische Form der Körperhygiene) und Verzicht auf das Tragen von Lederschuhen. Die letzten vier sind Enthaltungen, die für Leidtragende unmittelbar nach einem Todesfall vorgeschrieben sind, und die Rabbiner übernahmen sie für Jom Kippur, um den Ernst des Tages zu unterstreichen. Das Fasten ist ein Gesetz der Thora. Heute verzichtet fast jeder Jude, der auch nur eine Spur von religiösem Empfinden hat, während der vierundzwanzig Stunden des Jom Kippur auf Essen und Trinken.

Die Gemeinde verbringt den ganzen Tag in der Synagoge. Die Liturgie des Jom Kippur ist die weitaus längste in der hebräischen Religion. Alle Gebete drehen sich um das Thema von Reue und Buße vor dem Richterspruch, um die Erlösung von Sünde und Irrtum, ebenso wie bei den Gebeten des Rosch Haschana, denn der Tag des Hornblasens ist ein Teil des Dramas um Gericht und Sühne. Zusammengenommen verkünden die beiden Gebetbücher die furchtgebietenden Tage in einer einzigen großartigen Metapher, die sich durch Dutzende von Prosagedichten, Dithyramben, Litaneien, Schuldbekenntnissen und Selbstgesprächen zieht.

Die Metapher der Hohen Feiertage

Ein Hornstoß widerhallt in den dunklen Bereichen des Universums. Die Engelscharen, die vor dem Thron Gottes aufgereiht stehen, erschauern bei diesem Klang. Es ist Rosch Haschana, der Tag des Gerichts. Die Rollen des Schicksals liegen aufgerollt vor dem Herrn. In diese Rollen hat jeder Mensch mit eigener Hand seine im vergangenen Jahr begangenen Taten eingeschrieben. Gott liest die Eintragungen und verkündet das Urteil und bestimmt das Schicksal jedes Menschen für das kommende Jahr: wer sterben muß, wer leben darf, wer reich wird, wer arm wird, wer aufsteigt in der Welt, wer stürzt, wer in Frieden leben kann, und wer vom Unglück verfolgt wird.

Dieser Beschluß am Tag des Hornstoßes ist nicht endgültig. Die Menschen haben zehn Tage Zeit, um in sich zu gehen, ihre Missetaten zu bereuen, durch gute Werke den augenblicklichen Stand der Bilanz zu ändern, Besserung zu geloben und sich der Gnade des Richters im Gebet anzuvertrauen. Jom Kippur, der letzte dieser gnädig bewilligten Tage, ist der Höhepunkt des Schuldbekenntnisses und der Reue. Wenn die Sonne am Horizont versinkt, werden die Rollen des Schicksals wieder zusammengerollt. Das Schicksal aller Menschen im kommenden Jahr ist endgültig besiegelt. Das alljährliche Gericht endet bei Sonnenuntergang mit einem letzten Hornstoß.

Das ist das Leitmotiv eines Gedichts, das im Mittelpunkt des Hohen Feiertags steht, *Unessane Tokef* («So wollen wir von der Hohen Weihe des Tages laut Zeugnis ablegen»). Es wird während des *Musaf*-Gottesdienstes gesprochen, gegen Mittag, wenn die Synagogen und Tempel voll sind. Die Beter stehen in dichten Reihen und singen das Gedicht gemeinsam. In Gemeinden, die Kantor und Chor haben, wird dieses Gebet zu einem musikalischen Erlebnis von hohem Rang.

In diesem Bild kommen alle Riten und Themen von Rosch Haschana und Jom Kippur zusammen. Das Blasen des *Schofar*, des Widderhorns, ist ein Alarmruf, wie er es für die Stämme Israels in der Wüste war, wenn sich der Feind näherte, und für die Heere Davids und Salomos im Heiligen Land; ein Alarmruf, der die Seele zum Gericht ruft. Die rätselhaften Worte «Tag der Erinnerung», mit denen die Thora den 1. Tischri bezeichnet, werden jetzt klar: Gott überprüft die Taten des Jahres, und die Menschen erinnern sich mit Schrekken, daß sie für alle Handlungen zuletzt Rechenschaft ablegen müssen.

Das ist die liturgische Metapher. Die metaphysische Betrachtung ist im Judentum zwanglos; es gibt nur wenig Doktrinen, Dogmen oder philosophische Gewißheiten. Unsere Religion geht davon aus, daß Gott existiert und daß die Thora sein Gesetz für uns ist. Der Talmud ist voller widersprüchlicher Äußerungen der Weisen in theologischen Fragen. Die Äußerungen werden beim Studium als gleichberechtigt behandelt, eine offizielle Stellungnahme erfolgt nicht. Wo die Widersprüche unser Handeln berühren, gibt es immer eine *Halacha*, eine Entscheidung, so daß wir wissen, was wir zu tun haben. Aber wenn es um abstrakte Theologie geht, ist das Judentum ebenso wie bei den Naturwissenschaften allen Überlegungen gegenüber völlig aufgeschlossen. Das ist unserer Religion gut bekommen.

Existiert die Zeit für Gott in Form einer abrollenden Schriftrolle? Diese Dinge weiß kein Mensch. Die Menschen leben nach der Uhr und dem Kalender, das wissen wir genau. Wir haben nur einen Weg, die Zukunft zu gestalten – indem wir die Lehren der Vergangenheit beherzigen. «Die Thora redet in der Sprache der Menschen», sagt der Talmud. Die jüdische Religion hat von Anfang an die Thoragesetze für die ersten zehn Tage des Tischri als Einführung eines jährlichen Rechenschaftsberichts der Seele verstanden, als Gericht und Sühnung, und das bedeutet sie für unsere Religion noch heute.

Die Wirkungsweise der Reue

Es versteht sich von selbst – obwohl es die Rabbiner sicherheitshalber noch ausdrücklich formulieren – daß es nicht nur nach dem jüdischen Recht, sondern auch nach dem gesunden Menschenverstand unwirksam und unvernünftig ist, das Jahr hindurch auf Selbstdisziplin zu verzichten und sich auf die rettende Kraft des Versöhnungstages zu verlassen. Wer munter weiter sündigt und darauf rechnet, daß ihm am Jom Kippur alles erlassen wird, ist ein Narr.

Die Versöhnung an diesem Tag ist ein Vorgang zwischen einem Menschen und seinem Schöpfer. Die Sühne für das Böse, das ein Mensch einem anderen angetan hat, sagt der Talmud, beginnt damit, daß man das Unrecht soweit wie möglich wiedergutmacht; danach bittet man Gott um Vergebung. Ein Gebet am Versöhnungstag genügt weder Gott noch den Menschen, um einem rücksichtslosen Autofahrer oder einem Ehebrecher, der seine Geliebte nicht aufgibt, Absolution zu erteilen. Unsere Väter pflegten in den zehn Bußtagen jeden aufzusuchen, den sie verletzt haben könnten, und um Vergebung zu bitten; sie unternahmen die größten Anstrengungen, um in dieser Zeit alle noch offenen Schulden zu bezahlen. Fromme Juden machen das auch heute noch.

Reue ist nach unserem Glauben auf die Zukunft ausgerichtet. Der hebräische Ausdruck dafür, *Tschuwa,* bedeutet Rückkehr. So etwas wie die gefürchtete Beförderungsakte beim Militär, in der sich sämtliche Verfehlungen eines Mannes ansammeln, ohne das je eine Eintragung gestrichen wird, gibt es nicht. Die Vergangenheit kann durch einen aufrichtigen Anruf Gottes und die Rückkehr zu seinem Gesetz gestrichen werden. Das gilt nicht nur für die jährliche Abrechnung, sondern auch für die letzte Stunde eines Menschen; das hat mir mein Großvater beigebracht. Er hatte in seiner Wohnung in der Bronx einen Untermieter, der zwar weniger gelehrt als er, aber viel fanatischer in seiner Frömmigkeit war. Eines Tages, als wir zusammen die Bußgesetze studierten, kam der Untermieter aus seinem Zimmer gestürzt. «Was!» sagte er, »ein Atheist säuft Whisky, ißt Schweinefleisch und treibt sich sein Leben lang mit Weibern herum, und dann bereut er einen Tag vor seinem Tod und steht schuldlos da? Und ich bemühe mich mein ganzes Leben lang, Gott wohlzugefallen?» Mein Großvater deutete auf das Buch. «So steht es geschrieben», sagte er sanft. «Geschrieben!» tobte der Untermieter. «Das sind mir ja schöne Bücher!» und knallte wütend die Tür hinter sich zu.

Die Empörung des Untermieters schien völlig logisch. Mein Großvater erklärte mir später, daß der Widerruf der Vergangenheit sie noch nicht in ein Verzeichnis von guten Taten verwandelt; sie bleibt ein leeres Blatt, ein Zeichen für vergeudete Jahre. Der Mensch tue besser daran, umzukehren, sagte er, solange er noch Zeit hat, ein Leben zu führen, das der kritischen Betrachtung standhält. Und da keiner seinen Todestag kennt, solle man den Impuls, sein Leben zu ändern, sofort in die Tat umsetzen.

Man kann sich über die Problematik von Gericht und Sühne die Köpfe heiß reden. Über die dramatische Wucht und moralische Kraft der Hohen Feiertage läßt sich kaum streiten. Beim ersten schrillen Ton des Widderhorns in der überfüllten Synagoge läuft es einem eiskalt über den Rücken. Die wiederholten Hornstöße, der unheimliche Wechsel zwischen langen und kurzen Tönen, zwischen dunkel klagenden und herausfordernd hellen Tönen zerrt an den Nerven. Der Alarmruf hat sich in Tausenden von Jahren nicht geändert.

Das Widderhorn und die Luftschutzsirene im Krieg haben die gleiche tonale Struktur und die gleiche Wirkung auf das Herz des Menschen. Der Alarmruf beschwört die Erinnerung an die Vergangenheit und zwingt uns zum Eingeständnis unseres Versagens.

Das Bekenntnis der Gemeinde

Das Judentum kennt kein Sündenbekenntnis vor einem anderen Menschen oder die Vergebung durch einen irdischen Vermittler. Das Sündenbekenntnis wird von der gesamten Gemeinde gemeinsam im Flüsterton abgelegt. Es ist eine formelle gemeinsame Beichte, keine Darlegung der eigenen, persönlichen Missetaten. Eine alphabetische Liste der Vergehen, zwei für jeden Buchstaben, die zum Schluß in verschiedenen Kategorien aller religiösen Vergehen zusammengefaßt werden, ist ein Hauptgebet in der Liturgie des Versöhnungstages und wird häufig wiederholt. Es ist das einzige Sündenbekenntnis, das man ablegt. Das Sündenregister soll wahrscheinlich dazu dienen, daß die Vergehen eines Menschen ein endgültiges Geheimnis zwischen ihm und seinem Schöpfer bleiben.

Das Bekenntnis ist unmißverständlich als Massengebet gedacht. Der Wortlaut ist durchgehend im Plural formuliert: wir ... uns ... unser. Das kann bei einem Gebet, das im Mittelpunkt der Liturgie eines Feiertages steht, kein rein rhetorischer Zufall sein. Es hat etwas zu bedeuten. Ein Mensch kann die Sünden, die er begangen hat, vor sich selbst zugeben, wenn er die Worte spricht, die etwas beschreiben, was er getan hat, aber er legt vor keinem menschlichen Ohr Zeugnis gegen sich selbst ab. Das persönliche Gewissen ist völlig auf sich selbst angewiesen.

Aber paradoxerweise wird der einzelne durch das gleiche Bekenntnis, das das unverbrüchliche Geheimnis zwischen ihm und Gott wahrt, in uralte Gemeinschaftsbande miteinbezogen. Sämtliche Prophezeiungen Israels kreisen um eine einfache, aber überaus schwer zu begreifende Idee: *daß nämlich ganz Israel, die Lebenden und die Toten, vom Sinai an bis zur heutigen Stunde, in seiner Beziehung zu Gott als ein einziges un-*

sterbliches Individuum vor ihm steht. Die Massenbeichte stellt diesen Gedanken in den Mittelpunkt des Jom Kippur.

Ich will nicht versuchen, diese außerordentliche Konzeption zu rechtfertigen, ich kann nur versuchen, sie zu beschreiben.

Das unsterbliche Individuum

An sich ist die Idee gar nicht so seltsam, wie es zuerst den Anschein hat. Wir kennen unsterbliche Individuen, die sich aus einzelnen zusammensetzen: General Motors z. B., oder auch den Staat Dänemark. Im Prinzip ist General Motors unsterblich, schließt Kontrakte ab, kann Verbrechen begehen und bestraft werden. Dänemark kann Schulden haben, obgleich alle Dänen, die das Geld geliehen und ausgegeben haben, längst tot sind. Wenn es nicht so wäre, gäbe es keine dänischen Staatsanleihen zu kaufen. Dänemark kann in seinen Rechten verletzt werden und kann die schuldige Seite vor Gericht bringen. Es schließt Verträge mit anderen hypothetischen Superindividuen ab, mit Großbritannien, Sowjetrußland, Frankreich.

Aber das unsterbliche Israel ist mehr. Die Thoragesetze haben über Zeit und Raum hinweg die Körperschaft Israel geschaffen. Das ist ein ähnlicher Vorgang wie bei anderen nationalen Gesetzgebungen, die ja auch viele Personen unter einem Rechtssystem vereinen. Aber die nationale Idee erfährt gleich zu Beginn, am Sinai, eine überraschende Ausweitung. Hier versagen alle Parallelen.

Der Leser erinnert sich der Erzählung. Moses steigt mehrere Male auf den Berg als Vermittler zwischen Gott und den Ältesten des Volks, weil der alte mit Abraham geschlossene Bund (oder das Testament) erneuert werden soll. Die Bedingungen des Testaments – das Wort bedeutet in der Bibel Vertrag – waren: Gott versprach, die Nachkommenschaft Abrahams zu einem ewigen Volk zu machen, zum Licht der Völker, vorausgesetzt, sie hielten am Monotheismus des Stammvaters fest und gehorchten wie er dem Gesetz Gottes. Jetzt, da die Nachkommen Abrahams eine kleine neue Nation geworden sind, fragt Gott, ob sie diesen Bund ratifizieren wollen. Die Ältesten, die – wie alle Gründerväter – für sich und ihre Nachkommen sprechen, erklären sich bereit, die Gebote der Thora zu befolgen. Nachdem der Vertrag besiegelt ist, offenbart Gott die Zehn Gebote und anschließend die übrigen Gesetze.

Dieser Vertrag ist natürlich «das Alte Testament», das einzige Thema der jüdischen Bibel. Der Name stammt aus dem Christentum und scheidet die Heilige Schrift der Juden von den Evangelien, die eine neue Religion begründen. Für die Nachkommen Abrahams, die Anhänger der mosaischen Lehre, ist es das Testament, das sie von ihren Vorvätern erhalten haben. Nach Ansicht der Überlieferung ist es von keiner der beiden Seiten außer Kraft gesetzt worden und gilt noch heute.

Die Partei, die das Abkommen am Sinai ratifizierte, schuf damit ein unsterbliches körperschaftliches Individuum – eine neue Nation –, das sich von allen anderen der Welt unterscheidet; ein Volk, für das nicht nur die bürgerliche und strafrechtliche Gesetzgebung verbindlich war, sondern auch das Moralgesetz. Kein anderes Volk hat es je zur gesetzlich vorgeschriebenen Pflicht gemacht, Gott zu lieben, seine Gesetze zu befolgen, den Nächsten zu lieben wie sich selbst, Witwen und Waisen zu schützen, die Armen zu speisen und zu kleiden und die Symbole und Riten ihrer Väter zu bewahren.

Auf der ganzen Welt gehören diese Dinge zur Domäne der Ethik und Religion. Für Israel sind sie in seinem Grundgesetz verankert. Es war vielleicht ein unmenschlich schwieriges Unterfangen, aber unsere Vorväter haben es auf sich genommen.

Wir Amerikaner bezahlen Schulden, für die längst verstorbene Kongreßmitglieder verantwortlich sind. Wir stehen zu Verträgen – manchmal unter Einsatz unseres Lebens –, die inzwischen verstorbene Präsidenten unterzeichnet haben. Wir leben nach einer Verfassung, deren Urheber schon vor langer Zeit gestorben sind. Das ist der Lauf der Welt. Aber jemand, der nicht mit der jüdischen Denkweise vertraut ist, kann sich nur schwer damit abfinden, daß Moral und Gottesdienst genauso zwingende Verbindlichkeiten sind.

Wir lesen, daß die Verkündung der Zehn Gebote vom Berge Sinai vom ununterbrochenen Schall des Widderhorns begleitet war. Wir haben weder dafür, noch für alles andere, was sich dabei ereignete, eine Erklärung. Die kühne Bildersprache der jüdischen Prophezeiung flammt hier auf zu einem Bild, von dem alles geblendet wird. Was sich am Sinai ereignete, entzieht sich jeder Beschreibung. Dort ist etwas geschehen, was die Welt bisher weder ergründen noch vergessen konnte. Der Bund, der unter den Hornstößen des Schofar verkündet wurde, besteht noch immer. Das unsterbliche Individuum, das den Bund schloß, lebt immer noch. An den Tagen des jährlichen Gerichts und der Sühne legt dieses Individuum Rechenschaft darüber ab, wie es sich als Partner des Bundes benommen hat, und gesteht unter dem Blasen des Schofar, worin es versagt hat. Und damit wird der Pakt zwischen Gott und Israel für ein weiteres Jahr verlängert, wie schon abertausendmal zuvor.

Die Zeit der Hoffnung

«Aber reuige Bekehrung, Gebet und gute Werke können das böse Verhängnis abwenden», heißt es in der Liturgie.

Omar der Zeltmacher hat ein für allemal seine entgegengesetzte Ansicht zu diesem Thema dargelegt:

Der Griffel, der am ersten Tag geschrieben
Der Wesen Schicksal, ist dann stehngeblieben.
Nicht mehr kann ich erreichen, als er schrieb –
Umsonst ist all mein Streben, Hoffen, Lieben.

Der Pessimismus ist in der heutigen Literatur ungeheuer en vogue. Aber ein gewisser innerer Widerspruch ist bei diesem modernen Pessimismus nicht zu übersehen. Ob es daran liegt, daß seine Verfechter eine unangebrachte Energie ausstrahlen und vor Geist und Witz sprühen, daß sie mit Literaturpreisen für ihre pessimistischen Werke überhäuft werden, aber auf den Zeitungsfotos nach der Preisverleihung alles andere als verzweifelt aussehen – irgend etwas jedenfalls schwächt die schwarz umflorte Trauerbotschaft ab. Wer sich mit so unerhörtem Kraftaufwand um eine so brillante Hoffnungslosigkeit bemüht, kann nicht ganz so wenig von der Welt halten, wie er behauptet.

Was die sichtbaren Tatsachen des Lebens angeht, kann das

Judentum genauso pessimistisch sein wie der strahlendste Literaturpreisträger. Hiob, der Prediger und einige Passagen im Talmud drücken ihre Verzweiflung mit so viel schwarzer Beredsamkeit aus, daß es die modernen Literaten nicht besser machen könnten. Was aber das Bild völlig verändert und das Urteil ins Gegenteil verkehrt, ist die jüdische Überzeugung, daß es einen unsichtbaren Gott gibt. Ob die Welt gute oder schlechte Zeiten durchmacht – die Juden handeln in dem Glauben, daß Gott da ist, daß die Ereignisse nicht dem zufälligen Spiel blinder Kräfte überlassen sind, daß die Menschen sich und die Welt bessern können, wenn sie ihre Fehler ablegen, das Gute zu tun beschließen und sich auf die Führung und Gerechtigkeit Gottes verlassen. Die ganze Vorstellung, daß die Welt verbesserungsfähig ist und immer besser wird, daß der Mensch sein Schicksal selbst in der Hand hat, daß das Universum unerschütterlich und nicht von launischen Göttern abhängig ist, daß eines Tages eine schönere und bessere Zeit kommen kann, ist hebräisch. Sie ist die natürliche Folge der Idee des Gottes Abrahams und nach ihr das Hauptgeschenk, das Israel der Zivilisation gemacht hat.

Das hebräische Volk gewinnt seinen Optimismus aus seiner Vorstellung vom Universum. Unglück, bitterste Armut, Massenmord haben die Juden nie von der am Sinai empfangenen Vision eines unsichtbaren Gottes abgebracht. Sie glauben nicht nur, daß es ihn gibt, sondern auch, daß er sich für die Menschen interessiert, daß er wünscht, sie mögen sich bessern, und daß er ihnen ein Gesetz gegeben hat, das ihnen den Weg zu einer besseren Welt weist. Wer auf diesem Grund steht, steht auf festem Grund. Wenn Gott tatsächlich im Universum vorhanden ist, ist auch Hoffnung vorhanden. Das prekäre Gleichgewicht blinder Kräfte kann nur zu leicht zusammenbrechen und zu einem unwiderruflichen Chaos führen. Eine sehende Macht aber kann die Kontrolle über ihre Instrumente behalten. Der Jude geht bei allen seinen Handlungen von der Voraussetzung aus, daß Gott da ist, er ist also ein Mensch, der hofft. Weil er nach dieser Voraussetzung handelt, hat er eine so lange Zeit überlebt.

Sie können es von mir aus Glück nennen. Aber da Hoffnung die Quelle allen Überlebens auf diesem Planeten ist, beweist der amerikanische Jude vielleicht eine uralte Weisheit seines Volks, wenn er an den Hohen Feiertagen festhält, gleichgültig, wieviel oder wenig er sich im übrigen an die Vorschriften der jüdischen Religion hält. Der Geist des Jom Kippur ist ein Samenkorn, aus dem sich unsere alte Religion zu neuem Leben entwickeln kann, denn er ist die Keimzelle des Ganzen, und er ist unsterblich.

SIEBTES KAPITEL

Die Halbfeiertage

Eine lange Zwischenzeit

Wir nennen bestimmte Feiertage, die nicht auf der Thora, sondern auf Ereignissen in der Endzeit der Bibel oder danach beruhen, Halbfeiertage.

Es ist eigenartig, daß das jüdische Volk keine einzige Begebenheit aus den ereignisreichen siebenhundert Jahren von der Eroberung Kanaans bis zur Exilzeit in Persien feiert, dem goldenen Zeitalter der hebräischen Geschichte, der Zeit der Richter, der Könige und der Propheten, der echten nationalen Einheit, des ersten Tempels, großer Kriege und Siege, überragender Gestalten wie Samuel, David, Elia und Salomo. Jedes andere Volk hätte seine gesetzlichen Feiertage einer politisch so entscheidenden Zeit entnommen. Im Kalender der jüdischen Feiertage werden die Jahrhunderte zwischen der Wüstenwanderung und dem Untergang Jerusalems übersprungen. Kein einziges Ereignis in dieser Zeit wird mit einem Gedenktag gefeiert.

Die drei nachmosaischen Feiertage sind der 9. *Aw, Purim* und *Chanukka*. Die Vorschriften für sie sind weniger streng als die für die hohen Feiertage.

Der 9. Aw: Tischa Be Aw

Man könnte diesen Tag das «Pearl Harbour» des Judentums nennen. Am 9. Aw, 586 v. Chr. brachen die Babylonier in den Tempel des Salomo ein und legten ihn in Schutt und Asche. Auf den Tag genau sechshundertfünfundfünfzig Jahre später zerstörten die Römer den zweiten Tempel. Dieses schicksalhafte Zusammentreffen der beiden schlimmsten Katastrophen im Leben der Nation hat in der Erinnerung der Juden eine unauslöschliche Spur hinterlassen.

Für den 9. Aw gelten dieselben Verbote wie für Jom Kippur, aber es darf gearbeitet werden. Manche Juden essen in den ersten neun Tagen dieses Monats kein Fleisch. Die ganz Frommen befolgen die Trauerbräuche: Sie lassen während der drei Wochen zwischen dem 17. Tammus (als die Armee Nebukadnezars eine Bresche in die Mauern Jerusalems schlug) und dem 9. Aw Haar und Bart wachsen und meiden alle Festlichkeiten. Es gibt noch ein paar weitere Fastentage zur Erinnerung an unheilvolle Ereignisse, aber keiner hat so ausgedehnte Vorschriften und eine so umfangreiche Liturgie wie der 9. Aw.

Bei der letzten Mahlzeit vor dem Fasten wird ein mit Asche bestreutes Gericht eingenommen, häufig ein Ei, als Symbol der dumpfen Trauer und des rollenden Rads des Schicksals. Die Gemeinde versammelt sich nach Sonnenuntergang in der abgedunkelten Synagoge; man spricht im Flüsterton miteinander wie in einem Trauerhaus und schlurft in Hausschuhen ohne Gruß und Handschlag mit ernstem Gesicht aneinander vorbei. Nach dem Abendgebet nehmen die Gemeindemitglieder auf niedrigen Schemeln oder auf dem Fußboden Platz und verfolgen bei Kerzenlicht oder mit Taschenlampen die Trauergesänge um Jerusalem, die fünf Klagelieder der Bibel. Sie singen gemeinsam die *Kinnos*, mittelalterliche Trauerlieder, deren Melodien an Grabgesänge erinnern. So schweigend, wie sie kamen, und ohne sich voneinander zu verabschieden, verlassen sie die Synagoge und gehen nach Hause.

Beim Morgengottesdienst beten die Männer ohne Gebetsriemen und Gebetsschal, wie es in den ersten Tagen der Trauer, solange der Tote noch nicht bestattet ist, üblich ist. An einem einzigen Tag des Jahres werden Gebetsriemen und Gebetsschal zum Nachmittagsgottesdienst angelegt. Wie bei den anderen Halbfeiertagen sind Arbeiten oder Reisen nicht verboten, und die meisten Leute gehen nach dem Gottesdienst wieder ihrer Arbeit nach. Die ganz Frommen allerdings verbringen den ganzen Fastentag mit der Lektüre der Bücher Jeremia, Hiob oder ähnlicher Bibelstellen.

Der 9. Aw fällt in den Juli oder August, die übliche Ferienzeit. Die meisten Großstadtgemeinden wirken dadurch wie ausgestorben. In vielen fällt bis zum Labor Day der Gottesdienst aus, weil die vorgeschriebene Mindestzahl von zehn Betern nicht zusammenkommt. Daher war dieser Ritus bis vor kurzem bei der amerikanischen Judenschaft im Schwinden begriffen. Seit es immer mehr Vorortgemeinden gibt, die von den Ferienmonaten nicht so sehr betroffen werden, wird der 9. Aw wieder häufiger eingehalten. Zahlreiche Neuauflagen seiner Liturgie sind erschienen.

Man hat den Einwand gemacht, daß mit der Geburt des modernen Staates Israel die Trauer um den Untergang Zions ein Anachronismus geworden sei. Aber das jüdische Nationalgedächtnis ist zäh. Es ist sehr unwahrscheinlich, daß das bittere Datum der Einnahme Jerusalems und der Zerstörung zweier Tempel jemals vergessen wird.

Purim: das Estherfest

Purim ist fast so etwas wie eine Art jüdischer Karneval. Es fällt auf den 14. *Adar*, gewöhnlich im Februar oder März, und wird also auch bei Vollmond gefeiert. Der Feiertag geht auf das Buch Esther zurück, und der Anlaß ist natürlich die berühmte Befreiung der persischen Juden von ihrem Hitler ähnlichen Unterdrücker Haman.

Die Grundstimmung des Purimfestes ist überschäumende Fröhlichkeit. Der Talmud erlaubt an diesem Tag dem Frommen, soviel zu trinken, daß er nicht mehr weiß, was der Unterschied zwischen «Gesegnet sei Mordechai» und «Verflucht sei Haman» ist. Zu Ehren vieler ansonsten wenig gesetzestreuer Juden sei gesagt, daß sie sich nach besten Kräften daran halten. Selbst der nüchternste Synagogenbesucher trinkt wenigstens ein formelles Glas Whisky. In Israel hat sich der Tag zu einem ausgelassenen Straßenfest ähnlich dem Faschingsdienstag entwickelt, das *Ad lo Joda* heißt, den talmudischen Worten für «bis er keinen Unterschied mehr kennt».

Am Tag vor Purim wird von Sonnenaufgang bis Sonnenuntergang gefastet. Bei Sonnenuntergang beginnen sich die Synagogen zu füllen. In deutlichem Gegensatz zu allen anderen Festtagen des jüdischen Jahres fallen die vielen Kinder auf. Der Purimabend im Hause des Herrn gehört den Kindern. Das war immer so, und die Kinder kennen ihre Rechte und nehmen sie wahr. Sie sind mit Fähnchen und Lärminstrumenten ausgerüstet, den traditionellen «Purimrasseln», mit denen man einen Höllenkrach machen kann. Nach dem Abendgebet beginnt die feierliche Verlesung des Buches Esther mit dem üblichen Segensspruch über eine Schriftrolle, und die Anfangsverse werden in einer diesem Feiertag vorbehaltenen besonderen Melodie gesungen. Die Kinder hören gespannt und erwartungsvoll zu. Der Vorbeter liest die ersten beiden Kapitel, und dann kommt endlich der lang ersehnte Satz: «Nach diesen Begebenheiten machte der König Haman, den Agagiter, groß . . .» Der Name Haman löst ein Gestampfe und Getrommele aus, und die Rasseln brechen in orkanartiges Getöse aus. Der Vorleser wartet geduldig, bis der Lärm verebbt ist. Er liest weiter, und schon muß er wieder den Namen Haman erwähnen. Wieder geht es zu wie im Tollhaus, und da Haman jetzt eine Hauptrolle in der Geschichte spielt, wiederholen sich die Lärmausbrüche recht häufig. Die Kinder, weit davon entfernt, müde zu werden oder die Geduld zu verlieren, kommen immer mehr in Fahrt. Sie beweisen dabei den sicheren Instinkt der Massen: gespanntes Schweigen während der Vorlesung und explosionsartige Ausbrüche bei jedem «Haman». Es kommen Stellen, bei denen der Name Haman in ganz kurzer Zeit mehrmals auftaucht. Jedesmal die gleiche Reaktion der Kinder. Der Vorleser verliert langsam die Geduld, und schließlich reißt sie ihm ganz. Er kann unmöglich weiterlesen, wenn er dauernd unterbrochen wird. Mit ärgerlichen Handbewegungen versucht er, die tobende Kindermeute abzuwehren und wirft dem Rabbi einen hilfeflehenden Blick zu. Darauf haben die Kinder natürlich nur gewartet. Das Wild ist gestellt. Aber bis zum Schluß bleibt es ein gnadenloser Kampf zwischen dem Vorleser und den Kindern. Er versucht, eilig über die sich häufenden «Hamans» hinwegzulesen, und sie stellen ihm jedesmal mit ohrenbetäubendem Krach ein Bein. Erschöpft, geschlagen, wütend schlägt er sich bis zum Schlußvers durch, und die ganze Synagoge ist vor Begeisterung völlig aus dem Häuschen. Es ist vielleicht nicht ganz fair, daß der Vorleser an diesem Abend die Rolle des Haman übernehmen muß, aber damit läßt sich das, was hier geschieht, vielleicht am besten erklären.

Ich habe einen altmodischen Purim geschildert. Der Brauch hat eine ungeheure Vitalität, und die meisten amerikanischen Gemeinden, auch die konservativen und die reformistischen, haben ihn bis zu einem gewissen Umfang beibehalten. Gemeinden, in denen er nicht mehr ausgeübt wird, sind arm dran. Alle lebenskräftigen Religionen haben ein heiteres, groteskes Zwischenspiel. Unser Zwischenspiel ist Purim.

Am nächsten Tag, dem eigentlichen Purim, geht das burleske Treiben weiter. Es gibt eine sehr alte Tradition der Maskenspiele. Umherziehende Schauspieler pflegten früher in den polnischen und russischen Dörfern Jahr um Jahr das erfolgssichere Purim-Stück aufzuführen. Heutzutage verkleiden sich die Kinder und führen es in der Schule auf. In den Gelehrtenstuben der Frommen hält die Parodie Einzug. Die «Purim-Thora» ist eine Art tiefsinnigen gelehrten Unsinns, ein Wirrwarr aus verwegenen Scherzen, mit denen nach streng talmudischer Methode die verrücktesten Gesetze bewiesen werden. Die Satire auf die geheiligten Formen des Talmudstudiums ist von beißender Schärfe. In den modernen Jeschiwas oder Talmudhochschulen hat sich das Purimspiel zu einer zügellosen Satire mit Musik, Versen und Spottgedichten entwickelt. Keine Persönlichkeit und keine Institution wird verschont. Selbst die Dekane und Rabbiner werden zur Zielscheibe saftigen Spotts. Purim ist eine Art Sicherheitsventil, das mit Humor und tobendem Vergnügen die während des Jahres aufgespeicherten Kränkungen und Widerwärtigkeiten in Luft auflöst. Es ist ein herrliches Fest.

Abgesehen von dem fröhlichen Treiben hat Purim vier religiöse Pflichten: die *Megillah* (die Esther-Rolle) anzuhören, sich den Armen gegenüber wohltätig zu erweisen, ein Festmahl abzuhalten und mit Nachbarn und Freunden Geschenke auszutauschen. Die letzte Verpflichtung heißt *Schlachmones,* das Versenden von Geschenken, und die Gaben müssen noch am selben Tag gegessen und getrunken werden können.

Unsere Vorväter nahmen es sehr ernst damit, in Tücher gehüllte Schüsseln mit Lebensmitteln von Haus zu Haus zu schicken. Kinder liefen mit den Schlachmones durch die Straßen und bekamen als Botenlohn Süßigkeiten oder Wein. Für die Hausfrauen war die Geschichte höchst aufregend und nervenaufreibend. Schickte man einem empfindlichen Verwandten die falsche Menge oder die falsche Art Schlachmones, konnte man ihn damit tödlich beleidigen. Das Festmahl, die *Suda,* begann am Mittag und dauerte den ganzen Tag. Familien mit Unmengen von Gästen nahmen eine gewaltige Mahlzeit ein und aßen dann noch das Schlachmones, sowie es eintraf. Jedes Haus stand jedermann offen. Die Gäste schwärmten von einem Gelage zum andern. Es gab keinen armen Juden, der nicht überall willkommen war; kein Jude war reich oder mächtig genug, seine Tür verschlossen zu halten. Der Brauch lebt heute noch in ein paar kleinen Enklaven der Frommen fort. Vielleicht läßt er sich in den Vereinigten Staaten nicht wieder ganz einführen, so schade das auch ist. Der Weg von der Lower East Side in New York bis zu den eleganten Villenvierteln ist weit. Außerdem fehlt uns der überwältigende Gemeinschaftssinn, der im Ghetto herrschte. Wir leben nicht mehr im abgeschlossenen Quartier für zweitrangige Bürger, wofür wir dem Himmel nur dankbar sein können. Aber wir haben etwas von der selbstverständlichen Kameradschaft verloren, die bei Menschen im Belagerungszustand alle Unterschiede verwischt.

Chanukka: das Lichterfest

Eine zufällige Frage nach dem Chanukkafest ist schuld daran, daß dieses Buch geschrieben wurde. Aber im Grunde ist es heute, 1959, in den Vereinigten Staaten kein reiner Zufall, daß die Frage nach dem Judentum mit der Frage nach Chanukka beginnt, dem letzten Halbfeiertag seiner Entstehungszeit nach, und dem geringsten seinen zu beachtenden Vorschriften nach.

Es ist der einzige Feiertag, der nicht auf die Bibel zurückgeht, der einzige, der ein kriegerisches Ereignis feiert, kurz gesagt, der Tag, der am ehesten eine Brücke zwischen dem alten Judentum und unserer modernen Welt schlägt, und der am weitesten von der mosaischen Offenbarung entfernt ist. Wenn wir den Weg von heute bis zum Sinai zurückgehen, ist der erste Meilenstein im Kalender, auf den wir treffen, Chanukka. Der Feiertag steht uns nicht nur zeitlich am nächsten, auch die Krise, der er sein Entstehen verdankt, ist uns ihrer Natur nach sehr vertraut.

Chanukka feiert den erfolgreichen Aufstand der Juden in der Zeit des zweiten Tempels gegen die seleukidischen Griechen, die bei dem Zusammenbruch des Weltreichs Alexanders des Großen den Brocken Syrien erbten. Antiochus Epiphanes, der achte in der Reihe der seleukidischen Könige, versuchte Judäa die griechische Religion mit der alten, nicht auszurottenden Begründung aufzuzwingen, daß religiöse Nonkonformisten eine Bedrohung für den Staat seien. Er hatte damit soweit Erfolg, daß seine Truppen 168 v. Chr. im Tempel von Jerusalem ein Götzenbild aufstellten und abtrünnige jüdische Priester dazu brachten, dem griechischen Gott in den Höfen Salomos Schweine zu opfern.

Antiochus erklärte in ganz Palästina die Unterweisung in der Bibel und die Beschneidung der Knaben zu Staatsverbrechen. Seine Truppen zogen durch das ganze Land, stellten in jedem Dorf Götzenbilder auf und setzten abtrünnige Priester ein, was die entsetzte und eingeschüchterte Bevölkerung zunächst ohne Protest hinnahm. Der Umschwung kam, als sich ein alter Mann, Mattathias aus dem Priestergeschlecht der Hasmonäer, weigerte, dem in seiner Heimatstadt Modin aufgestellten Fetisch zu opfern, und mit eigener Hand den Mann erschlug, der an seiner Stelle das Schwein schlachten wollte. Seine fünf Söhne retteten ihn vor den Truppen, flohen mit ihm in die Berge und organisierten einen Aufstand, der im Verlauf von drei Jahren die Griechen aus ganz Judäa vertrieb. Die Tat eines einzigen, energischen alten Mannes veränderte also den schlimmen Gang der Ereignisse. Der Schlag, den Mattathias führte, hat vielleicht die ganze Zukunft des Judentums entscheidend beeinflußt.

Am 25. *Kislew* 165 v. Chr. gelang es den Aufständischen, unter Führung von Juda Makkabi, dem kriegerischen Sohn Mattathias', den Tempel zurückzuerobern und nach einer achttägigen Reinigungszeremonie seiner früheren Bestimmung zurückzugeben. Chanukka bedeutet Einweihung. Der Feiertag gemahnt an diese acht Tage, in denen der Tempel wieder für den Dienst Gottes hergerichtet wurde. Der Tempeldienst bestand danach noch über zweihundert Jahre, bis die Römer im Jahre 70 Jerusalem stürzten und das Haus des Herrn zerstörten, das bis heute nicht wieder aufgebaut worden ist.

Ich habe hier die Chanukka-Geschichte kurz zusammengefaßt, weil sie nicht wie die Erzählungen der Bibel Bestandteil unserer gemeinsamen westlichen Kultur ist. In den tausend Jahren ihrer nationalen Existenz auf palästinensischem Boden haben die Juden immer wieder ihre Unterdrücker bekämpft, sie vertrieben und ihre Unabhängigkeit zurückgewonnen, aber nur der Makkabäerkrieg, ein Kampf um religiöse Freiheit, ging in die Riten unseres Glaubens ein. Er fiel aus dem Rahmen. Zum erstenmal sahen sich die Juden vor die unerbittliche Frage gestellt, die sie die nächsten zweitausend Jahre nicht mehr loslassen sollte: Kann ein kleines Volk, das inmitten einer überlegenen Großkultur lebt, am allgemeinen Leben teilhaben und dennoch seine eigene Identität wahren, oder muß es unvermeidlich in der gesellschaftlichen und kulturellen Lebensweise der Majorität aufgehen? In den beiden großen politischen Lagern der heutigen Welt – im Herrschaftsbereich des Kommunismus, der so sehr einer Militärdiktatur des Altertums ähnelt, und im toleranten, skeptischen freien Westen – stehen sie wieder einmal vor dieser Frage.

Die Kommunisten nehmen den Juden gegenüber im allgemeinen, wenn auch nicht ganz so primitiv, die Haltung des Antiochus ein. Für die Sowjets ist unsere Religion ein Relikt aus barbarischen Zeiten, das gegen die Weisheit und Fehlerlosigkeit des Marxismus nicht aufkommt. Kinder in diesem unhaltbar gewordenen semitischen Aberglauben zu erziehen, widerspricht jeglicher Vernunft und außerdem den Interessen des Staates. Die Polizei verhindert also den Unterricht, manchmal mit verstecktem, manchmal aber auch mit ganz offenem Zwang. Wenn man die Religion der alten Griechen durch den Marxismus ersetzt, dann stehen die russischen Juden heute genau da, wo ihre Vorfahren 168 v. Chr. standen – wenn man einmal davon absieht, daß es vielleicht einige Unterschiede zwischen der relativen Wahrheit und Schönheit der griechischen Kultur und der kommunistischen Kultur gibt.

Die Bedrohung durch den Westen ist anderer Natur, aber nicht weniger ernst zu nehmen. Es ist das alte Lied: Den Juden wird eine bessere Lebensweise angeboten, und dafür sollen sie ihre Religion aufgeben. Da kein äußerer Zwang ausgeübt wird, gegen den sich der Mensch unwillkürlich auflehnt, lassen sich die Juden nur zu leicht dazu verführen. Die Einstellung der Regierung, die sich allerdings mit der festen Überzeugung der meisten führenden Köpfe Amerikas deckt, ist, daß die jüdische Gemeinschaft das Recht und die Pflicht hat, am Glauben ihrer Väter festzuhalten. Aber im Widerspruch dazu steht die weitverbreitete Macht, die Tocqueville schon vor langer Zeit in seiner unvergeßlichen Formulierung von der «Tyrannei der Mehrheit» als die große Schwäche der Demokratie bezeichnet hat. Der Trieb, es dem Nachbarn gleichzutun, der innere Drang, sich den allgemein üblichen Ansichten und Sitten anzupassen, die tiefsitzende Furcht vor dem Anderssein – das sind in den Vereinigten Staaten die Streitkräfte des Antiochus. Wo die Macht des Schwertes vor langer Zeit versagte, hat die Macht der Suggestion in letzter Zeit entschieden mehr Erfolg.

Es wäre schön, wenn man glauben könnte, daß die einschneidende Bedeutung des Chanukkafestes für das jüdische Leben das zunehmende Interesse für das Fest in Amerika bewirkt hätte. Aber leider liegt der Grund dafür offensichtlich ganz woanders. Durch ein rein zufälliges zeitliches Zusammentreffen fällt der jüdische Halbfeiertag fast mit einem der großen christlichen Feiertage zusammen. Dieser Zufall hat beinahe ein neues Chanukka entstehen lassen.

Das alte Chanukka war ein trüber Halbfeiertag mitten im Winter, wenn es früh dunkel und spät hell wird, wenn das Wetter naßkalt ist und die blaugraue Dämmerung des Tages nur vom schwachen gelben Licht der Straßenlaternen mehr oder weniger erhellt wird. Es kam einem kaum wie ein Feiertag vor. Väter gingen morgens in ihren Alltagskleidern zur Fabrik oder ins Büro. Kinder trotteten morgens zur Schule und saßen am Abend über ihren Hausaufgaben. Es gab keine Feier in der Synagoge, keine Verlesung einer Schriftrolle, keine farbigen Bräuche, keine Geschichte aus der Bibel. Acht Abende lang versammelte der Vater, wenn er von der Arbeit nach Hause kam, seine Familie, sang eine Melodie, die man nur um diese Zeit zu hören bekam – so daß sie einen immer an das trübselige winterliche Zwielicht, an kalte Winde und aufgesprungene Hände, an das Zischen der Warmwasserheizung und an den Anblick fallender Schneeflocken erinnerte –, und entzündete Kerzen auf einem achtarmigen Leuchter, *Menora* genannt, der auf dem Fensterbrett stand: eine am ersten, zwei am zweiten und so weiter, bis am letzten Abend acht Kerzen in einer Reihe flackerten. Aber selbst dann brachte der Leuchter nur ein armseliges Licht zustande. Die Kerzen waren dünn und unansehnlich wie der ganze Feiertag, hatten die Farbe einer blassen Orange, krümmten sich und schmolzen dahin und waren schnell niedergebrannt; ganz anders als die dicken Kerzen am Sabbat, die die halbe Nacht hindurch brannten.

Am ersten Chanukka-Abend ging es noch am lebhaftesten zu, weil dann die Kinder von Eltern und Großeltern Chanukka-Geld bekamen, einen viertel oder einen halben Dollar; herrliche Reichtümer, wenn nicht eine vorsichtige Mutter sofort mit der eisernen Sparbüchse ankam und die Kinder zwang, die Münzen in den scheußlichen, dünnen schwarzen Schlund zu schieben, der dann auch die halbe Kinderfreude verschlang. An diesem Abend gab es als Überraschung auch *Latkes,* in viel Fett gebackene Kartoffelpuffer, die nur der kalorienhungrige Magen eines Kindes richtig verdauen und dankbar genießen konnte.

In der hebräischen Schule fand eine Art gemäßigter Purimfeier statt; man führte etwa mit Helmen, Schilden und Schwertern aus Pappe Schlachten zwischen Juden und Griechen auf. Die Lehrer erzählten die Makkabäergeschichte und anschließend die Legende von einer Lampe, die wunderbarerweise acht Tage lang im Tempel brannte. Das Ganze schien nicht sehr wichtig zu sein, weil es nicht in der Bibel stand, und weil in der Synagoge außer ein paar zusätzlichen Gebeten nichts davon hergemacht wurde. Manchmal bekamen die Kinder Nüsse, Rosinen und harte Bonbons geschenkt und komische kleine Kreisel, *Dreidl* genannt, mit denen man spielen und dabei seinen Schatz an Süßigkeiten verdreifachen oder auch total verlieren konnte. Das war mehr oder weniger das alte Chanukka, das man zwar jedes Jahr getreulich feierte, das aber, verglichen mit Sukkos oder Passah oder dem wöchentlichen Sabbat, recht kläglich war. Der Weihnachtsrummel der Warenhäuser schwemmte es wie eine Sturzwelle hinweg.

Es war völlig natürlich, daß einer neuen jüdischen Generation, die in den Vereinigten Staaten aufwuchs, jedesmal im Dezember wie Kindern zumute war, die draußen im Dunkeln stehen und sehnsüchtig die Nase an die Fenster der hellerleuchteten Häuser pressen, wo es lustig und hoch hergeht. Daß auch das Judentum reichlich Gelegenheit zu fröhlichem Feiern bot (wie wir ja gesehen haben), war uninteressant. Die meisten in Amerika geborenen Juden wußten nur sehr wenig Bescheid über ihre Religion, und die Christen hatten jedenfalls ein herrliches Fest mitten im Winter und die Juden nicht. Einige Familien lösten das Problem auf die einfachste Weise, indem sie Weihnachtsbaum, Weihnachtsgeschenke und Weihnachtslieder bei sich zu Hause einführten. Sie behaupteten, ihre Kinder litten unter dem Gefühl, benachteiligt zu sein, und der Weihnachtsbaum sei nur ein der Jahreszeit entsprechender Zimmerschmuck und habe überhaupt keine religiöse Bedeutung.

Inzwischen ging man in Schulen, in denen es viele jüdische Kinder gab, dazu über, sowohl eine Weihnachts- als auch eine Chanukkafeier zu veranstalten zum Zeichen der Höflichkeit und Toleranz dem Andersgläubigen gegenüber. Das führte hinwiederum dazu, daß man sich wieder mehr für Chanukka interessierte. Selbst die Juden, die bei sich zu Hause Weihnachten feierten – mit Baum, Mistelzweig, «Tochter Zion, freue dich» usw. –, hielten es jetzt für angebracht, eine elektrische Menora ins Fenster zu stellen oder sogar richtige Kerzen anzuzünden. Damit war das Problem für sie gelöst, und die Kinder bekamen das Beste beider Welten.

Natürlich wetterten alle Rabbiner, selbst die Vertreter der extremsten Reformrichtung, gegen dieses Durcheinander aus religiösen Bräuchen, weil letzten Endes nichts weiter dabei herauskommen konnte als eine völlige Verwirrung der Kinder. Aber Worte von der Kanzel herunter bewirken in solchen Fällen nicht mehr als ein paar Hände voll Sand gegen eine drohende Sturmflut. Ich kannte einen begabten und äußerst liberalen Rabbiner in einem Villenviertel, der gegen die Weihnachtsbäume in jüdischen Heimen predigte. Er wurde vor die Herren seines Vorstands zitiert, die ihn streng darauf hinwiesen, daß er sich auf die Religion beschränken und das Privatleben der Leute in Ruhe lassen solle.

Das Interessante und einzig Erwähnenswerte bei der ganzen Sache ist die Erkenntnis, wie sehr der Druck der Majorität einen Menschen davon überzeugen kann, daß ihre Forderungen sein eigener spontaner Wunsch sind. Ein Jude, der ein Stück seines geistigen Erbes nach dem anderen dahinschwinden sieht und sich dabei ertappt, daß er sich in seinem Verhalten immer mehr der großen Mehrheit anpaßt, sollte sich genau überlegen, ob er das auch wirklich freiwillig tut, oder ob er sich nicht, nolens volens, zu einem genormten, auswechselbaren Teilstück eines Ganzen umformen läßt.

Daß Chanukka an Bedeutung gewonnen hat, ist ein glücklicher Zufall. Die Kenntnisse über das Judentum müssen unvermeidlich zunehmen, wenn irgendein Teil des Judentums, gleichgültig aus welchem Grund, besondere Aufmerksamkeit erregt. Der Sohn meines skeptischen Freundes wird es kaum dabei bewenden lassen, sich über Chanukka zu informieren. Daß es ihnen an einer eindeutigen und befriedigenden Religionszugehörigkeit fehlt, trifft amerikanische Juden im Dezember am härtesten. Deshalb wird auch die im Grunde so nebensächliche Frage des Weihnachtsbaums mit soviel Dickköpfigkeit und Ressentiments behandelt. Sie trifft auf einen bloßgelegten Nerv. Da kommt Chanukka gerade zur rechten Zeit. Daß der alte Brauch des Chanukka-Geldes dem neuen Brauch der Weihnachtsgeschenke gewichen ist, bedeutet nur eine unwichtige Veränderung der Gewohnheit. Die Geschichte des Lichterfestes mit ihrem fast zu deutlichen Bezug auf unser heutiges Leben ist sehr eindrucksvoll. Sie ist äußerst nützlich, wenn man Kindern die historische Situation der Juden verständlich machen will. Mit den Geschenken gewinnt man ihre Aufmerksamkeit. Die kleinen Kerzen regen sie zu Fragen an. Die Feier scheint wie geschaffen dafür, die Frage nach dem eigenen Ich zu beantworten.

Die Chanukka-Kerzen müssen nach dem Gesetz im Fenster brennen, damit sie jeder, der vorbeigeht, sehen kann. Die Weisen nannten das «Die Verkündung des Wunders». Die Legende berichtet, daß die Makkabäer im wiedereroberten Tempel nur noch ein einziges Fläschchen Öl vorfanden, das das unversehrte Siegel des Hohenpriesters trug und damit für den goldenen Leuchter benutzt werden durfte. Es reichte aber nur für einen einzigen Tag. Sie wußten, daß es mindestens acht Tage lang dauerte, bis neues rituell reines Öl beschafft werden konnte, aber sie kümmerten sich nicht darum und zündeten die Lichter des großen Tempelleuchters an. Das Öl, sagt die Legende, reichte für die ganzen acht Tage.

Die Erzählung, *Midrasch* genannt, ist ein Gleichnis für die Geschichte der Juden. Unsere ganze Geschichte ist eine phantastische Legende vom Ölvorrat für einen Tag, der acht Tage lang ausreiche, von einem brennenden Dornbusch, der nicht verbrannte, von einem nationalen Leben, das, ginge es nach der Logik der Dinge, längst erloschen sein müßte, aber immer weiter besteht. Das ist die Geschichte, die wir unseren Kindern in den langen Dezembernächten erzählen, wenn wir aufpassen, daß die kleinen Kerzen nicht ausgehen, während ringsherum das große christliche Fest mit seinem geschmückten Lichterbaum und seiner vertrauten Musik gefeiert wird.

Eins allerdings verbindet die beiden Feste wirklich miteinander. Wäre es Antiochus gelungen, das Judentum anderthalb Jahrhunderte vor der Geburt Jesu zu vernichten, dann gäbe es kein Weihnachtsfest. Das Fest der Geburt Christi setzt den Sieg der Makkabäer und damit das Chanukkafest voraus.

ACHTES KAPITEL

Die Gebete, die Synagoge und die Beter

Das Problem des Betens

Mit der Allmacht Gottes kann es nicht weit her sein – das hat man längst festgestellt –, wenn der Inhalt unserer Gebete etwas Neues für ihn ist, wenn sie etwas nützen oder irgendeine Wirkung erzielen können. Wenn es Gott gibt, dann ist er allwissend. Wenn er alles weiß, kennt er auch die Zukunft einschließlich aller unserer zukünftigen Gebete. Wenn er die Zukunft kennt, steht sie praktisch fest; und wenn die Zukunft besteht, ist jedes Gebet verlorene Liebesmüh, ein Schachzug, nachdem das Spiel längst beendet ist. Ich kam zu dieser bündigen Beweisführung, oder habe sie irgendwo gelesen, als ich zwölf oder dreizehn Jahre alt war, und vielleicht habe ich damals auch eine Weile aufgehört zu beten; ich erinnere mich nicht mehr.

Aber wenn ich aufhörte, habe ich jedenfalls sehr schnell wieder angefangen. Sinnlos oder nicht, der Mensch möchte Gott für die Wunder des Lebens preisen, darum bitten, daß er, wenn möglich, von Schicksalsschlägen verschont bleibt, und ihm für alles, was er besitzt, für Gesundheit, Familie und Arbeit danken. Jedenfalls möchte er es, wenn er überhaupt an Gott glaubt. In der jüdischen Liturgie spielen reine Bittgebete nur eine sehr kleine Rolle. Meistens vertraut man sich der Gnade Gottes an und meditiert über die heiligen Schriften, die mit sehr klaren Worten die paar großen Themen unserer Religion behandeln. Der Sinn des täglichen Gebetes ist die Erneuerung religiöser Kraft durch einen Akt, in dem man sich zum Judentum bekennt und seine Hoffnung auf den Herrn ausspricht.

Wer kann sagen, ob das Gebet irgendeinen Einfluß auf unser materielles Wohlergehen hat? Wie will man so etwas beweisen? Man kann stundenlang Paradoxa über das Wirken Gottes ersinnen, die beweisen gar nichts und interessieren seit dem 18. Jahrhundert nur noch Theologiestudenten in den ersten Semestern. Huckleberry Finn betete um eine Angel; er bekam sie auch, aber ohne Angelhaken, worauf er die Religion als Mittel zur wirtschaftlichen Bedarfsdeckung aufgab. Das ist eine glänzende Parabel. Trotzdem betete Moses, und Miriam wurde vom Aussatz geheilt. Ob sie auch ohne das Gebet geheilt worden wäre, läßt sich beim besten Willen nicht feststellen. Wenn man an ein vorherbestimmtes Schicksal glaubt, nützt das Gebet nichts. Wenn man an Gott glaubt, ist das Gebet eines Menschen ein Ereignis; nicht unbedingt ein entscheidendes Ereignis, sonst bekämen wir alle unsere Angelruten mit Haken, wenn wir sie haben wollten, aber es schafft eine neue Situation wie zum Beispiel eine Geburt.

Zweifellos ist die Scheinheiligkeit auf der Welt weit verbreitet, und nur zu oft werden Gebete gedankenlos heruntergeleiert und als Andacht ausgegeben. Ein feinfühliger Mensch findet es vielleicht peinlich, wenn er an Zeremonien teilnehmen soll, bei denen ihm so etwas passieren kann. Ich bin nicht sicher, ob mein Feingefühl da ganz auf der Höhe ist. Manchmal, viel zu oft, habe ich meine Gebete nur mechanisch heruntergesagt. Aber manchmal spürte ich wirklich, daß ich Verbindung mit der Macht hatte, die sich die Mühe genommen hat, mir das Leben zu schenken. Der Leser ohne religiöse Bindung wird das als Autosuggestion, als geistige Verwirrung abtun; für ihn ist es im übrigen eine reine Privatsache des Autors. Aber ich fand, daß ich anständigerweise erst einmal meinen Standpunkt klären mußte, bevor ich weiter über dieses Thema spreche.

Der traditionelle Jude betet dreimal am Tag – morgens, nachmittags und abends. Die Gebete sind je nach der Tageszeit und der Jahreszeit verschieden. Einige Hauptgebete ändern sich nie, aber die Liturgie ist an Feiertagen anders und weit umfangreicher als sonst.

Ein Besuch in der Synagoge

Selbst der überzeugteste Ungläubige hat wahrscheinlich hin und wieder eine religiöse Anwandlung, ob es ihm nun paßt oder nicht, so wie auch der treueste Ehemann gelegentlich ein unerwünschtes Vergnügen empfindet, wenn ein hübsches junges Mädchen vorbeigeht. Die Natur verlangt ihr Recht. Der menschliche Impuls – oder, wenn es den Freidenkern lieber ist, die menschliche Schwäche –, der die Religion erschaffen und verewigt hat, ist keinem Menschenherzen völlig fremd. In so einem flüchtigen Augenblick der Religiosität versteigt sich der jüdische Skeptiker vielleicht sogar zu einem Besuch in der Synagoge, um zu sehen, was ihm der Glaube seiner Väter zu bieten hat.

Er bekommt ein Gebetbuch in die Hand gedrückt, das ihm ein ziemliches Durcheinander zu sein scheint, und dessen übersetzte Partien zum großen Teil wenig Sinn ergeben. Er kann zerstreute und unaufmerksame Beter beobachten, die einen hebräischen Text mit wenig äußeren Anzeichen von Andacht herunterleiern, oder sich im Flüsterton miteinander unterhalten, während der Vorbeter einen langen Singsang rezitiert. Hin und wieder stehen alle auf, warum, weiß er nicht, und es wird gemeinsam etwas gesungen, was, weiß er auch nicht; oder wenn er sich dunkel aus seiner Kindheit daran erinnert, findet er die Stelle im Gebetbuch nicht. Dann kommt der Augenblick, in dem die Heilige Schriftrolle der Lade entnommen und feierlich zum Lesepult gebracht wird, wobei die Glöckchen der silbernen Krone leise klingeln. Die Vorlesung in einer fremdartigen, orientalischen Tonart scheint endlos lange zu dauern, und er stellt fest, daß sie auch anderen Betern offenbar endlos lange vorkommt, weil sie geistesabwesend vor sich hinstarren oder sich unterhalten oder sogar schlafen. Wenn eine Predigt gehalten wird, besonders, wenn der Rabbiner jung ist, läuft sie meistens auf einen Auszug aus liberalen Zeitungs- und Zeitschriftenartikeln der letzten Woche hinaus, und hin und wieder wird auf die Bibel Bezug genommen. Der Skeptiker verläßt die Synagoge vorzeitig (wenn er kann) und stellt befriedigt fest, daß er doch sehr gesunde Ansichten hat, daß seine religiöse Stimmung nur ein Anfall von Melancholie war, und daß der jüdische Gott, falls es ihn überhaupt gibt, durch die Synagoge jedenfalls nicht zu erreichen ist.

Das Erlebnis wird wahrscheinlich etwas anders aussehen, wenn er zufällig in eine altmodische Synagoge gerät, deren Rabbiner ein bärtiger Greis ist, der jiddisch spricht. Die Beter wirken hier vielleicht etwas andächtiger, aber auch sie unterhalten sich zwischendurch ganz ungeniert. Die Predigt wird – wenn er sein Jiddisch noch nicht ganz vergessen hat – durch ihre bildhafte Sprache und ihre zwar eigenartig formulierten, aber ausgesprochen tiefgründigen Einsichten in das Leben zumindest ein momentanes Echo bei ihm finden. Es kann sein, daß er auf dem Nachhauseweg ein wenig Zeiten und Dingen nachtrauert, die sich leider überlebt haben; denn natürlich ist es unmöglich, Jiddisch wieder als Sprache der Gemeinschaft einzuführen oder es seine Kinder lernen zu lassen, die wahrscheinlich eine fortschrittliche Privatschule besuchen.

Das alles setzt den Besuch einer traditionellen Synagoge voraus. Die konservativen und reformierten Tempel bieten bei einigen Unterschieden in Art und Weise des Gottesdienstes Teile des gleichen Ganzen. Wenn das Ganze nicht besonders auf ihn wirkt, dann tun es einzelne Teile wahrscheinlich erst recht nicht.

Ein Abend in der Oper

Der Leser erinnert sich in diesem Zusammenhang vielleicht an seinen ersten Opernbesuch. Er wird etwa achtzehn oder zwanzig Jahre alt gewesen und nur auf Drängen eines opernbegeisterten Freundes oder einer Freundin hingegangen sein. Vermutlich hatte er nicht viel für die Oper übrig und war mehr oder weniger überzeugt, daß sie nichts weiter als ein großaufgemachter, langweiliger Schwindel war, eine überholte, nach Amerika verpflanzte Kunstform, die amerikanischen Snobs und Angebern nur deshalb gefiel, weil ein Opernbesuch in Europa als hochvornehm galt. Wenn ich mich nicht irre, stehen viele meiner Leser auf demselben Standpunkt.

Wer aber heute anderer Meinung ist, wird sich erinnern, daß er seine Meinung nicht beim ersten Besuch änderte. Im Gegenteil, damals sah er wahrscheinlich seine schlimmsten Befürchtungen bestätigt. Dicke alte Männer hingen zusammengesunken, mit grotesk verschobenen, gestärkten Hemdbrüsten auf ihren Logenplätzen und schliefen; ihre Frauen schienen sich mehr für die Kleider und Gesichter in den anderen Logen zu interessieren als für die Vorgänge auf der

Bühne; seelenvolle Geschöpfe, die dringend eines Haarschnitts bedurften, standen oder hockten mit betont verzücktem Gesichtsausdruck hinter dem Orchester; auf der Bühne standen eine korpulente keifende Dame, die behauptete, eine schüchterne Frau vom Lande zu sein, ein Männchen mit einem Schmerbauch und kurzen, wild in der Luft herumfuchtelnden Armen, der den Don Juan darstellte, ein Chor ältlicher, stark geschminkter Frauen, und Männer mit lächerlich dünnen Streichholzbeinen in eng anliegenden Hosen, die hin und wieder mit müden, ungeschickten Bewegungen in die Handlung einzugreifen suchten; während das Orchester unaufhörlich eine monotone zuckersüße Melodie herunterdudelte und klimperte. Das war höchstwahrscheinlich sein erster Eindruck von einem der größten Wunderwerke des menschlichen Genies, von Mozarts *Don Giovanni*.

Sir Thomas Beecham hat einmal gesagt, daß es von Don Giovanni nie eine wirklich vollkommene Aufführung gegeben habe – das heißt, ein Ensemble, das ihn singen konnte, und ein Publikum, das zu hören verstand. In einer einzigen Generation gibt es gar nicht genügend hervorragende Sänger, um Mozarts Anforderungen gerecht zu werden. Die Menschen, die an einem Abend die Oper füllen, sind – Menschen; einige sind großartig, einige sind ganz durchschnittlich, einige sind dumm, einige sind unerträglich, einige werden von ihren Frauen in die Oper geschleppt, einige wollen nur beweisen, wie gebildet sie sind, einige kommen aus Gewohnheit, einige kommen, damit sie den Leuten zu Hause in der Provinz erzählen können, daß sie in New York in der Oper waren, und einige kommen, weil sie Mozart lieben wie das Sonnenlicht und bereitwillig die Schwächen und Unzulänglichkeiten einer Vorstellung ertragen, um der Glanzlichter willen, die auch in der armseligsten Aufführung hin und wieder aufleuchten.

So wie Sänger und Publikum nicht immer Mozart gerecht werden können, können auch der Rabbiner und seine Gemeinde nicht immer Moses gerecht werden. Das heißt aber nicht, daß das Mosaische Gesetz nicht so erhaben ist wie die Welt behauptet, oder daß die von ihm inspirierten Formen des Gottesdienstes nicht fähig sind, seine Botschaft über die Jahre hinweg zu vermitteln. Trotz aller menschlichen Schwächen hat es die Synagoge immer geschafft. In jeder Synagoge sind bei jedem Gottesdienst Beter – vielleicht nur wenige, vielleicht auch viele –, die aus den Worten und dem Zeremoniell Kraft und Einsicht gewinnen. Der eilige Besucher kann nicht in ihre Herzen und Köpfe blicken; und was er sieht, kapiert er nicht.

Was die Synagoge ist

Die Synagoge war in ihren Anfängen vor über zweitausend Jahren eine Art volkstümliche Gesetzesschule. Im klassischen Synagogenbau standen überall da, wo das Licht am besten ist, Tische für die Studierenden. Als die Synagoge und das Judentum von einer Hälfte der Erdkugel auf die andere verpflanzt wurden und nach Amerika kamen, verschwanden die Tische allmählich immer mehr, und heute sind sie in vielen amerikanischen Synagogen nur noch andeutungsweise oder gar nicht mehr vorhanden. Aber wo ein alter Rabbi auf jiddisch predigt, kann man sicher damit rechnen, sie noch zu finden; und der alte Rabbi sitzt bestimmt mit seinen Schülern an so einem Tisch und erläutert das Gesetz.

Es ist ein gesellschaftliches Axiom des Judentums, daß alle Juden die Religionsgesetze studieren, und zwar vom fünften Lebensjahr an. Es ist wie unsere amerikanische Doktrin, daß alle Menschen gleich erschaffen sind, ein romantisches und trotzdem immer noch gültiges Ideal. Das Studium der Thoragesetze kennt keinen offiziellen Abschluß. Leute, die sich ein großes Wissen angeeignet haben, werden Rabbiner, das heißt wörtlich genommen, Lehrer. Aber nach jüdischer Auffassung lehren Rabbiner nicht, sondern sie studieren zusammen mit ihren Schülern. Von einem Talmudgelehrten sagt man wörtlich: «Er weiß, wie man lernt.» In der Theorie ist es die Norm, daß ein Jude genügend arbeitet, um seine Familie ernähren zu können, die übrige Zeit aber dem Studium des Religionsgesetzes widmet. Da diese Norm nur für etwa ein Hundertstel der jüdischen Bevölkerung zutrifft, ist es eine etwas abnorme Norm, intellektuell vielleicht bewundernswert, aber leider ohne Rücksicht auf die Unterschiedlichkeit der menschlichen Charaktere. Trotzdem sind unsere Einrichtungen und unser Verhalten stark von diesem Ideal geprägt.

Es bestimmt zum Beispiel die Liturgie und die Atmosphäre der Synagoge, was wir dort tun und wie wir es tun. Das Kernstück des Gottesdienstes in der Synagoge ist immer die Verlesung der Thora, aufgeteilt in zweiundfünfzig Abschnitte, für jede Woche einen, so daß wir im Verlauf eines Jahres unser gesamtes geschriebenes Gesetz durcharbeiten.

Als der erste Tempel zerstört und damit der große tägliche Gottesdienst in Jerusalem unmöglich wurde, hätte dieses Vakuum im Herzen der Religion leicht zu einem völligen Zusammenbruch führen können. Aber die Juden mit ihrer geradezu magischen Regenerationsfähigkeit schufen eine neue Einrichtung. In den Gesetzesschulen, die es überall in Judäa und Babylonien gab, hielt man Andachten ab wie die, die zu den priesterlichen Zeremonien gehört hatten, und fügte Gebete mit der Bitte um ein Ende des Exils und um die Wiederherstellung des Tempels hinzu. Das Haus des Studiums entwickelte sich zu einem Haus der Andacht. Es behielt seinen Charakter als Gesetzesschule für die Massen bei, aber der Gottesdienst wurde zu einem festen Bestandteil.

Der zweite Tempel ließ das jüdische Leben in Palästina wiederaufleben, aber ein großer Teil der Juden blieb in Babylonien. Die Synagoge blieb weiterhin ein Zentrum des Gottesdienstes sowohl wie des Studiums. Als die Römer den zweiten Tempel dem Erdboden gleich machten, wurde die Synagoge zur Festung des Glaubens, dem Ort, an dem sich Juden versammelten, das Gesetz lernten und beteten; zu einer geistigen Festung, und wenn es zu Überfällen kam, auch zur physischen Festung.

In dieser Form hat die Einrichtung zwei Jahrtausende erfolgreich überdauert.

Natürlich hat eine so ungeheuer lange Zeit ihre Spuren hinterlassen. In der Liturgie kamen immer wieder neue Gebete hinzu. Die ursprünglich einfache Struktur verschwand fast unter Zusätzen aus der Bibel und dem Talmud und neuen Schöpfungen von Rabbinern aus verschiedenen Jahrhunderten. Kopisten und Drucker hüteten sich, etwas wegzulassen, was einmal hinzugekommen war, weil das nahezu als Sakrileg galt. Die Gebetbücher wurden immer dicker, das Hebräisch immer schwieriger – reines, klares Hebräisch stammt gewöhnlich aus dem Altertum – und die Formen des Gottesdienstes wurden immer komplizierter. Im 19. Jahrhundert war der festtägliche Morgengottesdienst allmählich so überladen, daß er bei ordnungsgemäßem Vortrag sechs bis acht Stunden dauerte. Man gewöhnte sich infolgedessen an, die Gebete im Eiltempo herunterzurasseln. Als Junge staunte ich immer wieder über die Fähigkeit der Erwachsenen, in der Synagoge die schwierige mittelalterliche Lyrik mit so halsbrecherischer Geschwindigkeit zu lesen. Ich sehnte den Tag herbei, an dem auch ich eine solche Meisterschaft im Hebräischen und eine solche Kraft zur Konzentration haben würde. Heute weiß ich, daß diese Kraft niemand hat.

Das konnte natürlich nicht so weitergehen. Die Reformbewegung zerpflückte die Liturgie in kleine Stücke, behielt ein paar ins Deutsche – später auch ins Englische – übersetzte Fragmente bei, und damit hatte es sich. Die Konservativen behielten mehr von der Liturgie und auch mehr Hebräisch bei, veränderten aber drastisch Gebete und Zeremonien, die auf die Tempelzeiten zurückgingen, oder sie ließen sie ganz weg. In der traditionellen Synagoge ist man heute langsam dabei, das Gebetbuch wieder auf seine klassische Form zurückzubringen. Die kabbalistischen Akrostichen des Mittelalters, die unter tausend Betern nicht einer verstehen kann, von denen Kenner allerdings behaupten, sie seien tief und wunderschön, verschwinden immer mehr, und wir legen vor allem Wert auf das reine und glasklare Hebräisch der aus den ältesten Zeiten stammenden Gebete, die den Kern des Gottesdienstes bilden, und die jeder, der nur ein bißchen Hebräisch gelernt hat, sehr leicht sprechen kann.

Das geht natürlich nicht ohne Schwierigkeiten ab. Die frommen Alten stellen sich bei jedem vertrauten Gebet, das man weglassen will, auf die Hinterbeine. Die Jungen können in der kurzen Zeit, die dem Hebräischunterricht gewidmet ist, kaum die wichtigsten Partien der Liturgie richtig kennenlernen. Die Maschinerie eines amerikanischen Gemeindezentrums mit seinen Mitglieder- und Baukampagnen, seinen Ausschußsitzungen, Clubveranstaltungen, Frauenvereinen, Jugendgruppen und so weiter droht alles andere unter sich zu begraben. Der junge Rabbiner kommt aus seinem Seminar, den Kopf voll talmudischer Gelehrsamkeit, und wird in einen Strudel gerissen, in dem ihm jeder Vorschriften machen kann:

der Synagogenvorstand, die Präsidentin des Frauenvereins, sogar ein Romanschriftsteller, der hin und wieder die Nase in den Talmud steckt. Man sagt ihm, daß er über die Tagesereignisse sprechen soll; daß seine Predigt zu hoch für die Leute ist; daß er sich auf ein reichlich volkstümliches Niveau begibt; daß ein moderner Rabbiner ein gesellschaftlicher Führer sein muß, ein Mann, der Gelder auftreiben kann, ein begeisternder Redner, ein prima Kumpel und ein passabler Kartenspieler, und daß er dabei nicht weniger fromm und ehrfurchtgebietend sein darf als seine bärtigen Vorfahren in der alten Heimat; und in diesem ganzen Hexenkessel aus Widersprüchen und Sackgassen muß er leben und sich zurechtfinden. Es ist das reinste Wunder, daß wir immer noch junge Rabbiner haben, daß immer mehr Synagogen entstehen, und daß sich die Umrisse eines vernünftigen, modernen Gottesdienstes abzuzeichnen beginnen. Grund dafür ist die Vitalität des Judentums. Während man sich die Köpfe darüber heiß redet, wie der Baum einmal aussehen soll, treibt der alte Baum langsam und stetig seine neuen Zweige aus. Und, wie die Franzosen sagen, je mehr sich etwas verändert, um so mehr wird es, wie es früher war.

Das Glaubensbekenntnis und das Pflichtgebet

Im Mittelpunkt aller Liturgien – der vierzig Minuten dauernden eines gewöhnlichen Dienstagmorgens ebenso wie der volle zwölf Stunden dauernden des Versöhnungstages – stehen zwei Gebete. Ich nenne sie das Glaubensbekenntnis und das Pflichtgebet, um zu zeigen, worum es dabei geht. In der Synagoge heißen sie *Sch'Ma* und *Schmone Esre,* wörtlich übersetzt: «Höre» und «Achtzehn».

Diese beiden Schlüsselgebete stehen inmitten einer Reihe von Auszügen aus der klassischen jüdischen Literatur und Lehre, aus der Thora, den Propheten, den Psalmen, dem Talmud, denn die Synagoge bleibt, was sie immer war: ein Studierzimmer. Der Beter, der seine täglichen Gebete spricht, berührt die Hauptgebiete der jüdischen Lehre und erfüllt damit seine vorgeschriebene Pflicht, dauernd zu lernen. Die beiden Grundgebete sind kurz. Das Glaubensbekenntnis selbst kann man in einer paar Sekunden sprechen, das Pflichtgebet in ein paar Minuten. Ein Beter, der wenig Zeit hat, erfüllt mit dem Sprechen dieser beiden Gebete das Ritual des jüdischen Gottesdienstes; denn das Sch'Ma ist die Essenz unseres Gesetzes, und die Achtzehn ist das Bindeglied zwischen der Synagoge und dem alten Tempel. Die vollen Texte beider Gebete stehen in den Anmerkungen zu diesem Kapitel, so daß sich der Leser, dem das Gesangbuch völlig fremd ist, darüber informieren kann.

Das Sch'Ma enthält den einzigen Bibelvers, den wahrscheinlich jeder Jude auf der ganzen Welt auswendig kann oder zumindest sehr oft gehört hat. Deuteronomium 6, 4:

«Höre Israel! Der Ewige ist unser Gott; der Ewige ist Einer!»

Der gesetzestreue Jude spricht ihn jeden Tag seines Lebens am Morgen und bei Einbruch der Nacht, zusammen mit drei dazugehörigen Abschnitten aus der Bibel. Es ist der erste hebräische Satz, den ein Kind lernt, und der Vers, den jeder Jude mit seinem letzten Atemzug sprechen soll.

Hier muß ich eine kurze persönliche Erfahrung einflechten. Ich habe mich immer gefragt, ob ein Mensch im letzten Augenblick seines Lebens wirklich an das Glaubensbekenntnis denken und es hersagen kann. Dann wurde ich einmal bei einem Taifun im Pazifik fast vom Deck eines Schiffes gespült, und ich entsinne mich, daß ich, als ich dem sicheren Tod entgegenrutschte, ganz klar dachte: «Also wenn ich schon ertrinken muß, dann möchte ich im letzten Augenblick das Sch'Ma sprechen.» Zu meinem Glück hielt die Rettungsleine, die ich gepackt hatte, und ich verschob das letzte Sch'Ma. Infolgedessen hat die Welt ein paar Theaterstücke und ein paar Romane mehr, ohne die sie auch ausgekommen wäre, und der geduldige Leser mußte sich diese Geschichte anhören. Sicher hätte mir der eine oder andere Literaturkritiker von Herzen gewünscht, daß ich das wäßrige Sch'Ma damals gesprochen hätte, aber ich kann es nicht ändern – der Mensch macht eben weiter, wenn er kann.

Das Pflichtgebet ist eine ungeheuer alte Litanei von achtzehn Lobpreisungen. Zu Zeiten des Talmud kam eine neunzehnte hinzu, und am Sabbat und an Feiertagen werden nur sieben gesprochen; aber das Gebet heißt trotzdem weiterhin bei allen Leuten «die Achtzehn». Das Achtzehn-Gebet wird dreimal gesprochen, am Morgen, am Nachmittag und am Abend, entsprechend den alten Tempelriten.

Muß man hebräisch beten?

Die erste Abhandlung des Talmud, Lobpreisungen, setzt die Zeit und Form des Sch'Ma-Sagens sowie des Achtzehn-Gebets fest und beschäftigt sich dann mit den Lobpreisungen für alle Anlässe des Lebens. Daß Glaubensbekenntnis und Pflichtgebet uralt sind, geht deutlich aus der Selbstverständlichkeit hervor, mit der sie im Talmud behandelt werden.

In den Lobpreisungen wird bestimmt, daß man den Schöpfer für alles Gute auf dieser Welt preisen soll, aber interessanterweise auch, wenn man eine schlechte Nachricht erhält. Vielleicht die erstaunlichste Passage für den modernen Juden ist die eindeutige Erlaubnis, in jeder Sprache zu beten, die man versteht. Nach der herkömmlichen Auffassung ist ein Gebet in der Landessprache eine entsetzliche Ketzerei. Dabei hat unser Gesetz das schon vor zweitausend Jahren erlaubt.

Trotzdem haben die Juden immer an einer hebräischen Liturgie festgehalten. Vielleicht hätte es in früheren Zeiten weniger Ärger und Ablehnung für die Juden gegeben, wenn die Gebete in griechischer, aramäischer, lateinischer, ägyptischer, arabischer, spanischer, französischer, türkischer, deutscher, polnischer oder russischer Sprache verfaßt gewesen wären. Aber die Gemeinschaft hielt dank dem nie versiegenden Instinkt der Massen an der Sprache der Bibel fest. Dieser Instinkt macht sich in den Vereinigten Staaten auch heute bemerkbar, wenn in der konservativen und der reformistischen Bewegung von Jahr zu Jahr mehr hebräische Gebete in die Andacht aufgenommen werden.

Heute gibt es gedruckte Übersetzungen. Früher, als man manchmal weniger Hebräisch verstand als heute, gab es einen wichtigen Beamten der Synagoge, den *Meturgeman* oder Übersetzer, der die Thoraverlesung Zeile für Zeile in die Landessprache übertrug. In bestimmten sephardischen Gebetbüchern steht die spanische Übersetzung zwischen den Zeilen.

Trotz aller dieser Unbequemlichkeiten und Schwierigkeiten hat das jüdische Volk hartnäckig darauf bestanden, hebräisch zu beten. Ich nehme an, daß es auch so bleiben wird.

Jede Sprache hat ihre eigenen charakteristischen Eigenschaften. Manche Werke lassen sich gut übersetzen, andere sind unübersetzbar. Molière kommt nur auf französisch zur vollen Wirkung. Ohne Kenntnis des Arabischen hat noch niemand den Koran verstanden. Puschkin bleibt nur den Russen zugänglich, während Tolstoi von der ganzen Welt verstanden wird. Im allgemeinen ist ein Werk um so weniger übersetzbar, je stärker es von besonderen nationalen Eigenheiten und Emotionen abhängig ist.

Die hebräische Bibel ist in allen Sprachen der Welt eindringlich und kraftvoll, aber für niemanden klingt sie so wie für die Juden. Die zweite Gesetzestafel der Zehn Gebote lautet auf hebräisch etwa so: «Töte nicht, sei nicht gemein; stiehl nicht; erzähl keine Lügen über andere; beneide keinen Mann um seine Frau oder sein Haus oder sein Vieh oder was er sonst noch hat.»

In den meisten anderen Sprachen klingt das ziemlich unmöglich. Für die meisten Sprachen ist Religion etwas Ernstes und Feierliches, eine Kathedrale ist kein *schul*, keine Schule. In einer Kathedrale ist die feierliche Aufzählung des «Du sollst nicht» völlig richtig. Die Juden gehen mit ihrer Religion familiärer um; wenn es anders wäre, würde sie ihnen nichts bedeuten.

Unsere Liturgie, zumindest der klassische Teil, ist genauso unprätentiös und familiär wie die Thora. Es gibt keine auch nur annähernd adäquate Übersetzung des Gebetbuchs. Die klassische englische King James-Bibel ist eine Fundgrube für hervorragende Übersetzung der Psalmen und anderer Bibelabschnitte. Trotzdem hat man ein völlig anderes Gefühl, wenn man vom Hebräischen zur Übersetzung überwechselt. Bei Übersetzungen anderer Teile der Bibel gehen Ton und Gefüge unserer Gebete fast völlig verloren. Amerikanische Juden, die englisch beten, beklagen sich manchmal, daß sie sich dabei wie in einer Kirche vorkommen. Das ist eine sehr richtige Reaktion. Sie empfinden den Geist des Englischen, nicht den des Hebräischen.

Trotzdem ist ein halbes Brot immer noch besser als gar

keins. Wenn das Gebet in der jeweiligen Landessprache zu einem stärkeren und besser informierten Judentum führt, wäre jeder vernünftige Mensch dafür, selbst wenn die Bedeutung des Gebets dadurch etwas verwässert wird. Aber in dieser Hinsicht haben wir eine zweitausend Jahre lange Erfahrung. Das übersetzte Gebet war in den Gemeinden, die es einführten, immer der erste Schritt zur völligen Aufgabe des Hebräischen. Und von der Aufgabe des Hebräischen war es nie sehr weit bis zur Aufgabe des Gesetzes, des Brauchtums und der jüdischen Lehre, und das Ende vom Lied war immer, daß alles in Vergessenheit geriet und die Juden von anderen Völkern absorbiert wurden.

Hingegen entwickelten sich die Juden, die an ihrem Glauben festhielten, zwangsläufig zu einer kulturellen Elite. Wenn sie als Juden überleben wollten, mußten sie zwei oder drei Sprachen können. Immer mußten alle lesen und schreiben können. Es ist ein unaufhörlicher, mühseliger Kampf. Aber es gibt offenbar keine andere Möglichkeit.

Während des Krieges leitete ich viele Gottesdienste auf englisch und betete auch auf englisch. Der Talmud hat sicher recht mit seiner Empfehlung, lieber in einer Sprache zu beten, die man beherrscht, als das Beten ganz aufzugeben, nur weil man kein Hebräisch kann. Trotzdem kann ich mir nicht vorstellen, daß ich es meinen Kindern ersparen könnte, die alte heilige Sprache zu lernen, auch wenn die Geburt des Staates Israel Hebräisch nicht zu einer wichtigen modernen Sprache gemacht hätte. Goethe zu seiner Zeit und Edmund Wilson in unserer heutigen Zeit lernten Hebräisch, um die Bibel besser zu verstehen. Viele christliche Gelehrte haben es zu allen Zeiten ebenso gemacht. Wir lernen Hebräisch, um herauszufinden, was uns die Thora vorschreibt und was wir mit unseren Gebeten wirklich sagen. Es kostet Arbeit. Aber wenn er will, kann jeder intelligente Erwachsene in einem Jahr das einfache Hebräisch für unsere Liturgie erlernen.

Der Vorbeter

Irgendein Beter wird zum Vorbeter oder «Abgesandten der Gemeinde» bestimmt. Sein besonderer Rang gilt nur so lange, wie der Gottesdienst dauert, dann kehrt er wieder auf seinen Platz zurück. Jeder, der laut und korrekt Hebräisch liest, kann den Platz am Vorlesepult einnehmen. Die meisten Gemeinden sichern sich für den Sabbat und für Feiertage einen Vorbeter mit einer guten Singstimme – einen Kantor. Damit soll der Gottesdienst schöner werden und möglichst viele Leute anziehen. Natürlich muß der Kantor, der allwöchentlich den Gottesdienst leitet, ein frommer Mann sein. Dadurch entsteht die irrige Vorstellung, daß ein Kantor so etwas wie ein religiöses Amt bekleidet. Er ist aber nichts weiter als ein Jude, der Hebräisch versteht und singen kann.

Jeder Jude muß dieselben Gebete sprechen. Es gibt keine Vermittlung durch einen Fürsprecher, der stellvertretend für alle betet, und selbst der frömmste und weltberühmteste Rabbi hat beim Gottesdienst keine anderen Pflichten oder Funktionen als ein dreizehnjähriger Junge.

Der Vorbeter sorgt für die ordnungsgemäße Reihenfolge, indem er die ersten und letzten Zeilen der Gebete intoniert. Er wiederholt laut die achtzehn Lobpreisungen, und die Gemeinde antwortet nach jeder Lobpreisung «Amen». Die Aufgabe ist leicht. So und so oft geht ein Konvertit, der zum Judentum übergetreten ist und Hebräisch kann, seelenruhig ans Vorbeterpult und betet vor, und er erntet nichts anderes als Lob. Hat er dann die Synagoge längere Zeit besucht, geht ihm auf, daß er doch nicht die ganzen Feinheiten des *Nigun* – der Melodie – trifft, und er verliert seine ursprüngliche Sicherheit. Aber da er bis an sein Lebensende immer wieder Juden begegnen wird, die den Nigun besser beherrschen als er, bleibt ihm nichts anderes übrig, als es immer wieder zu versuchen und sich alle Mühe zu geben. Denn jeder, der das Hebräische laut und klar ausspricht, erfüllt damit die Pflicht eines Vorbeters.

Eine wirklich wichtige Amtsperson ist der *Schammes*, der Synagogendiener. Er ist ein Meister des Nigun und das Faktotum der Synagoge. Er kümmert sich um die Bibliothek, die Gebetbücher und Gebetschals, springt als Vorbeter ein, wenn sich kein geeigneter Beter findet, sorgt dafür, daß die gesetzlich vorgeschriebene Mindestzahl von zehn Betern vorhanden ist, und liest aus den Heiligen Schriftrollen vor. Eine Synagoge kann ohne Rabbi und Kantor auskommen. Aber einen Schammes muß es geben, oder irgend jemand anderes muß die Aufgaben des Schammes übernehmen.

Größere Variationen

Nach der Zerstreuung durch Rom konzentrierten sich die Juden in zwei großen Gemeinschaften: die aschkenasische in Nord- und Osteuropa und die sephardische in den Mittelmeerländern. Sie begannen, das Hebräische verschieden auszusprechen. Ihre Bräuche und ihre Liturgie entwickelten sich in verschiedener Richtung. Diese Spaltung besteht noch heute. In Israel zum Beispiel wird Hebräisch sephardisch ausgesprochen. Ein Jude, der den in Amerika üblichen aschkenasischen Unterricht hatte, muß da etwas umlernen.

In New York gibt es eine bedeutende, über dreihundert Jahre alte sephardische Gemeinde, die von den ersten spanisch-jüdischen Siedlern in der Neuen Welt gegründet wurde. In dieser bezaubernden spanisch-portugiesischen Synagoge lebt die sephardische Liturgie fort, anders in Ritus und Melodie als die aschkenasische ringsumher, und für manche Leute ausdrucksvoller und malerischer. Eine Reihe von Gemeindemitgliedern tragen die alten Namen der spanischen Gründerfamilien, die auf der Ehrentafel der amerikanischen Geschichte stehen.

Wenn man die lange Zerstreuung, das völlige Fehlen eines übergeordneten religiösen Gremiums und die bis vor kurzem bestehenden Kommunikationsschwierigkeiten bedenkt, ist nicht die Unterschiedlichkeit von Brauch und Text im jüdischen Gottesdienst interessant, sondern die grundlegende Übereinstimmung. Man findet im Talmud, geschrieben zu einer Zeit, als es die europäischen Nationen noch gar nicht gab, genaue Bestimmungen darüber, wie Gebete zu sprechen sind, die noch heute von den Juden in Tokio, Johannisburg, London und Los Angeles gesprochen werden. Ein amerikanischer oder britischer Jude, der in Israel eine sephardische Synagoge voller dunkelhäutiger Jemeniten betritt, wird sich im ersten Augenblick etwas verloren vorkommen; aber sowie er ein Gebetbuch in die Hand gedrückt bekommt, kann er dem Gottesdienst folgen und seine Gebete sprechen.

Die Frage des Benehmens

Während des Gebets ist vollkommenes Schweigen geboten, und während des Sch'Ma und des Achtzehn-Gebets zu sprechen, ist ein besonders schwerer Verstoß. In der alten osteuropäischen Synagoge wurde diese Regel zum Teil außer Kraft gesetzt.

Bei der Armut des Ghettos waren die Synagogen gezwungen, ihren Unterhalt dadurch zu sichern, daß sie die Ehrenämter am Sabbat und Feiertag versteigerten. Der Aufruf zur Verlesung der Thora, das Öffnen der Heiligen Lade und so weiter, das alles mußte Geld einbringen. Bei den Auktionen ging es sehr lebhaft und aufregend zu, was der Gebetsstimmung nicht gerade dienlich war, vor allem da sie sich oft reichlich lange hinzogen. Außerdem bürgerte sich der Brauch ein, daß jeder Mann, der während der Verlesung der Thora zu einer *Alija* aufgerufen wurde – das heißt, wenn er mit dem Vorlesen an der Reihe war –, laut verkündete, welche Spenden er den zahlreichen Wohltätigkeitseinrichtungen der Synagoge zukommen ließ. Für jede Spendenerklärung erhielt er oder seine Familie vom Schammes eine öffentliche Danksagung. Dieses Verfahren war zwar wirtschaftlich außerordentlich wichtig, aber nicht gerade geeignet, die Gedanken auf Höheres zu lenken.

Diese Sitten kamen um die Jahrhundertwende mit den großen jüdischen Einwanderungswellen nach Amerika. Sie halfen vielen winzigen Gemeinden, zu überleben und sich zu majestätischen Synagogen und prächtigen Tempeln zu entwickeln. Mit dem wirtschaftlichen Aufstieg der jüdischen Gemeinden sind diese aus der Not geborenen Methoden allmählich der konventionellen Methode, Geld aufzutreiben, gewichen. Die Versteigerungsatmosphäre während der Thoravorlesung und der zeitweilige Auszug der Leute, die sich ungezwungen unterhalten wollten, in die seitlichen Wandelgänge gehören heute der Vergangenheit an. Die gebotene Stille in der Synagoge hat sich wieder ziemlich eingebürgert.

Trotzdem würde ich um nichts in der Welt auf meine Erinnerung an den melancholischen Singsang des Schammes «*Finif Tollar um Schlischi*! – Fünf Dollar für die dritte Lesung!*» verzichten wollen. Ich werde auch nie die historische Auktion an einem Jom Kippur-Nachmittag vor fast vierzig Jahren in einer Kellersynagoge in der Bronx vergessen, als mein Vater Männer mit viel mehr Geld (obwohl sie alle arme Einwanderer waren, die schwer zu kämpfen hatten) um die Verlesung des Buches Jona überbot. Ein Konkurrent nach dem andern gab auf, als die Gebote über hundert, hundertfünfundzwanzig und schließlich durch einen einzigen vernichtenden Schlag meines Vaters auf die unglaublich phantastische Summe von zweihundert Dollar stiegen. Ich höre heute noch, wie der Synagogendiener mit der Hand auf den Tisch schlug und mit zitternder Stimme jubelte: «*Zweihundert Tollar um maftig Jejne!*»

Mein Vater verstieg sich zu dieser großartigen und kostspieligen Geste, weil sein Vater, ein Schammes in Minsk, das Vorrecht gehabt hatte, das Buch Jona zu verlesen, und er diesen Brauch unbedingt in der Familie halten wollte. Das gelang ihm auch. In dieser Synagoge hat nie wieder jemand ernstlich mit ihm um diese Ehre rivalisiert. Mein Bruder und ich lesen bis auf den heutigen Tag, wo wir nur können, beim Jom Kippur-Gottesdienst das Buch Jona vor. So haben wir es schon in allen möglichen Winkeln der Welt, in Chicago, in Hawaii und in Okinawa gemacht.

Die Auktionen gehören der Vergangenheit an, und das ist auch besser, aber damals erfüllten sie ihren Zweck. Und die Kinder lernten in diesen Synagogen unmißverständlich, wie kostbar ein Aufruf zur Thora war.

Einige Schwierigkeiten

Wer das erste Mal eine Synagoge betritt, wird sich natürlich fremd und unbehaglich fühlen. Die nüchterne, selbstverständliche Art vieler Beter wird ihn vor den Kopf stoßen; er wird dem Gottesdienst nur mit Schwierigkeiten folgen können, und er wäre eine große Ausnahme, wenn er zuerst nicht ziemlich enttäuscht wäre. Aber wenn er hartnäckig bleibt und immer wieder hingeht, und wenn er wenigstens die Grundzüge des Hebräischen lernt, wird ihm nach kurzer Zeit das Verständnis für das jüdische Gebet aufgehen, und wenn er will, kann er die Gebete in den traditionellen schönen und gemessenen Worten sprechen.

Der Neuling hat seine Schwierigkeiten, aber der Fromme hat vielleicht sogar noch größere Probleme in der Synagoge. Wenn der Neuling sich noch nicht recht heimisch fühlt, fesselt das ungewohnte Neue doch zumindest seine Aufmerksamkeit. Der ständige Synagogenbesucher fühlt sich nur allzu heimisch. Die Gebete sind ihm altvertraut. Durch die jahrelange Wiederholung haben sich die Worte in seinem Gedächtnis tief eingeprägt. Wenn er sich nicht zur Konzentration zwingt, rauschen sie an ihm vorbei wie Wasser.

Beten ist natürlich nie leicht. Ein wirkliches Gebet beansprucht einen mindestens genauso – wenn nicht stärker – wie eine geschäftliche Unterredung oder das Schreiben eines Briefes. Der Beter will mit jemand sprechen, der ihm zuhört. Das Kind und der Neuling haben ihre Mühe damit, daß ihnen alles noch nicht recht vertraut ist. Der fromme Beter hat seine Mühe damit, daß ihm alles zu sehr vertraut ist. Alle Menschen, gleich welcher Bildung oder welchen Glaubens sie sind, müssen sich geistig ungeheuer anstrengen, glaube ich, um wirklich sinnvoll zu Gott zu sprechen.

Die menschliche Natur hat ihre Grenzen, und da infolgedessen auch der andächtigste Beter oft nicht erreicht, was er sich vorgenommen hat, fragt man sich unwillkürlich, ob nicht das dreimalige Beten am Tag in einer seit langem festgelegten Form zu einer rein mechanischen Angelegenheit wird. Das wäre vielleicht möglich, wenn nicht die Synagoge immer das bliebe, was sie ursprünglich war: ein Raum zum Studieren. Man lernt zu beten, indem man betet oder es zumindest versucht – einen anderen Weg gibt es einfach nicht. Gott einfach sein Herz auszuschütten, wenn man in einer verzweifelten Lage ist, ist keineswegs, wie Romantiker glauben, die beste Art zu beten. Wer es einmal durchgemacht hat, weiß, daß man in solchen Augenblicken nur wirre, unzusammenhängende Worte stammeln kann. Das Judentum erkennt das improvisierte Gebet durchaus an, und einige solcher vom Augenblick inspirierter Improvisationen sind in die Liturgie aufgenommen worden. Aber die festgelegten Gebete sind die Grundlage, an die sich der Mensch hält, wenn er im täglichen Leben mit Gott spricht und in der Not zu ihm fleht.

Das tägliche Gebet ist, wenn nichts sonst, ein Mittel, das zum gottgefälligen Leben, wie es vom Judentum verstanden wird, notwendig ist. Es ist eine Pflichterfüllung, ein Glied in der langen Kette, die bis zu Abrahams Erkenntnis eines einzigen Gottes zurückreicht, ein Glied, das wir hinzufügen, so wie Gott der Zeit immer wieder einen neuen Tag hinzufügt. Und ein völlig gedankenloses, völlig mechanisches Gebet gibt es nicht. Einen Augenblick lang wenigstens – und vielleicht auch ein paarmal einen Augenblick lang – dringen die Worte der jüdischen Liturgie auch zum zerstreutesten Beter durch. Zumindest ist er da und betet zu Gott, so daß ihn die Worte erreichen können.

Für Heilige und für fast heiligmäßige Menschen ist das völlig bewußte Gebet vielleicht wirklich etwas Alltägliches. Dann leben sie in einer Klarheit, die gewöhnliche Sterbliche nicht kennen. Dem einfachen Beter wird der Lohn für lebenslanges getreuliches Beten zuteil, wenn ihm – unvorhersagbar wann, aber immer einmal wieder im Laufe der Jahre – die Liturgie plötzlich wie ein strahlendes Licht erscheint. Das kann ihm nach einem Todesfall passieren oder nach der Geburt eines Kindes; es kann ihn nach einer wunderbaren Rettung treffen, oder wenn er am Rande des Bankrotts steht; vielleicht überwältigt es ihn in irgendeiner beliebigen Stunde und ohne ersichtlichen Grund. Es geschieht, und er weiß, warum er sein Leben lang gebetet hat.

NEUNTES KAPITEL

Nahrung, Kleidung, Behausung und ihre Symbole

Ein heikles Thema

Die jüdischen Speisevorschriften widersprechen allen allgemein üblichen Essensgewohnheiten. Sie sind eine der großen Belastungsproben, bei der sich die religiöse Disziplin am ehesten zu lockern beginnt, und sind infolgedessen ein heikles Thema. Eine unparteiische Darstellung wird es wahrscheinlich keinem recht machen. Wer nicht fromm ist, wehrt sich empört gegen das bloße Ansinnen; und die Frommen, die sich oft nur mit großer Anstrengung an die Speisevorschriften halten können, erwarten, daß man sie lobt und den anderen, die sich nicht daran halten, tüchtig die Leviten liest. Ich will hier aber eigentlich nur die Speisevorschriften schildern; die moralische Beurteilung bleibt dem Leser überlassen. Je nachdem, wie er eingestellt ist, wird sich sein Urteil nach dem Gefühl oder nach dem gesunden Menschenverstand richten.

Die Speisevorschriften sind Teil einer Symbolik, die unsere ganze Lebensweise prägt. Bei diesem Symbol geht es um das Essen. Jeder Mensch nimmt, wenn er kann, mehrmals am Tag Nahrung zu sich. Es kann vorkommen, daß Menschen ihre Arbeit, ihre Erholung, ihr Gebet und die Liebe vernachlässigen, zu essen vergessen sie nur selten. Alle Religionen verlangen das Tischgebet. Viele Religionen gehen noch weiter und bestimmen, was man essen darf und wie man essen soll. Häufig gelten diese Einschränkungen nur für den Mönch, die Nonne, den Priester, den Asketen oder den Lama. Die jüdischen Vorschriften sind verhältnismäßig milde, aber sie gelten für alle.

Die Thora gibt nur eine einzige kurze Begründung der Vorschriften: sie helfen mit, Israel zum heiligmäßigen Leben zu erziehen. Mein agnostischer Freund meinte, wie Sie sich vielleicht erinnern, daß der Verzicht auf Hummer keine Antwort auf die Bedrohung durch den Atomkrieg sei. Damit hat er sicher recht; aber heiraten, ein Haus bauen, Kinder großziehen oder seiner täglichen Arbeit nachgehen sind es auch nicht. Ich wüßte nicht, was angesichts der drohenden Vernichtung durch eine Atombombe nicht jämmerlich absurd wäre, außer vielleicht die Suche nach Gott. Wenn die Speisegesetze einer großen Religion einen bestimmten Zweck haben, sollte man versuchen, diesen Zweck herauszufinden.

Wir werden uns dabei auf Vermutungen beschränken müssen. Die jüdischen Weisen haben über diese Gesetze verschiedene Meinungen zu bieten. Die große Gefahr für uns ist, daß wir eine sichtbare Wirkung dieser Ernährungsweise in der Gegenwart feststellen und daraus schließen, das sei der ganze Grund für die Gesetze gewesen, als sie in der Wüste von Sinai erlassen wurden. Aber wir wollen zunächst einmal feststellen, wie die Gesetze lauten und wie sie sich in der Praxis auswirken.

Die Speisen

Für alle pflanzliche Nahrung gibt es keine Verbote; die Vorschriften befassen sich nur mit Tieren. Die Bibel gibt körperliche Merkmale dafür an, welche Tiere man essen darf.

Von auf dem Lande lebenden Tieren sind nur Wiederkäuer mit gespaltenen Klauen erlaubt; das läuft darauf hinaus, daß nur eine kleine Gruppe von Tieren, die sich von Gras und Laub nährt, zugelassen ist und alle anderen verboten sind: Raubtiere, Nagetiere, Reptilien, Schweine, Pferde, Dickhäuter und Primaten, die fast alle irgendwann einmal von verschiedenen Völkern verzehrt wurden. Man hört manchmal, daß das Verbot, Schweinefleisch zu essen, nur für die heißen Länder, in denen die Juden damals lebten, gedacht gewesen sei. Die weite Skala der verbotenen Tiere macht diesen Einwand jedoch zunichte. Wir dürfen auch keine Eisbären essen. Die Auswahl hat nichts mit dem Klima zu tun. Sie scheint formeller Natur zu sein; nach den Gesetzen der Logik muß sie es eigentlich. Wenn die Speisevorschriften nur auf die fortschrittliche ernährungswissenschaftliche Erkenntnis des genialen Moses zurückzuführen wären, hätte man ihre Weisheit im Laufe der Zeit sicher erkannt, und die jüdischen Vorschriften wären Allgemeingut geworden.

Von im Wasser lebenden Tieren dürfen Juden nur Tiere mit Flossen und Schuppen essen. Damit sind die in Amerika so beliebten Schalentiere – Krabben, Austern, Hummer – ebenso wie eine Anzahl französischer Delikatessen – Seeigel, Schnecken, Miesmuscheln, Frösche, Polypen, Tintenfische und dergleichen – gestrichen. Ich habe gelesen, daß man diese Einteilung damit zu erklären versuchte, daß Tintenfische und Hummer im Gegensatz zu Fischen ekelhaft seien, aber ich glaube, damit ist es ähnlich wie mit dem Schweinefleisch in heißen Ländern. Wer Tintenfisch ißt, wird einen gut zubereiteten Tintenfisch mit allem Drum und Dran köstlich finden. Jedenfalls sind nach den jüdischen Speisevorschriften zahlreiche ausgezeichnete Fische erlaubt und – wie bei den Landtieren – eine ganze Reihe Meerestiere verboten, die manche Leute als besondere Delikatesse betrachten.

Für Vögel gibt es keine besonderen Merkmale. Die Thora führt eine lange Liste verbotener Arten auf, darunter alle Raubvögel und Aasfresser. Im großen und ganzen essen Juden und Nichtjuden das gleiche Geflügel. Der Unterschied liegt in der rituellen Schlachtung. Insekten scheiden völlig aus. In Amerika werden sie kaum gegessen; allerdings kann es vorkommen, daß man auf einer Cocktailparty auf so besondere Leckerbissen wie Ameisen mit Schokoladenüberzug leider verzichten muß.

Die Koscher-Vorschriften

«Koscher bedeutet rein», lautet ein Werbespruch eines bedeutenden Herstellers koscherer Lebensmittel. Man freut sich zwar, wenn die Reklame das Judentum so tatkräftig unterstützt, aber wie gewöhnlich geht es nur um die Zugkraft bei schlichten Gemütern auf Kosten der Genauigkeit. In Wirklichkeit läßt sich der Begriff nur sehr schwer festlegen. «Koscher» ist ein späthebräisches Wort, das in den Büchern Moses nicht vorkommt. Die Übersetzung «geeignet» oder «brauchbar» kommt ihm vielleicht am nächsten; nur muß man sich darüber klar sein, daß «geeignet» hauptsächlich eine zeremonielle Bedeutung hat. Die koschere Zubereitung der

Speisen ist geeignet, hohen hygienischen Ansprüchen zu genügen. Aber ein Schwein könnte in einem Brutkasten mit Antibiotika großgezogen, täglich gebadet, im Operationssaal eines Krankenhauses geschlachtet und anschließend mit ultravioletten Strahlen sterilisiert werden, ohne daß damit seine Koteletts koscher würden. «Unrein» hat im Leviticus eine zeremonielle Bedeutung. Deshalb sagt die Thora von Kamelen und Kaninchen: «sie sind unrein *für euch*», womit sie die Definition und das Verbot auf Israel beschränkt. Hühner und Ziegen, die wir essen dürfen, sind von Natur aus sicher nicht reiner als Adler und Löwen, aber die letzteren gehören zu den unreinen Tieren.

Unter dieser Voraussetzung kann man die Behauptung «Koscher bedeutet rein» vielleicht anerkennen. Es besteht ein generelles Verbot, Aas zu essen; Aas bezeichnet das Fleisch eines Tieres, das an Altersschwäche oder an einer Krankheit einging oder das von einem Raubtier gerissen worden oder sonst eines gewaltsamen Todes gestorben ist. Die Sicherheit, daß derartiges Fleisch nicht als koscher verkauft werden kann, hat sicher hygienischen Wert, auch heute noch. In weniger zivilisierten Zeiten und Gegenden hat sie der jüdischen Ernährungsweise zu großer hygienischer Überlegenheit verholfen. Aus diesem Gesetz stammt ein Wort, das Juden für alle nicht erlaubten Nahrungsmittel anwenden: *Trefe* oder zerrissen.

Die Thora nennt vier Hauptregeln der Fleischzubereitung. Die Kommentatoren fassen sie abwechselnd als humane Vorschriften und als Gesundheitsmaßnahmen auf. Ohne der Logik Gewalt anzutun, kann man vielleicht beide Ziele in den Vorschriften feststellen. Jedenfalls führt die Übertretung eines einzigen der vier Gebote dazu, daß das Fleisch nach hebräischem Gesetz «zerrissen» oder ungenießbar ist.

Die erste Vorschrift, das einzige Speisegesetz in der Bibel, das für die ganze Menschheit gilt, hat eindeutig einen humanen Sinn. Sie verbietet den Genuß von Fleisch eines noch lebenden Tieres – das «Glied eines Lebenden». Wenn der Leser bei dieser Vorstellung entsetzt zurückschreckt, dann weiß er nichts über die uralten Schlacht- und Kochpraktiken, die noch heute in primitiven Gesellschaften herrschen – und auch bei einigen, die nicht als primitiv angesehen werden.

Das zweite Gesetz verbietet das Trinken von Blut mit der Begründung, daß «das Blut das Leben ist». Die Verwendung von Blut ist in der raffinierten Küche gang und gäbe, vor allem bei Soßen. Das jüdische Gesetz verbietet nicht nur das, sondern auch das Fleisch selbst, wenn es nicht fast vollständig ausgeblutet ist. Sehr viele Menschen sind der Ansicht, daß man aus diesem Grund kein anständiges koscheres Beefsteak zustande bringt. Da wir zu Hause manchmal – zur größten Überraschung jüdischer Gäste – herrlich saftige Steaks grillen, kann ich bezeugen, daß das nicht stimmt. Das Gewebe enthält immer noch genügend Saft, um hervorragende, nicht durchgebratene Steaks zu ergeben. Aber in Osteuropa brieten die jüdischen Hausfrauen die Steaks graubraun. Sie brachten diese Gewohnheit mit nach Amerika. Das sogenannte jüdische Steak wird daher nach dem Standard der amerikanischen Küche viel zu lange gebraten, aber das muß nicht sein. Im Westen bekommt man auf den Farmen gewöhnlich ein auf jüdische Art vollkommen durchgebratenes Beefsteak vorgesetzt. Es ist eine Frage der örtlichen Küche, weiter nichts.

Die dritte Vorschrift geht auf das bizarre Verbot zurück, das in der Thora dreimal mit genau demselben Wortlaut wiederholt wird: «Du sollst nicht kochen das Böcklein in der Milch seiner Mutter.» Maimonides schloß aus der dreimaligen Wiederholung, daß es sich dabei zu mosaischen Zeiten um einen allgemein üblichen heidnischen Ritus gehandelt habe. Ob das stimmt oder nicht, die nachdrückliche Betonung hat in der jüdischen Küche jedenfalls schon vor langer Zeit zu einer völligen Trennung von Milch- und Fleischgerichten geführt. Pflanzliche Kost oder Fisch darf mit Milch- oder Fleischgerichten zusammen genossen werden. Fleisch und Milch, oder ihre Produkte, kommen nie zusammen auf den Tisch. In den Haushalten der gesetzestreuen Juden gibt es getrenntes Geschirr und Besteck für Milch- und Fleischgerichte. In den Küchen der israelischen Armee und Marine gehört diese Doppelausrüstung zur Standardeinrichtung.

Die vierte Vorschrift schließt das Nierenfett, den Talg unter dem Zwerchfell, aus. Die Bestimmungen, nach denen der Talg von dem erlaubten Fett getrennt wird, sind kompliziert, weshalb das Handwerk eines koscheren Schlachters viel Geschick und Wissen erfordert. Die verbotenen Fette sind mit denen identisch, die nach dem Leviticus auf dem Altar geopfert wurden.

Der nächtliche Kampf Jakobs mit dem Engel, von dem die Genesis berichtet, ist für ein weiteres Speiseverbot verantwortlich: dem Verbot des Ischiasnervs, der im Hinterviertel sitzt. Jakob verließ den Kampfplatz, wie es heißt, mit einer Verletzung des Nervs am Oberschenkel, so daß er hinkte. Allen Anzeichen nach handelte es sich um eine mythische Vision. Der Kampf findet in der Nacht vor dem Wiedersehen mit seinem rachsüchtigen Bruder Esau statt, den er zwanzig Jahre lang nicht gesehen hatte; er dauert bis zum Morgen an; und Jakobs erfolgreicher Kampf mit dem Engel führt dazu, daß sein Name von Jakob zu Israel geändert wird, «denn du hast mit Gott und mit Menschen gekämpft und hast gesiegt». Die Thora fügt am Schluß der Erzählung hinzu, daß die Kinder Israels zur Erinnerung an dieses Ereignis den Ischiasnerv nicht essen.

Das scheint nur eine kleine Einschränkung zu sein, und wäre es auch, wenn die Entfernung des Nervs aus dem Hinterviertel eines Tieres heute nicht eine reichlich komplizierte Angelegenheit für den Schlachter wäre. Es ist einfacher und offensichtlich billiger, die Hinterviertel koscher geschlachteter Rinder an christliche Konservenfabrikanten zu verkaufen. Fromme Juden müssen daher auf einige besonders gute Fleischstücke verzichten. Das läßt sich aber ändern und wird bei steigendem Bedarf auch sicher geändert werden.

Das Schlachten

Das Verbot, Blut zu trinken und «Fleisch eines Lebenden» zu essen, bestimmt die strenge, ja geheiligte Methode, mit der nach hebräischem Gesetz ein Tier geschlachtet werden darf. Es gibt nur eine Möglichkeit: mit einem einzigen scharfen Schnitt die Halsschlagader zu durchtrennen. Das Blut fließt aus; die Blutzufuhr zum Gehirn ist sofort unterbrochen, und das Tier wird bewußtlos. Alles andere sind Reflexbewegungen der Muskeln, die das Tier genauso wenig wahrnimmt wie ein Mensch, der im Koma liegt, und der Tod tritt fast sofort ein. Das behauptet jedenfalls die Tierphysiologie. Wissenschaftliche Gutachten, die man einholte, als diese Schlachtweise unter Beschuß geriet, beweisen, daß dieser Tod genauso gnädig ist wie jeder andere Tod, den Menschen Tieren zufügen können, ja sogar weit gnädiger als die meisten anderen.

Im Gesetz steht unter anderem, daß strengstens auf einen schmerzlosen Tod zu achten ist. Wird eine der dafür vorgesehenen Maßnahmen unterlassen, gilt das Fleisch als «zerrissen», und wir können es nicht essen. Der tödliche Schnitt muß in einem einzigen Zug durchgeführt werden. Schon ein kurzes Stocken macht das Fleisch ungenießbar, ganz zu schweigen von einem zweiten Schnitt, einem betäubenden Schlag oder jeder anderen Art von Schmerzzufügung. Das Messer muß scharf und glatt wie ein Rasiermesser sein; eine einzige sichtbare Scharte macht das Fleisch ungenießbar. Das Tier muß völlig reglos sein, wenn der Schnitt geführt wird, so daß die Halsschlagader wirklich sofort durchtrennt wird. Das Schlachten wird von beruflich geschulten Schlachtern ausgeführt, deren Geschicklichkeit und technisches Wissen genau geprüft werden, bevor sie zugelassen werden. Jede Bewegung wird darüber hinaus von mindestens ebenso qualifizierten Aufsehern kontrolliert. Die Gilden der Schlachter und Aufseher (im Hebräischen *Schochet* und *Maschgiach*) sind alt und streng. Oft geht das Amt vom Vater, der auch die Ausbildung übernimmt, auf den Sohn über.

Die Aufseher untersuchen das Fleisch nach bestimmten Krankheitsspuren, die es seit Tausenden von Jahren nicht koscher gemacht haben. Das ist zweifellos eine sanitäre Maßnahme, mit der unsere Väter ihrer Zeit um Jahrhunderte voraus waren. Auf sie ist die außergewöhnliche Gesundheitsstatistik vieler Generationen in jüdischen Gemeinden zum Teil zurückzuführen. Wenn das Fleisch in die Hände des Verbrauchers gelangt, sind weitere Maßnahmen erforderlich, um den letzten Rest Blut zu entfernen. Das blieb früher der Hausfrau überlassen, und die nötigen Kenntnisse wurden von der Mutter an die Tochter weitergegeben. Heute werden auch diese letzten Verrichtungen von den Verkaufszentralen für koscheres Fleisch vorgenommen, und das Fleisch wird gebrauchsfertig geliefert. Die Firma ist dafür verantwortlich, daß sie das Gutachten eines Rabbiners einholt, sowie sich verdächtige Symptome zeigen.

Unterschiedliche Beachtung der Regeln

Früher war das anders. Die Hausfrau nahm die Untersuchung zum größten Teil selbst vor, besonders bei Geflügel. Sie kaufte ein Huhn, das vor ihren Augen geschlachtet wurde, nahm es mit nach Hause und untersuchte beim Ausnehmen die Eingeweide nach Anzeichen von Krankheiten oder inneren Verletzungen, die sie seit ihrer Kindheit genau kannte. Im Zweifelsfall brachte sie das Fleisch zu ihrem Rabbi. Der Freitagvormittag war für meinen Großvater während der dreiundzwanzig Jahre, die er in der Bronx amtierte, der arbeitsreichste Tag der ganzen Woche. Der Strom der Hausfrauen, die mit ihren *Scheiles,* religiösen Fragen über blutiges, frisch geschlachtetes Geflügel, zu ihm kamen, drohte nicht abzureißen. Wenn er an diesem Morgen mit mir zusammen die Schrift studierte, kamen wir nicht weit.

Heutzutage spielt die Beantwortung von Scheiles über Geflügel keine große Rolle mehr bei den Rabbinern; jedenfalls lange keine so große wie die Aufgabe, Geld aufzutreiben, amüsante Reden zu halten, zugkräftige Broschüren zu schreiben und so weiter. Andere Zeiten, andere Sitten. Altmodische Leute sehen diese Veränderung ein bißchen scheel an und lassen durchblicken, daß die jungen Rabbiner von heute nichts weiter als freundliche Ignoranten sind. In Wirklichkeit erhalten die orthodoxen Seminaristen noch immer eine umfangreiche Ausbildung und müssen sich einer strengen Prüfung über die Gesetze der Fleischbeschau unterziehen. Neunzehn von zwanzig haben allerdings nur selten Gelegenheit, ihre Kenntnisse zu verwerten, es sei denn, sie gehen in die Industrie zur Herstellung von koscheren Fleischkonserven. Die Hauptaufgabe eines Rabbiners ist heute der Elementarunterricht – natürlich nicht für die wenigen Gelehrten, sondern für die im allgemeinen wenig orientierte Gemeinde. Mir persönlich wäre es lieber, wenn die jungen Theologen noch besser reden, schreiben und Gelder auftreiben könnten, als es heute ohnehin schon der Fall ist, weil es heute darauf besonders ankommt. Ich unterrichtete einige Zeit an der Jeschiwa University, um ihnen das, was ich vom englischen Stil verstehe, beizubringen. Daraufhin sagte mein Großvater einmal zu mir: «Warum mußt du sie in Englisch unterrichten? Sie sind in

Amerika geboren. Sie können Englisch.» Diese Bemerkung zeigt in einem Satz, wie weit das Alte und das Neue, ob man will oder nicht, voneinander entfernt sind.

In Osteuropa schlachtete ein frommer Mann entweder selbst, oder er kannte den Schochet der Stadt von der Synagoge her und wußte aus erster Hand, wie fromm, geschickt und klug er war. In den Vereinigten Staaten müssen wir uns auf die Stempel berühmter Rabbiner verlassen, die für die Rechtmäßigkeit des Schlachtens, der Inspektion und der Verarbeitung garantieren. Es gibt besonders fromme Leute, die sich nicht dazu durchringen können, diesen Stempeln zu vertrauen. Eine solche Kontrolle des industriellen Verfahrens kommt ihnen zu locker vor und kann ihrer Ansicht nach zu leicht zu Irrtümern führen. Sie wollen nicht das geringste Risiko eingehen, nicht sachgemäß geschlachtetes Fleisch zu essen – ganz zu schweigen vom Fleisch gesetzlich verbotener Tiere oder ihren Produkten. Mein Großvater hat in den ganzen fünfundzwanzig Jahren, die er in Amerika lebte, kein Rindfleisch gegessen. Am Sabbat aß er an Fleisch nur unter seiner persönlichen Aufsicht geschlachtetes Geflügel. Er verlangte nicht, daß die restliche Familie seinem Beispiel folgte. Er speiste im Haus meiner Mutter und bei mir, aber unser Fleisch rührte er nicht an. Aber selbst er mußte sich bis zu einem gewissen Grad auf Siegel und Unterschriften verlassen. Die Milch und Butter, die er zu sich nahm, waren mit der Garantie der Überprüfung durch einen Rabbiner versehen. Beim Melken und Buttern konnte er leider nicht dabeisein.

Mein Großvater war ein so heiterer und jovialer Mann, daß wir nie auf den Gedanken kamen, er könne ein Asket sein; dabei war er sogar ein ziemlich extremer Asket. Nur wenige Menschen bringen es wie er fertig, über die Hälfte ihres Lebens auf Rind- und Hammelfleisch zu verzichten, nur wegen einer rituellen Formalität. Die ganz besonders Frommen essen heute nur *glat koscher* genanntes Fleisch, das mit besonderen Garantien versehen ist. Einige Mitglieder chassidischer Sekten essen nur Fleisch, das von Mitgliedern ihrer eigenen Sekte verarbeitet und mit dem Siegel ihres eigenen Oberrabbiners versehen ist. Wenn sie verreisen, nehmen sie eine entsprechende Menge solchen Fleisches mit. Wenn es nicht reicht, leben sie von rohem Gemüse und Obst. Sie würden nie das Geschirr öffentlicher Restaurants benutzen. Es gibt also bei der Beachtung der Vorschriften Schattierungen nach oben, oder wenn Sie wollen, nach links, bis zu einer Strenge, Skrupelhaftigkeit und Selbstverleugnung, die von den einen als reichlich extravagant, von den anderen hingegen als Mindestanforderung des Gesetzes angesehen werden.

Wichtig bei all diesen verschiedenen Schattierungen scheint mir vor allem eins zu sein: daß man seine eigene Praxis nicht als das einzig wahre Judentum ansieht und ein strengeres Verhalten als reinen Fanatismus, ein weniger strenges als reine Schweinefleisch-Esserei abtut. Dazu kann man sich leicht verleiten lassen, weil es die alte, feststehende und überall gleiche Form der Religionsausübung im Augenblick nicht gibt. Leute, die Schinken oder Krabben oder Steaks von elektrisch getöteten oder vorher betäubten Tieren essen, befolgen ganz eindeutig nicht das Mosaische Gesetz. Leute, die nie etwas in einem öffentlichen Restaurant essen oder trinken, sind zweifellos der Gefahr einer unbeabsichtigten Übertretung der Speisegesetze weniger ausgesetzt als Leute, die gelegentlich im Restaurant essen. Die Anforderungen, die an einen vielbeschäftigten Menschen gestellt werden, machen die strikte Einhaltung der Vorschriften sicher schwieriger. Die Frommen folgen ihrem Gewissen und richten sich nach der Anleitung eines Lehrers, dem sie vertrauen. Alle aber halten sich an die gleichen Vorschriften; die Unterschiede liegen nur im Detail.

Warum soll man es sich schwermachen?

Es läßt sich nicht leugnen, daß die Einhaltung der jüdischen Speisevorschriften heute jeden, der kein Einsiedler ist, ziemliche Mühe kostet. Überall wird man mit den Eßgewohnheiten der großen Mehrheit konfrontiert: im Restaurant, im Zug, im Flugzeug, bei Freunden und Bekannten. Die Speisevorschriften einzuhalten, erfordert vor allem, daß man sich über ihren Sinn klar ist, daß man einige Willenskraft und sicherlich auch eine ganze Portion Humor besitzt, um die uralten Witze über das Thema zu ertragen und einigermaßen schlagfertig zu beantworten.

Unseren Vorfahren fiel es selten ein, die Frage zu stellen, die der gebildete Amerikaner jetzt sofort stellen wird: «Aber warum soll man das denn alles beibehalten?» Für sie bedeutete es eine viel größere geistige und körperliche Überwindung, Schweinebraten oder Krebs zu essen, als sich an die jüdische Kost zu halten. Die Vorschriften trugen zu dem befriedigenden Gefühl der Juden bei, ein altes, stolzes Volk zu sein, und ein tiefverwurzelter Instinkt sagte ihnen, daß das Mosaische Gesetz den Willen der Vorsehung für die geschichtliche Aufgabe des jüdischen Volkes aussprach. Die amerikanische Gemeinschaft, die ihr jüdisches Erbe mit neuen Augen mustert, stellt die ganze jüdische Religionspraxis mehr oder weniger in Frage. Bei Eltern und Lehrern kommt dadurch Unbehagen, ja sogar eine gewisse Angst auf, da sie auf Fragen, die sie sich selbst nie stellten, nicht immer gleich eine Antwort parat haben.

In den assimilierten Gruppen des Westens und in Sowjetrußland, wo die Kommunisten die jüdische Religionsausübung ausrotten wollen, halten sich viele Juden nicht mehr an die Speisevorschriften, sei es, weil sie sie bewußt ablehnen, sei es aus Gleichgültigkeit, sei es, weil sie dazu gezwungen werden, oder aus Unwissenheit. Aber die große Mehrheit der Juden auf der ganzen Welt befolgt die Vorschriften im großen und ganzen noch heute, eine sehr große Gruppe sogar mit peinlicher Genauigkeit. In den Vereinigten Staaten, in denen es eine Zeitlang so aussah, als ob eine Massenabkehr von den Gesetzen sie innerhalb einer Generation zum Verschwinden bringen würde, haben sie wieder festen Fuß gefaßt. Jetzt sieht es so aus, als ob die Vorschriften allmählich sogar von immer mehr Leuten befolgt werden.

Sicher hängt das zum Teil damit zusammen, daß es immer leichter wird, die Speisegesetze zu halten. Die Herstellung koscherer Lebensmittel hat sich zu einer großen, konkurrenzfähigen Industrie entwickelt. Bei dem Massenangebot von Gefrierfleisch ist es heute fast ebenso leicht, einen koscheren Haushalt zu führen wie einen anderen. Auch scheint – überlagert von einem Wirbel aller möglichen Bewegungen – bei der jüdischen Gemeinschaft eine langsame, stetige Tendenz zu bestehen, zu ihrem Schwerpunkt, dem Mosaischen Gesetz, zurückzukehren. Auf den ersten Blick scheint diese Tendenz im Widerspruch zu dem soziologischen Gesetz der zunehmenden Anpassung an die Lebensweise der Majorität zu stehen. Aber soziologische Gesetze sind keine astronomischen Gesetze. Menschen können lernen und ihre Richtung ändern, was Planeten nicht können. In den Vereinigten Staaten gleicht man sich Nachbar Jones nicht unbedingt dadurch am meisten an, daß man das gleiche ißt wie er, sondern daß man sich so benimmt wie er. Sehr allgemein gesprochen, ist Jones ein Mann, der seine Religion ausübt und Leute respektiert, die ihre Religion ausüben.

Damit will ich sagen, daß meiner Ansicht nach das Wiederaufleben der jüdischen Religion in Amerika in der Hauptsache eher eine gesellschaftliche Veränderung ist als eine religiöse oder intellektuelle, genauso wie die ursprüngliche Abkehr vom Glauben. Aber für jeden, dem das Überleben des Judentums am Herzen liegt, kommt es nicht darauf an, aus welchem Grund die jüdische Religion zunächst wiederbelebt wird, wenn sie nur überhaupt wiederauflebt. Mit der Zeit rückt dann wahrscheinlich auch der geistige Gehalt wieder in den Mittelpunkt.

Niemand kann behaupten, daß die gegenwärtige Versorgung mit koscheren Lebensmitteln vollauf befriedigend ist. Widersprüchliche Garantieerklärungen, das Fehlen einer sicheren Kontrolle durch eine anerkannte Stelle, die feste Maßstäbe setzt, einander widersprechende Ansichten über bekannte Markenprodukte, Gerüchte und Klatsch über zweifelhafte Fragen statt der Veröffentlichung von Tatsachen – das alles sind hartnäckige Schwierigkeiten, die sich bei einem so stürmischen Übergang von alten zu neuen Methoden zwangsläufig ergeben. Leute, die die Speisegesetze nicht mehr befolgen wollen, berufen sich mit Vorliebe auf diese Unzulänglichkeiten, aber solche vorgeschobenen Begründungen kann man nicht ernst nehmen. Im allgemeinen sind unsere alten hebräischen Speisevorschriften noch genauso klar und eindeutig wie damals, als Moses sie erließ. Sie sind keine Diät für Eremiten. Fleisch und Getränke stehen uns in Hülle und Fülle zur Verfügung. Die Grenzen der Schlemmerei setzen unser Geldbeutel und unsere Vernunft, nicht das Gesetz. Wenn wir die Speisegesetze gläubig befolgen wollen, sind wir dazu durchaus imstande. Die Gemeinschaft hat es in der Hand, die

Versorgung mit koscheren Lebensmitteln weiter zu verbessern, sie muß sich nur mit ihrem ganzen Gewicht bei den Lebensmittelhändlern dafür einsetzen.

Es sieht so aus, als hätte die Thora lediglich Lebensmittel von geringem gesundheitlichem Wert von unserem Speisezettel gestrichen. Es stimmt, die Juden haben drei Jahrtausende in bester Gesundheit überstanden, ohne Schlangen, Schweine, Würmer, Krebse oder Schildkröten zu essen. Die Koscher-Vorschriften setzen sich für Sauberkeit und Reinheit ein, wenn auch mit dem Slogan «Koscher bedeutet rein» keineswegs alles gesagt ist. Aber das Wichtigste scheint zu sein, daß die täglichen Mahlzeiten in eine bestimmte Form gebracht wurden, eine Form, die allen Juden seit der Gesetzgebung am Sinai gemeinsam ist. Sie hält die Gemeinschaft zusammen und erinnert den einzelnen jedesmal, wenn er Hunger hat, daran, daß er zu einer bestimmten Gemeinschaft gehört. Sie ist eine tägliche Bekräftigung des eigenen Glaubens durch ein bestimmtes Handeln, eine freiwillige, stille Selbstdisziplin. Der Jude muß auf Reisen gewisse Unbequemlichkeiten ertragen, die ihm eindringlich klarmachen, wer er ist und wohin er gehört. Die Speisegesetze funktionieren also zweifellos. Sie sind gesellschaftliche Instrumente, die die jüdische Nation am Leben erhalten, und psychologische Instrumente, durch die sich der einzelne mit etwas identifizieren kann. Die grundlegende Frage, die einzige, um die es bei der ganzen Diskussion um die Speisegesetze geht, ist erstens die Frage, ob das Judentum wert ist, erhalten zu bleiben, und zweitens, ob es auch durch andere Mittel als sein Gesetz erhalten bleiben kann.

Kleidung

Die Kleidervorschriften sind einfach und gelten in der Hauptsache für Männer. Nach einem generellen Grundsatz des jüdischen Rechts sind Frauen von jedem Ritual befreit, das an eine bestimmte Tageszeit gebunden ist, und die symbolischen Kleidervorschriften gelten nur für die Gebetszeiten.

Beim Morgengebet tragen die Männer einen viereckigen

Schal mit Quasten, *Tallis* genannt. Das Gesetz über die Quasten steht im 4. Buch Moses: «Und das sei euch zu Schaufäden, daß, wenn ihr sie ansehet, und ihr nicht umherspähet nach eurem Herzen und nach euren Augen, denen ihr nachbuhlet.» Das ist ein bißchen viel verlangt von den Quasten, aber der Beter hat sie wenigstens vor Augen, während er betet. Der in seinen Gebetsschal gehüllte Jude ist für die ganze Welt die Verkörperung des betenden Menschen. Fromme Juden tragen, abgesehen vom Gebetsschal, den ganzen Tag über ein kleines viereckiges Unterhemd mit Quasten.

Jeden Morgen legt der Mann außerdem die Gebetsriemen, die *Tefillin,* an, das Symbol, das Maler besonders gern verwenden, wenn sie einen Juden darstellen wollen. Sie bestehen aus zwei schwarzen Lederkapseln, die mit ledernen Riemen an der Stirn und dem linken Arm befestigt werden. Sie enthalten kleine Pergamentrollen mit dem Sch'Ma und anderen Bibelversen. «Und du sollst sie knüpfen zum Zeichen an deine Hand, und sie sollen zur Stirnbinde zwischen deinen Augen sein», sagt die Thora. Kritiker haben eingewendet, es sei lächerlich, diese Vorschrift wörtlich zu nehmen und sich tatsächlich Lederkapseln mit kleinen Bibelzitaten umzubinden. Aber inzwischen wissen wir ja, daß sichtbare Handlungen, eine konkrete Bildersprache, ein Grundelement der jüdischen Religionsausübung sind. Wir haben es hier mit einem Zeremoniell zu tun, das Arm und Kopf in den Dienst Gottes stellt. Es gibt keinen deutlicheren Hinweis auf die jüdische Identität als das Beten mit Gebetsriemen; deshalb haben es die Maler für ihre symbolische Kurzschrift übernommen. Der Mensch wird nicht gut, nur weil er die Gebetsriemen anlegt, aber wenn er ihren Symbolgehalt wirklich begriffen und in sich aufgenommen hat, müßte er ein besserer Mensch werden, vorausgesetzt, daß er überhaupt besserungsfähig ist.

Ein mindestens zweitausend Jahre alter Brauch ist die Kopfbedeckung, besonders beim Studium der Schriften und beim Gebet. Es gibt keine vorgeschriebene Art der Kopfbedeckung, aber der Talmud sagt an einer Stelle, daß ein Mann keine vier Meter weit barhäuptig gehen soll. Jedenfalls ist es zu einer tiefverwurzelten religiösen Sitte geworden, den Kopf zu bedecken. Ein Jude, der ohne Kopfbedeckung betet oder die Schriften studiert, ist etwas Anomales, ausgenommen in der Reformbewegung, die diesen Brauch aus Prinzip abschaffte (ebenso wie den Tallis, die Gebetsriemen und viele andere wichtige Mosaische Symbole und Vorschriften). Die Form der Kopfbedeckung ist unterschiedlich je nach Zeit und Ort. Im Orient und in den arabischen Ländern tragen die Juden Turbane. Die Chassidim bevorzugen breitrandige pelzbesetzte Hüte und runde schwarze Filzhüte ohne Kniff. In Europa trugen unsere Vorfahren im Hause die *Jarmulke,* ein weites schwarzes Samtkäppchen, das fast das ganze Haar bedeckte. In den Vereinigten Staaten tragen die traditionellen Juden ein dunkles Käppchen, das auf dem Hinterkopf sitzt; bei Schuljungen sind diese Käppchen aber manchmal sehr bunt. In Israel tragen religiöse Arbeiter manchmal ein gestricktes Käppchen, das mit Haarklammern festgehalten wird. Heute verzichten traditionelle Juden am Arbeitsplatz und bei öffentlichen Veranstaltungen, die nicht religiöser Natur sind, oft auf eine Kopfbedeckung und tragen nur zu Hause und in der Synagoge eine Kappe. Für Frauen ist es Sitte, in der Synagoge eine Kopfbedeckung zu tragen.

Behausung

Zwei der Thoraabschnitte, die vorschreiben, bestimmte Worte an Kopf und Arm zu binden, gebieten uns auch, diese Worte an die Türpfosten unseres Hauses zu schreiben. Wir bringen im Eingang eine kleine Hülse an, die ein Pergamentröllchen mit diesen Texten enthält. Die Hülse heißt *Mesusa,* das hebräische Wort für Türpfosten. An der Eingangstür eines Hauses oder einer Wohnung angebracht, besagt sie, daß die Bewohner jüdischen Glaubens sind und das Haus dem Dienste Gottes geweiht ist.

Weder im Gesetz noch im Brauchtum gibt es eine Grundlage für die heute unter amerikanischen jüdischen Soldaten und jungen jüdischen Mädchen ziemlich verbreitete Sitte, die Mesusa als Anhänger an einer Halskette zu tragen. Der Soldat hat dabei das beruhigende Gefühl, so etwas wie ein Amulett zu tragen. Für die Mädchen ist es ein unausgesprochener, deutlicher Hinweis auf ihre Religion, was sich wahrscheinlich oft als sehr nützlich erweist.

ZEHNTES KAPITEL

Geburt und Anfang:
Männer und Frauen

Beschneidung

Voltaire äußerte sich verächtlich über einen Gott, dem es wichtig sein könne, ob die Leute die Vorhaut ihrer Kinder abschnitten oder nicht, eine amüsante Formulierung, mit der er seine ganze skeptische Einstellung zu religiösen Formen in einem Satz zusammenfaßte. Spinoza, ein ebenso großer Skeptiker, war zwar nicht so witzig wie Voltaire; er besaß überhaupt wenig Witz, aber er ging sehr viel mehr in die Tiefe. «Ich halte dieses Zeichen für so wichtig», sagte er, «daß es meiner festen Überzeugung nach an sich schon genügt, um die gesonderte Existenz der Nation für immer zu behaupten.»

Die Beschneidung, die jahrhundertelang zu Witzen über die Juden herhalten mußte, ist in letzter Zeit zu Ansehen gelangt. Sie stellte sich als eine gesunde Hygienemaßnahme heraus. Da die ärztliche Wissenschaft sie sehr empfiehlt, lassen heute gut unterrichtete Leute in der ganzen Welt ihre Kinder beschneiden. Wenn Voltaire noch leben würde, ließe er sich wahrscheinlich auch beschneiden. Vielleicht würde er sich am Tage nach der Operation sogar bei dem Wunsch ertappen, seine Eltern hätten ihm schon als Säugling seine Vorhaut abschneiden lassen.

Aber für Juden ist die Beschneidung heute wie vor viertausend Jahren keine Frage der Hygiene. Sie ist die alte Besiegelung des Bundes zwischen Abraham und seinem Schöpfer, ein Zeichen im Fleisch, ein Merkmal an der Quelle des Lebens. Ein nackter Mann sieht dadurch sein Leben lang anders aus als ein nichtbeschnittener Mann. Es heißt, der Tod macht alle gleich, und wenn man einem Menschen die Kleider auszieht, kann niemand den Bettler vom König unterscheiden. Aber ob nackt oder tot, ein Jude ist immer als Jude zu erkennen. Im 20. Jahrhundert hat man gemerkt, daß dieses Zeichen keine komische Verstümmelung, sondern eine kluge Vorsorgemaßnahme ist, und die Kritiker des Judentums kommen dadurch um ihre alten Vorhautwitze. Aber die Entdeckung kann eigentlich kaum überraschen. Von den Symbolen eines so lange bestehenden Glaubens kann man erwarten, daß sie, soweit sie den Körper betreffen, nicht nur unschädlich, sondern auch sinnvoll sind und den Gläubigen nicht umbringen. Die Juden haben immer auf das Mosaische Gesetz vertraut, und die moderne Medizin bestätigt immer mehr, daß ihr Vertrauen berechtigt war. Aber die medizinische Bestätigung ist kein Triumph für das Judentum, sie ist nur eine unbedeutende Fußnote.

Wir beschneiden unsere Söhne am achten Tag nach der Geburt wie Abraham seinen Sohn Isaak, außer wenn der Arzt bei einem besonders zarten Kind den Tag verschiebt. Der normale Säugling von acht Tagen übersteht die Operation leicht und zum größten Teil schlafend. Gut ausgeführt, ist der Schnitt kaum schmerzhaft und verheilt in ein paar Tagen.

Wir nennen das Ereignis ein *Bris,* die hebräische Bezeichnung für Bund. Als die Hausgeburt noch allgemein üblich war, war ein Bris immer ein großes Familienfest mit Unmengen von Freunden und Verwandten, gelehrten Unterhaltungen und viel Lachen und Scherzen. Jeder Schritt bei dieser Zeremonie war eine Ehre, die die Eltern feierlich einem Verwandten oder besonders geehrten Gast übertrugen und die ihn sein ganzes Leben lang auszeichnete. Heute kommen die Kinder in gegen jeden Laut abgeschirmten, kalten gekachelten Krankensälen zur Welt, in denen es nach Desinfektionsmitteln riecht und über ihnen Kranke und unter ihnen Tote liegen. Die Hausregeln verbieten oft jede Spur von Fröhlichkeit. Aber in großen Städten, in Krankenhäusern, in die viele jüdische Mütter gehen, gibt es manchmal ein abseits gelegenes, eigens für diesen Tag reserviertes Zimmer mit dem rätselhaften Schild «Bris-Zimmer» an der Tür; und aus diesem Zimmer dringt gelegentlich immer noch das leise Echo der uralten Freude.

Der Vater spricht bei der Zeremonie den folgenden Segensspruch:

«Gelobt seist du, Ewiger, unser Gott, König der Welt, der du uns geheiligt durch deine Gebote und uns befohlen, den Sohn in den Bund unseres Vaters Abraham aufzunehmen.»

Idealerweise sollte der Vater die Beschneidung selbst vornehmen, wie es Abraham tat. Im allgemeinen bestellt er jedoch einen hochqualifizierten *Mohel* oder Beschneider dazu. Da der Mohel jedes Jahr Hunderte von Beschneidungen ausführt, hat er allmählich eine Erfahrung in dieser Operation, mit der sich viele Chirurgen, wie sie ehrlich zugeben, nicht messen können. Mohels benutzen natürlich alle vorhandenen medizinischen Sicherheitsvorkehrungen und Antiseptika.

Einige jüdische Eltern lassen ihre Söhne von einem Chirurgen im Krankenhaus beschneiden, weil sie glauben, daß es sicherer ist, oder vielleicht auch, weil sie meinen, es komme nicht darauf an, wer die Beschneidung vornimmt. Sie befinden sich aus verschiedenen Gründen im Irrtum.

Erstens ist der Mohel mit dem chirurgischen Problem und den möglichen Komplikationen völlig vertraut und daher der geeignetste Mann dafür. Selbst den geschicktesten Händen der Welt kann etwas schiefgehen, aber die Eltern können nicht mehr für die Sicherheit ihres Kindes tun, als einen qualifizierten Mohel zu beauftragen.

Zweitens tritt der Beschneider an die Stelle des Vaters in einem Widmungsritus, der viertausend Jahre alt ist. Es leuchtet ein, daß er mit unserer Religion vertraut sein und ihr angehören sollte.

Drittens, und das ist vielleicht das Entscheidende, unterscheidet sich die jüdische Beschneidung in einigen Dingen von einer nichtrituellen Beschneidung. Die normale Operation im Krankenhaus ist weder besonders sicher noch besonders schmerzlos, und es kann außerdem sein, daß sie nicht ganz korrekt durchgeführt wird.

Bar Mizwa

Bar Mizwa bedeutet «Sohn der Verpflichtung». Die Zeremonie ist der nächste Meilenstein im Leben eines jüdischen Knaben; von nun an hat er selbst die Verantwortung für sein religiöses Leben.

In meinem Roman *Marjorie Morningstar* habe ich mir die größte Mühe gegeben, eine Bar Mizwa genau und liebevoll zu schildern. Ich fand, es sei mir ganz gut gelungen, aber meine Mühe trug mir die bittersten und heftigsten Vorwürfe einiger meiner Glaubensgenossen ein. Sie behaupteten, ich hätte eine heilige Angelegenheit ins Komische gezogen. Natürlich enthielt meine Schilderung ein paar komische Züge, aber das liegt, glaube ich, am volkstümlichen Charakter, den die Feier hat, und nicht an meiner ausschweifenden Phantasie.

Ein Volk, das sich nicht von Zeit zu Zeit zu ausgelassener Fröhlichkeit hinreißen läßt, ist arm dran. Das Dickenssche Weihnachtsfest ist in der ganzen Literatur, die ich kenne, das, was einer amerikanischen Bar Mizwa am nächsten kommt. Hier findet man die gleichen phantastischen Vorbereitungen, die unglaublichen Essensorgien, die ausgedehnten Trinkgelage, den Gefühlsüberschwang und die Familienstreitigkeiten, und alles hat nur zum sehr kleinen Teil mit dem religiösen Anlaß zu tun. Weihnachten ist bei Dickens ein Fest voll überschäumender, unbändiger Vitalität, und genau dasselbe ist unsere Bar Mizwa. Uns Juden ist die Freude am Festefeiern angeboren. In der Freiheit der Vereinigten Staaten, wo uns seit Jahrhunderten zum erstenmal das Leben mit all seinen Möglichkeiten offenstand, haben wir aus der Bar Mizwa ein glanzvolles und kostspieliges Jubelfest gemacht. Ich sehe nicht ein, was daran falsch sein soll. Die Bälle, mit denen junge Amerikanerinnen in die Gesellschaft eingeführt werden, sehen nicht viel anders aus. Wenn der religiöse Anlaß nicht vergessen würde und seine Bedeutung behielte, wäre alles gut. Meine Vorbehalte gegen die amerikanische Bar Mizwa sind dieselben, die einige christliche Geistliche gegen den kommerziellen Weihnachtsbetrieb haben. Die Gefahr besteht, daß über dem ganzen Vergnügungsrummel die eigentliche Bedeutung des Festtags in Vergessenheit gerät und die Feier zu einem stürmischen Trubel ausartet, der sich um ein leeres Zentrum dreht.

Das Ereignis selbst ist bewegend und wichtig zugleich.

Wie bei jeder anderen Lebensweise geht es auch bei der jüdischen nicht ohne Unterricht ab, der mit dem Erwachen des kindlichen Verstandes beginnt. Bei einem Kind unter dreizehn Jahren ist der Verstand noch nicht so weit entwickelt, daß es die Begriffe seines Glaubens erfassen kann, und es ist noch nicht gefestigt genug, um die Vorschriften einzuhalten.

Erst wenn der Junge dreizehn Jahre alt ist, gibt der Vater die Verantwortung für die Erfüllung der religiösen Pflichten seines Sohnes auf, und der Sohn übernimmt sie von jetzt an selbst. Er beginnt, mit Gebetsriemen zu beten, und am ersten Sabbat, der auf seinen Geburtstag folgt, erhält er eine *Alija*, einen Aufruf zur Thora, den Segen über einen Teil der wöchentlichen Vorlesung zu sprechen, ein Vorrecht der erwachsenen Männer. Dieser Aufruf kennzeichnet seine neue Stellung.

Der ehrenvollste Aufruf ist nach allgemeiner Ansicht der letzte, der *Maftir*, weil zu ihm noch der wöchentliche Abschnitt aus den Propheten gehört. Schon vor langer Zeit entstand in den europäischen Gemeinden die Sitte, einem Jungen bei seiner Bar Mizwa den Maftir zu überlassen. Das machen wir auch heute noch.

Aber natürlich bürgerte sich dieser Brauch in einer Zeit ein, als Hebräisch zur allgemeinen Erziehung eines Jungen gehörte. Dem normalen jüdischen Jungen in Europa fiel das Vorlesen des Maftir in einer ganz bestimmten Melodie nicht schwerer als einem amerikanischen Dreizehnjährigen das Vorlesen aus einer Zeitung. Das hat sich leider völlig geändert, als der größte Teil der europäischen Juden nach Amerika auswanderte und die Kenntnis des Hebräischen katastrophal abnahm. Der jüdische Junge in Amerika, der eine Seite aus den Propheten laut und ohne zu stocken auf hebräisch vorlesen konnte, war eine Ausnahme. Wer den Text vom Blatt weg übersetzen oder ohne lange mühselige Übung richtig intonieren konnte, war fast ein Naturwunder. Trotzdem blieb man dabei, dem Jungen den Maftir zu geben. Zwei Generationen lang wurden infolgedessen in Amerika zahllose Jungen, die kaum das hebräische Alphabet konnten, über ein Jahr lang wie Papageien dazu abgerichtet, fremde Worte in einer seltsamen Melodie herunterzusingen. Für die meisten von ihnen war mit diesem stumpfsinnigen, wenig informativen Verfahren alles erledigt, was sie über das Judentum lernten.

Der Schaden, der damit angerichtet wurde, war groß. Die Jungen durchschauten die ganze Verlogenheit sehr schnell. Die Weisen hatten ganz recht, den Dreizehnjährigen die religiöse Verantwortung zu übergeben – Dreizehnjährige beobachten und urteilen scharf. Die gelangweilten Einpauker, die ihnen ein ganzes Jahr lang Abend für Abend trostlose Gesänge beibrachten, die Eselsbrücken des in lateinische Schrift übertragenen Hebräisch und der auswendig gelernten Texte reizten die Jungen nur zum Spott. Sie merkten, daß sie nur dazu gedrillt wurden, sich als etwas auszugeben, was sie nicht waren – als gutgeschulte junge Studenten des Hebräischen.

Dabei war und ist das im Grunde auch heute noch unvermeidlich. Welche Eltern geben schon freiwillig zu, daß ihre Kinder kein Hebräisch können, wenn es doch allgemein üblich ist, so zu tun, als könnten sie es? Und da die menschliche Natur nun einmal so ist, blieb den Eltern schlechtunterrichteter Kinder nur die Wahl zwischen einer Bar Mizwa, wie sie allgemein üblich war, oder überhaupt keiner. Lange Zeit drückten die amerikanischen Rabbiner ein Auge zu, weil sie sich sagten: «Besser das als gar nichts.» Aber schließlich machten sich die schlimmen Folgen so deutlich bemerkbar, daß man nicht mehr länger darüber hinwegsehen konnte. Jetzt gewinnt allmählich ein neues und längst überfälliges Verfahren immer mehr an Boden.

Die Lehrer fangen an, den Brauch für ihre Zwecke einzuspannen, statt sich von ihm unterdrücken und überfahren zu lassen. Da Eltern und Kinder die Bar Mizwa immer als eine Art Abschlußprüfung betrachtet haben, behandeln sie die Rabbiner auch so und verlangen wie bei jeder Abschlußprüfung den Nachweis ausreichender Kenntnisse, bevor sie das Diplom verleihen. Mit dem mechanisch heruntergeleierten Maftir ist es nicht mehr getan. Der Junge muß ernsthafte Prüfungen in Hebräisch, in der klassischen Literatur, in den Glaubensgesetzen und in der jüdischen Geschichte bestehen. Fällt er durch, verweigern die Rabbiner der Familie die Benutzung der Synagoge zu einer leeren Zeremonie. Das bedeutet, daß man spätestens im Alter von acht oder neun Jahren mit einem ernsthaften Religionsunterricht anfangen muß. Man kann einem Jungen in einem Jahr ein Maftir einpauken, aber nicht die jüdische Religion beibringen.

Das Verfahren verlangt vom Rabbi Mut, und er braucht die feste Unterstützung seines Gemeindevorstands. Aber da es offenbar die einzige Alternative zu einer fortgesetzten katastrophalen Unterrichtsmisere ist, setzt es sich Jahr für Jahr mehr durch. Wenn es sich fest einbürgert, besteht einige Aussicht, daß die junge Generation ihren jüdischen Glauben – zumindest in seinen Grundzügen – als das erkennt, was er in Wahrheit ist. Unsere Religion hat ihre Härten, aber sie ist voll Farbe und Kraft, und sie ist viertausend Jahre lang interessant geblieben. Sie besteht nicht im Herunterleiern eines sinnlosen Kauderwelschs, zu dem für einen ungenügend geschulten Jungen selbst das erhabenste Kapitel bei Jesaja werden kann.

Einige Leute haben in letzter Zeit als Reaktion auf die übertriebenen Bar Mizwa-Feiern in Amerika auf eine große Feier verzichtet; das dadurch ersparte Geld lassen sie entweder einer wohltätigen Einrichtung zugute kommen oder legen es so an, daß der Junge später damit eine Reise ins Heilige Land machen kann. Diese Zurückhaltung ist zwar sehr empfehlenswert, aber ich glaube kaum, daß sie zur Regel werden wird. Jedes Ding hat seine Zeit. Einen so großen Wendepunkt im Leben mit einem rauschenden Fest zu feiern, entspricht einem alten und starken natürlichen Trieb des Menschen. Ein Feuerwerk zur richtigen Zeit ist immer hochwillkommen, auch wenn es viel kostet und schnell aufflammt und wieder verglüht.

Wenn der überforderte Bar Mizwa-Junge in seiner auswendig gelernten Rede (einem schwachen Abglanz des gelehrten Diskurses, den es heute kaum mehr gibt) zu sagen pflegte «Heute bin ich ein Mann», dann war das natürlich nur bildlich gemeint; seine schmächtige Gestalt, sein weiches rosiges Kindergesicht und sein offensichtlicher Stimmbruch ließen keinen Zweifel daran. Die Bezeichnung als Mann, die er bekommt, ist zeremonieller Natur. Der Vater erwartet nicht von ihm, daß er sich von jetzt an seinen Lebensunterhalt selbst verdient oder daß er abends freiwillig ins Bett geht oder mit Begeisterung Schularbeiten macht oder anfängt, die Börsenzeitung zu lesen. Sie bedeutet nur, daß der Junge nun alt und vernünftig genug ist, sich als bewußter Jude zu benehmen. Er ist den geistigen Kinderschuhen entwachsen und muß von jetzt an die traditionellen Religionspflichten des Mannes übernehmen.

Bas Mizwa

Wie es bei Hurrikanen manchmal vorkommt, hat sich vom Wirbelsturm der amerikanischen Bar Mizwa ein kleiner Wirbelwind abgelöst und selbständig gemacht, die *Bas Mizwa*. Sie wird damit begründet, daß Mädchen genau wie Jungen religiöse Verpflichtungen übernehmen, wenn sie aus den Kinderschuhen heraus sind, und daß deshalb nicht einzusehen ist, warum um dieses Ereignis nicht ebensoviel Wirbel gemacht werden soll wie bei den Jungen.

Warum es Tausende von Jahren keine Bas Mizwa gegeben hat und jetzt plötzlich eine gibt, ist sehr leicht zu verstehen. Mädchen sind der Tradition nach vom gründlichen Studium des Hebräischen befreit, weil sie vom größten Teil des jüdischen Rituals befreit sind. In unserem Glauben ist es Sache der Männer, die strukturellen Formen der Religion aufrechtzuerhalten, die Frauen sollen frei sein für ihre Aufgaben in Haus und Familie; das war wahrscheinlich die einzige Lösung, damit das System funktionieren konnte. Die Bar Mizwa war ursprünglich eine kleine Formalität in der Synagoge und nicht etwa ein großes Familienfest. Ein Mädchen wäre nicht recht gescheit gewesen, wenn es um dieser Formalität willen die Last des Lernens auf sich genommen hätte, zu der seine Brüder vom fünften Lebensjahr an angehalten wurden, und Eltern hätten sich lächerlich gemacht, wenn sie es dazu gezwungen hätten. Aber als es mit der gründlichen Ausbildung der Jungen immer weiter abwärts ging, als die Bar Mizwa sich zu einem Riesenfest auswuchs, das man sich mit einem bißchen mechanischen Auswendiglernen erkaufen konnte, das Mädchen nicht schwererfiel als Jungen, als offensichtlich keine weitere Anstrengung damit verbunden war und keine weiteren Folgen daraus entstanden, als daß der Junge, sowie der Spaß vorbei war, das ganze hebräische Studium hinwarf und sich um die meisten Vorschriften nicht mehr kümmerte, sahen die Mädchen und die Eltern keinen vernünftigen Grund, warum sie keine Bas Mizwa haben sollten. Natürlich war es schwierig, für Mädchen die angemessene Feierlichkeit in der Synagoge zu schaffen, die es seit Bestehen des Judentums noch nie gegeben hatte. Da es keinen entsprechenden Brauch gab, mußte improvisiert werden. Die Bas Mizwa ist deshalb oft eine Art Abschlußprüfung am Ende des üblichen Religionsunterrichts oder zumindest die Beendigung eines bestimmten Unterrichtsabschnitts. In traditionellen Synagogen gibt es keine Bas Mizwa. Auch bei den anderen jüdischen Richtungen wird sie nicht mit demselben Pomp und Aufwand gefeiert wie die Bar Mizwa. Ihrer ganzen Natur nach kann sie das auch kaum.

Männer und Frauen

Die Bas Mizwa gehört zu den Bräuchen in der Synagoge, die man in den Tempeln der beiden großen abweichenden jüdischen Richtungen, der konservativen und der Reformbewegung findet. Andere Neuerungen sind das Orgelspiel, daß Männer und Frauen nebeneinandersitzen und daß Teile der Liturgie in der Landessprache gesprochen werden. Die Veränderungen der Reformbewegung sind radikaler als die der Konservativen; Hut und Gebetsschal für Männer sind abgeschafft worden, und von der alten Form des Gottesdienstes ist nur mehr wenig zu merken.

Jeder normale Amerikaner sitzt wahrscheinlich in der Öffentlichkeit lieber neben seiner Frau als getrennt von ihr, und seiner Frau wird es im allgemeinen nicht anders gehen. Es ist in Amerika auch allgemein üblich. Wie sich ein Mann in der Öffentlichkeit seiner Frau gegenüber verhält, ist nicht unwichtig. Die beiden Bewegungen haben dadurch, daß sie die alte Synagogenform, bei der Männer und Frauen getrennt sitzen, dem amerikanischen Geschmack zuliebe änderten, in Amerika großen Zulauf bekommen. Auch die anderen Neuerungen bewiesen ihre Anziehungskraft. Wer kein Hebräisch kann, sitzt nicht gern den ganzen Gottesdienst hindurch schweigend da. Die Katholiken sind daran gewöhnt, einem Gottesdienst beizuwohnen, den der Priester auf lateinisch zelebriert, aber der alte jüdische Brauch verlangt, daß alle zur gleichen Zeit und mit den gleichen Worten beten. Die großen Massen, die kein Hebräisch können, haben daher einen Gottesdienst gefordert und entwickelt, an dem sie teilnehmen können. Die Orgel ist natürlich ein klangvolles, herrliches Instrument, das den Tempel mit Klängen erfüllt, die Gedanken an Gott wecken. Außerdem ist es bequem, mit dem Wagen zum Sabbatgottesdienst zu fahren, wenn man weiter als vier oder fünf Blocks entfernt wohnt, und bei Regen und Schnee kann es sehr ärgerlich sein, wenn man zu Fuß gehen muß. Wenn man das alles bedenkt, ist der Zulauf, den die beiden Richtungen haben, nicht schwer zu erklären. Erklären müßte man eher, wie es kommt, daß es überhaupt noch orthodoxe Juden gibt. Die orthodoxe Richtung ist immer noch stark und wird in letzter Zeit noch stärker. Offensichtlich hat sie für einige Menschen eine Überzeugungskraft, die stärker ist als ihre Schwierigkeiten.

Die Orthodoxen lehnen alle Veränderungen grundsätzlich ab und führen dauernd Gesetze und Bräuche an, die sich gegen Veränderungen aussprechen. Sie behaupten, daß diese Neuerungen zwar Anhänger anziehen, der Preis dafür aber zu hoch ist; daß das Gesetz dabei immer weniger befolgt wird. Die Reformbewegung halten sie für ganz unmöglich, weil sie mit ihrer Lehre das Mosaische Gesetz ausschaltet, und der Konservativismus führt ihrer Meinung nach zwangsläufig zur Reformbewegung.

Das Verbot von Musikinstrumenten wie der Orgel hängt mit der Trauer um die Zerstörung des Tempels zusammen. Im Tempel wurden Musikinstrumente gespielt; wir haben unsere Harfen an die Bäume gehängt, sagten die Juden im babylonischen Exil, und wollen sie nie wieder beim Gottesdienst spielen, bis wir sie in den Hallen Gottes, in seinem wiederaufgebauten Heiligtum spielen. Dieser Beschluß führte dazu, daß sich die jüdische Vokalmusik stark entwickelte.

Der Brauch, daß die Geschlechter beim Gottesdienst voneinander getrennt sitzen, geht auf Tempelzeiten zurück. Der Talmud spricht davon; er wurde eingeführt, um den feierlichen Ernst des Gottesdienstes zu betonen. Er muß jetzt fast zweitausend Jahre alt sein. Aus der natürlichen Synagogenform oder ihrer Architektur ist er kaum wegzudenken. Der Streit um diese Frage geht mit unzähligen Argumenten von beiden Seiten hin und her, und – ich schäme mich fast, es zu sagen, aber es ist leider wahr – er ist heute die größte religiöse Streitfrage bei den amerikanischen Juden. Im Grund geht es um den Zusammenstoß zwischen amerikanischen Sitten und hebräischen Formen.

Die Orthodoxen neigen zu der Behauptung, daß man nicht richtig beten kann, wenn eine Frau neben einem sitzt, weil man dadurch zu sehr abgelenkt wird. Die andere Seite wirft den Orthodoxen vor, daß sie die ungerechte Benachteiligung der Frauen verewigen wollen. Wie gewöhnlich bei öffentlichen Diskussionen um einen strittigen Punkt, gehen alle diese Behauptungen am Wesentlichen vorbei. Ich zweifle nicht, daß Männer neben ihren Frauen ernst und gesammelt beten können, wenn sie überhaupt religiös sind. Ich habe äußerst unaufmerksame Beter bei einem Gottesdienst erlebt, bei dem nur Männer anwesend waren. Das Argument der Benachteiligung verfängt auch nicht mehr. Jeder, der die Bibel gelesen hat, weiß, daß nach dem semitischen Recht, das der Thora vorausging, die Frauen praktisch als Haustiere gehalten wurden und daß erst Moses ihnen weitgehende Eigentumsrechte und Unabhängigkeit verlieh; das talmudische Gesetz und die daraus folgenden zivilrechtlichen Entscheidungen haben den Frauen den Rang verschafft, den unsere Mütter und Großmütter hatten und der praktisch Gleichheit, wenn nicht Überlegenheit bedeutete.

Was den Gottesdienst betrifft, haben die jüdischen Frauen ein Vorrecht, um das sie viele junge Seminaristen morgens beim Wecken glühend beneiden: sie brauchen nicht hinzugehen. Unser Gesetz befreit die Frauen von allen Geboten, die an bestimmte Zeiten gebunden sind. Es verlangt nicht, daß die Mutter ihr Baby abschiebt und Gebetsriemen anlegt; oder daß die Frau ihre Vorbereitungen für das Festtagsmahl unterbricht, weil sie in die Synagoge gehen muß. Wenn sie ein Dienstmädchen hat – wie viele Amerikanerinnen heute – oder wenn sie wie unsere Mütter ihre Zeit einteilen und freie Zeit einplanen kann, kommt sie zum Gottesdienst. Aber bei einem Glauben, der die Andacht so ernst nimmt und in dem die Tage und Jahre mit religiösen Pflichten angefüllt sind, scheint es ganz natürlich zu sein, daß Frauen vom geregelten Gebet befreit sind. Ich kann mir nicht vorstellen, daß man neue Gesetze schaffen wird, die Frauen auch noch diese Pflichten auferlegen.

Die Orthodoxen und die Dissidenten reden aneinander vorbei, und daran wird sich auch nichts ändern, vor allem, weil bei den meisten Dissidenten das großartige Muster der vorgeschriebenen Gebete durchbrochen oder ganz aufgegeben worden ist. Männer wie Frauen gehen immer mehr dazu über, nur einmal in der Woche zu beten; der größte Teil der jüdischen Symbolik ist für ihr Leben nicht mehr von Belang. Daß die Frauen von an bestimmte Zeiten gebundenen religiösen Pflichten befreit sind, ist irrelevant und muß nicht ausdrücklich festgelegt werden; kein Mensch ist schließlich daran gebunden, wenn er nicht will. Wenn sich eine Familie zur Beachtung der Gesetze bekennt, wird die Freiheit der Frauen zu einer Frage der momentanen Situation, und die klassischen Formen des Gottesdienstes bekommen wieder ihren Sinn. Daher ergibt sich in den «modernen orthodoxen» Synagogen bei aller Stromlinienform die Trennung der Geschlechter beim Gottesdienst ganz von selbst.

ELFTES KAPITEL

Liebe und Ehe und gewisse moderne Variationen

Sexualität

Ungefähr ein Viertel des umfangreichen Talmud besteht aus der Ordnung: *Frauen*; sieben lange Abhandlungen behandeln die Beziehung zwischen den Geschlechtern in allen ihren Formen. Wenn ich mich in diesem verhältnismäßig dünnen Buch auf ein kurzes Kapitel beschränke, dann nicht, weil mich die Sexualität weniger interessiert als unsere Vorfahren oder weil ich als berufsmäßiger Romanautor keine Lust habe, meine berufliche Arbeit auf anderem Gebiet fortzusetzen. Die jüdischen Vorstellungen über Sexualität und Ehe sind allen Gebildeten so bekannt, daß ein kurzer Überblick genügt. Der Talmud befaßt sich mit der rechtlichen Seite der Sexualität, die unerschöpflich ist und deshalb so viele Bände beansprucht.

Vom gesetzlichen Standpunkt aus gehört zum Geschlechtsverkehr eine Übereinkunft zwischen zwei Parteien, wahrscheinlich die häufigste Art einer gemeinsamen Abmachung. Die Übereinkunft kann ein Dauervertrag sein wie bei der Ehe oder auf eine bestimmte Zeit begrenzt wie bei Geliebten und Prostituierten, oder sogar ein stillschweigendes Übereinkommen, wenn zwei Menschen eine sich gerade bietende Gelegenheit zur Liebe ausnützen. Bei Tieren ist das einfach; bei den Menschen müssen beide einverstanden sein. Wenn die schwächere Seite nicht damit einverstanden ist, spricht das Gesetz vom Verbrechen der Notzucht. Eine sexuelle Handlung entgeht nur selten den Augen des Gesetzes, obwohl ein Wiesenabhang, ein einsamer Strand oder ein trübes Absteigequartier genügend Zuflucht zu bieten scheinen. Was man tut, wird vielleicht nie vor Gericht kommen, aber es unterliegt trotzdem den Paragraphen des Gesetzbuches. Das stellt sich immer wieder heraus, wenn bei einem Prozeß längst vergangene Freuden unerwarteter- und peinlicherweise zur Sprache kommen. Wenn es anders wäre, könnten viele Romanschriftsteller, Zeitungsschreiber und Rechtsanwälte ihren Beruf aufgeben. Die sieben Talmudabhandlungen befassen sich mit unendlich vielen Möglichkeiten auf diesem außerordentlich umfangreichen juristischen Gebiet.

Aber natürlich ist es langweilig, die große Leidenschaft nur mit den Augen des Gesetzes zu betrachten. Das Judentum hat seine Dichter und seine großen Liebenden. Der geschichtliche Teil der Bibel behandelt die sexuelle Liebe mit realistischem Verständnis, und ihre Dichtung darüber hat Kraft und Schönheit. Die ungeheure Faszination der großen biblischen Gestalten beruht zumindest zum Teil auf ihren Erfahrungen mit der Liebe, die sich im Leben der Menschen immer von neuem zu wiederholen scheinen. Jede Generation hat ihre Jakobs, die Rachels lieben und Leas nehmen müssen. Potiphars gelangweilte Frau lebt immer noch in den eleganten Häusern der Reichen und verfolgt hübsche junge Josephs mit ihrem hartnäckigen «Schlaf mit mir». Der Anblick einer Bathseba im Bade kann heute wie damals einen großen Mann in heimliche Sünde und bittere Reue stürzen.

Die Leidenschaft ist kein Hauptthema der Bibel, die von gewaltigeren Dingen zu berichten hat. Aber wenn aufflammende Leidenschaft größere Ereignisse bewirkt, dann schildert die Bibel sie mit raschen, sicheren Strichen, ohne prüde zu sein. Das sind dann die Abschnitte, die in meiner Schulbibel nur auf hebräisch standen, während die hilfreiche englische Übersetzung auf der anderen Seite keusch ausgespart war; der Erfolg war, daß wir bei diesen Passagen besonders eifrig Hebräisch studierten und viel mehr lernten als aus hundert übersetzten Seiten.

Das Hohelied beschwört die sexuelle Liebe mit so strahlender, dichterischer Unmittelbarkeit herauf, daß sich die Weisen des Talmud deshalb ernsthafte Sorgen machten. Aber Rabbi Akiba nannte das Buch ein erhabenes Gleichnis vom Bund zwischen Gott und Israel, den Höhepunkt prophetischer Bildersprache. Seine Ansicht siegte. Das Buch wurde in den heiligen Kanon aufgenommen und hat seither alle Generationen mit seinen hinreißenden Bildern und seiner sinnlichen hebräischen Musikalität des Wortes begeistert, die durch ein literarisches Wunder auch in einigen Übersetzungen noch einigermaßen zu erkennen ist. Die schimmernden und wechselnden Bilder dieses von Leidenschaft durchglühten Gedichts geistern geheimnisvoll und verschwommen durch die jüdische Liturgie und spuken in den Schriften des Midrasch und der Kabbala.

Akibas Interpretation kommt dem Leser vielleicht wie eine theologische Feuerzange vor, damit man diese glühenden Kohlen der Liebeslyrik anfassen kann. Selbst wenn es so wäre, schuldet die Welt Akiba ungeheuren Dank, weil er einen Weg fand, das Hohelied in der unsterblichen Bibel für die Nachwelt zu bewahren. Aber wenn man das Hohelied ernsthaft studiert, kommen eine Reihe allegorischer Stellen – oder zumindest sehr verwirrender Anspielungen – ans Licht, die, wie es der Rabbi ausdrückt, «Interpretiert mich richtig» zu rufen scheinen. Man kann danach kaum glauben, daß das Lied der Lieder nicht eine Rhapsodie mit vielen verschiedenen Bedeutungsschichten ist. Diese Sinndeutungen festzulegen, hat die Kommentatoren durch die Jahrhunderte beschäftigt und wird es zweifellos auch weiter tun.

Die großen jüdischen Propheten benutzten eine völlig andere sexuelle Bildersprache, grell wie der Blitz und schwarz wie der Tod, und entwickelten bis zum unvermeidlichen Ende die Metapher Akibas. Immer und immer wieder schildern sie Gott als einen betrogenen Ehemann und Israel als törichte Ehebrecherin, die ihre Liebhaber unter jeden grünen Baum lockt. Dieses schockierende Bild durchzieht die Bücher Hosea, Jeremia und Hesekiel so stark, daß Akibas Deutung des Hohenliedes durch den dichterischen Kontrast, gewissermaßen als Kehrseite, fast selbstverständlich wird. Ich kenne keine weltliche Lyrik, in der sich das andere schreckliche Gesicht der Leidenschaft grauenerregender zeigt. Den Propheten dienten sexuelle Eifersucht, Abneigung und Wut als Ausdrucksmittel, mit denen sie in einer großartigen und furchtbaren Beweisführung den Untergang eines großen Volks schildern, dem ein Erlöser erstehen wird. Es ging ihnen nicht darum, ein Feuerwerk der Sprache zur Unterhaltung abzubrennen oder düster-schöne Poesie um der Kunst willen zu schaffen. Ihre ganze Beredsamkeit war zweckgebunden. Sie hatte das Ziel, die Menschen zu bessern. Obwohl sie seit zweitausendfünfhundert Jahren in vergessenen Gräbern ruhen, ist die gewaltige Poesie, die sie geschaffen haben, noch immer wirksam und schlägt die tiefsten Saiten leidenschaftlicher Erfahrung bei den Menschen an. Die Vorstellung, daß die jüdische Frömmigkeit zimperliche sexuelle Enthaltsamkeit verlangt, läßt sich schon nach einem flüchtigen Blick in die Bibel nicht aufrechterhalten.

Was den Talmud betrifft, so behandelt er die Sexualität mit einer Offenheit und manchmal sardonischen Unverblümtheit, die auch die überfeinerten Variationen nicht aussparte, die Griechenland, Rom und Ägypten so gern hatten (und die auch heute wieder ein wenig Mode zu werden scheinen). Wie er diese Themen behandelt, hätte selbst Proust nachdenklich gemacht, wenn er seinen jüdischen Hintergrund so weit zurückverfolgt hätte.

Ehe

Angesichts der seltsamen Arabesken, zu denen die menschliche Phantasie den roten Faden der Sexualität verwoben hat, wirkt die jüdische Vorstellung, was man damit anfangen soll, wahrscheinlich naiv oder, wie man heute sagt, antiquiert. Das Judentum betrachtet die Sexualität als das Band, das die Verbindung zweier Liebender für das ganze Leben sichert: um Freud und Leid miteinander zu teilen und gemeinsame Kinder großzuziehen.

Entscheidend ist dabei – und für den westlich geschulten Verstand nicht ganz leicht zu verstehen –, daß die Sexualität bejaht wird. In der Ehe der jüdischen Propheten, der Heiligen und der normalen Sterblichen, von Abraham und Moses angefangen, findet sich nicht die geringste Anspielung darauf, daß das Fleisch schwach oder ein Übel sein könnte. Der Vers in der Genesis: «Seid fruchtbar und mehret euch», gehört für die jüdische Religion zum geschriebenen Gesetz. Weil es das erste Gesetz in der Thora ist, genießt es ein besonders hohes Ansehen. Der Talmud sagt, daß die ersten drei Fragen, die in einer künftigen Welt an einen Mann gerichtet werden, lauten: «Hast du ehrlich gekauft und verkauft? Hast du dir Zeit für das Studium der Religionsgesetze genommen? Hast du eine Familie gegründet?» Ledig bleiben zu müssen, ist nach unserem Glauben ein Unglück, eine kinderlose Ehe eine Katastrophe und ein gutes Eheweib das größte Glück, das es für einen Mann geben kann.

Das Judentum räumt also gründlich auf mit der quälenden westlichen Vorstellung, daß der Geschlechtsverkehr irgendwie ein Unrecht ist. Dieser Gedanke ist das Gespenst des längst überwundenen Heidentums, das aus dem Marmor der gestürzten Venustempel auferstanden ist und sich in den Mauern und Gängen der frühchristlichen Kirchen eingenistet hat. Im Westen sind Griechenland und Rom noch immer so lebendig, daß er zur Verehrung der Sexualität neigt; aber das Christentum hat diesen Impuls unterdrückt. Was übrigbleibt, ist ein fast zweitausend Jahre altes Schuldgefühl. Die jüdische Anschauung liegt zwischen beiden. Die Juden haben den Körper nie angebetet, aber auch nie verleugnet. Was in anderen Kulturen eine Schande oder eine Komödie, eine Orgie oder eine physische Notwendigkeit oder auch eine hochromantische Sache war, gehörte im Judentum immer zu den wichtigsten Dingen, die Gott vom Menschen erwartet. Wenn es sich außerdem noch als das größte Vergnügen im Leben herausstellt, dann ist das für ein Volk, das sich unbeirrbar der Güte Gottes sicher ist, nicht weiter überraschend.

Sexuelle Schuld ist nach jüdischer Überzeugung immer nur die Schuld, das Gesetz übertreten zu haben. Wenn jemand die Regeln verletzt, ist es dasselbe, wie wenn er stiehlt. Wenn er überhaupt ein Gewissen hat, quält es ihn. Aber die Sünde liegt in der Übertretung des Gesetzes, nicht in der Sexualität. Daß die Liebe ganz besonders dazu verführt, das Gesetz zu übertreten, haben die Schlagersänger schon längst festgestellt. Der Paarungstrieb ist stark und nicht auszurotten beim gesunden Menschen wie beim Affen. Man kann es ganz im geheimen betreiben, ohne die üblichen sichtbaren Spuren eines Verbrechens zu hinterlassen: den aufgebrochenen Safe, das eingeschlagene Fenster, die fehlende Brieftasche. Der Geschlechtsverkehr, der sich zufällig ergibt, hat außerdem (wie uns die Verfasser von Liebesromanen versichern) einen Reiz, der dem gesetzlich erlaubten fehlt, und eine ganze Reihe von Liebhabern ist reizvoller als nur ein einziger. Das Leben wäre möglicherweise amüsanter, wenn man eine gute Ehe führen und daneben sein Vergnügen mit Freunden, Nachbarn und fesselnden Fremden haben könnte. Aber die Erfahrung vieler

Jahrhunderte sagt uns, daß das leider nicht möglich ist. Wofür man sich entscheiden soll, ist eine uralte Streitfrage. Stendhal berichtet voller Bewunderung die letzten Worte eines sterbenden Vaters an seinen Sohn: «Schlaf mit so vielen hübschen Frauen, wie du nur kannst; und bei vier Prozent Zinsen ist dein Geld gut angelegt.» Wenn sich der Sohn den Rat zu Herzen nahm, hat er vielleicht ein fröhliches, wenn auch anstrengendes Leben geführt und ist als reicher Mann gestorben, aber eine wirkliche Ehe kann er dabei nicht geführt haben.

Zu einer erfolgreichen Ehe braucht man Glück und guten Willen. Der Talmud sagt, daß eine glückliche Ehe zustande zu bringen für den Allmächtigen genauso schwierig ist wie die Teilung des Roten Meeres. Aber selbst die Feinde der Juden haben längst die Stabilität der jüdischen Familie zugegeben. Sie kommt bestimmt zum Teil daher, daß die Freuden des Geschlechtslebens im Ehebett genossen werden und nicht in irgendwelchen fremden Betten.

Die Ehevorschriften

Völlige sexuelle Enthaltsamkeit ist in manchen Religionen eine wichtige Vorschrift. Gandhi nennt sie in seiner Autobiographie *Brahmacharya* und rühmt ihre Kraft, den Geist auf eine höhere Ebene zu erheben. Die römisch-katholische und die griechisch-orthodoxe Kirche verlangen ebenso wie einige östliche Religionen von ihren Geistlichen den Zölibat. Zu dieser strengen Forderung gibt es im Judentum kein Gegenstück. Die milden Vorschriften, die diesen Teil wie jeden anderen unseres Lebens regeln, gelten ohne Unterschied für alle Gläubigen.

Jüdische Ehepaare folgen einer alten Regel, nach der Enthaltsamkeit mit sexuellen Freuden abwechselt. Zwölf Tage vom Beginn der Menstruation an – oder sieben Tage nach dem Ende, je nachdem, wie lange die Periode dauert – schlafen Mann und Frau getrennt. Aus diesem Grund sind getrennte Betten in jüdischen Häusern so alt wie die Religion selbst. Das wichtigste praktische Ergebnis ist, daß die Eheleute wieder zusammenkommen, wenn die Empfängnisbereitschaft der Frau am größten ist. Das ist das genaue Gegenteil des Rhythmus, der der Geburtenkontrolle zugrunde liegt. Für Paare, die sich lieben, ist die Trennung eine gewisse Härte, vielleicht die einzige wirkliche Härte in den hebräischen Vorschriften. Manche Mediziner sind der Ansicht, daß dieser Wechsel für Frauen und Männer sehr gesund ist. In einem Handbuch für Ehepaare heißt es, daß er «die einzige Lösung» ist, um die eheliche Liebe frisch zu erhalten. Unabhängig von allen diesen Meinungen hat diese Selbstbeherrschung immer zu einer im jüdischen Glauben geführten Ehe gehört.

Die Frau beendet die Abstinenz damit, daß sie im Meer, einem Fluß oder See oder in einem nach uraltem Plan gebauten, rituellen Becken untertaucht. Dieses Becken (das hebräische Wort dafür ist *Mikwa*) war viele Jahrhunderte lang der übliche Platz für diesen Ritus. Der Talmud hält diese Zeremonie für so grundlegend wichtig, daß er verarmten Gemeinden empfahl, ihre Synagogen oder sogar ihre letzte Heilige Schriftrolle zu verkaufen, nur um ein solches Becken anlegen zu können.

Die fast völlige Aufgabe der Mikwa in den Vereinigten Staaten und ihre ganz allmähliche Wiedereinbürgerung ist fast eine Geschichte des amerikanischen Judentums im kleinen. Als um 1900 die große Einwanderungswelle Massen von Juden ins Land brachte, fanden sie keine rituellen Bäder vor, und die, die die frommen Juden sofort mit mühsam zusammengekratzten Pfennigen errichteten, waren zwangsläufig armselig und häßlich. Im Gegensatz dazu gab es in jeder Wohnung, die nicht gerade im schlimmsten Elendsviertel lag, Badezimmer von einem Luxus, den man in Europa nicht kannte und den es in der ganzen Welt noch nicht gegeben hatte, außer vielleicht in den Bädern der Reichen im alten Rom. Es kam einem komisch vor, in die trübe Brühe einer abgelegenen Mikwa zu steigen, um einen Reinigungsritus zu vollziehen, wenn man zu Hause in der eigenen blendendweißen Badewanne mehr als genügend Wasser zur Verfügung hatte.

Ein Feldzug der Vernunft gegen den Baderitus in der Mikwa setzte ein, und die Einwände waren bald ebenso allgemein verbreitet wie der Einwand, daß die Speisegesetze nur für die heißen Länder gedacht gewesen seien – der Zweck der Mikwa sei es gewesen, dafür zu sorgen, daß die Frauen früher einmal im Monat ein Bad nahmen. Dieses Argument konnte keiner wahrheitsgemäßen Information über den Ritus standhalten, aber das Informationsniveau war erschreckend gesunken. Auf das Bad zu verzichten, ist im Judentum ein Zeichen der Trauer. Häufiges, wenn möglich tägliches Baden gilt als normal. Der Ritus des Untertauchens, der nur ein paar Sekunden erfordert, ist rein symbolisch. In allen großen Religionen war das Untertauchen immer ein Symbol der Reinheit und Wiedergeburt. Das Sinnbild ist so klar und deutlich, daß es nicht erst erklärt werden muß. Aber der Semantik geht es in Übergangszeiten schlecht! In den Übersetzungen wird eine Frau in der Trennungszeit als «unrein» bezeichnet. In diesem Sinn ist ganz Israel «unrein»; wir sind es seit der Zerstörung des Tempels. Aber für diese Vorstellungen waren in der Neuen Welt keine passenden Worte zur Hand. Junge amerikanische Frauen ärgerten sich über den Ausdruck; das und die ärmlichen Mikwas führten zu einer feindseligen Ablehnung der uralten Praxis. Erklärungen von der Kanzel herab, daß die Kinder aller Frauen, die das Tauchbad versäumten, als unehelich galten, konnten die aufgeregten Gemüter nicht beschwichtigen. Immer mehr Paare ersetzten das formelle Tauchbecken durch die heimische Badewanne. Da fast alle Frauen sowieso täglich badeten, verlor die Geste ihre zeremonielle Bedeutung und hatte keine Verbindung mehr mit dem jüdischen Gesetz. Der ganze Trennungsritus, der zum Schluß in dem eindrucksvollen Tauchritus gipfelt, verkümmerte und wurde in den meisten Fällen schließlich ganz aufgegeben.

Daß er überhaupt wiederauflebte, ist erstaunlich, allerdings nicht für Leute, die die jüdische Geschichte kennen und um die Fähigkeiten des Judentums, gegen den Strom zu schwimmen, wissen. In vielen Städten der Vereinigten Staaten sind in letzter Zeit neue, hübsch gekachelte rituelle Tauchbecken entstanden, in deren Nebenräumen so etwas wie Schönheitssalons eingerichtet sind. Noch gehen relativ wenig Frauen hin, aber die Zeit ist vorbei, da die Mikwa nur noch für ein paar osteuropäische Jüdinnen da war. Die Frauen, die heute hingehen, sind meistens junge Amerikanerinnen.

Mit dem Wiedererstarken des Judentums – und dafür gibt es viele unmißverständliche Anzeichen, von der Zunahme des

Hebräischen im konservativen und reformierten Gottesdienst bis hin zu den Tempeln und Synagogen, die überall aus dem Boden sprießen – werden sicher auch die Ehevorschriften wiederaufleben und mehr Beachtung finden. Vielleicht wirkt auch die Mikwa nicht mehr so fremdartig, seit man begriffen hat, daß sich die christlichen Tauf- und Tauchzeremonien aus unserem uralten jüdischen Ritus entwickelt haben. Vielleicht kann die Analogie dem westlich erzogenen Geist eine Brücke bauen. Jedenfalls ist die feindselige Ablehnung der Einwanderergeneration allmählich immer schwächer geworden. An ihre Stelle ist höchstens Gleichgültigkeit getreten, die gewöhnlich auf einem Mangel an Informationen beruht. Merkwürdigerweise ist an die Information gar nicht so leicht heranzukommen. Die Sexualität ist ein Hauptthema der amerikanischen Witze, und wir haben uns längst daran gewöhnt, mit ernstem Gesicht die graphischen Darstellungen der sexuellen Techniken sogar in populären Zeitschriften hinzunehmen. Aber über Sexualität zu sprechen ist natürlich etwas ganz anderes.

Scheidung

Eine Abhandlung im Talmud heißt *Scheidungen.* Das Judentum betrachtet die Scheidung als eine Katastrophe, die bei einer gewissen Anzahl von unglücklichen Ehen leider unvermeidlich ist. Statt zwei Menschen, die nicht zueinander passen und sich nicht mehr ausstehen können, fürs ganze Leben aneinanderzuketten, sorgt unser Gesetz für die Möglichkeit, solche Verbindungen aufzulösen. Die anerkannten Scheidungsgründe sind zahlreich, und der Prozeß selbst ist einfach. Die Rabbiner sind strengstens verpflichtet, von einer Scheidung abzuraten, sie so lange und so weit wie möglich zu verhindern, sie also möglichst weit hinauszuschieben. Das Gesetz schreibt eine Bedenkzeit vor, Vermittlungsversuche und genaue Überprüfung der gesetzlichen Möglichkeiten zur Fortsetzung der Ehe. Erst wenn alle diese Mittel erschöpft sind, übergibt der Ehemann seiner Frau vor dem Rabbinatsgericht ein uraltes gesetzliches Dokument, den Scheidungsbrief, und damit ist die Ehe gelöst.

Die zivilrechtliche Scheidung ist kein Ersatz für diese Zeremonie. Ein jüdisches Ehepaar bleibt nach religiösem Gesetz so lange miteinander verheiratet, bis der Mann seine Frau nach unserem Brauch freigibt. Das Rabbinatsgericht kann ihn bei böswilliger Weigerung dazu zwingen, ebenso wie es im umgekehrten Fall die Frau zwingen kann, den Scheidungsbrief anzunehmen. Aber das sind ekelhafte, komplizierte Prozesse, die sehr selten vorkommen. Die jüdische Scheidung soll mit gegenseitigem Einverständnis erfolgen, und das tut sie praktisch auch immer.

Moderne Variationen

Das müßte eigentlich als Skizze des umfangreichen Themas Liebe und Ehe im Judentum genügen, aber ich habe bisher noch mit keinem Wort die überraschendsten Sexualgesetze der Thora erwähnt, die Liste der verbotenen Verbindungen.

Der Leser erinnert sich vielleicht noch an den Kinsey-Report. Diese schwerverständliche, wissenschaftliche Untersuchung des Sexualverhaltens der Amerikaner wurde sehr zur Überraschung der nüchternen Verleger, die sich auf dicke medizinische Wälzer spezialisiert und nur sehr geringe Auflagen hatten, ein Bestseller. Die Leute stürmten die Buchläden, und die Kassen klingelten wie verrückt. Die armen Verleger konnten zu ihrem Entsetzen nichts anderes tun als riesige Auflagen zu drucken, sie zu verkaufen und das Geld auf die Bank zu bringen. Ich bin überzeugt, daß von tausend Käufern nicht einer das Buch ganz oder auch nur halb, nicht einmal ein Zehntel davon gelesen hat. Sie ackerten sich hoffnungsvoll durch den umständlichen Text und die verwirrenden Tabellen, Statistiken und graphischen Darstellungen und schnüffelten – oft vergeblich – nach ein paar saftigen Tatsachen. In der Hauptsache lernten sie dabei eins: daß man die Wissenschaft braucht, wenn man Sex uninteressant machen will.

Aber für die Zeitungen war es ein gefundenes Fressen. Erfahrene Bearbeiter gruben die versteckten Leckerbissen aus und servierten sie brühwarm. Der Report enthüllte hinter den sieben Schleiern seines Stils tatsächlich besorgniserregende

Dinge. Nach den aus vielen vertraulichen Interviews gewonnenen Statistiken waren vorehelicher Verkehr, Ehebruch, Homosexualität, Inzest und Geschlechtsverkehr mit Tieren verbreitet. Eine Flut freizügiger Romane und Theaterstücke hatte in den vergangenen Jahren das Publikum darüber aufgeklärt, daß die unverheirateten Mädchen in Amerika nicht alle Jungfrauen waren und daß verheiratete Männer und Frauen für ihre sexuellen Bedürfnisse außerhalb der Ehe einen «Ausweg», wie es der Report nannte, suchten. Aber ich glaube, die Durchschnittsamerikaner waren ehrlich schockiert über die Enthüllungen über Perversion und Unzucht mit Tieren. Noch während des ganzen Furors griffen Geistliche und Rabbiner überall den Report als eine Verunglimpfung der menschlichen Rasse und insbesondere der amerikanischen Moral an. Ich verstehe nicht ganz, warum sie nicht erkannten, was für eine Waffe sie in die Hand bekommen hatten. Der Report bewies – soweit eine moderne Dokumentation dazu imstande ist –, daß der Sexualkodex der Bibel auf Tatsachen beruht, die in der Natur des Menschen liegen; daß die Verbote des Geschlechtsverkehrs zwischen Männern, zwischen Bruder und Schwester und zwischen Mensch und Tier kein fernes Echo aus der Bronzezeit sind, sondern daß es sich um Gesetze gegen Perversitäten handelt, die wie Diebstahl und Brandstiftung zu allen Zeiten vorkommen.

Was die Geistlichen veranlaßte, sich bei der Kontroverse auf die falsche Seite zu stellen, war, glaube ich, die Auslegung, die der Report sofort bei den Agnostikern fand. Der Report bewies ein für allemal, sagten sie, daß die Sexualmoral des Alten Testaments und damit des Christentums genausogut wie des Judentums gegen die Natur ging, und deshalb aus dem öffentlichen Denken und dem Gesetz entfernt werden mußte. Dr. Kinseys Einwand, er und seine Mitarbeiter hätten lediglich Tatsachen berichtet und jedes moralische Urteil streng vermieden, taten sie als Beruhigungspille für die verletzten Gefühle der Spießbürger ab. Ein großer Teil unserer Mitbürger, erklärten sie, sei homosexuell. Vorausgesetzt, die Homosexualität werde diskret betrieben, was schade sie dann? Vorehelicher Verkehr sei ganz alltäglich; Ehebruch sei es meistens auch. Wären also diese offensichtlich ganz natürlichen Handlungen mißbräuchlich und schädlich, oder wären es nicht vielmehr die Schuldgefühle, die durch die sture Bibelmoral entstehen würden? Und so ging es weiter. Über diese Fragen wurden damals ungeheuer viele Worte verschwendet. Und genausoviele Worte wurden auf den Kanzeln darauf verschwendet, Kinsey zu verdammen und seine Statistiken anzuzweifeln.

Ich bin fest überzeugt, daß diejenigen, die sich auf den Report stürzten und ihn als eine Bloßstellung der Mosaischen Moralgesetze in den Himmel hoben, einem alten Irrtum verfielen: daß nichts über die romantische Vorstellung geht, die Natur sei immer und in allen Dingen die oberste Instanz und daß daher alles, was aus einem natürlichen Impuls geschieht, ehrlich und deshalb gut sein muß. Aber gegen viele natürliche Impulse ist sehr viel einzuwenden. Nach Ansicht einiger Psychiater haben wir fast alle den naturgegebenen Wunsch, unseren Vater und unsere Mutter umzubringen. Es ist sicher natürlich, faul, träge, schmutzig, selbstsüchtig, grob und grausam zu sein. Wer anders denkt, hat noch nie Kinder beim Spiel beobachtet und primitive Erwachsene, wenn sie sich nicht verstellen. Ein großer Teil der Erziehung, der meiste Teil der Zivilisation und die ganze Höflichkeit besteht darin, gegen die Natur anzugehen. Genauso ist es zum großen Teil bei der Religion und im übrigen auch beim Humanismus der Agnostiker.

Alle Gesetze wären kaum nötig, wenn nicht bei vielen Menschen die natürliche Tendenz bestünde, gegen sie zu verstoßen. Wir haben die Verkehrsvorschriften, weil fast jeder Autofahrer den natürlichen Wunsch hat, schneller zu fahren, als erlaubt ist, so daß Fußgänger fluchend beiseite springen müssen. Wir haben die Gesetze gegen Raub und Diebstahl, weil es ein ganz natürlicher Wunsch ist, Geld und Wertsachen an sich zu nehmen, wenn sie zufällig herumliegen, statt sich mühsam dafür abzurackern. Es ist vielleicht langweilig, wenn ich diesen sehr offensichtlichen Punkt so betone, aber er scheint in dem ganzen Tumult um den Kinsey-Report völlig übersehen worden zu sein.

Es kann unsinnige Versuche geben, das Verhalten der Menschen durch Gesetze regeln zu wollen. Wir kennen alle die unsterbliche Blamage, die sich die Verfasser des 18. und 21. Zusatzartikels zur amerikanischen Verfassung geleistet haben. Wenn das Moralgesetz der Bibel genauso ein Unsinn wäre, hätte es der gesunde Menschenverstand innerhalb einer Generation außer Kraft gesetzt wie die Prohibition. Aber die zivilisierte Menschheit hat den größten Teil der Geschichte hindurch an der biblischen Moral festgehalten, weil sie darin einen Weg zum richtigen Verhalten sieht – was etwas ganz anderes ist als das natürliche Verhalten der Menschen.

Die Sexualpraktiken, die der Kinsey-Report enthüllt, werden manchmal mit einem anderen Einwand verteidigt, der genauso alt, aber nicht ganz so unlogisch ist. Er ist in der Maxime zusammengefaßt: was der Mensch nicht weiß, macht ihn nicht heiß. Nach dieser Regel wird der Ehebruch, sofern er unentdeckt bleibt, zu einer vergnüglichen Episode für beide Teile, weil ihre Ehepartner ja nicht verletzt werden. Ich kannte einen hochintelligenten Mann, einen Schriftstellerkollegen, und zwar einen sehr erfolgreichen, der daran glaubte wie an einen Lehrsatz des Euklid. Er war sogar überzeugt, daß alle anderen Menschen auf der Welt genauso fest daran glaubten. Er behauptete, daß es keinen Mann gebe, der nicht mit der Frau seines besten Freundes schlafen würde, wenn er absolut sicher sein könne, daß es nicht herauskomme. (Seitdem hat er ein paarmal geheiratet und sich wieder scheiden lassen; ich weiß also nicht, ob er immer noch an dieser Einstellung festhält.) Dieselbe Einstellung hatte er zur Homosexualität. Was zwei Homosexuelle miteinander trieben, sei ihre eigene Angelegenheit und gehe die Polizei gar nichts an. Mein Freund war Atheist. Wenn man nicht an einen Gott glaubt, der diese Dinge verboten hat, ob sie nun öffentlich oder geheim geschehen, ist man wahrscheinlich unangreifbar.

Wenn der Leser den diskreten Ehebruch und homosexuellen Verkehr billigt, können wir das Thema hier abbrechen. Wenn er ihn ablehnt, muß ich ihn fragen, welche verstandesmäßigen Einwände er vorzubringen hat.

Er sagt vielleicht, daß der Ehebruch den Charakter verdirbt; daß Ehebrecher nie sicher sein können, nicht erwischt zu werden; daß ein Ehebruch, der entdeckt wird, die Familie zerstört. Das kann alles sein, aber wenn die Ehebrecher das Risiko auf sich nehmen wollen, warum sollen sie dann nicht tun, was sie nicht lassen können? Vielleicht sagt er weiterhin, daß Homosexualität eine sinnlose Vergeudung der Zeugungskräfte ist und daß möglicherweise normale Menschen dadurch verführt werden können. Aber wenn die Vergeudung die Homosexuellen nicht stört, was geht sie dann andere an? Außerdem behaupten sie kühl, das, was sie tun, sei keineswegs unsittlich, sondern Liebe in ihrer höchsten Form. Sie finden sogar die unter Gebildeten vorherrschende Einstellung – daß Homosexualität in den meisten Fällen eine seelische Störung ist, die von einem Therapeuten behandelt werden muß – unerträglich dumm und anmaßend.

In Griechenland und Rom galten das jüdische Verbot der Homosexualität und die jüdischen Ansichten über die Ehe als absurde Vorurteile. Wenn wir nicht zu den Moralvorstellungen des kaiserlichen Rom zurückkehren wollen (oder uns dazu aufschwingen wollen, das kommt auf den Standpunkt an), wenn der Leser instinktiv das Gefühl hat, daß die jüdische und christliche Praxis einer gesunden Zivilisation besser entspricht – dann muß ich ihn bitten, eine Basis für die westliche Moral zu finden, die ohne Gott, das heißt ohne die Bibel und die Religionen, die auf ihr aufbauen, auskommt. Die Moral des Westens ist entweder, nach Nietzsche, ein alter Fehler, der auf einer ebenso alten Wahnvorstellung beruht, oder sie ist eins der größten Geschenke des Judentums an die Menschheit. Wenn wir nicht an dem religiösen Prinzip festhalten, daß sexueller Mißbrauch ein Unrecht ist, was schützt uns davor, daß unsere westliche Moral ausgehöhlt wird und schließlich zur Moral von Rom und Byzanz verkommt?

ZWÖLFTES KAPITEL

Tod

Das Rätsel

Dichter und Philosophen versuchen manchmal den Tod zu loben, und sie bringen dabei sogar schöne und überzeugende Passagen zustande. Aber es fällt auf, daß sie sich wie wir alle große Mühe geben, am Leben zu bleiben. Der grauhaarige Autor sitzt mit einem dicken Schal gegen etwaige Zugluft um den Hals an seinem Schreibtisch und schreibt, daß er den Tod herbeisehnt wie eine Geliebte. Jeder, der sehr alte oder sehr kranke Menschen kennt, weiß, mit welcher Zähigkeit sie sich trotz ständigem Gejammer an das entgleitende Leben klammern. Es ist ja sehr schön, wenn man sagt, daß der Tod das Leben erst wirklich kostbar macht; daß er die Voraussetzung für das Leben ist; daß Unsterblichkeit auf Erden viel schrecklicher wäre als der Tod; daß man zusammen mit Königen und allen Großen der Welt den letzten Schlaf schläft; daß man in den Schoß der Erde zurückkehrt und mit Steinen und Felsen und Bäumen verbunden durch die Ewigkeit kreist. Aber sagen Sie das einmal einem Mann, der mit grauem Gesicht und weitoffenen Augen in seinem Krankenhausbett liegt und auf den Tod wartet.

Die jüdische Bibel setzt sich mit den meisten klassischen Einstellungen zum Tod auseinander, aber ich erinnere mich an keine Stelle, an der sie den Tod zu beschönigen sucht. Moses sagt: «Das Leben und den Tod habe ich dir vorgelegt, den Segen und den Fluch! So wähle das Leben.» Der Psalmist bittet um das Leben. Seine Dankbarkeit flammt auf, weil ihm noch eine Gnadenfrist vor dem Sterben gewährt worden ist. Der Prediger sieht im Tod die letzte Ungerechtigkeit in der langen Reihe der Ungerechtigkeiten und Vergeblichkeiten des Lebens. Und Hiob, dessen ironisches Loblied auf den Tod alle Argumente für ihn in ein paar unvergleichlichen Zeilen zusammenfaßt, betrachtet ihn als eine Katastrophe, deren einziger Vorzug ist, daß sie alle Katastrophen beendet. Von einer frohen Hoffnung auf das Paradies und seine

Harfenklänge ist dabei nicht viel zu merken, ebensowenig wie von der Angst vor Höllenfeuer und Teufeln. Der Tod ist ein Übel, weil er das Licht und das Leben auslöscht und weil er ein großes Rätsel ist. Das hat der gesunde Menschenverstand den Menschen immer gesagt. Und genau dasselbe sagt ihnen im Grunde die hebräische Bibel.

Das Jenseits

Damit erhebt sich natürlich die große Frage, wie es in einer Welt, die ein guter Gott geschaffen hat, ein solches Übel wie den Tod geben kann. Die Tinte, die darauf verwandt wurde, sich mit dieser Frage auseinanderzusetzen, würde, glaube ich, einen blauschwarzen See von der Größe des Kaspischen Meeres ergeben. Vielleicht ist der Leser erleichtert, wenn ich ihm sage, daß ich persönlich auch keine Antwort weiß und daß ich auch nirgendwo eine wirklich befriedigende Antwort gefunden habe, obwohl ich mehr Bücher über dieses Thema gelesen habe, als für einen im allgemeinen heiteren Menschen gut ist.

Man könnte die Frage so formulieren: Wenn es einen guten und gerechten Gott gibt, wie kann dann am Ende eines Menschenlebens eine so offensichtlich ungerechte Bilanz seiner Taten und ihrer Folgen stehen?

Denn genau darin liegt das schlimmste Übel des Todes. Er schneidet den Lebensfaden willkürlich ab, hinterläßt unbeantwortete Fragen, ungetane Dinge, unbezahlte Schulden, unbelohnte Tugenden und ungestrafte Verbrechen. Wenn der Tod als schwarzer Schlußstrich unter einer gerechten Bilanz stünde, wenn man wüßte, daß es ein Ende gibt, aber daß das Ende von Natur, Logik und Gerechtigkeit gemeinsam bestimmt käme, dann würde das Problem entweder ganz fortfallen oder wenigstens nur eine rein philosophische Rätselfrage werden, statt die Menschen unaufhörlich zu quälen.

Eine Antwort, auf die die Menschen verfielen, sobald sie zu denken anfingen, und die bis zur Stunde so gut wie jede andere ist, lautet, daß die Zeitspanne zwischen Geburt und Tod zu kurz ist für einen Rechenschaftsbericht. Die östlichen

Religionen gehen davon aus, daß unsere Lebenszeit nur ein Teil einer langen Kette von Lebenszeiten ist. Jede erkennbare Ungerechtigkeit in diesem Leben wird durch das Karma ausbalanciert, das sich aus den Taten und Schicksalen früherer Inkarnationen ergibt. Damit wird die Abrechnungszeit auf eine unbekannte Vergangenheit vor der Geburt ausgedehnt und fest geglaubt, daß es in diesem Leben oder in irgendeinem zukünftigen Leben zu einem gerechten Ausgleich kommt. Im Judentum hat diese Vorstellung keinen Platz, obwohl die Kabbalisten tatsächlich den Gedanken des *Gilgul,* der Reinkarnation, kennen.

Judentum, Christentum und Islam geben die Antwort, daß die Abrechnungszeit über den Tod hinaus in eine unbekannte Zukunft verlängert wird. Es gibt ein Jenseits, eine andere Welt, die zukünftige Welt; und in dieser Welt werden die Taten und ihre Folgen endlich ausbalanciert. Die Gerechten werden für ihre Rechtschaffenheit belohnt, die Sünder, denen es in diesem Leben so gut ging, erhalten ihre verdiente Strafe. Der Islam schildert das zukünftige Leben ziemlich ausführlich; und bei Dante finden wir eine hinreißende Schilderung des Jenseits aus der Sicht des christlichen Mittelalters.

Die jüdische Lehre vom Jenseits wird hauptsächlich im Talmud entwickelt und stützt sich auf die Auslegung der Bibel. Da es dabei um einen der Hauptstreitpunkte zwischen den Weisen und den Sadduzäern, einer damaligen Sekte, die stark vom überlieferten Gesetz abwich, ging, wurde sie mit besonderer Wichtigkeit behandelt. Wie das Jenseits beschaffen ist; was mit der Auferstehung der Toten wirklich gemeint ist; wo und wie die Dinge geschehen werden; was man unbedingt glauben muß; alle diese Dinge ließen sich, charakteristisch für das Judentum, nicht eindeutig bestimmen. Wir finden persönliche Vermutungen einzelner Rabbiner im Talmud und weitere Hypothesen mittelalterlicher Autoritäten, die stark voneinander abweichen. Das Judentum ist immer dann präzise, wenn es um ein bestimmtes Handeln geht. Gedanken und Lehre bleiben im Fluß. Deshalb kann ich das Jenseits und die Wiederauferstehung in der jüdischen Religion nicht beschreiben. Es ist ein Lehrsatz unserer Religion, daß es ein Jenseits gibt – daß Gott sein Versprechen den Toten gegenüber, die in der Erde ruhen, hält. Viel mehr kann ich darüber nicht sagen, wenn ich nicht auf meine persönliche Meinung zurückgreifen will.

Selbst im Talmud wird die Vorstellung vom Jenseits nur schattenhaft in Bildern und Gleichnissen gezeigt. Gehenna, die Hölle, in der Sünder für ihre Missetaten braten, ist Gai Hinom, das Tal Hinom, eine schmale Schlucht bei Jerusalem, in der die Heiden dem Moloch ihre Kinder als Brandopfer darbrachten. Heute kann man die Gehenna vom Balkon seines Zimmers im King David Hotel über der Altstadt von Jerusalem aus sehen. Sie ist eindeutig zu klein, um auch nur einen winzigen Bruchteil der gegenwärtigen Sünder aufzunehmen, geschweige denn auch noch die der Vergangenheit. Paradies ist ein griechisches Wort, das aus dem Persischen stammt, und Park oder Garten bedeutet. Das jüdische Gan Eden, der Garten Eden, ist der geheimnisvolle Ort, an dem Adam erschaffen wurde, der wundervolle, vollkommene Garten, in dem es keine Sünde gab, keine mühselige Plackerei, kein Gift, keinen Schmerz, keinen Tod, sondern nur Bäume, Blumen und Lebewesen in ihrer damaligen unsterblichen Vollkommenheit. Er ist kurz gesagt ein Gleichnis. Wir wissen nicht, wo der Garten Eden ist, wie er aussieht oder was genau mit dem Gleichnis gemeint ist.

Die Erklärung des Bösen

Die Denker aller Religionen waren sich durchaus klar darüber, daß die Verlängerung der Abrechnungszeit über Geburt und Tod hinaus im Grunde keine befriedigende Antwort auf das Problem des Bösen sein kann, weil kein Lebender je das Jenseits zu sehen bekommt. Wir können darauf vertrauen, daß das Jenseits eine feststehende Tatsache ist. Aber die meisten Menschen können diese Tatsache nicht so hinnehmen wie die Tatsache, daß das Gras grün ist. Für sie ist das Jenseits leider nur eine verrückte Vorstellung, eine Art Wolkenkuckucksheim.

Die Religionsphilosophie hat von alters her immer wieder versucht, eine Erklärung für das Böse innerhalb der Zeitspanne zwischen Geburt und Tod zu finden. Es gibt unendlich viele Argumente. Ich nenne Ihnen acht davon.

1. Das Böse ist eine notwendige Voraussetzung des freien Willens. Eine Welt, in der keine bösen Folgen möglich sind, wäre eine Welt von Automaten, nicht von Menschen.

2. Wenn es überhaupt ein Universum mit Zeit und Kraft und Veränderungen gibt, dann ist das Universum, das wir haben, der beste Ausgleich zwischen allen diesen Elementen, «die beste aller möglichen Welten».

3. Richtig verstanden ist das Böse nicht etwas Existierendes, das erklärt werden muß, sondern die Abwesenheit eines möglichen Guten. Wenn wir das Böse in Frage stellen, verlangen wir in Wirklichkeit eine Welt, die in unveränderter Vollkommenheit verharrt; wir leben aber in einer Welt, die sich erst auf die Vollkommenheit hinbewegt.

4. Leben bedeutet Veränderung, ist Veränderung. Ein Zustand verändert sich und geht in einen anderen über. Der Vergleich zwischen früherem und späterem Zustand verursacht die Gegensätze, die wir gut und böse nennen. Wenn es keine Veränderung gäbe, hieße das Tod oder Nichtexistenz.

5. Das Universum mit allem, was es beinhaltet, ist weder gut noch böse. Was der Mensch durch seinen freien Willen daraus macht, schafft das Böse. Eisen kann man zu einem Pflug oder zu einem Schwert schmieden.

6. Der gute Mensch ist die Krone der Schöpfung, und in einer Welt ohne Schwierigkeiten könnte es den guten Menschen nicht geben.

7. Böse ist nur, was der Mensch für böse hält. Es ist der Schatten, den das Begehren wirft. Wenn man das Begehren nach dem Irdischen, dem Flüchtigen und Unerreichbaren beseitigt, verschwindet das Böse.

8. Jeder schlechte Mensch hat ein paar gute Taten vollbracht. Jeder gute Mensch hat gesündigt. In dieser Welt bekommt jeder die Vergeltung für die kleinere Seite seiner Bilanz; er kommt ins Jenseits mit einem klaren Konto des Bösen, das bestraft, und des Guten, das belohnt wird.

Ich kann natürlich nicht alle Argumente aufführen, ich habe nur ein paar genannt, die besonders dauerhaft sind. Theologen und Philosophen, jüdische und andersgläubige, haben diese und andere Gedankengänge mit einer Überzeugungskraft entwickelt, zu der es mir an Begabung, aber hier auch an Platz fehlt. Vielleicht spricht die Vielfalt der Antworten dafür, daß es nicht eine einzige Antwort gibt, mit der die Welt hundertprozentig einverstanden ist. Rabbi Janai hat in den *Sprüchen der Väter* den Fall mit einer Klarheit dargestellt, die mir vollauf genügt: «Der Schlüssel für das Wohlergehen der Frevler und für das Ungemach der Guten liegt nicht in unserer Hand.»

Die Epikureer kamen zu einer ganz anderen Schlußfolgerung. Das menschliche Leben, sagten sie, ist genau das, was es zu sein scheint, ein sinnloses Durcheinander aus Gut und Böse. Vor der Geburt oder nach dem Tod gibt es nichts. Es gibt keinen Gott, den man um Gerechtigkeit oder um eine Begründung anflehen kann. Alle äußeren Anzeichen für einen Plan im Universum sind eine Täuschung, die auf der Struktur der menschlichen Sinne beruht. Das Problem des Bösen verschwindet – nicht, weil es das Böse nicht gibt, sondern weil es keine gute Vorsehung gibt, die sich rechtfertigen müßte. «Die einzige Entschuldigung für Gott», hat Stendhal gesagt, «ist, daß es ihn nicht gibt.» Es gibt nur den seltsamen Zufall des kurzen Lebens auf der grünen Erde. Der Rest ist schwarzes, kaltes Chaos. Zu versuchen, die Dunkelheit zu befragen, heißt, sich wie ein Kind zu benehmen.

Und schließlich gibt es das Buch Hiob, das mit überwältigender Kraft das leibhaftige Übel des menschlichen Loses schildert, ihm eine noch überwältigendere Darstellung der offensichtlichen Gegenwart und Macht des Herrgotts gegenüberstellt und es damit bewenden läßt. Der von Zweifeln gequälte Hiob steht am Ende fester im Glauben da als seine engstirnigen frommen Freunde. Sie, die ihm zur Frage nach dem Bösen Teilantworten anboten, werden von der göttlichen Stimme donnernd zurechtgewiesen. Das Rätsel des Lebens bleibt bestehen und hinter dem Rätsel tief im Herzen des Menschen das Gefühl, daß der Erlöser lebt.

Der moderne Mensch ist bereit, mit allen diesen unlösbaren Fragen zu leben, und will keine Energie darauf verschwenden, mühsam nach einem Ausweg aus der Zwickmühle zu suchen. Der mittelalterliche Geist kam nicht zur Ruhe, solange sich in seinen Lehrsätzen auch nur ein einziger Widerspruch zeigte. Er spürte alle Schwierigkeiten auf und fand eine, wenn auch noch so weit hergeholte Antwort. Das wirkte dann allerdings oft reichlich kindlich. Benjamin Franklin erzählte, er sei zum Deismus bekehrt worden, weil er dauernd hörte, wie der Pfarrer ihn von der Kanzel herab widerlegte; und Saadja Gaon warnte vor tausend Jahren, daß ein Hauptgrund für den Unglauben schwache und alberne Argumente zur Verteidigung des Glaubens seien. Trotzdem wurden die alten Paradoxa – die Existenz des Bösen, freier Wille gegen Gottes Allwissenheit und so weiter – bis vor ganz kurzer Zeit immer wieder unermüdlich durchgekaut.

Ich glaube, die neue Demut des intelligenten Menschen ist auf die Wissenschaften zurückzuführen. Auf fast allen Gebieten der naturwissenschaftlichen Forschung wimmelt es von Paradoxa. Vor zweihundert Jahren konnten die Menschen noch daran glauben, daß die Welt eine Maschine ist und daß immer vollkommenere Instrumente den menschlichen Geist eines Tages befähigen werden, diese Maschine auseinanderzunehmen und ihr Getriebe bis zum letzten winzigen Zahnrädchen zu erforschen. Heute kann ein intelligenter Mensch das genauso wenig glauben, wie daß die Welt auf dem Rücken einer riesigen Schildkröte ruht. Auf manchen Gebieten ist man mit den Instrumenten bis in fernste Bereiche vorgedrungen, und je besser die Instrumente werden, um so öfter stößt man an neue und immer mehr neue Grenzen. Die Widersprüche werden mit dem zunehmenden Wissen nur noch größer und häufiger. Der Versuch, alle Paradoxa und Widersprüche zu lösen, würde das endgültige Ende der Wissenschaft bedeuten. Arbeitsgrundlagen, Arbeitshypothesen, «höchstwahrscheinliche Annahmen» sind die Grundlagen, von denen die Wissenschaft jetzt ausgeht.

Die Vorstellung eines Fortlebens nach dem Tode führt zu Widersprüchen und Schwierigkeiten, die seit Jahrhunderten in gründlichen theologischen Kontroversen durchdacht und in banalen Salonunterhaltungen immer wieder durchgekaut worden sind. Einige der rührendsten Passagen der mittelalterlichen Philosophie sind die Versuche frommer Autoren, auf alle Fragen eine Antwort zu geben, zu beschreiben, wie der auferstandene Leib aussieht, zu erklären, welche der drei Ehefrauen, die ein Mann nacheinander geheiratet hat, in der zukünftigen Welt seine richtige Frau ist, und so weiter. Die jüdische Literatur wimmelt von Warnungen, wie sinnlos und töricht so etwas sei.

Die menschliche Persönlichkeit oder «Seele», sagt der Rationalist, ist eine Art Auspuffgas einer chemischen Maschine, die Körper genannt wird. Die Maschine steht still. Es gibt kein Auspuffgas mehr. So einfach ist das.

Das Judentum geht davon aus, daß die Toten für Gott nicht tot sind; daß die Maschine immer etwas mehr als nur eine Maschine war; daß, wenn die Maschine stillsteht, etwas übrigbleibt. Mein Großvater sprach gern über das poetische Jenseits der jüdischen Legende, das nie endende Sabbatmahl der Gerechten, bei dem als Fisch der Leviathan auf den Tisch kommt, als Fleisch der legendäre Ochse aus der Wüste, als Getränk der berühmte verborgene Wein, der aus den Trauben des Garten Eden gekeltert und für dieses einzigartige Festmahl aufbewahrt wird. Wenn ihm meine Mutter Rindfleisch oder Hammelfleisch anbot, lehnte er mit den Worten ab: «Meine Portion bekomme ich da oben, vom Leviathan und vom Ochsen.» Und er lachte. Einmal sagte er zu mir: «Natürlich können wir nie sicher wissen, ob es ein Jenseits gibt. *Aber vielleicht . . .* denk immer daran, *vielleicht . . .*»

Ißt mein Großvater jetzt im Jenseits vom Leviathan und trinkt er vom verborgenen Wein? Man kann mir sagen, was man will, er tut es. Ich halte das jedenfalls für sehr viel wahrscheinlicher, als daß seine Seele für Gott tot ist.

Kaddisch

Die jüdische Vorstellung von der Ehrfurcht vor den Toten verlangt eine Beerdigung, die so schnell und einfach wie möglich ist: ein Leichentuch und einen einfachen Holzsarg, Staub zu Staub. Die Toten zu ihrer letzten Ruhestätte zu begleiten ist ein Gebot. Dem Tod folgt eine vorgeschriebene Trauerzeit, die allmählich an Intensität abnimmt. Die ersten sieben Tage, die *Schiwa*, bringen die Hinterbliebenen über den ersten betäubenden Schock hinweg. Sie bleiben zu Hause und empfangen auf niedrigen Schemeln sitzend einen unaufhörlichen Strom von Beileidsbesuchen. Das ist bestimmt schwer für sie, aber es hält sie zumindest aufrecht und lenkt sie ab. Danach kommen die *Schloschim,* die dreißig Tage. Die

Trauernden nehmen ihre normale Tätigkeit wieder auf, meiden alle öffentlichen und privaten Festlichkeiten und befolgen weiterhin bestimmte Form- und Gebetsvorschriften. Nach den dreißig Tagen ist die Trauerzeit beendet, außer beim Tod eines Elternteils, bei dem sie ein ganzes Jahr dauert.

Kaddisch ist eine Art Refrain in der täglichen Liturgie, der keine direkte Beziehung zu Tod und Trauer hat. Es ist ein uraltes aramäisches Prosagedicht, in dem der Name Gottes geheiligt und um das baldige Kommen seines Reichs gebeten wird. Nach der Zerstörung des Tempels geschrieben, wurde es im hebräischen Gebetbuch zur Stimme Hiobs, der Gott aus den Tiefen seines Unglücks anruft – «wenn er mich auch schlägt, ich will auf ihn vertrauen». Es beschloß jeden einzelnen Abschnitt des Gottesdienstes als Litanei des Vorbeters und der Gemeinde.

Vor einigen hundert Jahren begann sich der Brauch einzubürgern, ein Gemeindemitglied, das vor kurzer Zeit einen nahen Angehörigen verloren hatte, das letzte Kaddisch des Gottesdienstes sprechen zu lassen, zum Zeichen seines unerschütterlichen Glaubens an Gott trotz des Unglücks, das ihn betroffen hatte. Da es in einer Gemeinde bei jedem Gottesdienst gewöhnlich mehrere Trauernde gab, stellte sich die Frage, wem dieses Vorrecht zustand. Die Rabbiner arbeiteten mit peinlicher Sorgfalt eine Rangskala aus. Aber sie bewährte sich nicht, man ging dazu über, alle Trauernden das letzte Kaddisch gemeinsam sprechen zu lassen. Eine letzte Spur dieses Rangstreits hat sich in der Sitte erhalten, den Vorbeter beim täglichen Gottesdienst aus den Reihen der Trauernden zu wählen.

Diese nüchterne Aufzählung der Tatsachen erklärt kaum die hypnotische Kraft des Kaddisch-Brauchs. Zunächst einmal haben wir das Gebet selbst. Es ist ein wunderschöner Dithyrambus mit starken Rhythmen und aufrüttelnden Klängen. Die Worte an sich sind reine, hinreißende Musik, und wenn auch vielleicht nur ein Fünftel der Trauernden weiß, was die Worte bedeuten, sie nur auszusprechen, ist schon bewegend. Hinzu kommt das Gefühl, gemeinsam mit anderen Menschen zu sprechen, die auch vor kurzem einen Todesfall in der Familie hatten. Durch den jahrhundertelangen Brauch ist das Kaddisch von tiefer Ehrfurcht vor den Toten erfüllt. Der Trauernde, der es spricht, fühlt sich unwillkürlich getröstet und erleichtert, als ob er einen Augenblick lang die Hand ausstrecken und über den Abgrund hinweg die Hand des Verstorbenen berühren könne. Dieses Gefühl hat nichts mit dem Verstand zu tun, das weiß ich, aber es ist sehr stark.

Doch darüber hinaus, glaube ich, liegt die außergewöhnliche Wirkung des Kaddisch vielleicht im Verhältnis unserer Generation zu der Generation, die verstorben ist oder bald sterben wird. Das vorherrschende Gefühl ist das Gefühl der Schuld. Es ist wohl meistens so, daß sich die Lebenden den Toten gegenüber schuldig fühlen, aber bei uns ist dieses Gefühl besonders ausgeprägt.

Die meisten jüdischen Kinder in Amerika waren, zumindest bis vor kurzer Zeit, nicht mehr so fromm wie ihre Eltern. Aber die Religion läßt sich nur schwer aus dem Herzen reißen, auch wenn sie nach außen hin sehr schnell aufgegeben wird. Ich glaube, das Bewußtsein, Jude zu sein, ist fast unauslöschlich. Solange die Eltern leben, haben die freisinnigen Kinder das dunkle Gefühl, daß die alten Leute schon dafür sorgen, daß die Religion nicht ausstirbt, und gehen mit relativ gutem Gewissen ihre eigenen, weltlichen Wege. Dann schlägt der Tod zu. Die Kinder merken plötzlich, daß die Kette, die die Generationen miteinander verbindet, gerissen ist; das ist eine bittere Erkenntnis. Das gewissenhafte Rezitieren des Kaddisch, das so unmittelbar mit den verlorenen Eltern zusammenhängt, fügt symbolisch die uralte Kette wieder zusammen.

Und mit dem Kaddisch kommt es oft dazu, daß man sich dem jüdischen Glauben wieder mehr zuwendet und manchmal sogar ganz zu ihm zurückfindet. Zumindest bringt der Brauch den Trauernden in die Synagoge, frischt seine Vertrautheit mit dem Hebräischen und der Liturgie auf und zwingt ihn jeden Tag wenigstens für kurze Zeit zum Nachdenken. Dem Kaddisch-Brauch wird manchmal vorgeworfen, er mache unsere Religion zu einer Religion der Toten. Ich meine im Gegenteil, daß die Toten nicht ganz umsonst gestorben sind, wenn sie durch ihren Tod unseren alten Glauben – und wenn auch nur in Ansätzen – den Lebenden zurückgeben. Der tägliche Gang zum Kaddisch in die Synagoge gehört zu den liebenswertesten und außerdem auch noch hilf-reichsten Handlungen der Lebenden.

Manche Leute sehen nicht ein, warum man zum Kaddisch unbedingt ein *Minjan,* die für das gemeinsame Gebet vorge-schriebene Mindestzahl von zehn Betern, braucht. Die obige Schilderung müßte eigentlich eindeutig klarmachen, warum das nötig ist. Kaddisch ist ein gemeinsames Gebet. Sein Text verlangt, daß es vor versammelter Gemeinde gesprochen wird. Es ist nichts dagegen einzuwenden, wenn jemand für sich allein beten will, und sehr viele fromme Leute tun es auch gelegentlich, aber dann lassen sie die gemeinsamen Ge-bete aus, und eins davon ist das Kaddisch.

Am Tag, an dem sich der Todestag eines Menschen jährt, der *Jahrzeit,* sprechen die Angehörigen jedes Jahr das Kad-disch, solange sie leben. Wenn sie sterben, hört die Verpflich-tung auf. Die Pflicht zur Trauer gilt immer nur für eine Ge-neration.

Das Judentum begrenzt die Trauer streng auf die angege-benen Zeiten und Vorschriften. Übermäßiger Kummer gilt als Mangel an Gottvertrauen. Nach unserem Glauben ist es natürlich und wünschenswert, daß die Wunden, die der Tod schlägt, mit der Zeit von selbst heilen. Kein Mensch wird nach dem Verlust eines nahen Angehörigen derselbe sein, der er vorher war, aber man erwartet von ihm, daß er nach Ab-lauf der Trauerzeit sein normales Leben wiederaufnimmt und um des Lebens willen den verbleibenden Kummer unter-drückt. Das Gewand, das der Fromme zum Zeichen der Trauer einreißt, kann man flicken und wieder tragen. Die ge-flickte Stelle bleibt, aber das Leben geht trotzdem weiter.

DRITTER TEIL

Das Gesetz

DREIZEHNTES KAPITEL
Wo liegt die Autorität?

Ich habe beschrieben, wie Juden leben, die an Gott glauben
und der Mosaischen Überlieferung folgen.

Es gibt viele ernsthafte Juden, die guten Muts und guten
Gewissens diese Gesetze – hauptsächlich den zeremoniellen
Teil – nicht beachten. Einige sind nicht mehr damit aufgewachsen, andere haben sie über Bord geworfen. Die Frage erhebt sich: wessen Gesetze brechen sie? Welche Autorität fech-
ten sie an? Wer will heute sagen, jeder, der als Jude geboren
ist, muß bestimmte Dinge tun und andere unterlassen, und
mit welchem Recht sagt er das?

Die Fragen treffen auf den innersten Kern der jüdischen
Identität. Mit ein paar Sätzen kann man sie nicht beantworten. Ein Gesetz existiert. Wir können es bis zu seinem Ursprung zurückverfolgen. Aber hinter diesem Gesetz steht
kein Polizist, der dafür sorgt, daß es befolgt wird. Jeder Jude,
der weiß, was es ist, woher es kommt und welche Macht es
für sich beansprucht, muß selbst entscheiden, ob er es befolgen oder mißachten will. Unsere Gesetze sind unter dem Namen *Thora* oder Belehrung zusammengefaßt. Das Wort erstreckt sich auf das gesamte Religionsgesetz bis zur jüngsten
rabbinischen Entscheidung und zum neuesten Kommentar.
Aber die fünf Bücher Moses sind und bleiben unsere eigentliche Thora, unser wahres Gesetz, unsere Verfassung und unser entscheidender Kodex. Wir fangen also da an, wo der Bericht über die jüdische Identität beginnt: bei den fünf Büchern Moses.

VIERZEHNTES KAPITEL

Die Thora

Die Bibel

Daß die Bibel überlebt hat, ist ein echtes Wunder. Sie ist uralt und verwittert bis auf das nackte Gestein. Ein Abnutzungsprozeß, bei dem ein ungeheurer Verlust an wesentlichen Dingen mit deutlichen Rissen und Schäden entstanden ist. Sie berichtet von Zeiten, die so weit zurückliegen, daß außer den Worten nichts mehr davon übrig ist. Alles andere ist zu Staub zerfallen, begraben unter vielen weiteren Schichten Staubes. Die Archäologen, die bei glühender Hitze in menschenleeren Wüsten graben, finden Scherben, beschriftete Steine, Gräber, vielleicht ein paar Fetzen von Schriftrollen, und hier und da ein paar Trümmer, die ein Gebäude gewesen sein könnten. Alles übrige ist Übersetzerarbeit und Vermutung. Wenn wir die Geschichte Israels kennenlernen wollen, können wir sie nicht aus den Scherben und Gräbern herauslesen. Wir können sie nur, so gut es geht, in der Bibel lesen. Die Archäologie sagt: «Ja, das stimmt; hier ist eine Tontafel, die dasselbe sagt wie die Bibel», oder: «Wir finden nichts in diesem Hügel, das den Bericht der Bibel bestätigt», oder: «Diese Inschrift beweist, daß die biblische Stadt wirklich hier gelegen hat.»

Moses

Bis jetzt gibt es noch keinen sichtbaren Beweis dafür, daß Moses gelebt hat. Vielleicht würde es uns helfen, wenn bei den Ausgrabungen im nächsten Jahr ein zerbrochener ägyptischer Stein auftauchte, der den Israeliten Mosche erwähnt. Mehr können wir wohl kaum erhoffen, und was würde es letzten Endes auch groß ausmachen? Möglicherweise gelingt es den Gelehrten eines Tages, aus dem Schutt in Ägypten und Mesopotamien ein Abbild des Moses zu rekonstruieren. Bis dahin lebt er in der Bibel und als sichtbares Abbild in einer dunklen Ecke einer kleinen Kirche in Rom, in einem der größten Werke der bildenden Kunst, dem *Moses* des Michelangelo.

Da ich nicht Michelangelo bin, versuche ich gar nicht erst Moses zu porträtieren; aber es wäre ganz gut, ein paar Tatsachen über ihn im Gedächtnis zu behalten, wenn wir über seine Thora sprechen. Seine Hände waren es, die die Götter Ägyptens, Mesopotamiens, Griechenlands und Roms stürzten. Der Islam und das Christentum stehen auf seinen Schultern; beide Religionen sind ohne ihn undenkbar. Die Gläubigen glauben, daß er mit Gott sprach; fest steht jedenfalls, daß er die Geschichte so verändert hat, als wenn er mit ihm gesprochen hätte. Er verschwand in der Dunkelheit auf einem Berg und kam mit einem Gesetz zurück. Israel und nach ihm die halbe Welt erkannten das Gesetz als das Wort Gottes an. Er war alles andere als ein Volksheld, ein Mann von achtzig Jahren, ein Wüstenbewohner mit Frau und Kindern. Er wurde von Gott dazu berufen, ein schweres Werk zu vollbringen, und wie jeder vernünftige Mensch versuchte er, sich davor zu drücken. Als er jedoch die Sache erst einmal angepackt hatte, ließ er sich durch nichts mehr zurückhalten. Es heißt, der Mensch wächst mit seiner Aufgabe. Moses wuchs zur übermenschlichen Größe seiner Aufgabe heran und wurde bis zu seinem Tod immer größer. Die Naturgewalten schienen für ihn zu arbeiten. Andere Eroberer und Geistesheroen hatten in ihren besten Zeiten offenbar die Fähigkeit, günstige Ereignisse zu erzwingen. Wir nennen diese seltsame Kraft Glück oder Schicksal oder einen guten Stern. Welche Kraft Moses auch hatte, und woher sie auch kam, sie war jedenfalls stark genug, von der größten Kriegsmacht des Alten Orients die Freiheit eines versklavten Volkes zu erzwingen.

Er schilderte Gott. Bis jetzt gibt es im Westen keinen anderen Gott als den Gott des Moses. Seit dem Tag, an dem er der Welt seine Vision Gottes brachte, kam es immer wieder zu heftigen Angriffen gegen seine bildhafte Darstellung, seine Auslegung und vor allem gegen seine Gesetze, von denen er sagte, sie seien die Gesetze Gottes; einige galten nur für Israel, das dazu bestimmt war, Gottes Wort zu bewahren und weiterzugeben, und einige für alle Menschen. Trotzdem sind seine Gesetze heute noch lebendig. Sie werden heftiger bekämpft denn je, und trotzdem leben sie.

Die Thora des Moses

Sein Gesetz ist in fünf Bänden, den ersten fünf Büchern der Bibel enthalten: Genesis, Exodus, Leviticus, Numeri und Deuteronomium. Für das jüdische Volk sind diese fünf Bücher ein einziges Buch, die Thora, das Kernstück der Heiligen Schrift; sie wurde in Israel am Sinai gegeben und ist bis heute bindend für die Nachkommen derer, die damals dabei waren.

Fragt man, wer dieses Gesetz erließ, heißt die Antwort: Moses. Fragt man, was ihn dazu berechtigte, antworten wir: Wir glauben, daß er von der Vorsehung inspiriert wurde, und wir wissen, daß er von Israel gewählt wurde, Gründerstatuten niederzuschreiben, die praktisch für die ganze geschichtlich bekannte Zeit gelten. Wir nennen Kunst inspiriert, wenn ihr die Jahre nichts anhaben können. Daß sein Gesetz noch heute lebt, ist kein Beweis dafür, daß Moses inspiriert war, dafür gibt es keinen Beweis, wenn man sein eigenes Wort nicht als Beweis gelten läßt – aber daß sein Gesetz unerschütterlich wie ein Fels in der Brandung steht, ist zumindest eins der großen Wunder der Geschichte.

Zu der Verehrung, die die Juden Jahrhunderte hindurch der Thora des Moses entgegenbrachten, gibt es keine Parallele. Man kann über die Juden sagen, was man will. Aber daß dieses Volk nach einem einzigen Buch gelebt hat und dafür gestorben ist, daß es seine ganze Lebensweise darauf abstimmte, daß jede Generation die Fackel von den Eltern übernahm und an die nächste weitergab, als gäbe es so etwas wie Zeit und Veränderung nicht, als könnten die Umstände nichts ändern, als wären über dreitausend Jahre eine Zeitspanne, die leicht zu überbrücken sei – das alles kann jedenfalls niemand leugnen.

Ein kühler Beobachter hat einmal gesagt, die Verehrung der Thora sei der Götzendienst der Juden. Das ist eine böse Halbwahrheit. Da ihnen verboten war, ein sichtbares Bildnis Gottes zu verehren, da sie keinen göttlichen Boten oder Propheten haben durften, dem sie ihre Liebe beweisen und auf den sie ihre Nöte und Ängste abladen konnten, da sie überhaupt keinen Fürsprecher hatten – denn Moses stieg auf einen Berg und starb, und kein Mensch kennt sein Grab, und kein Jude hat je zu Moses gebetet oder ihn angefleht, zwischen Mensch und Gott zu vermitteln – da ihnen also alles verwehrt war außer dem Wort Gottes, das auf einer Schriftrolle geschrieben war, haben die Juden dieser Rolle alle Treue, Liebe und Verehrung erwiesen, zu der Menschen fähig sind.

Jeder zivilisierte Mensch, der älter als zwölf Jahre ist, hat die Thora ganz oder teilweise gelesen, oder sie ist ihm vorgelesen worden. Die anderen Völker verehren sie nicht so sehr wie die Juden, aber sie verehren sie. Einen großen Teil des Gesetzes, das für die Juden der lebendige Kern des Buchs und besonders wertvoll ist, finden andere Völker langweilig und schwer lesbar, und sie lassen ihn gern links liegen. Die beiden großen Religionen, die aus dem Judentum entsprungen sind, lehren ihre Anhänger, daß die Gesetze für sie aufgehoben sind. Aber keine Autorität hat sie für das Volk des Bundes aufgehoben.

Der Heilige Geist

Die Form der Thora ist, gelinde gesagt, eigenartig. Die Genesis beginnt mit einer kraftvollen Vision von der Entstehung des Universums. Dann folgen mystische Erzählungen: eine Schlange spricht, die Frucht eines Baumes kann Wissen und Unsterblichkeit verleihen, Menschen leben neunhundert Jahre lang. Der Höhepunkt ist eine Sintflut, die nur ein sechshundert Jahre alter Mann und seine Familie in einer Arche voller Tiere überleben, die die Welt neu bevölkern sollen. Nach der Sintflut folgt eine tausendjährige Genealogie, und dann atmen wir allmählich vertraute Luft, die Menschen sind wie wir, und wir erkennen die Landschaft. Die jüdische Geschichte beginnt mit einer Erzählung von Abraham, dem Stammvater des Volkes. Der Rest der Genesis berichtet von den Erlebnissen der Patriarchen. In Exodus beginnt die Geschichte des Moses, und die Thora erzählt den Auszug Israels aus Ägypten und das flammende Ereignis am Sinai. Und dann, gerade wenn die Geschichte sozusagen wirklich spannend wird, rennt man gegen eine steinerne Wand: Zivil- und Strafgesetzgebung, die bis auf den letzten Haken und Vorhang genau ausgearbeitete Beschreibung wie ein Stiftszelt gebaut werden muß, und ein Handbuch für Priester. Hier und da taucht in den Büchern Leviticus und Numeri zwischen dem vollgepackten Gesetzesteil ein Stückchen strahlende Erzählung auf, aber dann kommen sofort wieder die Gesetze zu Wort. Zum Schluß kommt Deuteronomium, die Abschiedsrede des Moses; eine lange Rede, halb Rückblick, halb Prophezeiung, mit einer Zusammenfassung der Hauptgesetze des Judentums. Die Thora schließt mit zwölf Versen, die das Ende des Gesetzgebers beschreiben. Das ist allerdings wirklich eine sehr merkwürdige Art, ein Buch zu verfassen. Gesetz ist Gesetz, und Erzählung ist Erzählung. Beides kunterbunt durcheinandergemischt ist ausgesprochen störend. Vor einiger Zeit verdiente ein Verleger eine Menge Geld damit, daß er eine «Bibel, die sich wie moderne Literatur liest» herausbrachte. Der Herausgeber brachte die Bücher Moses in Ordnung, indem er einfach alle Gesetze wegließ. Leviticus war, soweit ich mich erinnere, auf eine halbe Seite etwa zusammengestrichen und enthielt einen einzigen Vers, der ihm vermutlich wert schien, beibehalten zu werden, Leviticus 19, 18: «Du sollst deinen Nächsten lieben wie dich selbst.»

Die Juristen des Talmud waren mit der Form der Bücher Moses auch nicht ganz einverstanden, aber aus genau dem entgegengesetzten Grund wie der Moderne-Literatur-Herausgeber. Sie fragten sich, ob der erzählende Teil nicht den Gesetzesteil abschwäche. Die Frage taucht im Kommentar des französischen Exegeten Raschi zum ersten Vers der Genesis auf: Warum fängt die Thora nicht da an, wo die Gesetze anfangen, mitten im Exodus? Die Antwort ist ziemlich weit hergeholt. Israels Anspruch auf das Heilige Land beruht auf der Existenz Gottes. Wenn es nicht Gottes Wille war, daß Israel Kanaan besitzt, könnte es in den Augen der anderen Nationen als räuberischer Eroberer dastehen. Die Thora muß also mit der Schöpfung anfangen, um die Gründung Israels im richtigen Licht zu zeigen.

Die alten Hebräer wußten nichts von den griechischen Musen. Das einzige Thema, das sie für erwähnenswert hielten, war die Verbindung zwischen Gott und Mensch, die das Moralgesetz bildet. Wenn sie bei der Erforschung dieses Themas zufällig Dramen und Epik und Poesie hervorbrachten, machten sie kein Aufhebens davon. Der Moderne-Literatur-Herausgeber behielt die Josephsgeschichte bei und strich die Gesetze über Landwirtschaft, weil nach griechischen Maßstäben die Josephsgeschichte eine glänzende Erzählung ist und die Gesetze langweiliges Zeug sind. Die Juden haben nie ein Wort der Thora gestrichen. Der Bauplan für das Stiftszelt ist für sie genauso wichtig wie der Zug durch das Rote Meer.

Ich will damit nicht sagen, daß sich die Autoren der Bibel oder die Männer, die diese Schriften zusammentrugen, der literarischen Kraft und Schönheit der heiligen Bücher nicht bewußt waren. Es gab viele Erzählungen, Prophezeiungen, Psalmen und Bücher der Weisheit, die leider nicht erhalten geblieben sind. Von einigen kennen wir die Namen. Die Bücher, die uns erhalten sind, strahlen eine innere Glaubwürdigkeit aus, die immer wieder Bewunderung erzwingt. Die westliche Welt bezeichnet diese Eigenschaft als Inspiration. Die Hebräer hatten fast dieselbe Bezeichnung dafür: sie nannten sie den Heiligen Geist. Der Heilige Geist ist ein Ereignis, ein Vorgang, die Hand Gottes, die einen Menschen anrührt und über sich selbst hinauswachsen läßt und ihn zu einem unmittelbaren Werkzeug des göttlichen Willens macht, sei es als König, als Prophet, als Gesetzgeber oder als Schriftgelehrter.

Die übrigen Bücher der jüdischen Bibel

Die Bücher der Bibel erstrecken sich über Tausende von Jahren. Reiche, Dynastien, Götter steigen auf und gehen unter. Der erzählende Teil verfolgt das Schicksal des Hauses Israel durch Zeiten großer Belastung und großer Ereignisse und schildert die menschliche Natur von allen möglichen Seiten. Für die Hauptfigur gibt es kein entsprechendes Gegenstück in der gesamten Weltliteratur: sie ist Gott.

Nach jüdischem Glauben sind alle Bücher der Bibel, die nach der Thora kommen, Kommentar, Illustration und Darstellung der Folgen. Die Bücher Moses künden die Zukunft Israels an. In den übrigen Büchern der Bibel tritt alles Vorhergesagte ein. Die Zeit enthüllt Triumphe und Niederlagen. Sie bringt Gestalten hervor, die wie Sterne am Himmel erstrahlen: Samuel, David, Jesaja, Jeremias, Hesekiel und alle übrigen, ein Sternbild religiöser Genies, das noch heute die Welt erhellt. Das Leitmotiv klingt in den letzten Worten des Maleachi, des letzten der Propheten, an: «Gedenke der Weisung Mosches, meines Knechts, dem ich am Horeb für ganz Israel Satzungen und Rechtsvorschriften geboten.»

Wenn man die jüdische Bibel als lebendige Literatur liest, dann ist sie ein tragisches Epos mit einer einzigen durchgehenden Handlung: die Geschichte vom Sturz eines Helden durch seine Schwächen. Der Held ist Israel, ein Volk mit einer Bestimmung, die fast zu hoch ist für menschliche Wesen: der Verantwortung für die Beachtung des göttlichen Gesetzes. Die Schwächen sind die normalen Fehler des Menschen: Oberflächlichkeit, Unwissenheit, Mangel an Zielstrebigkeit, Mangel an Ausdauer, Mangel an Phantasie, Vergnügungssucht, Bequemlichkeit, Machtstreben, Faulheit. Der tragische Höhepunkt ist die Vernichtung der Nation. Aber im Gegensatz zu allen anderen epischen Tragödien endet sie nicht mit dem Tod. Der Held hat ein ewiges Leben und die Aussicht auf lange Leidenszeiten, in denen er schließlich zur Höhe der Bestimmung aufsteigt, der er nicht entkommen kann. Er beginnt als ein einziger Mann, als der reiche Scheich Jakob an der Furt durch den Jordan, der eine Nacht lang mit einem Engel ringt, den Namen Israel erhält und seine Bestimmung erfährt. Er endet als das unsterbliche Individuum, das das jüdische Volk ist, der duldende Knecht des Jesaja. Der Ausblick des Ganzen ist der Ausblick, den Moses in seiner Abschiedsrede gibt, bevor er auf den Berg steigt, um zu sterben. In dieser Rede erzählt er die ganze lange Geschichte, die wir immer noch erleben, und die ein glückliches Ende mit der Erlösung findet, auf die wir fest und unerschütterlich hoffen.

Wir haben also in der Bibel eine Reihe sehr unterschiedlicher Bücher, die erhalten gebliebene Bibliothek, die die große Zeit eines alten Volkes schildert; und daher wirkt die ganze Bibliothek, die wir die Bibel nennen, wie ein einziges Buch. Denn sie hat ein einziges Thema, die Entdeckung des göttlichen Gesetzes in der Geschichte Israels, und einen einzigen Autor, «den Heiligen Geist». Das Buch der Könige ist Geschichte; Hiob ist ein Drama; die Klagelieder sind ein Trauergesang; die Psalmen sind eine Anthologie von Gedichten. Trotzdem wird die Einheit der Bibel nicht durch diese

Vielfalt zerstört, denn in allen diesen Büchern ist der Heilige Geist wirksam. Wenn man wissen möchte, nach welchem Prinzip die Bücher gesammelt und zusammengefaßt wurden, muß man das Buch Jesus Sirach lesen. Es ist ein glänzendes Werk voller Weisheit, und Jesus Sirach steht nur eine kleine Stufe unter dem Niveau der Bücher der Bibel. Die Hebräer verzichteten ohne mit der Wimper zu zucken auf dieses Meisterwerk; es überlebte in griechischer Übersetzung in den Apokryphen.

Die jüdische Literatur ist also von jedem Blickwinkel aus betrachtet reines Moralgesetz. Jede Form der literarischen Komposition bewegt sich innerhalb dieses Rahmens. Das Gesetz selbst heißt *Halacha* oder der Weg; die übrige Literatur beleuchtet das Gesetz und heißt *Haggada* oder die Erzählung.

Die Entwicklungstheorie

Zwei Weltreligionen, die viel jünger sind als die jüdische Religion, das Christentum und der Islam, sehen in der jüdischen Bibel nur einen Prolog zu ihren eigenen heiligen Schriften: zum Neuen Testament der Christen und zum Koran der Moslems. Beide Religionen haben sich in der Vergangenheit größte Mühe gegeben, die Juden zu ihrer Ansicht zu bekehren, manchmal durch gutes Zureden und manchmal durch brutale Gewalt. Jetzt herrscht Frieden zwischen den drei Bekenntnissen; sie konzentrieren sich ganz auf den neuen Glauben, der sie alle drei zu überrennen droht, das starke und eingängige neue marxistisch-leninistische Glaubensbekenntnis, dessen Credo die drei entsetzlichen Worte Nietzsches sind: «Gott ist tot.»

Mir fehlen die nötigen Voraussetzungen, um mich auf eine Diskussion über das Christentum oder den Islam einzulassen. Ich kann höchstens sagen, wie sich das Judentum dazu stellt und immer gestellt hat: Israel hat im Koran des Mohammed nichts gefunden, das nicht schon in seiner eigenen Heiligen Schrift steht. Es kann unmöglich einen Menschen, Jesus von Nazareth, als Höchstes Wesen verehren. Das sind die beiden Hauptpunkte, um die es bei der Auseinandersetzung mit diesen beiden Bekenntnissen geht. Daß beide Religionen genügend Weisheit und Kraft enthalten, um in der Geschichte der Menschheit eine wichtige Rolle zu spielen, kann niemand leugnen, der nicht völlig blind ist.

Aber ich glaube, man kann nicht behaupten, daß die jüdische Religion mit der Grundlage, auf der sie aufbaut, mit ihrer eigenen Heiligen Schrift, keine vollständige Religion ist. Vielleicht sehen andere in ihr nur ein Zwischenstadium, eine Religion, die auf halber Strecke stehengeblieben ist, aber wir haben unseren Bund mit Gott, unser Gesetz, unseren Glauben und unsere Bestimmung, unsere Mosaische Vision von den ersten und letzten Dingen – und wenn Gott es erlaubt, leben und sterben wir danach, genau wie unsere Väter vor uns.

Die Vorstellung, daß der jüdische Glaube nur ein Zwischenstadium ist, führt fast zwangsläufig dazu, daß man in der hebräischen Bibel eine langsame Steigerung der religiösen Erkenntnis zu erkennen glaubt: von einem ziemlich niedrigen Anfang bei Moses an bis hin zu einem Gipfel bei Jesaja, der zwar immer noch nicht ganz bis zur Wahrheit durchdringt, ihr aber doch schon sehr nahe kommt. Ich verstehe, wie überzeugend diese Vorstellung für Andersgläubige ist. Ohne mich auf den schlüpfrigen Boden theologischer Streitgespräche zu begeben, möchte ich hier aber doch ein paar Dinge anführen, die ich für wichtig halte. Nach unserer Überlieferung und auf der Grundlage dessen, was das Alte Testament sagt, gibt es nicht den geringsten Zweifel, daß nach Gott Moses nicht nur die Quelle des jüdischen Glaubens ist, sondern zugleich ihr Höhepunkt. Alle Propheten betonen, daß es ihr Ziel ist, Israel zur Rückkehr zum Mosaischen Gesetz aufzurufen, und nicht, das Gesetz zu ersetzen, zu verbessern oder zu verändern. Ihre Kritik an leerem, rein formalem Opfer wiederholt die Warnung Moses' vor rein mechanischer Religionsausübung. Gott ist in den Büchern der Propheten der Gott Moses'. Das Gesetz ist das Gesetz Moses'. Bis zum letzten verhallenden Ruf des Maleachi sagt das Alte Testament immer und immer wieder nur: «Gedenke der Thora Mosches, meines Knechts.»

Wenn es in der jüdischen Religion eine solche Entwicklung gegeben hätte, würde sie sich von jeder anderen Religion, die sich gehalten hat, unterscheiden. Große Religionen werden geboren, wenn ein überragender Geist auf die Welt kommt und die Welt und Gott in einem neuen Licht sehen läßt. Er geht dahin, und solange seine Vision in den Herzen der Menschen lebt, lebt der neue Glaube. Das Christentum entwickelt sich nicht über die Lehre Jesu hinaus auf eine höhere Stufe; der Buddhismus entwickelt sich nicht über Buddha hinaus, und Konfuzius ist kein niedriger Anfang zu einem höheren und weiseren Konfuzianismus. Veränderungen hat es in allen Religionen gegeben – neue Lehrer, neue Apostel, eine neue Geschichte, veränderte Formen im Laufe der Jahre. Es ist ein weiter Weg vom Ölberg zur Peterskirche in Rom und zur St. Paul's Kathedrale in London. Aber zu behaupten, der Weg führe nach oben, wäre reichlich kühn.

Wellhausens unausgegorene Phantasie von einer geschichtlichen Entwicklung Israels vom steinzeitlichen Gottesdienst des unbedarften Heiden Moses bis hin zum halbchristlichen Jesaja wird heute nicht mehr ernst genommen.* Aber man begegnet immer noch der Vorstellung, daß der jüdische Glaube eine Religion ist, die sich allmählich entwickelt hat. Für uns Juden ist es sinnlos, auch nur darüber zu diskutieren.

Alles, was wir über unsern Glauben wissen, spricht dagegen und nichts in der ganzen Weltgeschichte spricht dafür. Die wahre Analogie zur Geschichte der Religion liegt in der Kunst, wie Santayana sagte: einige wenige einsame Gipfel, und dazwischen jahrhundertelange Niederungen. Wenn sich das englische Drama von Shakespeare zu Noël Coward hinauf entwickelt hat, oder die Plastik von Michelangelo empor zu Epstein, oder die Musik von Mozart hinauf zu Strawinsky, dann allerdings hat sich vielleicht auch der jüdische Glaube von Moses zu Maleachi hinaufentwickelt.

Der vorliegende Text

Die Magna Charta und die amerikanische Unabhängigkeitserklärung kann man sich heute noch im Original ansehen – vergilbte, zerknitterte, verblaßte Dokumente unter Glas.

---

* Aufstieg und Fall der Theorie Wellhausens werden im Anhang genauer beschrieben.

Aber die Unabhängigkeitserklärung und die Magna Charta leben nicht in diesen Pergamenten, sondern in der Gesellschaft Großbritanniens und der Vereinigten Staaten. Die würde sich nicht verändern, wenn das Glas zerbräche und die Pergamente feucht würden und über Nacht zerfielen. Wir können weder die steinernen Tafeln noch das Gesetzbuch, das Moses dem Deuteronomium zufolge vor seinem Tode niederschrieb, unter Glas betrachten. Zuviel Zeit ist seitdem vergangen. Die Planierraupen der Eroberer haben immer wieder die Tempel, die Museen und die Archive des jüdischen Volks niedergewalzt. Sehr wenig blieb übrig, nachdem die Babylonier vor zweitausendfünfhundert Jahren Jerusalem geplündert hatten. Nichts blieb übrig, als Titus sechs Jahrhunderte später die Heilige Stadt zum zweiten Mal dem Erdboden gleichmachte. Alles, was wir heute von der Thora des Moses haben, sind sehr, sehr späte Abschriften, die ältesten Fragmente sind nicht einmal zweitausend Jahre alt. Wir haben zwar noch Abschriften des Talmud, der ununterbrochen die Thora zitiert, aber auch sie stammen aus sehr später Zeit.

Der jüdische Junge, der mit sechs oder sieben Jahren anfängt, die Thora zu studieren, bekommt ein Buch vorgesetzt, das vielleicht erst vor einem Jahr gedruckt worden ist und mit den Kommentaren vieler, vieler Jahre versehen ist, unter denen der eigentliche Thoratext fast verschwindet. Wenn er älter und verständiger geworden ist, versenkt er sich in die Kommentare. Aber es muß damit anfangen, daß er den Text selbst zu beherrschen lernt. Es ist derselbe Text, auf dem das ganze gegenwärtige jüdische Gesetz beruht. Wie authentisch ist er?

Die Gelehrten nennen ihn den massoretischen Text. Die Massoreten waren hebräische Schriftgelehrte in den ersten Jahrhunderten vor Christus. Sie legten den Wortlaut und die Schreibweise der Bibel fest; seitdem hat sich nichts daran geändert. Man hat lange darüber hin und her diskutiert, wie zuverlässig der Text der Massoreten ist; hatten sie zum Beispiel einen echten Text, der aus alten Quellen stammte, zur Verfügung, oder haben sie vieles erfunden und den Text entstellt? Die Meinungen darüber sind geteilt. Die Aufregung über die Schriftrollen vom Toten Meer kam zum Teil daher, daß sie den massoretischen Jesajatext im wesentlichen bestätigten.

Wenn man nach der Thora lebt, die uns zur Verfügung steht, lebt man nach dem Gesetz des Moses, soweit das möglich ist. Es gibt äußere Beweise dafür, daß unser Thoratext einigermaßen authentisch ist. Aber der reine Stammbaum der Thora läßt sich in der jüdischen Überlieferung als eine einzige, klar erkennbare Linie, Stück für Stück zurückverfolgen bis er im Rauch des brennenden ersten Tempels verschwindet. Wenn man die Verehrung der Juden für dieses Gesetz bedenkt, ist ein solcher Stammbaum die beste Bestätigung für die Authentizität des Textes.

FÜNFZEHNTES KAPITEL

Der Talmud

Aus meinem Bücherregal

Im Gegensatz zur Bibel, die zur Kultur der ganzen Welt gehört, bleibt der Talmud für jeden, der nicht in frühester Jugend anfängt, ihn zu studieren und über diesem Studium alt wird, ein Buch mit sieben Siegeln.

Es gibt Übersetzungen. Die große englische Soncino-Ausgabe, die erst kürzlich herausgekommen und eine hervorragende wissenschaftliche Leistung ist, hat sich für eifrige amerikanische Studenten als sehr nützlich erwiesen. Aber der ahnungslose Anfänger, der irgendeinen der fünfunddreißig dicken Soncino-Wälzer aufschlägt, wird beim allerbesten Willen nach ein oder zwei Kapiteln verzweifeln. Der Text ist zu komprimiert, zu fremd, zu runenhaft, zu abrupt, zu zickzackartig verlaufend. Er ist tausend Jahre jünger als der größte Teil der Bibel, aber auf den ersten Blick wirkt er um Äonen älter.

Auf dem Bücherregal gegenüber von meinem Schreibtisch, an dem ich jetzt sitze und schreibe, steht eine vollständige Talmudausgabe: einundzwanzig in kastanienbraunes Leder gebundene Bände, jeder fast einen halben Meter hoch. Es ist ein neuer amerikanischer Nachdruck der großen, Ende des vorigen Jahrhunderts in Wilna bei Romm gedruckten Ausgabe. Auf einem anderen Bücherbord, weiter hinten im Zimmer, steht eine Originalausgabe des Wilnaer Talmud, abgegriffen und stark mitgenommen, in rissigem braunem Ledereinband. Er gehörte meinem Großvater, der 1928 aus Sowjetrußland nach Amerika kam und seinen Talmud mitbrachte. Wir studierten ihn gemeinsam, und er versprach mir, daß ich ihn nach seinem Tod erben würde. Er wurde vierundneunzig Jahre alt. Ungefähr zwei Jahre, bevor er starb, kaufte ich mir die fotomechanische Ausgabe. Er lebte in Israel, war bei ausgezeichneter Gesundheit, und ich hatte es satt, eine viel kleinere Ausgabe mit winzig kleingedruckten Kommentaren zu studieren, die er mir viel früher einmal geschenkt hatte. Infolgedessen habe ich jetzt zwei Ausgaben des Wilnaer Talmud, eine wunderschöne neue Faksimile-Ausgabe auf feinem weißem Papier, und eine Originalausgabe, vergilbt und zerlesen durch lebenslangen Gebrauch. Ich hoffe, jedem meiner beiden Söhne ein Exemplar vermachen zu können.

Ich ziehe auf gut Glück einen Band der neuen Ausgabe heraus. Er ist riesengroß und schwer; ich brauche beide Hände, um ihn zu meinem Schreibtisch hinübertragen zu können. Ich schlage ihn auf, und die Seiten mit ihrem marmorierten Rotschnitt liegen flach und nur leicht gewölbt vor mir. Wir sehen zwei tiefschwarze hebräische Spalten, unregelmäßig in der Form, flankiert zu beiden Seiten von zwei kleineren, heller gedruckten Spalten, die ihrerseits wieder von eng- und winzig kleingedruckten Spalten eingerahmt sind. Es gibt keine Vokalzeichen und keine Interpunktion.

Die schwarze Spalte ist der Talmud selbst. Die helleren Spalten sind Kommentare oder verschiedene Lesarten oder Hinweise auf andere Stellen. Am Ende der Abhandlung folgen weitere Kommentare in beachtlich langen Spalten in kleinem, festem Druck. Ein einziger Satz im Talmud kann den Studierenden in eine Debatte verwickeln, die sich über zehn Jahrhunderte und ein Dutzend Länder ausdehnt.

Es soll Menschen geben, die den ganzen Talmud mit seinen sämtlichen Kommentaren – in der Romm-Ausgabe stehen über hundert – genauso beherrschen wie die übrige Literatur des Judentums. Ich glaube, das übersteigt die Kräfte eines einzelnen Menschen. Aber das menschliche Gehirn entwickelt ungeahnte Kräfte, und deshalb kann es also schon stimmen.

Das klingt alles etwas entmutigend, und der Leser kann sich vielleicht ungefähr vorstellen, was ich erlitten habe, als mein Großvater in meinem dreizehnten Lebensjahr in mein Leben trat.

«Za Rabotu»

Ich hatte einen Hebräisch-Unterricht genossen, der für meine Zeit und für den Ort, an dem ich lebte – New York, Anfang der zwanziger Jahre –, überdurchschnittlich gut war. Ich konnte die erzählenden Abschnitte der Bibel ziemlich gut lesen und übersetzen. Ich konnte fließend beten. Meine Bar Mizwa war ein großes Ereignis gewesen, und ich hatte mich hervorragend gehalten. Ich fand, meine religiöse Ausbildung sei nun abgeschlossen.

Mein Großvater war noch nicht eine Woche in Amerika – er wohnte natürlich bei uns –, da brachte er mir ein riesiges braunes Buch angeschleppt. «*Za Rabotu*», sagte er. Er setzte mich an einen Tisch, legte das Buch vor mich hin, stellte sich hinter mich und schlug es auf. Ich starrte entgeistert auf die massiven Spalten unverständlicher hebräischer Konsonanten. «Lies», sagte mein Großvater. Ich habe gerade denselben Band der alten Ausgabe aus dem Regal genommen und dieselbe Seite aufgeschlagen. Dreißig Jahre sind vergangen, seit ich mir den Kopf über diese Spalten zerbrach. Ich kann sie jetzt ohne große Schwierigkeiten lesen; aber eine ganze Seite des Talmud zu lesen, fällt mir immer noch nicht leicht und wird mir auch nie leichtfallen. Ich glaube, daß es überhaupt niemanden gibt, dem es wirklich leichtfällt. Die Seite ist ganz braun, viel dunkler als die anderen Blätter dieses alten, nur noch lose zusammenhängenden Bandes. Kommt das daher, daß ich über dieser einen Seite einen ganzen Monat oder sogar noch länger im scharfen Sonnenlicht einer Wohnung in der Bronx brütete? Auf der ganzen Seite sind dunkelbraune Flecken; vielleicht Obstflecken, weil ich mich mit einer Mandarine tröstete, während ich mich mit dem Aramäischen herumschlug, das für mich kaum verständlicher war als die Sprache der Choctaw-Indianer. Vielleicht waren es auch Tränen, oder geben Tränen keine Flecken?

Als mein Großvater «Za rabotu» sagte, war es ihm ernst damit. Es ist russisch und heißt: «An die Arbeit!» Er ließ mich mit einem der verwickelsten Abschnitte des ganzen Talmud anfangen – inzwischen habe ich festgestellt, daß es ein besonders beliebtes Anfangskapitel für angehende Talmudisten ist –, dem Duell zwischen Raba und Abbaja, bei dem es um die Frage geht, wem ein Fundgegenstand gehört. Der Talmud faßt das ganze Problem in seiner üblichen Kürze in drei Worten zusammen. Mein Großvater muß mindestens eine Woche gebraucht haben, um mir zu erklären, was diese drei Worte beinhalteten. Aber er trieb mich durch das Dutzend Thesen

Abbajas hindurch, die auf einem Dutzend Analogien im jüdischen Gesetz basierten, und durch die scharfsinnigen Widerlegungen Rabas, der zum Schluß kapitulierte. Und die ganze Debatte ging auf aramäisch vor sich, nicht auf hebräisch. Ich weiß, daß ich es bis zum Schluß durchstand, weil ich mich noch genau an die letzten Worte des Abschnitts erinnere.

Zu meinem Leiden kam hinzu, daß mein Großvater kein Englisch sprach. Und ich konnte nur das amerikanische Jiddisch, das beinahe eine andere Sprache ist als das Jiddisch, das er sprach. Wie wir beide es fertigbrachten, uns zu verständigen, ist mir heute noch ein Rätsel. Aber im großen und ganzen hat sich in meinem ganzen Leben niemand besser mit mir verständigt als mein Großvater, angefangen mit den entsetzlichen Worten, die mich meine ganze Jugend hindurch verfolgten, «Za Rabotu». Sein Hauptverständigungsmittel war der Talmud.

Was der Talmud ist

Zunächst einmal ist der Talmud nicht ein Buch, sondern zwei in ihm zusammengefaßte Bücher, die *Mischna* und die *Gemara*, zwei sehr alte Klassiker des jüdischen Rechts, zwischen deren Entstehung etwa dreihundert Jahre liegen. Beide Bücher haben insofern Verfasser, als wir wissen, wer sie geschrieben hat. Aber keins von beiden ist ein Originalwerk. Beide sind Gesetzeskompendien.

Die Mischna ist ein Bericht über die gesetzlichen Entscheidungen einer Reihe von Analytikern und Richtern, den *Tanna'im* oder Gesetzeslehrern, der sich über etwa vierhundert Jahre erstreckt. Aus dem Dunkel, das die jüdische Geschichte nach Abschluß der Bibel umgibt, tauchen die Tannaiten auf, Nachfolger einer älteren Gruppe von Juristen, den Männern der Großen Synagoge, die ihrerseits über lange leere Zeiten hinweg an die Überlieferung anknüpften und die Propheten ablösten. Die Tannaitenzeit zerfällt in zwei Jahrhunderte vor und zwei Jahrhunderte nach Christus. Rabbi Juda der Fürst, ein wohlhabender palästinensischer Weiser, stellte um das Jahr 200 n. Chr. die Mischna (Überblick) zusammen. Selten hat ein Werk so schnell und vollständig eine ganze

Nation erobert. Mit der Mischna endete das Hebräisch des Alten Testaments. Rabbi Juda legte den Stil für alle hebräischen Schriften, die nach ihm kamen, fest. Siebzehnhundert Jahre später ist das Hebräisch noch immer das Hebräisch der Mischna. Wissenschaftliche Zeitschriften sind noch heute in diesem Hebräisch geschrieben. Hebräisch, das in Israel gesprochen wird, die Sprache der Zeitungen, der Rundfunksendungen und die normale Umgangssprache, ist natürlich sehr modernisiert. Aber ein erfolgreicher israelischer Romanautor hat mir versichert, daß für ihn das Geheimnis eines guten modernen Stils immer noch in der Mischna liegt. Die Mischna behauptet zwar, nichts anderes als Jurisprudenz zu sein, aber sie ist sehr viel mehr. Mit einem Satz oder einer Redewendung kann sie magischerweise eine Szene im zweiten Tempel lebendig werden lassen, ein nächtliches Fest in den Straßen von Jerusalem, die Sitten, die Moral, die Philosophie, die Kleidung von Menschen, die seit zweitausend Jahren tot sind. Ich glaube nicht, daß Rabbi Juda mit seinem Werk Literatur im modernen Sinn schaffen wollte. Zum größten Teil hat er nur eine überlieferte Lehre niedergeschrieben, die von vielen Generationen abgeschliffen worden war. Aber mit seiner Genauigkeit und Klarheit ist er bei seinem Volk unsterblich geworden, und er hat der altmodischen Sprache des Alten Testaments eine neue Richtung gegeben, an der es noch immer festhält.

Mehrere Jahrhunderte hindurch untersuchte eine zweite große Reihe von Weisen, die *Amora'im* oder Interpreten, Rabbi Judas Werk und diskutierten es Zeile für Zeile: innerhalb der Akademien, zwischen den verschiedenen jüdischen Gemeinden und zwischen Vater, Sohn und Enkel. Auf diese Weise bekam der Talmud seine heutige Form. Vier oder fünf Sätze der Mischna legen das Gesetz fest. Dann folgen vielleicht eine, vielleicht aber auch zwanzig Seiten strenger Gesetzesanalyse auf hebräisch und aramäisch, die zu Erzählungen, Gedichten, Gebeten, Geschichten, Erinnerungen, Wissenschaft und Tischgesprächen abschweifen können. Das ist die Gemara, die Vollendung. Die Diskussionen der Amoräer nahmen lawinenartig zu und häuften Jahrzehnt um Jahrzehnt immer mehr Gedächtnisballast an. Gegen Ende muß die Aufgabe so etwas wie das Auswendiglernen der Encyclopaedia

Britannica gewesen sein. Um diese Zeit begann das Römische Reich zusammenzubrechen. Die Länder um das Mittelmeer waren dauernd ein Kriegsschauplatz. Die ständige Verbindung der jüdischen Gemeinden miteinander und damit das Leben der ganzen Nation im Exil war in tödlicher Gefahr. Aschi und Ravina, zwei der letzten Interpreten, brachen jetzt mit der feststehenden Tradition, die Gemara nur mündlich zu überliefern. Sie schrieben alles auf, was sie von jahrhundertelangen Diskussionen über die hebräische Bibel und über die Mischna noch wußten. Damit schufen sie den Talmud, den mir vierzehnhundert Jahre später – vor dreißig Jahren – mein Großvater vorsetzte, damit ich anfangen sollte zu lernen.

Wie der Talmud eigentlich ist

Der Talmud liest sich eigentlich wie lauter übertragene Stenogramme; Debatten, Unterhaltungen und Monologe folgen aufeinander, schwungvoll, prägnant, knapp, bis auf den Kern einer Sache reduziert, und in starken Rhythmen formuliert, die einem natürlich im Gedächtnis bleiben. Die Gemara ist wie ein Drama durchgehend in Dialogform gehalten.

Das Gespräch beginnt immer mit einem Satz aus der Mischna, aber dabei muß es nicht bleiben. Eine Redewendung, ein Wort, ein Gedanke in der Mischna leitet auf ein neues Thema über, und dieses Thema kann für die nächsten sechs Seiten den ganzen Talmud – und seine sämtlichen Kommentare aus allen Jahrhunderten – beschäftigen. Das liegt in der Natur der mündlichen Belehrung. Sie neigt dazu, von einem Gegenstand zum anderen zu wechseln, wenn ein neuer und interessanter Gedanke auftaucht, statt beharrlich einen einzigen Kurs zu verfolgen, der von einem einzigen Kopf vorgezeichnet worden ist.

Man sieht die beiden Kompilatoren fast vor sich, wie sie alles, was ihnen einfiel, in ihr Manuskript hineinstopften, alles aufschrieben, was sie im Laufe ihres Lebens an Lehre auswendig gelernt hatten, und ihr Gedächtnis bis zum letzten Winkel durchforschten, ob sie noch irgendein Fetzchen fanden, das zu dem Thema, mit dem sie sich gerade beschäftigten, Bezug hatte. Vielleicht wollten sie alles eines Tages sortieren und in eine Form bringen, die einem Kodex näher kam. Wahrscheinlich aber ist ihnen nie der Gedanke gekommen – der den mittelalterlichen Kodifikatoren kam –, daß dieser nächste Schritt notwendig sein könnte. Die Niederschrift des Talmud muß ihnen als eine solche Lernhilfe vorgekommen sein, daß sie völlig genügte, um das Judentum überdauern zu lassen, gleichgültig, wie tief das allgemeine Bildungsniveau auch sinken mochte. Was machte es schon, wenn die Trauergesetze mitten in einer Abhandlung über Feste standen und die Neujahrsgesetze durch einen Abschnitt rabbinischer Astronomie unterbrochen wurden?

Mit der Zeit wurde der Talmud von vielen klugen Köpfen in einzelne Kodizes unterteilt, aber kein Kodex konnte die Zuneigung oder das Interesse der jüdischen Intelligenz für den weitschweifigen, enzyklopädischen, komplizierten, profunden, plaudernden Talmud jemals verdrängen. An diesem Punkt in der sehr langen Geschichte der jüdischen Gesetzesliteratur wird klar, daß der Schwerpunkt der Autorität bei der Mischna und der Gemara liegt, genauso wie der Glaube der Juden endgültig in der Thora festgelegt ist.

Der Talmud ist sehr lebendig, gerade weil er nach dem Leben aufgezeichnet wurde. Er hat die Faszination einer Gerichtsverhandlung oder einer zufällig mitgehörten Unterhaltung oder eines heftigen Streitgesprächs in der eigenen Familie. Er ist mit der Schnellfeuer-Logik geladen, mit der begabte Männer große Fragen aushandeln. Er wirft einen Seitenblick auf die farbigen Erinnerungen Reisender, auf die Unterhaltungen von Weisen und Wissenschaftlern, auf die seltsamen Erfahrungen von Richtern, die Erzählungen, Anekdoten und Parabeln von Gelehrten, die sich zwischen den ernsthaften Diskussionen ein paar heitere Momente gönnen. Und obwohl der Kurs im Zickzack und reichlich undiszipliniert zu verlaufen scheint, ist alles ganz schön straff organisiert. Jedes Wort ist von vielen Generationen bedacht und gewogen worden.

Das also ist in ganz kurzen Umrissen der Talmud.

Die Texte des Talmud und seiner Kommentare zeigen im Laufe der Jahrhunderte deutliche Abnutzungserscheinungen. Es gibt Hunderte verschiedener Lesarten. Einige Passagen sind durch die Zeit, die Irrtümer beim Abschreiben und durch Druckfehler so entstellt, daß sie nicht mehr zu entziffern sind; aber es sind nur wenige. Im großen und ganzen haben die verwickelten Gesetzesdebatten die Jahre recht gut überstanden und sind heute noch so vital wie eh und je.

Die Haggada des Talmud

Der Talmud enthält auch eine Unmenge an Haggada: die in vielleicht tausend Jahren herausdestillierten Parabeln, Fabeln, Predigten, Kanzelreden, Phantasien und Allegorien. Diese zahlreich eingestreuten Stückchen von «leichtem» Talmud, auf die sich der Studierende mit Begeisterung stürzt, wenn ihm der Kopf von den vielen komplizierten Rechtsfragen brummt, sind wie Fenster, die den Ausblick auf untergegangene Welten freigeben. Schon vor langer Zeit grenzte die Tradition die Rechtsauffassungen der Weisen gegen ihre Meinungen über Physik, Anatomie, Handel, Astronomie und Politik ab. Das ist für uns heute selbstverständlich. In den Naturwissenschaften haben wir heute bessere Informationsquellen als sie. Bei der Wiederherstellung des jüdischen Gesetzes waren sie den Quellen näher als wir heute.

Die Natur verharrt sozusagen in einem bestimmten Zustand, während die Menschen soviel wie möglich über sie zu erfahren suchen. Die wissenschaftlichen Erkenntnisse nehmen ständig zu. Aber die Vergangenheit weicht mit jedem Augenblick weiter zurück und nimmt Lincoln, Washington, Cäsar, Jesaja und Moses mit sich. Die Genauigkeit der wiederherstellbaren Wahrheit nimmt immer mehr ab. Das talmudische Gesetz ist unsere lebenswichtige Verbindung mit dem Sinai. Wissenschaft und Sozialkritik des Talmud beleuchten unsere Vergangenheit, und unsere Vorväter hatten recht, jedes Wort aufzubewahren. Sie hatten ebenso recht und waren für ihre Zeit sehr fortschrittlich, als sie dieses Material und das Gesetz voneinander trennten. Wenn sich die Minderheit durchgesetzt hätte, die jedes Wort der Rabbiner als unfehlbar gelten lassen wollte, hätte sich das Judentum mit der Zeit in derselben Krise befunden, in die die Kirche geriet, als die Entdeckungen Galileis mit ihrer feststehenden ptolemäischen Weltordnung in Konflikt gerieten.

Im ganzen gesehen steht die talmudische Wissenschaft –

wie die paar Fachleute sagen, die sowohl den Talmud wie auch die Wissenschaft aus erster Hand kennen – für ihre Zeit auf einem sehr hohen Niveau. Die Weisen nahmen ohne Skrupel von Persien, Syrien, Griechenland, Rom und Ägypten alle wissenschaftlichen Informationen, die sie bekommen konnten, und befaßten sich offensichtlich selbst eifrig mit der wissenschaftlichen Forschung, die Fragen des jüdischen Rechts berührten. Der Kalender zum Beispiel, den sie ausarbeiteten, stimmt noch heute ganz genau mit der Sonne und den Jahreszeiten überein. Das politische Urteil des Talmud ist oft von der Bitterkeit eines Volkes bestimmt, das von einer Welle von Unterdrückern nach der anderen überrollt wird. Wir, die wir noch unter den Nachwirkungen der Hitlerkatastrophe leiden, wissen kaum, was wir ihnen entgegenhalten sollen. Da der Talmud die Aussprüche von Hunderten von Gelehrten im Verlauf vieler Jahrhunderte berichtet, ist er voller widersprüchlicher Maximen, widerstreitender metaphysischer Hypothesen, überraschend krasser Übergänge von Zynismus zur Poesie, von Menschenverachtung zur Nächstenliebe, von der Ablehnung der Frauen zu lyrischer Verehrung. Er ist, selbst gemessen am Standard moderner Leihbibliotheken, erstaunlich unverblümt in Fragen der Sexualität. Und doch gibt es Stellen voller Zurückhaltung und euphemistischer Umschreibung.

Mit einem Wort, man kann über diese Bandaufnahme der Gespräche weiser Männer aus sieben Jahrhunderten so ziemlich alles sagen; immer findet man eine Passage, die einem recht gibt. Die Feinde des Judentums haben immer wieder die härtesten, merkwürdigsten Stellen herausgesucht, die sie finden konnten, sie zusammengestoppelt und das Ergebnis der Welt als das wahre Gesicht des jüdischen Geheimbuchs präsentiert. Mit derselben Technik könnte man eine grotesk verzerrte Kurzfassung des Neuen und Alten Testaments, der Werke Platos, Shakespeares oder Dickens' oder der Aussprüche unserer amerikanischen Präsidenten zusammenbasteln. Der Talmud ist nicht nur eine Enzyklopädie der Gesetze, sondern auch ein Werk der Volkskunst, ein Hymnus auf den Herrn, der von zahlreichen Generationen stammt, die ihr Leben mit der Suche nach Gott verbracht haben. Diese Suche nach Gott, die vertrauensvolle Suche nach dem Heiligen in jeder Einzelheit des Lebens, ist sein einziges großes Thema. Der Talmud rekapituliert ein langes, goldenes Zeitalter der Vernunft und Einsicht, und er ist bis auf den heutigen Tag das Herzblut der jüdischen Religion. Alle Gesetze, Bräuche oder Zeremonien, die wir befolgen – ob wir nun orthodox, konservativ, reformistisch oder nur von gelegentlichen sentimentalen Anwandlungen heimgesucht sind –, gehen auf den Talmud zurück. Er ist unser gemeinsames Gesetz.

SECHZEHNTES KAPITEL

Das jüdische Gewohnheitsrecht*

Das ungeschriebene (mündliche) Gesetz

Das Gewohnheitsrecht ist der herkömmliche Brauch eines Volkes, die Erinnerung einer Gemeinschaft an richterliche Entscheidungen und Verfahrensweisen der Vorfahren; es reicht über viele Jahrhunderte zurück und wird ständig von Juristen überwacht. Blackstone nennt es *lex non scripta*, das ungeschriebene Gesetz, und das Judentum hat fast denselben Ausdruck dafür, das mündliche Gesetz. Mit der Zeit nimmt natürlich auch das «ungeschriebene» Gesetz die Form eines geschriebenen Gesetzes an mit einer Unmenge von Vorschriften, Verfügungen und Rechtsfällen. Schließlich schlägt es sich in Gesetzbüchern und Gesetzessammlungen nieder, die von Jahr zu Jahr dicker werden, je mehr neue Fälle neue Entscheidungen bringen.

Das Kernstück des Gewohnheitsrechts ist der Präzedenzfall. Der Präzedenzfall schweißt eine Unzahl Menschen, die zu den unterschiedlichsten Zeiten in Hunderten von Jahren geboren sind, zu einer einzigen Gesellschaft zusammen.

Manchmal kommt es vor – wie bei den Juden und Jahrhunderte später bei den Vereinigten Staaten von Amerika –, daß eine neue Nation ihre Existenz mit einem ziemlich kurzen Gründungsdokument beginnt. Dann arbeitet das Gewohnheitsrecht die Praxis des täglichen Lebens nach diesem Dokument aus.

---

* Der Autor geht als Amerikaner vom angelsächsischen Recht aus, das in Amerika gültig ist. Das deutsche Recht basiert auf dem römischen Recht und kennt kein Gewohnheitsrecht im Sinne des angelsächsischen Rechts.

Die Frage der Änderungen und Zusätze

Aber die Analogie zwischen dem amerikanischen und dem hebräischen Rechtssystem reicht nicht sehr weit. Sie gehen von grundverschiedenen Voraussetzungen aus – so verschieden wie Nordpol und Südpol. Das Gesetz der Vereinigten Staaten wurde von Menschen gemacht und kann von Menschen geändert und umgestoßen werden. Das Judentum ist durch einen Eingriff Gottes in die Geschichte der Menschheit entstanden. Letzten Endes folgt niemand der Thora, der nicht das ewige Licht in ihr sieht.

Menschen, die bezweifeln, ob sich das jüdische Gesetz durchsetzen kann, wenden oft ein, daß die amerikanische Verfassung geändert werden kann, während das jüdische Gesetz, das behauptet, von Gott inspiriert zu sein, seiner Natur nach unveränderlich feststeht. Ich glaube, ich kann beweisen, daß dieser Unterschied nicht besteht. Ich möchte aber nicht mißverstanden werden: daß es ganz radikale Unterschiede gibt, leugne ich keineswegs.

Das jüdische Gesetz hat sich im Laufe der Jahrhunderte sehr stark verändert. Zum Beispiel erlaubte die Thora die Sklaverei; das jüdische Gesetz erlaubt sie nicht mehr. Die Thora verbot den Kauf und Verkauf von Land in Israel und erlaubte nur Verpachtung innerhalb eines Zyklus von fünfzig Jahren; heute ist der Verkauf von Grundstücken in Israel selbstverständlich. Die Thora erlaubte Polygamie; unser heutiges Gesetz verbietet sie. Die Thora zwang einen Mann, die kinderlose Witwe seines verstorbenen Bruders zu heiraten; unser heutiges Gesetz verbietet diese Heirat. (Eine kleine jüdische Sekte im Orient hat diese beiden Abänderungen der Ehegesetze allerdings nie ratifiziert und richtet sich nicht danach.) Die Thora verlangte, daß Schulden nach sieben Jahren erlassen wurden; unser Gesetz verlangt das jetzt nicht mehr. Solche Abänderungen – und es gibt Dutzende davon – haben das Familienleben und die wirtschaftliche Situation der Juden revolutioniert, um sie neuen Zeiten und Sitten anzupassen.

Die Klausel, die Zusatzänderungen gestattet, ist ein Abschnitt im Deuteronomium, der Israel befiehlt, die Thora nach den Lehren der Weisen zu befolgen. Die Thora selbst – ob man sie nun als gottgegeben hinnimmt oder nicht – gibt also damit den Rechtsgelehrten das Recht, die Gesetze entsprechend auszulegen, wenn sich die Zeiten ändern sollten. Eine Gesetzesänderung heißt im Judentum *Gesera*, der Beschluß der Weisen. Sie wird durch die Vorschrift eingeschränkt, daß «eine Gesera nicht erlassen werden kann, wenn sie nicht bei der Mehrheit des Volkes Unterstützung findet». Eine Gesera bedeutet im allgemeinen die Anerkennung einer neuentstandenen Notwendigkeit, so daß die Gemeinde gewöhnlich zustimmt. Wenn eine Gesera dem Volk eine Last auferlegte, die es nicht ertragen konnte, wurde sie nach einiger Zeit regelmäßig rückgängig gemacht.

Wir haben also ein System von Zusatzänderungen, die von den «Weisen» entwickelt werden und von der gesamten gesetzestreuen Gemeinschaft der Juden auf der ganzen Welt in einem stummen Volksentscheid ratifiziert oder annulliert werden müssen; dieses System besteht auch weiterhin und ist sehr wirksam. Natürlich wird jetzt sofort jemand fragen: Wer sind diese «Weisen», und von welcher Macht werden sie eingesetzt?

Wie überall in der Jurisprudenz werden die Kandidaten von bedeutenden Rechtsgelehrten einer strengen Ausleseprüfung unterzogen und, wenn sie sie bestanden haben, zugelassen. Die Zulassung als Rabbiner heißt *Semicha*, Handauflegung. Die Semicha beginnt mit Moses, der Josua, die Priester und die Ältesten dazu berief, die Lehre und Auslegung der Thora zu übernehmen und weiterzugeben. Wir können uns darauf verlassen, daß die Reihe von den Leitern der großen Jeschiwas von heute bis zu den Autoritäten des Mittelalters zurückzuverfolgen ist. Diese Autoritäten übernahmen ihrerseits die Gesetzesmacht der Juristen des Talmud und gaben sie weiter.

Ich habe ein Schema umrissen, wie es in der Theorie aussieht, und die realen Gegebenheiten, die schwer zu definieren sind, beiseite gelassen. Aber eine Tatsache ist unverkennbar. Die Gemeinschaft aller, die das Gesetz beachten, ist genau betrachtet der informelle Oberste Gerichtshof des Judentums. Sie entscheiden ohne Stimmzettel und Abstimmung, wer von den Juristen eine Gesera erlassen kann, und welche Gesera im Geiste der Thora ist. Das geschieht, indem jede Generation einigen wenigen Männern die Entscheidung über ihre grundsätzlichen religiösen Fragen überträgt und dann deren Geseras befolgt oder nicht befolgt. Dieser Gerichtshof der Gläubigen war manchmal groß und manchmal klein; manchmal mächtig, manchmal schwach; heute anerkannt und dann wieder verachtet. Aber die Thora hat nur im Leben dieser Gläubigen weitergelebt, und deshalb hat man ihnen das endgültige Urteil über die Abänderungen überlassen.

Die Macht, solche Urteile zu fällen, kommt aus der Glaubenstreue. Es gibt kein anderes Stimmrecht, das brauchbar wäre. Das Schlimmste an einer religionslosen Zeit wie unserer heutigen ist nicht die Religionslosigkeit. Das muß jeder selbst mit Gott abmachen. Das Schlimmste ist, daß einige unserer besten Köpfe ausgerechnet dann als Mitglieder des Gerichtshofs ausfallen, wenn sie am nötigsten gebraucht würden, um ihm die Kraft zu geben, schnell über ein paar neue Stromschnellen im Fluß der Geschichte hinwegzukommen.

Nach westlichem Standard muß das ganze System ziemlich locker wirken. Aber es ist heute, im Jahr 1959, immer noch nicht viel anders als im Jahre 200. Vielleicht hat gerade sein Mangel an scharfen Umrissen mitgeholfen, daß es sich so lange gehalten hat. Immer wieder ist der Vorwurf zu hören, die jüdische Tradition sei ein eiserner Panzer aus unveränderlichen Gewohnheiten. In Wirklichkeit hat das Judentum im Laufe der Jahrhunderte seine Form fast wie eine Amöbe verändert und den sich ergebenden Notwendigkeiten angepaßt. Aber genau wie die Amöbe ist es trotz aller Veränderungen immer dieselbe lebendige Einzelzelle aus demselben unsterblichen Stoff des Lebens geblieben.

Das langsame Veto

Es gibt keine Armee, die mit Waffengewalt dafür sorgen könnte, daß die Hauptlinien der Thora unangetastet bleiben. Es gibt nicht einmal eine organisierte Kirche, die abweichende Meinungen in Grund und Boden verdammen könnte. Es gibt nur die formlose Gemeinschaft der Gläubigen.

Das einzige, was eine Abänderung unterbinden kann, ist also das langsame öffentliche Veto, das ich beschrieben habe. Man könnte es ein Veto auf lange Sicht nennen, oder ein Veto durch eine gesellschaftliche Veränderung. Viele Geseras sind von den Weisen erlassen worden, die sich dann doch nicht durchgesetzt haben. Ein großer Teil des Talmudstudiums beschäftigt sich mit abgelehnten Gesetzen und mit den Gründen für die Ablehnung. Es hat im Judentum Bewegungen gegeben, die trotzig einen neuen Weg einschlugen und eine ganze Skala neuer Abänderungen forderten – liberalisierende oder verschärfende, je nachdem –, Bewegungen wie die der Sadduzäer oder der Karäer. Sie haben stur ihren Weg verfolgt und ihre Abänderungen unter Beschimpfungen und wütendem Geschrei durchgeführt. Ihre neuen Gemeinden mit einem stark veränderten Judentum haben eine Zeitlang floriert. Das Veto kam, ohne daß man es merkte. In allen Fällen, in denen die Änderungen die Gemeinde aus dem lebendigen Gefüge der Thora ausschlossen, trat ein Identitäts- und Kraftverlust ein, die veränderte Thora starb schließlich dahin und mit ihr ihre Gemeinde. Das ist das einzige wirksame Veto, das das Judentum hat. Anschuldigungen und Bannsprüche nützen nichts. Mein Wort ist so gut wie deins, sagen die Veränderer und schleudern Beschuldigungen und Bannflüche mit herzlicher Freude zurück.

Es ist selbstverständlich nicht möglich, in einer Abänderung zu erklären, daß es keinen Sabbat gibt oder daß man alles Eßbare essen darf. Das wäre reiner Hohn. Die Worte stehen schließlich da. Radikale Abänderungen schlagen traditionsgemäß immer wieder ein oder zwei Richtungen ein: Ablehnung des Gewohnheitsrechts oder die Unterstellung, daß alle Gesetze der Thora nur für eine begrenzte Zeit gedacht waren.

Die Thora hat mit ihrem Gewohnheitsrecht viele Gesellschaftsformen durchlaufen und überlebt, was für ihre starke Lebensfähigkeit spricht. Sie stellt ein Muster an Gewohnheiten und Verhaltensweisen auf, das genügte, um Israel am Leben zu erhalten; aber das Fortbestehen selbst dieser begrenzten Gesetze führt in Zeiten plötzlicher und großer Veränderungen immer wieder zu Schwierigkeiten. Im neuen Staat Israel gibt es Fragen über Fragen. Was ist mit dem Zugverkehr, der Post und den Elektrizitätswerken am Sabbat? Was ist mit dem Soldaten an der Front, inwieweit ist er vom Ritus befreit? Leidenschaftliche Diskussionen drehen sich um

Schwimmbäder, den Militärdienst für Frauen, die gesetzliche Definition, wer Jude ist. Dieser Gärstoff wird sich, glaube ich, als der größte Segen für die jüdische Jurisprudenz in der ganzen modernen Geschichte herausstellen, wenn es auch sicher schwer ist, in dieser Zeit Jurist zu sein. Die Forderung nach einem Sedzium, das dem massiven Ansturm begegnen kann, wird immer lauter. Aber diese Maschinerie ist seit den Tagen Vespasians auf Eis gelegt, sie wird sich nur langsam wieder in Gang setzen lassen.

Die größeren Gesetzesänderungen im Laufe der Jahre haben immer die Dinge betroffen, die sich ihrer Natur nach entwickeln: Wirtschaft, Politik, Sitten und Gebräuche und Gesellschaftsstrukturen. Die entscheidenden Symbole und Riten unseres Glaubens haben sich in all den großen Übergangszeiten seit dem Ende des Tempeldienstes kaum verändert. Das Symbol betrifft die Dinge, die immer unverändert bleiben: Geburt, Liebe, Arbeit, Ruhe, Licht, Dunkelheit, der Wechsel der Jahreszeiten, die Suche nach Brot und die Suche nach Gott. Palmzweig und Esrog, Widderhorn und Mazzo, Sabbat und Speisegesetze, Morgengebet und Abendgebet haben nie ihre alte Bedeutung verloren.

In den letzten hundertfünfzig Jahren wurde das jüdische Gesetz mit außerordentlicher Strenge ausgelegt. Die Gesellschaftsformen des jüdischen Lebens, die so lange stabil gewesen waren, brachen von Jahrzehnt zu Jahrzehnt schneller zusammen. Die führenden Rabbiner hielten nicht nur an der Thora fest, sondern mit minutiöser Genauigkeit auch an den winzigsten Sicherheitsmaßnahmen, weil sie verzweifelt versuchten, dadurch das Gesetz davor zu bewahren, von der Flut der Veränderungen hinweggeschwemmt zu werden. Kritiker haben behauptet, daß diese unnachgiebige Haltung fatale Folgen haben müsse und für die Abspaltungen und die weitverbreitete Abtrünnigkeit verantwortlich sei. Verteidiger haben erwidert, daß Abspaltungen und Abtrünnigkeit in einem skeptischen Zeitalter unvermeidlich seien, und daß die jüdische Religion ohne den festen Standpunkt der Rabbiner verloren gewesen wäre. Dieser Streit ist heute auf dem Höhepunkt angelangt.

Die Hauptsache ist, daß man nach dem Glauben leben kann; darüber sind sich alle einig. «Nach diesen Gesetzen sollst du leben», sagte Moses; daraus hat der Talmud gefolgert, daß das Gesetz nie so streng sein darf, daß es über Menschenkraft geht, sich daran zu halten. Daß man aber nach dem Glauben leben kann, setzt voraus, daß vor allem der Glaube selbst weiterlebt. Die Entscheidung, wo hier die Grenzen liegen, ist der Kernpunkt der augenblicklichen Krise im jüdischen Gesetz.

Die Methode des Talmud

Das alte semitische Gewohnheitsrecht, das auf die Zeit Abrahams zurückgeht und von der Thora vorausgesetzt wird, stand den Talmudisten nicht in schriftlicher Aufzeichnung zur Verfügung. Die Tafeln und Säulen, die bei Ausgrabungen jetzt ans Tageslicht kommen, lagen tief unter der Erde. Die Weisen konnten auch nicht die Entscheidungen aus der Zeit Davids oder die Gesetzessammlungen Josias einfach vom Bücherbord nehmen. Nicht einmal Fallsammlungen und Aktennotizen der Hillelschule, die fast zur selben Zeit bestand, waren greifbar. In allen diesen Jahren – unter Moses in der Wüste, unter den Richtern, den Königen und den Propheten, unter den Synhedrien der zweiten Tempelzeit – hatte sich das Gewohnheitsrecht sehr ausführlich entwickelt. Aber es gab keine schriftlichen Aufzeichnungen. Die uralte Methode der Juristen war die mündliche Überlieferung.

Zur schriftlichen Festlegung des Gewohnheitsrechts standen den Talmudisten drei Hauptquellen zur Verfügung. Sie hatten die Thora selbst, sie hatten die Bücher aus der großen Zeit Israels, die später in die hebräische Bibel aufgenommen wurden, und außer diesen beiden kanonischen Quellen hatten sie das ungeheuer umfangreiche Material des Gewohnheitsrechts, das sie sich eingeprägt hatten.

Einige Lehrer dieses mündlichen Gesetzes besaßen ein besonders hohes geistiges und moralisches Prestige: Rabbi Juda der Fürst, Rabbi Jochanan ben Zakkai, die Rechtsschule Hillels und so weiter. Wenn eine dieser Autoritäten bei Streitfragen über das mündliche Recht eine bestimmte Meinung vertrat, setzte der Talmud gewöhnlich fest, daß die Halacha, die gesetzliche Entscheidung, sich danach richten sollte.

Daher kommt es, daß sich ein großer Teil der talmudischen Auseinandersetzungen um die Frage dreht, wer bestimmte Entscheidungen gefällt hat. Jeder Teilnehmer der Debatte versuchte, mit messerscharfer Logik zu beweisen, daß seine Ansicht auf eine der maßgeblichen Autoritäten zurückging. Wenn er recht behielt, ging seine Überlieferung in die Halacha ein. Diese Herausarbeitung einer einzigen klaren Linie des Gesetzes verhinderte, daß die Exilnation in einem Chaos widersprüchlicher, gewohnheitsrechtlicher Überlieferungen auseinanderfiel.

Jedem zweifelhaften Fall standen natürlich Dutzende von eindeutig klaren Fällen gegenüber. Bei diesen Fällen ging es immer um die offenkundige Praxis der Menschen, die der Talmud nur nebenbei streift – da ihm wie allen Juristen vor allem daran lag, Grenzen festzulegen und verwickelte Probleme zu lösen. Auf den ersten Blick scheint sich der Talmud besonders ausführlich mit weithergeholten Fällen, unwahrscheinlichen Notfällen und haarscharfen Grenzentscheidungen zu befassen. Aber aus diesen Sonderfällen können wir entnehmen, wie die Praxis der breiten Masse war, und genau rekonstruieren, wie sich das Judentum im wesentlichen seit den Tagen der Propheten entwickelt hat.

Schwierigkeiten im Talmud

Eine so alte Lehre bringt besondere Schwierigkeiten mit sich. Ihre Prinzipien sind in Begriffen einer untergegangenen Zivilisation aufgestellt. Sogar die Namen einiger Dinge sind zweifelhaft geworden. Wir kennen einfach das Aramäische nicht mehr. Selbst der ernsthafteste, bemühteste Student kann in der Geisterwelt des Tempels völlig durcheinanderkommen: die Vorschriften für Priester und Leviten, die unterschiedlichen Opfer, die wechselnden Reinheitsvorschriften für Wein, Brot, Fisch, Wasser, Metall, Glas, Holz, Ton, Leder, Textilien, die vorgeschriebenen Zeiten für Reinigungsbäder: ein Netzwerk von Gesetzen, so gründlich und lückenlos sondierend wie die amerikanischen Steuergesetze von 1954 – und alles bezieht sich auf das Anwesen und das Personal eines großen Heiligtums, das im Jahre 70 zerstört wurde.

Wenn der Leser auf den Gedanken kommen sollte: «Warum kann man diese Teile nicht einfach überspringen?», kann er diese einfache Lösung sofort wieder vergessen. Die mündliche Lehre durchzieht die verschiedensten Dinge wie ein Wasserlauf. Vor langer Zeit nannten die Juden ihr Gewohnheitsrecht «das Meer des Talmud». Rechtsprinzipien, die wir heute brauchen, finden sich vielleicht in den entlegensten Bezirken des Tempelwesens.

Außerdem fischt der Talmudgelehrte in den Büchern nicht einfach nach Entscheidungen, die das Leben der Gegenwart berühren; er vollzieht in seinem eigenen Erleben die Suche nach dem Heiligen nach, die das Rückgrat des Talmud ist. Der Tempelbezirk war viele Jahrhunderte lang das Kapitol der jüdischen Religion. Die jüdische Gelehrtenwelt vertieft sich immer wieder in jede Einzelheit des Tempellebens, die vom Zahn der Zeit verschont geblieben ist.

Hinzu kommt die Logik des Talmud. Die formale Logik ist unerbittlich und genau, mit Schlußfolgerungen und Beweisketten, die vom Allgemeinen zum Besonderen führen, und so weiter. Aber einige der juristischen Argumente, besonders wenn es darum geht, Präzedenzfälle mit geschriebenen Gesetzen in Einklang zu bringen, können für einen jungen Studenten sehr verwirrend sein. Ich hatte einige hitzige Auseinandersetzungen mit meinem Großvater über die talmudische Textanalyse der Thora. Das war viele Jahre bevor ich genug von allgemeiner Gesetzeslogik verstand, um die Rolle der Exegese in allen Rechtssystemen zu begreifen.

Der Talmud sagt zum Beispiel, daß «Auge um Auge» eine prinzipielle Feststellung ist, eine Klausel theoretischer Schadensersatzpflicht. Als ich diese Seite aus dem Talmud mit meinem Großvater studierte, wurde ich wütend. Ich führte damals gerade einen ziemlich heftigen Feldzug gegen das jüdische Gesetz, weil es mir verbot, am Samstag ins Kino zu gehen, und mich überhaupt sehr behinderte. Die Barbarei des «Auge um Auge» schätzte ich besonders hoch, als Beweis dafür, wie veraltet das Mosaische Gesetz war. Noch ein paar solche Fälle, dachte ich, und ich sprenge das ganze System in die Luft. Da kam der Talmud dazwischen und machte meine Vorstellung einer legalen Körperverstümmelung lächerlich. Er zeigte, daß es unmöglich war, zu einem gerechten Ausgleich für Verlust der Erwerbsmöglichkeit, Verlust der Arbeitszeit, für Heilkosten und Schmerzen zu kommen. Er wies auf das Risiko einer zu weitgehenden Verletzung oder sogar einer Infektion mit Todesfolge hin. Das alles tauchte im Verlauf einer akademischen Diskussion über den Gedanken der schweren Körperverletzung auf; von Anfang an kam nichts anderes als eine finanzielle Entschädigung in Betracht, denn das war seit der Zeit des Moses die klare gewohnheitsrechtliche Regel.

Ich kann mir nicht vorstellen, daß vernünftige Leute das Abhacken von Armen und Beinen oder das Ausstechen von Augen als das zu irgendeiner Zeit denkbare Resultat eines Gesetzes sehen, das mit den Zehn Geboten begann und die Nächstenliebe vorschrieb. «Auge um Auge» ist wie die Verfügung der amerikanischen Marine, nach der ein Mann, der während der Wache schläft, erschossen werden kann; gewiß eine äußerst harte Klausel der Schadensersatzpflicht. Ich habe im Krieg viele Matrosen beim Schlafen während der Wache erwischt, aber keiner ist erschossen worden; und ich habe auch nie gehört, daß ein Matrose durch dieses Vergehen sein Leben verloren hat; trotzdem steht die Verfügung in den Vorschriften.

Die *Lex talionis,* wie die Gelehrten das Auge-um-Auge nennen, gab dem alten Gerichtshof eine großartige theoretische Grundlage, um Schadensersatz einzuziehen. Das Geld war eine Umwandlung der Verletzung, die der Übeltäter nach dem Gleichheitsprinzip für die mutwillige Verstümmelung seines Nächsten verdient hätte. Der Talmud zog Texte aus der Heiligen Schrift heran, um diesen Punkt zu begründen. Wenn der Talmud nicht das alte Gewohnheitsrecht Israels angeführt hätte, wenn er tatsächlich die gesetzlichen Schritte beschrieben hätte, die man unternehmen muß, um einem Mann ein Auge nehmen zu können, dann hätten die Kritiker des Judentums – und auch ein empörter Vierzehnjähriger – vermutlich einen Rechtsgrund gegen das Gesetz des Talmud.

In der Thora gibt es eine Fülle von Möglichkeiten, die zur Todesstrafe führen. Dann kommen wir zum Gewohnheitsrecht und stellen fest, daß die Todesstrafe durch die vielen Einwände gegen das Todesurteil praktisch abgeschafft war. «Ein Synhedrium, das in siebzig Jahren auch nur einen einzigen Mann zum Tode verurteilte, wurde ein blutiges Synhedrium genannt», sagt der Talmud. Die Anzahl von Zeugen, die bei einem Mordprozeß erforderlich waren, die strengen Regeln zum Beweis der Gesetzeskenntnis und der Vorbedachtheit, die Einschränkung der Beweiszulässigkeit, die besondere Abstimmungsprozedur des Gerichts, das alles zusammen machte die Todesstrafe zu einer theoretischen Strafe, zu der es praktisch nie kam. Auch diese Hürden waren Gewohnheitsrecht, das auf eine uralte Vergangenheit zurückging.

In der Wüste Sinai, in einer höchst gefährlichen Situation, mit einer Gemeinschaft, die aus erst kürzlich befreiten Sklaven bestand, war die Androhung drakonischer Strafen einschließlich der Todesstrafe die erste Voraussetzung für das Überleben. Jedes Volk kennt Notgesetze für den Fall einer Belagerung, eines Krieges oder einer sonstigen Katastrophe. Zusammen mit dem Kodex sorgte das jüdische Gewohnheitsrecht dafür, daß es nie zu einer endlosen Reihe von verbrannten, erhängten und verstümmelten Leichen von Verbrechern kommen konnte – wie es in Griechenland und Rom und bis vor hundertfünfzig Jahren in den zivilisiertesten Nationen in Europa der Fall war. Die Reihen von Gekreuzigten entlang der Hauptstraßen in Judäa zur Zeit des Pontius Pilatus waren das Zeugnis römischer Militärgerichtsbarkeit in einer eroberten Provinz. Nach jüdischem Gesetz war eine Kreuzigung unmöglich. Aber die Römer hatten die Macht des jüdischen Staates schon lange vorher gebrochen und durch ihre eigenen Todesstrafen und Henker ersetzt.

Kurz, man kann die jüdische Rechtsprechung in ihrer Auswirkung genausowenig verstehen und sich vorstellen, wenn man nur die fünf Bücher Moses liest, wie man sich die Vereinigten Staaten von 1959 vorstellen kann, wenn man nur die Verfassungsurkunde liest. In beiden Fällen stellt das Gewohnheitsrecht die Verbindung zwischen dem Gründungsdokument und unserem gegenwärtigen Leben her.

Nach dem Talmud hat sich das Gewohnheitsrecht natürlich in einer sehr langen Zeit herausgebildet.

SIEBZEHNTES KAPITEL

Vom Talmud zur Gegenwart

Die große Veränderung

In der Epoche, die dem Zusammenbruch Roms folgte, wurde der Jude der Wandernde Jude; und die tausendjährige Analyse und Rekonstruktion des Gewohnheitsrechts in den Rechtsschulen brach ab. Von nun an mußten die Juden in ein Buch schauen, um die Gesetze zu finden, die verbindlich waren, die gemeinsame Kultur, die für zersplitterte Gruppen das Überleben bedeutete, die Worte, die für ein Volk, das nach allen Regeln der Geschichte zum Aussterben verurteilt war, das Leben bedeuteten.

Auf den Ruinen Roms entstanden das Christentum und der Islam, und ihre Kriege zerstreuten die Juden in alle Welt. Heute gab es Überfälle, morgen Frieden; heute freundliche Herrscher, morgen Tyrannen; heute wurden die Juden geduldet, morgen hieß es Taufe oder Tod; heute gab es ein bißchen Sicherheit, morgen Panik, Raub und eine neue Massenflucht oder Vertreibung. Ohne den Talmud, der ihnen eine Identität, Disziplin und Kraft verlieh, hätten die Juden diese langen, schweren Prüfungen wohl kaum überstehen können.

Diese chaotische Epoche schuf zwei neue Schichten von Juristen.

Die Erklärer – das hebräische Wort ist *Savora'im* (Saboräer) – waren die endgültigen Herausgeber des Talmud. Sie brachten Ordnung in das Material, das die Interpreten hinterlassen hatten, wobei sie sich mehr an den Text des Talmud hielten als an die Debatten der Schulen. Die Zuverlässigkeit der mündlichen Überlieferung ließ in den chaotischen Zeiten allmählich nach. Glücklicherweise war der Talmud zur Hand. Es konnte keine authentischere jüdische Rechtsprechung geben als die, die von Moses bis zu den untergehenden Akademien Babylons gelangt und dort schriftlich festgehalten worden war. Den Saboräern ging es vor allem darum, dieses Vermächtnis zu retten.

Die *Gaonim* waren Universitätspräsidenten, Leiter der beiden babylonischen Hauptakademien. Die Juden hatten nie ein Papsttum, aber was ihm in unserer Geschichte an moralischer Kraft am nächsten kam, war das Gaonat, das vom Abschluß des Talmud bis ungefähr zum Jahr 1000 dauerte. Die Entscheidungen der Gaonim, die das talmudische Recht klärten und verdeutlichten, formten das Leben der jüdischen Niederlassungen in ganz Europa und Asien. Das Gaonat endete mit den Katastrophen, von denen die Gemeinde in Babylonien heimgesucht wurde. Nach fast dreitausend Jahren verließ die Religion Abrahams schließlich ihre Heimat im Nahen Osten, um erst jetzt, zu unseren Lebzeiten, dorthin zurückzukehren. Das Schwergewicht der jüdischen Gelehrsamkeit und schließlich auch die gesetzliche Autorität verlagerte sich nach Westen, nach Spanien und Frankreich.

Das Wort «Gaon» überlebte als ehrenvolle Bezeichnung unter den jüdischen Gelehrten. Ich habe oft gehört, wie andere Rabbiner meinen Großvater einen Gaon nannten, aber er selbst hielt sich nie dafür. Heute ist es für die Gläubigen fast ein Akt der Höflichkeit, einen alten jüdischen Gelehrten einen Gaon zu nennen. Der Titel, der früher einmal der höchste war, den es gab, hat im Laufe der Jahrhunderte einige Veränderungen durchgemacht, genau wie die Bezeichnung Doktor der Philosophie. Es gibt viel mehr Titelträger als früher, aber der Titel ist nicht mehr so ehrenvoll.

«Die Ersten» – Maimonides

Wir sind – nach jüdischer Zeitrechnung – bei der jüngsten Vergangenheit angelangt.

Es ist vielleicht ein bißchen weit hergeholt, eine Periode zur Neuzeit zu rechnen, die sechshundert Jahre vor Shakespeare, fünfhundert vor der Entdeckung Amerikas und zwei- bis dreihundert vor der Entstehung der Sprache, in der ich dieses Buch schreibe, beginnt. Aber überlegen wir uns einmal, daß die Vereinigten Staaten 183 Jahre alt sind. Könnte man die Zeit nach 1914 vernünftigerweise als jüngste Vergangenheit bezeichnen? Ich glaube, ja. Wenn man dasselbe Verhältnis zugrunde legt, beginnt die jüngste Vergangenheit der jüdischen Geschichte etwa mit dem Jahr 1000, als die als «Die

Ersten» – hebräisch *Rischonim* – bekannten juristischen Koryphäen des Judentums erstmals in Erscheinung traten.

Warum nennt man diese Männer, die erst nach dem Talmud, nach den Erklärern und den Präsidenten kamen, «Die Ersten»? Ich weiß nicht, wer diese merkwürdige Bezeichnung erfunden hat, aber sie ist allgemein üblich. Ich glaube, sie hat sich gehalten, weil sie anschaulich zeigt, daß unsere eigene Zeit mit diesen Männern beginnt. Sie alle sind ein Ruhmesblatt der rabbinischen Gelehrsamkeit; wenn ich sie der Reihe nach und mit allen Einzelheiten beschreiben wollte, käme ein zweites Buch dabei heraus. Eine Figur aber überragt alle, der spanische Jude Rambam.* Die Welt nennt ihn Maimonides.

Im Bücherregal gegenüber meinem Schreibtisch steht der große Kodex des Moses ben Maimon aus Córdoba; fünf dikke Bände in dunkelrotem Einband, direkt neben dem Talmud, ebenso hoch und mindestens so dick – seine «Starke Hand» oder die *Mischne Thora* (Gesetzesübersicht), die gegen Ende des 12. Jahrhunderts geschrieben wurde.

In diesem Werk haben wir den Orient verlassen. Wir haben das Heilige Land verlassen und die lebhaften Auseinandersetzungen eines alten Volks, das immer noch auf eigenem Boden oder im benachbarten Babylonien lebt, die Erinnerung an die Lebensweisen und Gesetze seiner Vorfahren lebendig erhält und inmitten der semitischen Länder ein letztes Aufflackern einer gemeinsamen Nationalität in Sitten, Sprache und Geist erlebt. Wir sind in Europa. Die Betonung der Vernunft, die Frage nach einem abstrakten Prinzip sind griechisch. Die Methode, der logische Aufbau, sind römisch. Die beiden alten Kulturen, die Israels Erzfeinde zu sein schienen, vermischen sich mit dem hebräischen Geist zur Kultur einer neuen Welt und dringen in das jüdische Recht ein.

Maimonides war nicht der erste der «Ersten» – sie hatten mit ihrer Arbeit schon zweihundert Jahre vor ihm begonnen –, aber er hat das Werk geschaffen, das die große Veränderung sichtbar zum Ausdruck brachte. Alfasi aus Marokko hatte einen kühn redigierten Talmud verfaßt, in dem er das

---

* Rabbi Moses ben Maimon. Fast alle posttalmudischen Gelehrten bekamen von den späteren jüdischen Gelehrten einen Kurznamen, der meistens aus ihren Initialen zusammengesetzt war.

Gesetz herausstellte und die Hälfte der abstrakten Diskussionen und alle Erzählungen und veralteten wissenschaftlichen Auffassungen strich. Raschi hatte bereits seine meisterhaften Kommentare geschrieben. Gesetzessammlungen und Kodizes des Gewohnheitsrechts waren erschienen. Alle diese Ersten hatten dasselbe Ziel: den Wust der jüdischen Überlieferung nach den kritischen Maßstäben der abendländischen Intelligenz zu ordnen. Maimonides vollendete die Aufgabe. Mit ihm erobert Europa Judäa nicht, sondern es ändert die geistigen Maßstäbe und findet damit ein für allemal Zutritt zu unserer Tradition.

Die Mischne Thora ist eines der anspruchsvollsten literarischen Werke, das ich kenne. In einem Vorwort, in dem das gesunkene Niveau der Lehre, der Zusammenbruch der Verbindungen zwischen den jüdischen Gelehrten und die Verwirrung durch den schwer verständlichen Talmud und das undurchdringliche Gewirr der Gaonatsentscheidungen beschrieben wird, faßte der Autor seine Aufgabe mit folgenden Worten zusammen:

«So habe ich, Moses ben Maimon aus Spanien, meine Lenden gegürtet und im Vertrauen auf den Felsen – gelobt sei Er! – alle diese Werke studiert. Und ich habe es unternommen, ein Buch zu schreiben, in dem klar dargestellt ist, was verboten und was erlaubt, was rein und was unrein ist, und außerdem alle anderen Gesetze der Thora; das Ganze in klarer Sprache und möglichst knappem Stil. So daß das mündliche Gesetz nunmehr jedermann zur Verfügung steht, niemand wird noch zweifeln und streiten müssen, weil eine Autorität so und die andere anders entscheidet; in klaren, verständlichen und genauen Worten habe ich den Schluß aus allen Schriften und Kommentaren von den Tagen Rabbi Judas des Fürsten bis heute gezogen.»

Genau das tat Maimonides. Er faßte das enzyklopädische Werk eines Jahrtausends, an dem Hunderte von Gelehrten gearbeitet hatten, in einem einzigen Buch zusammen, ohne etwas von Bedeutung auszulassen. Und er schrieb es in seiner freien Zeit; er praktizierte als Arzt, war einer der besten und meistbeschäftigten Ärzte der maurischen Welt und wurde schließlich Leibarzt des Sultans in Ägypten.

Der Rambam beginnt mit einem «Buch des Wissens», einem raschen und umfassenden Überblick über die gesamte mittelalterliche Wissenschaft. Die ersten Seiten enthalten eine kurze, logische Darstellung der Natur Gottes; und wir erkennen sofort, daß hier ein Talmudist am Werk ist, der den Aristoteles genauso beherrscht wie die Bibel. Seine astronomischen Ansichten stammen von Ptolemäus und seine medizinischen hauptsächlich von Galen und Hippokrates; hinzu kommen seine eigenen durch Erfahrung gewonnenen Einsichten. Das Wichtigste ist aber, wie er beginnt, welchen Rahmen er seinem Kodex zu geben für notwendig hält. Der Talmud begann mit der Frage, wann man das Sch'Ma am Abend zu sagen hatte.

In vierzehn Büchern errichtet der Rambam sein Lehrgebäude: einen neuen, aus dem alten abgeleiteten Talmud, symmetrisch, geordnet, leicht zugänglich und vollständig. Eine sorgfältige Inhaltsangabe macht alles sehr übersichtlich. Im Handumdrehen kann der Leser auf jede Frage des jüdischen Rechts oder Brauchs eine Antwort finden. Vor dem Rambam mußte man sich zunächst einmal durch das ganze Dickicht der Talmudfolianten hindurcharbeiten (sofern man den Talmud lesen konnte), und dann war es immer noch sehr langwierig festzustellen, was nach den Entscheidungen des Gaonats als letztes Wort zu gelten hatte. Maimonides unternahm diese ungeheure Aufgabe für jeden einzelnen Punkt des geschriebenen und des mündlichen Rechts.

Er hält wortwörtlich sein im Vorwort gegebenes Versprechen. Der Stil ist klar und knapp. Er setzt die Steinchen seines kultivierten Mischne-Hebräisch Stück für Stück zu einem glatten, schimmernden Mosaik zusammen. Jeder, der die Grundelemente des Hebräischen beherrscht, kann den Kodex lesen. Ihn gründlich durchzuarbeiten, ist natürlich eine lebenslange Aufgabe für Gelehrte. Aber auch der Laie findet auf jeder Seite, die er aufschlägt, sofort etwas, das ihm weiterhilft.

Die Opposition gegen Maimonides

Die Mischne Thora hatte eine ähnliche Wirkung auf die jüdische Welt wie tausend Jahre früher die Mischna Rabbi Judas. Sie löste einen Sturm von Protesten unter den Gelehrten aus. Ein Neuling hatte Hand an den Talmud gelegt. Er hatte sich angemaßt, schwierige Fragen der Lehre und der Praxis zu entscheiden, vor denen die größten Gaonim ratlos waren. Er hatte die Frechheit besessen, das Gesetz des Judentums festzulegen, ohne seine Quellen anzugeben, und er verlangte in seiner bodenlosen Selbstüberschätzung, daß das Haus Israel sich auf die Richtigkeit und Zuverlässigkeit seines Urteils verlassen solle. Er hatte sich zum Gewissen und einzigen Ratgeber eines ganzen Volkes bestellt. Er hatte die Ideen der Götzendiener in den geheiligten Bezirk des jüdischen Rechts eingeführt. Und so weiter und so fort. Alle diese Vorwürfe stammen von einigen der hervorragendsten Männer seiner Zeit.

In gewisser Weise hatten sie sogar recht. Verleumder verstehen es großartig, vorhandene Schwächen bösartig zu übertreiben und Verdienste totzuschweigen. Maimonides gab später zu, er bedaure, seine Quellen nicht Punkt für Punkt zitiert zu haben. Sein Ziel sei gewesen, Kontroversen einzuschränken, indem er Meinungen von Minderheiten und widersprüchliche Entscheidungen wegließ. Er muß fest angenommen haben, daß die Mischne Thora durch ihre Vollständigkeit und Klarheit für sich selbst sprechen würde. In jeder Seite des Rambam ist zu erkennen, daß er sich gelassen auf seine geistige Kraft verließ und vollkommen darauf vertraute, daß er der gewaltigen Aufgabe gewachsen war.

Die Feinde des Maimonides brachten es schließlich fertig, daß ihm der Platz, den er im Judentum suchte, verwehrt blieb. Vielleicht wäre es richtiger zu sagen, daß ihn seine eigenen Vorzüge und Schwächen – die seine Feinde voller Haß gegen ihn ausschlachteten – zu Fall brachten. Sein erklärtes Ziel war gewesen, den Juden einen kodifizierten Talmud zu geben, ein ständig verfügbares Nachschlagewerk des jüdischen Gesetzes. Dazu hat es sein Kodex nie gebracht. Durch eine Ironie der jüdischen Geschichte, die sich immer wiederholt, betrat ein Schüler, nicht der Meister, das Gelobte Land.

Moses Maimonides bleibt auf dem Berge Nebo. Daß er die

Juden sicher durch die Furt in die moderne Welt führte, kann niemand leugnen. Die Kodifikatoren, die nach ihm kamen, mußten, ob sie wollten oder nicht, seine Formen, Konstruktionen und Entscheidungen zum großen Teil übernehmen, selbst wenn sie heftig gegen seinen Modernismus eingestellt waren. Nach Maimonides konnte man nicht mehr zu den weniger geordneten Zeiten des Gaonats zurückkehren. Sein Kodex bleibt die Hauptgrundlage für unser gegenwärtiges Gesetz und ist ein wichtiges Werkzeug zum Studium des Talmud. Und bis heute ist Maimonides fraglos die größte juristische Autorität, die das Judentum seit dem Talmud hervorgebracht hat.

Die Einstellung meines Großvaters zum Rambam war eine Mischung aus ehrfürchtiger Bewunderung und vorsichtiger Mißbilligung. Er kannte die Mischne Thora sehr gut und bezog sich andauernd auf sie, aber er warnte mich, daß einige ihrer Passagen doch fraglich seien. Er erklärte mir, daß *Der Führer der Verirrten*, das Hauptwerk des Rambam über Metaphysik, eine nicht ungefährliche Lektüre sei, wenn man nicht über außergewöhnliche Frömmigkeit und Geisteskräfte verfügte. Ich glaube, das entspricht ziemlich genau der Einstellung der frommen Juden der alten Schule zu Maimonides.

War sie gerecht? Sie war eine Tatsache. Hätte der Rambam den Platz eingenommen, den er anstrebte, hätte sich vielleicht das Judentum seit dem Mittelalter zu einem weltoffenen Denken entwickelt; vielleicht hätte es sich aber auch in die Fesseln einer starren Wissenschaft und Philosophie schlagen lassen, die in wenigen Jahrhunderten überholt sein mußte. Die Mehrheit der jüdischen Denker mußte von den wissenschaftlichen Ansichten des Maimonides nie etwas zurücknehmen oder widerrufen, da sie sie nie geteilt hatte.

Er war seiner Zeit um sieben Jahrhunderte voraus, davon bin ich fest überzeugt. Sein Credo war einfach: Kein Teil des menschlichen Wissens hatte keinen Platz im Judentum und durfte außer acht gelassen werden. Wenn die Thora Gottes Wort war, dann war sie mit jedem Satz mit der Welt der Natur verbunden; und je mehr sich die Erkenntnis der Welt erweiterte, um so weiter mußte das Thorastudium ausgedehnt werden. Seine Gegner fürchteten, daß wissenschaftliche Entdeckungen die bequemen, althergebrachten Vorstellungen erschüttern könnten. Sie wußten, daß junge Gelehrte dazu neigten, alles in Bausch und Bogen zu verwerfen, sowie sich Irrtümer in der alten Lehre herausstellten. Von 1300 bis 1800 gelang es ihnen mehr oder weniger, den Modernismus des Maimonides auszuschalten und auf seine «radikalen» Bücher zu beschränken. Der Preis dafür war schließlich eine geistige Revolution, die die gesamte Judenheit erschütterte. Heute beherrscht das Credo Maimonides' das ganze wissenschaftliche jüdische Studium.

Der Schulchan Aruch

Niemand, glaube ich, konnte voraussehen, daß ausgerechnet dieser Kodex die Offenbarung des Sinai in das 20. Jahrhundert hinüberretten sollte. Bis zum heutigen Tag, fünfhundert Jahre nachdem Joseph Caro ihn schrieb, ist kein ebenbürtiger Rivale in Sicht. Er ist der Blackstone des jüdischen Rechts. Er steht in meinem Regal neben dem Rambam, vier Teile in acht großen Bänden – der *Schulchan Aruch*, der «Gedeckte Tisch».

Caro, der etwa zweihundertfünfzig Jahre nach dem Rambam geboren wurde, war einer seiner demütigen Waffenträger; sein Kommentar verteidigte im allgemeinen Maimonides gegen die Angriffe seiner Feinde. Er war aber auch der Waffenträger eines anderen großen Kodifikators, des Tur, dessen beliebte Gesetzessammlung die Antwort des strengen Traditionalismus auf den Modernismus der Mischne Thora war. Caros Kommentar zu Turs Kodex ist eine Lebensarbeit und zeugt von einer gigantischen jüdischen Rechtsgelehrtheit; viele halten ihn für das eindrucksvollste Werk unserer Literatur. Es heißt *Das Haus Josephs* und ist viel umfangreicher als der Kodex des Tur selbst.

Im Alter entschied Caro, daß ein kurzer Extrakt aus dem Haus Josephs ein nützliches Handbuch für Laien sein könnte. Er verfaßte ein Buch, das, wie er sagte, so kurz, einfach und klar war, daß der durchschnittliche Laie es jeden Monat einmal durchlesen und dadurch nie die Hauptpunkte der jüdischen Praxis vergessen konnte. Das war der Schulchan Aruch – das Werk, das heute jeder ernsthafte jüdische Gelehrte vom fünfzehnten Lebensjahr an bis an sein Ende ständig studiert.

Es bildet den Leitfaden jeder rabbinischen Ausbildung; mit seinen Kommentaren und späteren Rechtsentscheidungen stellt es das heute gültige jüdische Gesetz dar; und auf dieses Buch beruft man sich gewöhnlich, wenn man einen Rabbiner um eine Entscheidung bittet.

Natürlich ist der umfangreiche Band, den der Rabbiner aus seinem Regal holt, nicht mehr das Handbuch Caros. Auf einer Seite des Gedeckten Tischs nehmen die Worte des Verfassers höchstens zwei oder drei Zeilen ein; der Rest besteht aus Reihen über Reihen von Kommentaren, die (bei jeder Neuausgabe) immer wieder auf den neuesten Stand gebracht werden. Es ist mir mehr als einmal passiert, daß Gelehrte nur nachsichtig lächeln konnten, wenn ich bei einer Streitfrage Caros Text zitierte, weil ich dadurch nur meine mangelnde Vertrautheit mit dem Kleingedruckten verriet, das ja im allgemeinen die Entscheidung der Autorität enthält. Trotzdem gehört der Ruhm nach wie vor Caro. Sein Kodex ist der Ort, die Norm der angewandten jüdischen Rechtsprechung.

Wie kam es, daß Caros Handbuch so berühmt wurde wie keine andere Schrift im Judentum seit der Mischna Judas des Fürsten? Weder als Persönlichkeit noch als Denker ist er mit Maimonides zu vergleichen. Er hat es sogar zu einer merkwürdigen halben Anonymität gebracht. Ich habe Ausgaben des Gedeckten Tischs gesehen, in denen Caros Name auf der Titelseite nicht zu finden ist. Der Schulchan Aruch hat sich selbständig gemacht wie der Talmud. In gewissem Sinn ist es der größte Erfolg für einen Autor, auf diese Weise in Vergessenheit zu geraten.

Die Anspruchslosigkeit des Schulchan Aruch ist erstaunlich. Während Maimonides seinen Kodex mit Antworten auf die schwierigsten Fragen eröffnet, kehrt Caro zum alten Ton des Talmud zurück und fängt damit an, was der fromme Jude zu tun hat, wenn er morgens aufsteht. Und so geht es weiter, Punkt für Punkt; er folgt zwar im großen und ganzen seinen beiden Meistern, dem Rambam und dem Tur, aber er läßt alles Philosophieren aus, daß nicht direkt mit dem Handeln zu tun hat. Oft schreibt er wortwörtlich von seinen Meistern ab, und den Aufbau seines Buchs entnimmt er Tur. Der Gedeckte Tisch ist kein stilistisches Meisterwerk wie die Mischne Thora. Er ist kurz, abgehackt, auf das Allernotwendigste beschränkt, trocken, aber so einfach und verständlich geschrieben wie überhaupt möglich, und jede Zeile beweist, daß der Verfasser die Materie vollkommen beherrscht.

Caro wurde 1492 in Spanien geboren, kurz vor der Vertreibung der Juden aus Spanien. Nach einigem Umherwandern in Europa ließ er sich schließlich in Safed in Nordpalästina nieder, wo er bis zum letzten Augenblick schrieb, lehrte und studierte und mit siebenundachtzig Jahren starb. Ein Mystiker sagt vielleicht, daß der triumphierende Kodex in Palästina geschrieben werden mußte, um das Wort der Heiligen Schrift zu erfüllen: «Denn von Zion soll das Gesetz ausgehen», und daß darin das Erfolgsgeheimnis des Gedeckten Tischs zu suchen ist. Der Talmud stellt fest, daß die Luft des Heiligen Landes weise macht. Irgend etwas im Schulchan Aruch erinnert tatsächlich an die schroffen und steinigen Hügel, die rauhe, helle Landschaft und die kristallklare Luft von Safed. Wie Caro ins Heilige Land zurückkehrte, so kehrte sein Handbuch zu dem einfachen Gesetz der Thora und der Mischna zurück. In seinem Haus Josephs, das in der Hauptsache in Europa konzipiert und niedergeschrieben wurde, durchquerte Caro das ganze riesige im Exil errichtete Gebäude analytischer Gelehrsamkeit. In Palästina reduzierte er das alles auf den Gedeckten Tisch und errang damit seine seltsame, fast namenlose Unsterblichkeit.

Das Gesetz heute

Die Bibliothek meines Großvaters enthielt bei seinem Tode ungefähr vierhundert juristische Bände. Experten haben mir erklärt, daß es eine Sammlung klassischer Kleinodien sei. Die am höchsten eingeschätzten Raritäten waren die Entscheidungen und Meinungen der jüngsten Schicht hebräischer Juristen, der «Späteren» – *Acharonim*.

Diese Autoritäten der Zeit vom 17. bis zum 20. Jahrhundert – Männer wie der Wilnaer Gaon, Chaim Woloszyner, Akiba Eger, Chason Isch, Chefetz Chajim und eine Reihe anderer Leuchten – schrieben viele der Kommentare, die in den großen Folianten des Schulchan Aruch niedergelegt sind. Sie veröffentlichten auch eine Anzahl anderer Bücher mit wichtigen Rechtsvorschriften. Diese Werke der Späteren kamen gewöhnlich in kleinen Auflagen heraus und verschwanden schnell in den zentralen Gesetzesbibliotheken der Jeschiwas oder in privaten Sammlungen wie der meines Großvaters. In diesen Büchern findet ein Rabbiner, der heute eine Entscheidung zu fällen hat, am ehesten das Gesetz. Diese Werke der Späteren setzen die größeren Kodizes und den Talmud voraus und berufen sich darauf; aber ihre Beispiele reichen bis zur Gegenwart und sind so vielseitig, daß sie die meisten Dinge behandeln, die im jüdischen Leben vorkommen.

Mein Großvater nahm diese Bücher aus Sowjetrußland mit nach Amerika und aus Amerika nach Israel, wo er begraben ist. Zu sagen, sie waren sein Stolz, ist eine ausgesprochene Untertreibung. Sie waren sein Leben. Er war bekannt für seine Beherrschung des Rechts. Er amtierte häufig an Rabbinatsgerichten, und die jüngeren Rabbiner konsultierten ihn regelmäßig, wenn es um schwierige Fragen ging.

Wenn mein Großvater eine Entscheidung fällte, zog er im Grunde alle Bücher in seinem Regal zu Rate, von den letzten Neuerscheinungen von 1950 bis zurück zur Thora selbst, die vor ungefähr dreitausend Jahren geschrieben wurde. Er fällte eine Entscheidung mit peinlichster Sorgfalt, brütete über den Büchern, holte eins nach dem andern aus seinem Regal, bis sie sich auf dem Tisch hoch auftürmten. Er durchforschte die Entscheidungen lebender Autoritäten und arbeitete sich durch die Entscheidungen und Kodizes der späteren Meisterjuristen in Polen, Deutschland und Palästina durch; und dann ging er manchmal zurück zu den Ersten aus Italien, Frankreich, Marokko und Ägypten die – möglicherweise – seit fünfhundert oder zwölfhundert Jahren tot waren, bis er zum Talmud und seiner zeitgenössischen Literatur kam. Wenn er dann immer noch Zweifel hatte, befragte er andere Weise, grauhaarige Männer wie er selbst.

Mein Großvater war als *Mekel*, als liberaler Jurist bekannt. Wann immer es möglich war, sprach er sich für einen Freispruch aus. Er versöhnte viele Paare, die zu ihm kamen und sich scheiden lassen wollten; und er brachte umgekehrt in Fällen, bei denen ein Partner verbittert und hartnäckig seine Einwilligung verweigerte, eine Scheidung zustande. Seine allgemein anerkannte Liberalität in Entscheidungen und seine humanen Urteile gingen Hand in Hand mit äußerster Strenge gegen sich selbst. Er billigte anderen in Zweifelsfällen immer die leichtere Möglichkeit zu, während er für sich selbst das Gesetz immer auf die schwerste Weise auslegte. Das hatte nichts mit Ausflucht oder mit Überheblichkeit zu tun. Ein Rabbiner übernimmt vor Gott die Verantwortung für alles, was Menschen tun, wenn sie seinen Weisungen folgen. Aber er urteilte mit Güte und mit einem genauen Gefühl für die Grenzen der menschlichen Natur. Ich glaube, aus mir spricht nicht der Familienstolz, sondern ich beurteile ihn völlig sachlich, wenn ich sage, daß er ein jüdischer Jurist in der besten Tradition war, einer jener Männer, die das Mosaische Gesetz über viele Epochen hinweg aufrechterhalten haben.

Rückblick

Damit ist meine Übersicht über das jüdische Gesetz – die allen, die sich auf diesem Gebiet auskennen, wie ein dürres Gerüst vorkommen muß – beendet. Da ich nicht mehr Raum zur Verfügung hatte, habe ich versucht, wenigstens eines klarzumachen: daß das Judentum nicht nur ein Geflecht bezaubernder Folklore ist, sondern praktische Rechtsprechung.

Die bedeutenden lebenden Doktoren dieses Rechts sind zum größten Teil Dekane der rabbinischen Schulen in den Vereinigten Staaten und in Israel. Zusammen mit ihren Fakultätskollegen ordinieren sie jedes Jahr eine Reihe junger Männer. Die Kandidaten müssen sich einer juristischen Prüfung in hebräischem Gesetz – der Semicha – unterziehen, die erschreckend lang und streng ist und sich auf den Talmud und die frühen und späten größeren Kodizes und Entscheidungen erstreckt.

Die intensive Vorbereitung auf die Semicha beginnt schon im ersten Jahr der höheren Schule. Sie geht neben dem Studium am College und an der Universität einher und umfaßt alles, was heute für das Rabbinat erforderlich ist: Soziologie, Rhetorik, Gemeindearbeit und dergleichen. Ich habe einigen dieser jungen Burschen Vorlesungen über englische Stilkunde gehalten. Ich glaube, sie arbeiten härter als alle anderen Studenten der Welt. Einige sind, das muß ich zugeben, der doppelten Aufgabe nicht gewachsen, aber einige sind außerordentlich begabt.

Diese jungen Männer, die zum hebräischen Recht zugelassen werden, sind nicht nur ausgebildete Rabbiner, sondern auch Doktoren des Religionsrechts. Sie sind die Erben einer ununterbrochenen Reihe von Gesetzen, mündlichen Gesetzen, Kodizes und Präzedenzfällen, die sich über Hunderte von Generationen erstrecken; es ist das älteste immer noch lebendige Recht.

Ein derartig langes Leben beweist an sich noch nicht, daß das Recht der heutigen Zeit angepaßt ist. Es spricht aber für eine seltene Vitalität und für eine Übereinstimmung mit der menschlichen Natur in vielen Bewährungsproben. Das römische Recht war vielleicht der Höhepunkt der bürgerlichen Gesetzgebung, was Ordnung, Reichweite und Billigkeit anbelangt. Es entstand, als das Mosaische Recht schon alt war. Es verschwand über tausend Jahre, bevor das heute in den Vereinigten Staaten gültige Recht begann. Das Mosaische Recht ist ein Zeitgenosse beider.

Wir gingen davon aus, daß wir drei Fragen beantworten wollten: was das jüdische Recht ist, woher es kommt, und welche Macht es für sich beansprucht.

Es ist die gesamte Jurisprudenz, die Männer wie mein Großvater und die gelehrten Doktoren früherer Zeiten von Generation zu Generation bewahrt, erweitert und, wenn sie starben, an neue Rechtsgelehrte weitergegeben haben. Sie stammt von einem Gesetzgeber von Weltformat, von Moses, der Elemente uralten semitischen Rechts mit der genialen Vision einer durch Gott verkündeten moralischen Ordnung zu einer Verfassung für eine einzigartige religiöse Familien-Nation verband. Diese Verfassung ist die Thora. Sie ist zusammen mit ihrem Gewohnheitsrecht, das im Laufe eines Jahrtausends entstanden war, im Talmud fortgesetzt wurde und in fünfzehn weiteren Jahrhunderten durch Kodizes und Gerichtsbeschlüsse erweitert und abgeändert wurde, bis zu uns gelangt. Sie ist die religiöse Richtschnur für alle Menschen, die an der von ihr geschaffenen Identität festhalten und für ihr persönliches Leben Moses als den jüdischen Gesetzgeber akzeptieren.

Als der jüdische Staat im Jahre 70 zusammenbrach, machte

das Mosaische Zivil- und Strafrecht durch einen Erlaß seiner eigenen Juristen dem Zivil- und Strafrecht der Länder, in denen die Juden lebten, Platz. Das Gesetz dieser Länder hat für Juden nach der Bestimmung des Talmud die volle Kraft des Religionsgesetzes, außer wenn es sie daran hindert, Gott auf ihre Weise zu verehren. Die Gesetze des Moses über den Dienst an Gott bleiben unverändert gültig. Es gibt keine Sanktionen, um die Einhaltung zu erzwingen. Die Macht des Mosaischen Gesetzes ist heute wie in vielen Jahrhunderten vorher rein moralischer Natur; und auch darin ist die Gesetzgebung einzigartig.

Diese Macht hat, soweit sie vorhanden war, das jüdische Volk am Leben und in seiner Identität erhalten; es zählt jetzt etwa elf Millionen, nachdem durch das Massaker Hitlers im 20. Jahrhundert ein Drittel aller Juden umgekommen sind.

VIERTER TEIL

Die Gegenwart

ACHTZEHNTES KAPITEL

Die Gegenwart

Die Gegenwart beginnt für das Judentum um das Jahr 1800. Damals schlug der Blitz der Aufklärung in das Ghetto ein, der die alte jüdische Gemeinschaft zerbrach und in das Parteiengewirr stürzte, unter dem sie heute leidet. Wer die Geschichte des Judentums nach 1800 schreiben will, muß entweder eine Ilias schreiben oder im Telegrammstil.

NEUNZEHNTES KAPITEL

Was die Aufklärung war

Der Ghettojude schuf in Europa eine von Palisaden umzäunte Kultur, in deren Mittelpunkt seine Religion stand, und deren Sprache seine heilige Sprache war. Im ganzen Mittelalter war das Ghetto eine Stätte großer Allgemeinbildung, und die jüdische Wissenschaft war um nichts schlechter als die der Außenwelt, wenn sie nicht sogar besser war. Es gab keine Aufklärung, weil man nirgendwo aufgeklärt war.

Das alles änderte sich mit dem Auftreten von Galilei und Newton, Bacon und Voltaire, Kopernikus und Descartes. Das waren strahlende Sonnen außerhalb des Ghettos. Etwas von ihrem Licht drang durch die Ritzen der Ghettomauern. Die erste Reaktion der Führer drinnen war der Versuch, jede Ritze abzudichten und das Licht auszuschließen. Man kann darüber streiten, ob das eine unvermeidliche Reaktion war oder Kurzsichtigkeit. Es geschah jedenfalls.

Man kann sich die geistige Verfassung der Führer unschwer vorstellen. Sie fürchteten, der Ansturm der neuen Lehren könnte die mühsam errungene und inzwischen reibungslos funktionierende Ghettokultur vernichten. Die Erhaltung der Ghettokultur war lebenswichtig. Der Modernismus war eine verdächtige Sache, seit Maimonides die Judenschaft in einen zweihundert Jahre langen Aufruhr versetzt hatte. Den Rabbinern kamen Gerüchte zu Ohren, daß sich die neuen Lehren verheerend auf die Frömmigkeit der Christen auswirkten. Sie versuchten mit allen Mitteln, das Ganze hinauszuzögern. Sie folgten einfach ihrem Instinkt.

Sie konnten die katastrophalen Folgen ihrer Politik nicht voraussehen. Nichts ließ nach ihrer Erfahrung mit einer Befreiung der Juden rechnen. Aber die neuen Ideen der Renaissance, der Liberalismus des 18. Jahrhunderts und die gelockerte Gesellschaftsordnung des Industriezeitalters bedeuteten das Ende des Ghettos. Damals schien die Emanzipation wahrscheinlich im Schneckentempo voranzukommen. Im Rückblick erkennen wir heute, daß sie sich fast schlagartig vollzog: eben noch lebten die Juden im Zwielicht ihrer Ghettomauern, und im nächsten Moment blinzelten sie in das offen vor ihnen liegende Licht der abendländischen Welt.

Als die Juden in Deutschland und Frankreich erkannten, daß sie tatsächlich die Möglichkeit hatten, die neuen Lehren kennenzulernen, kam es zu einer schnellen und schrecklichen Rebellion gegen die Ghettowächter. Sowie die Schranken fielen, strömten die jungen Männer aus den Jeschiwas in die westlichen Schulen. In den Jeschiwas gab es den Talmud und Schulchan Aruch, Kommentare und Superkommentare, die die Kommentare kommentierten, ein ungeheurer Lehrstoff, der immer schwerfälliger wurde, je mehr er sich mit den winzigsten Kleinigkeiten abgab. Wie konnte man nur hoffen, damit die Aufmerksamkeit junger Männer zu fesseln, deren Verstand sich am Schleifstein dieser harten Gesetzeslogik geschärft hatte, wenn ihnen die neue Wissenschaft zur Verfügung stand?

Deutschland, die Hochburg der alten Schule, das Land, in dem eine der stabilsten jüdischen Gemeinschaften lebte, wurde ein Zentrum der Abtrünnigkeit. Es war eine Epidemie. Gebildete Juden gaben ihre Religion, ihre jüdische Bildung, sogar ihre Namen auf. Sie wurden in Scharen Agnostiker oder Christen; oder sie modelten den alten Glauben so um, daß seine Riten dem Judentum der Synagoge sowenig wie möglich und dem Ritual der christlichen Kirche soweit wie möglich ähnelten.

In Polen und Rußland verzögerte sich der Prozeß noch eine Zeitlang, weil tyrannische Regierungen die Juden hinter ihren Mauern hielten. Aber die Jeschiwastudenten, die im Ghetto eingeschlossen waren, bekamen irgendwie Wind von den neuen Wissenschaften. Sie verschafften sich die verbotenen Bücher, schmuggelten sie zwischen die Seiten der großen Bände des Schulchan Aruch und murmelten zur Tarnung fromme hebräische Sprüche, während sie sie heimlich verschlangen. Sie dürsteten nach Wissen. Hieß es nicht in den Sprüchen, «Du sollst mit aller Kraft nach Wissen streben»? Ihre Lehrer behaupteten, mit diesem Wissen seien die Superkommentare gemeint. Sie glaubten es nicht. Was scherte es sie, wenn sie die Rabbiner, die sie über diesen Büchern der *Haskala*, der Aufklärung, ertappten, Epikureer, Atheisten, Verräter schimpften? Diese alten Schimpfwörter wurden für sie zu Ehrenbezeichnungen. Aus ihren Reihen kamen die führenden Köpfe, die den modernen Zionismus schufen. Die Tatsache, daß der Zionismus aus der Rebellion gegen die seperatistische Lehre der alten Jeschiwas entstand, macht sich in Israel noch heute bemerkbar.

Dieser Hurrikan im jüdischen Leben ist uns noch sehr nahe. Ich möchte fast sagen, wir erleben seine direkten Auswirkungen. Während wir uns unter den Trümmern auszugraben versuchen, tobt sich der Sturm immer noch verheerend aus. Noch leben Lehrer der alten Schule, die gegen die moderne Wissenschaft wettern und sie für das Verderben der jüdischen Religion halten. Es gibt weißhaarige Rebellen, die rot sehen, wenn ihnen ein Rabbiner unter die Augen kommt. Aber diese Streithähne führen nur noch einen Stammtischkrieg, der längst der Vergangenheit angehört. Die Geschichte ist über sie hinweggegangen, und die Frage des Überlebens stellt sich heute in ganz anderen – und viel tiefergehenden – Bereichen.

ZWANZIGSTES KAPITEL

Die Orthodoxie

«Ich hätte Englisch lernen sollen»

In Jerusalem gibt es heute eine kleine Gruppe Unentwegter, die *Neture Karta*, die jede Änderung strikt ablehnt. Ihr Name bedeutet Wächter der Stadt. Sie hat vielleicht fünf- oder sechshundert Mitglieder. Die paar Gassen und Straßen, in denen sie wohnen, sind ein lebendiges Abbild des einstigen Ghettos: hölzerne Marktbuden auf einem offenen Platz mit Kopfsteinpflaster, über den kleine Jungen mit Schläfenlocken und langem, schwarzem Kaftan Hühner jagen; Frauen mit Umschlagtüchern und Perücken gehen mit niedergeschlagenen Augen vorbei, und aus offenen Fenstern dringen Kinderstimmen, die die Thora mechanisch ins Jiddische übersetzen. Die Leute, die hier wohnen (und eine kleine Schar ihrer Anhänger in den Vereinigten Staaten), sind fest überzeugt, die einzig wahren Juden auf Erden zu sein. Sie sind es, die am Sabbat fahrende Autos mit Steinen bewerfen, Spielplätze überfallen, auf denen Jungen und Mädchen miteinander spielen, in Inseraten amerikanischer Zeitungen das Land Israel als faschistisch anprangern und so weiter. Einige Leute halten diese Gruppe für die «Orthodoxen»; aber die Orthodoxen sind von ihr genauso abgestoßen wie alle anderen.

Die Neture Karta versuchen mit allen Mitteln, so zu leben, als ob es die vergangenen zwei Jahrhunderte nicht gegeben hätte. Dabei wäre ein Ghettojude des 18. Jahrhunderts, der sich plötzlich in diese Straßen versetzt sähe, fassungslos über die Veränderungen, die sich mit den Telefonkabeln und dem elektrischen Licht hier eingeschlichen haben. Man kann schließlich nicht wie in einer Zeitkapsel leben. Leben ist Veränderung. Die Regierung Israels nicht anzuerkennen, heißt, sie auf seine Weise eben doch zur Kenntnis zu nehmen; das Radiohören zu verbieten, heißt, sich wohl oder übel auf das Radio einzustellen. Wenn die Anpassung erst einmal angefangen hat, folgt sie ihren eigenen Gesetzen. Das übrige besorgt dann die Zeit. Moses in seiner Weisheit kennzeichnete nur einige wenige Dinge im Leben als unantastbar. Alles übrige überließ er der Entwicklung. Er legte das jüdische Verhalten nicht für alle Zeiten in der Form fest, die es in Ägypten oder in der Wüste gehabt hatte.

Allerdings kam es in der jüdischen Geschichte öfter vor, daß die Juden so lange an einer bestimmten Verhaltensweise festhielten, bis sie ihnen ganz natürlich und unvermeidlich schien und schließlich sakrosankt wurde. In den Ghettos Europas waren die Sitten so genau festgelegt, daß sich ein Mann schon verdächtig machte, wenn er einen etwas kürzeren Rock als die anderen trug. Die Mosaischen Gesetze waren mit einer dem Deutschen entlehnten farbenreichen Sprache und einem dem Bürgertum des Mittelalters entnommenen Gewand zu einem lebendigen Ganzen verschmolzen, einem unantastbaren Lebensstil, der *Jüdischkeit*. Den Unterschied zwischen den ewigen Gesetzen unseres Glaubens und den Sitten einer zeitweiligen Umgebung hatte man ganz aus den Augen verloren. Diesen Unterschied wieder zu entdecken, war ein qualvoller Prozeß.

Mein Großvater führte zeit seines Lebens das ziemlich unveränderte Leben eines osteuropäischen Ghettojuden. Sein schwarzer Rock reichte bis zu den schwarzen Schuhspitzen; sein runder, schwarzer Hut wurde nie durch einen westlichen Kniff beschädigt; sein Bart kam nie mit einem Rasiermesser in Berührung. Er war, kurz gesagt, soweit er es irgend vermochte, ein wandelndes Abbild des osteuropäischen Juden der vergangenen zwei Jahrhunderte. Selbstverständlich glich er in Kleidung, Sprache und Benehmen nicht Joseph Caro oder Maimonides oder Juda dem Fürsten oder Esra. Er übernahm einfach die Regeln, die er vorfand, und hielt sich sein Leben lang daran.

Er hatte kein klares Programm für die Zukunft. Integrität war für ihn alles. Für ihn lag sie in der Erfüllung des Gesetzes, und er hielt an der Lebensweise, der Kleidung und der Sprache fest, in der er angefangen hatte, zu studieren. Er bezahlte dafür schließlich damit, daß er seine Gemeinde in der Bronx verlor, weil die jüngeren Mitglieder einen Rabbiner haben wollten, der Englisch sprach. Es machte ihm nichts aus. Aber nach einiger Zeit hörten ihm auch die jungen Leute seiner eigenen Familie nicht mehr zu, und das traf ihn tief.

Im Taxi auf der Fahrt zum Schiff, das ihn nach Israel bringen sollte, sagte er – ein alter Mann, der noch einmal auf die dreiundzwanzig Jahre in Amerika zurückblickte, die letzten Jahrzehnte seiner Schaffenskraft – fast als letztes zu mir: «Ich hätte Englisch lernen sollen. Aber die Sprache tat meinen Ohren so weh!»

Wer ist orthodox?

Wie viele Juden «wirklich» das Religionsgesetz halten, läßt sich unmöglich feststellen. Man kann nicht unbegrenzt im Privatleben eines Menschen herumschnüffeln. Außerdem ist man sich heute keineswegs darüber einig, was das Gesetz befiehlt und was als «Befolgen» zählt. Das Wort «orthodox» ist nicht präzise genug. Es gibt zu viele Schattierungen.

Die Neture Karta würden vielleicht sagen, daß es auf der ganzen Welt etwa elf- oder zwölfhundert orthodoxe Juden gibt. Die fanatischen Anhänger des Rabbi von Satmar würden die Zahl vielleicht auf fünfzehn- oder zwanzigtausend erhöhen. Keine der beiden Gruppen ist mit den sehr religiösen Agudisten Israels – einer kleinen politischen Partei – einverstanden, weil sie im israelischen Parlament sitzen. Journalisten bezeichnen alle diese Gruppen manchmal als Ultra-Orthodoxe. Natürlich lehnen sie diese Bezeichnung entschieden ab.

Die Hauptgruppe der Orthodoxie, die einige Millionen stark ist, weist ebenfalls verschiedene Schattierungen und trennende Momente des Glaubens auf. Im Augenblick spricht man von den Misrachi, den modernen Orthodoxen, von den sephardischen, den chassidischen, neochassidischen, neoorthodoxen, traditionellen Juden und so weiter. Ich glaube kaum, daß der Leser genügend Geduld aufbringt, um sich alle Unterschiede, die diese Gruppen trennen, anzuhören. Aber für die Betroffenen sind diese Unterschiede oft sehr wichtig.

Aber bei aller Zersplitterung der orthodoxen Juden hält der alte Magnet – das Gesetz – die einzelnen Gruppen immer wieder zusammen. Durch interne Auseinandersetzungen wird viel Zeit und Energie verschwendet. Da jede Gruppe auf eigene Faust handelt, wird für ein und dieselbe Sache unnütz

Geld ausgegeben, während für die großen gemeinsamen Aufgaben kaum genügend Geld da ist. Die Emanzipation, die Aufklärung, die Verpflanzung von Europa nach Amerika, der Zionismus, Hitler, die Gründung des Staates Israel – alle diese gewaltigen Ereignisse haben die orthodoxe Judenschaft völlig aus dem Konzept gebracht. Sehr viele sind abgesprungen. Bis jetzt ist nicht viel davon zu merken, daß sich die einzelnen Gruppen wieder mehr zusammenschließen. Trotzdem bleibt ein eindrucksvoller Rest, der am Gesetz festhält: in Israel möglicherweise die Hälfte der Bevölkerung, wobei es zahllose Abschattierungen der Gesetzestreue gibt, anderswo ein Drittel. Diese Zahlen sind nur eine grobe Schätzung. Es gibt keine Statistiken. Getreue Befolgung der Hauptgesetze des Glaubens und eine ernsthafte jüdische Erziehung der Kinder – das sind eigentlich die entscheidenden Merkmale der Menschen, von denen hier die Rede ist.

Der Niedergang des alten Lernens

Aber der Unterricht, den unsere Großväter kannten – Thora, Talmud, ins Bodenlose gehendes Kommentieren der Gesetze und sonst fast nichts –, ist nahezu ganz verschwunden. Die Revolution in der Pädagogik ist so groß, daß sowohl die Verteidiger des Alten wie die Verfechter des Neuen ziemlich fassungslos davorstehen.

Die große Masse der Einwanderer aus dem Ghetto Anfang des Jahrhunderts brachte die alte Lehrmethode mit nach Amerika. Sie hatten nichts anderes mitzubringen. Damit waren die Fronten im Kampf zwischen Alt und Neu geklärt: es hieß Jeschiwa *oder* Haskala, jüdische *oder* westliche Bildung. Die Gesetze des neuen Landes beendeten den Streit schnell. Die Kinder mußten eine öffentliche Schule besuchen, und sie taten es. Der Religionsunterricht mußte auf den Nachmittag und Abend verlegt werden. Das war der Todesstoß für das alte Lernen, obwohl es sich noch eine Generation lang hielt.

Und in was für einer traurigen Form hielt es sich! Für die Schulkinder bedeutete es *Cheder* und *Melammed*, Schulzimmer und Lehrer. Wer es einmal erlebt hat, weiß um den dunklen, bitteren Beiklang dieser Worte. Der Melammed war gewöhnlich ein armer Teufel, der selbst im goldenen Amerika keinen gutbezahlten Job fand. Meistens war er selbst ziemlich ungebildet, schwerfällig und ungeduldig. Als Schulzimmer diente seine eigene armselige Wohnung oder das Hinterzimmer einer verarmten Synagoge. Der Kontrast zu den hellen Klassenzimmern und lebendigen, tüchtigen Lehrern der amerikanischen Schulen war vernichtend. Hinzu kam, daß alles, was die Kinder in der amerikanischen Schule lernten, mit ihrer Umwelt übereinstimmte, während das eintönige Geleiere des Melammed ein unverständliches Echo aus einer unbekannten Welt war. Das Ende kam schnell. Der Melammed mußte der Talmut-Thora weichen, einer Nachmittagsschule, an der jüngere amerikanisierte Lehrer unterrichteten, und in der es Tafeln, Kreide, Schulglocken, schön gedruckte Bücher und die Anfänge eines Systems gab.

Die Jeschiwas, die jüdischen Hochschulen alten Stils, kamen am schlechtesten weg. Sie boten einen uralten Lehrstoff an. Im Gegensatz dazu lockten die öffentlichen höheren Schulen und Colleges mit einem bestechend vielfältigen Angebot an westlicher Kunst und Wissenschaft. Die Jeschiwas verfielen und mußten geschlossen werden. Es herrschte eine Atmosphäre wie in den Jahren des Zusammenbruchs des deutschen Judentums. Für viele jüdische Denker schien das Ende eines dreitausend Jahre alten Weges in Sicht zu sein.

Aber wenn alles verloren scheint, finden die Juden immer wieder einen Weg durch das Rote Meer. Ein paar alte Rabbiner kamen auf die Idee, daß das amerikanische Gesetz zwar für alle Kinder eine westliche Erziehung vorschreibt, aber nicht, wo sie stattzufinden hat. Es gab Privatschulen. Wie wäre es, wenn die Jeschiwas den neuen Unterricht selbst übernähmen? Dann konnten sie den Stundenplan so einteilen, daß der weltliche Unterricht neben dem religiösen einhergehen konnte. Sie wandten sich an die Behörden und fanden bereitwillige Zustimmung.

Und so fand nach zweitausend Jahren die moderne Wissenschaft in Gestalt junger Lehrer für Englisch, Geographie, amerikanische Geschichte, Naturwissenschaften und Mathematik – Lehrer, die nicht unbedingt religiös, nicht einmal unbedingt jüdisch sein mußten – Zutritt zu den Jeschiwas. Diese nicht groß angekündigte, nüchtern überlegte Neuerung, die in den ersten Jahren des 20. Jahrhunderts von der Lower East Side in New York ausging und sich schnell ausbreitete, bedeutete einen nicht wieder rückgängig zu machenden Wechsel in der Geschichte des jüdischen Volks. Mit einer Verspätung von siebenhundert Jahren siegte das Credo des Maimonides. Es führte zu schnellen und überraschenden Resultaten.

Das neue Lernen

In zwanzig Jahren ist in ganz Amerika fast aus dem Nichts eine Pyramide des neuen Lernens entstanden: Kindergärten, Volksschulen, höhere Schulen, Colleges und eine große Universität. Sie haben noch keine gemeinsame organisatorische Struktur und wenig Verbindung untereinander. Jede Einrichtung muß die notwendigen Geldmittel selbst aufbringen.

Der Grundschulunterricht findet meist in Ganztags- oder Tagesschulen statt. Hier gehören für die Kinder amerikanische Erziehung und jüdische Bildung als Einheit zusammen. Rechnen, Geographie, Bibel, englischer und hebräischer Aufsatz, Geometrie und Mischna sind gleichwertige Schulfächer mit Hausarbeiten, Prüfungen und Zensuren. Die große Frage war vor zwanzig Jahren, als die Bewegung anzurollen begann, ob diese jüdischen Schulen die Kinder nicht für das Leben in der offenen amerikanischen Gesellschaft untauglich machten. Die ersten Schulen waren schlecht organisiert und geleitet und litten unter Geldmangel. Einige Eltern riskierten es trotzdem und meldeten ihre Kinder auf jeden Fall an. Die Schulen wurden mit jedem Jahr besser, und nach zwei Jahrzehnten liegen jetzt Ergebnisse vor, aus denen sich einiges entnehmen läßt.

Die Absolventen der Tagesschulen sind fast alle irgendwann auf öffentliche Schulen übergegangen, meistens, wenn sie auf die höhere Schule kamen. Diese Schüler behaupten sich im allgemeinen sehr gut in den öffentlichen Schulen, und manchmal sind sie sogar besser als ihre Klassenkameraden. Sie haben den Vorteil, daß sie an eine ziemlich strenge Disziplin gewöhnt sind. Sie haben ihren Doktor oder Magister gemacht und sich im Leben ihrer Begabung entsprechend bewährt. Sie besitzen einen Fundus an jüdischem Wissen, der der vorigen Generation fehlte. Das ist der Unterschied.

An der Spitze der Pyramide steht die Jeschiwa University, eine Thoraschule, an der sämtliche Wissenschaften gepflegt werden. Zu den Einrichtungen gehören heute, 1959, siebzehn über ganz New York City verstreute Gebäude, die einen Wert von weit über zehn Millionen Dollar haben: Vorbereitungsschulen, ein College für Kunst und Wissenschaften, ein theologisches Seminar, Laboratorien, verschiedene Universitätsfakultäten und das modernste medizinische Zentrum Amerikas, das Albert Einstein College für Medizin. Die Universität besteht seit vierzehn Jahren und hat heute über dreitausend Studenten.*

Die neue Erziehung hat eine sogenannte moderne amerikanische Orthodoxie entstehen lassen, eine Bewegung, die man sich vor zwanzig Jahren genausowenig vorstellen konnte wie heute einen Weltfrieden. Den ersten Anstoß geben junge Menschen, Fünfunddreißigjährige und Jüngere, die meist ein abgeschlossenes Hochschulstudium haben und sich ihrer Sache mit großem Eifer widmen. Sie gründen Clubs und Synagogen, bauen Mikwes, richten Vortragsabende und Seminare ein, gründen Tagesschulen und benehmen sich, als seien sie die Entdecker einer neuen Welt. Ihre Umgangsformen sind vollkommen amerikanisch. Weil sie sich wahrscheinlich bewußt sind, wie paradox ihre Lebensweise ist, spielen elegante Kleidung, die neueste Literatur und die Annehmlichkeiten der Villenvororte eine so große Rolle bei ihnen. Sie bauen ihre Synagogen mehr im Stil Frank Lloyd Wrights als nach dem Vorbild der großen europäischen Synagogen. Die Geschlechter sitzen getrennt, aber die Frauen haben ebensogute Plätze wie die Männer. Bis jetzt hat die Bewegung noch keine feste Form gefunden. Die alte jüdische Gemeinschaft war eine ausgereifte Gesellschaft, deren Lebensweise und Brauch

---

* Diese Universität ist keineswegs das einzige Zentrum jüdischer Ausbildung in Amerika, sie ist nur das größte und hat das umfangreichste Lehrprogramm. Daneben gibt es eine Reihe anderer akademischer jüdischer Einrichtungen von hohem Rang. Aber die Jeschiwa University war, soweit ich weiß, die erste jüdische Hochschule in der Geschichte, die Judentum und moderne Kunst und Wissenschaften als gleichberechtigte Studienfächer einführte.

genau festgelegt war. Die neue amerikanische Orthodoxie ist ein Experiment, das sich langsam ausbreitet. Der Hauptzweig der Mosaischen Gemeinschaft mit einem lockeren, aber sehr umfangreichen Gefüge aus Synagogen und Talmud-Thora-Schulen in der ganzen Welt, unzähligen Tausenden von alten und neuen, riesengroßen und kleinen Gebäuden, hält sich an die vertrauten Formen; aber die Sitten sind im allgemeinen modernisiert, und es ist allgemein üblich, daß in der jeweiligen Landessprache gepredigt wird. Die Liturgie allerdings ist nach wie vor hebräisch.

In Israel findet man Orthodoxe in allen Schichten der Bevölkerung. Es gibt isolierte Gruppen der alten jüdischen Gesellschaft, die an ihren europäischen Sitten und dem Jiddischen festhalten. Es gibt orthodoxe Kibbuzim, Handelsschulen und Versuchsfarmen; es gibt ein Netzwerk religiöser Schulen und eine neue Universität, die Bar Ilan Universität nach dem Vorbild der Jeschiwa University. Es gibt orthodoxe Matrosen, Generäle, Ingenieure, Wissenschaftler, Maurer, Nachtclubbesitzer, Journalisten, Kabinettsminister und Taxifahrer. In den Städten trifft man an jeder Ecke auf eine Synagoge, wie in Amerika auf eine Kirche. Die Religion ist in Israel eine Orthodoxie mit vielen Schattierungen. Es gibt natürlich die große Gruppe der sephardischen Juden aus Afrika und dem Nahen Osten, die den ererbten Formen des europäischen Exiljudentums eine Beimischung des Exotischen verleiht.

Aber Israel ist kein religiöses Land wie Spanien. Die vorherrschenden Parteien sind sozialistisch. Die Kultur ist freizügig und außerordentlich skeptisch. Ich komme in einem späteren Kapitel auf dieses bemerkenswerte Land der Juden zurück. Hier geht es mir nur darum, festzustellen, daß sich die Orthodoxie mit dem üblichen Trubel von gegensätzlichen Meinungen und Emotionen in Israel mühsam als moderne Lebensweise durchzusetzen beginnt. Sie bringt die alten Leute aus der Fassung, weil sie andere Sitten hat, und die Agnostiker, weil sie standhaft am Mosaischen Gesetz festhält.

Die Chassidim

Eine Gruppe, die aus dem allgemeinen Rahmen der Orthodoxie fällt, sind die Chassidim. Die Chassidim stehen heute dort, wo früher ihre schärfsten Gegner standen, die reaktionären Führer der alten Schule. Unter all den verschiedenen Richtungen im Judentum lehnen nur noch bestimmte chassidische Gruppen geschlossen die moderne Erziehung ab.

Der Chassidismus hat seinen Ursprung in der *Kabbala**, diesem eigenartigen, magischen, mystischen und poetischen Gewächs der jüdischen Geistigkeit. Die Bewegung entstand plötzlich und entwickelte sich sehr schnell, als ein mystischer Wundertäter auftauchte, der 1700 in Polen geborene Baal Schem Tov. Er war ein großer Gelehrter und entfachte im Judentum eine romantische Erneuerungsbewegung. Er lehrte, daß Gebildete und Ungebildete Gottes Wohlgefallen erringen, wenn sie ihm mit Liebe und aus ganzem Herzen dienen. Lebensfreude, Gesang, inbrünstiger gemeinsamer Gottesdienst unter der Führung eines geliebten und heiligen Rabbi mit besonderer magnetischer Anziehungskraft und kabbalistischen Kräften – das war die Lebensweise des vom Baal Schem Tov geschaffenen Chassidismus, die sich sehr schnell in den Ghettos ausbreitete. Mit ihr fanden viele, die nicht mehr mit der komplizierten und unendlich detaillierten Lehre der Jeschiwas Schritt halten konnten, wieder Zugang zum Judentum.

Das kabbalistische Raunen von jenseitigen Welten, von Engeln, die den Menschen umschwebten, von Wundern, die durch alte geheime Beschwörungen vollbracht wurden, hatte eine starke Anziehungskraft auf die zu Armut und Verfemung verdammten Gefangenen der schmutzigen Ghettos. Sich einem Rebbe anzuschließen, einem Wunderrabbiner, dem die Wahrheiten der Kabbala erschlossen waren, mit dem die Engel sprachen – einem Mann, dessen Worte nach Zauber und Magie klangen, dessen kleinste Gesten Weisheit und Schönheit verrieten, der mit ein paar Brotkrumen von seinem Tisch jedem, der das Glück hatte, sie zu erhaschen, einen Hauch seiner inneren Erleuchtung brachte –, in der Nähe ei-

---

* Näheres über die Kabbala in den Anmerkungen.

nes solchen Mannes und im Kreise seiner Schüler zu leben, bedeutete, aus einer trostlosen Welt in eine strahlende Welt der Verheißung zu entfliehen.

Die wirkliche Kraft des Chassidismus lag in der Tatsache, daß in den gesamten osteuropäischen Ghettos Männer erstanden, die der Rolle des Rebbe gewachsen waren. Ihre Aussprüche wurden volkstümlich, bezaubernd, frisch und weise, neuartig durch ihren halb diesseitigen, halb jenseitigen Charakter. Die Taten der Rebbes wurden schon zu ihren Lebzeiten Legende, eine Art jüdische Heiligenlegende. Ihre Namen verschmolzen wie bei Fürsten mit den Namen ihrer Geburtsorte: sie waren die Lubawitscher, Lubliner, Berditschewer Rebben. Sie gründeten ganze Dynastien, und sehr oft wurden ihre Söhne oder Schwiegersöhne ihre Nachfolger im religiösen Amt.

Der Chassidismus nahm in seinen Anfängen Formen an, die die große Mehrheit der Juden schockierten. Die ekstatische Art des Gottesdienstes, die ausgefallene Kleidung und die seltsamen Bräuche, die veränderten Gebete waren schon verwirrend genug. Aber die ganze okkulte Atmosphäre des Wunderwirkens, der Amulette, der unaussprechlichen Namen, der übernatürlichen Kräfte – Dinge wie Unsichtbarkeit, In-der-Luft-Schweben, Hellsehen und Zweites Gesicht waren in den chassidischen Legenden etwas ganz Alltägliches – schien der von Moses dem Gesetzgeber streng verbotenen abergläubischen Zauberpraxis Ägyptens im Judentum wieder Tür und Tor zu öffnen. Vor allem aber war die Doktrin, daß Gott weniger Gefallen am Studium des Gesetzes finde als an der Inbrunst der Einfältigen – eine Verzerrung der Lehre des Baal Schem Tov, aber eine sehr verbreitete –, ein Aufruf zum Krieg. Sie bedeutete das Ende des Judentums. Der Chassidismus hat die große Mehrheit der Juden nie überzeugt, aber er setzte sich als selbständige Richtung im Judentum durch.

Einige der fanatischeren Chassidim halten bis auf den heutigen Tag, wo sie auch sind, bis auf die geringste Kleinigkeit an der Kleidung und den Sitten des alten polnischen Ghettos fest: an den Schläfenlocken, den Pelzkappen und allem übrigen. Aber je mehr sie im Geschäftsleben stehen, um so mehr passen sie sich in ihrem Äußeren der Welt des Westens an, obwohl sie nach wie vor loyal zu ihren Rebbes stehen. Einige

Rebbes verbieten Fernsehen und Kino, und alle haben mehr oder weniger große Vorbehalte gegen die westliche Erziehung. Die größte und stärkste Gruppe schart sich heute um den Lubawitscher Rebben, der in Brooklyn lebt. Ihre Tradition ist liberal; der jetzige Rebbe studierte an der Sorbonne. Ihre Schulen arbeiten alle mit den modernsten Lehrmitteln, und sie haben das Berufsschulwesen hoch entwickelt. Mein Großvater gehörte zu dieser Gruppe der Chassidim. Seine bewußt beibehaltene ostjüdische Kleidung, seine Weigerung, Englisch zu lernen, gingen vielleicht auf seine Neigung zum Chassidismus zurück. Aber das Lernen war ihm das Allerwichtigste im Leben, und er hatte nie etwas dagegen einzuwenden, daß wir die beste Allgemeinerziehung bekamen, die es gab.

Die Chassidim kamen während des Hitlerterrors in großer Zahl nach Amerika und Israel. Sie sind dem Anprall des modernen Lebens noch nicht einmal eine Generation lang ausgesetzt. Die Bewegung ist lebendig und schwungvoll. Eine Schule jüdischer Existentialisten sieht in ihrer Folklore den Boden für eine neue Philosophie. Die traurig-süße und gleichzeitig temperamentvolle Musik der Chassidim hat überall im jüdischen Leben Eingang gefunden; so mancher Schlagerkomponist verdankt ihr seine größten Erfolge; und in der vornehmen Form einer Sonate hat sie sich sogar in die Konzertsäle eingeschlichen. Aber im allgemeinen hat der Chassidismus immer noch den Schock der Aufklärung vor sich, den das übrige Judentum längst überwunden hat.

Die Frage ist, wie sich dieser Schock auf den Chassidismus auswirkt: ob er ihn vernichtet oder ob er ihn zu neuer Blüte anregt. Im Augenblick scheinen die Oberhäupter der Dynastien die Frage einfach stillschweigend zu überhören. Sie sehen in einer Massenabkehr vom Chassidismus den Preis für die Erhaltung ihrer Integrität, und sie sind bereit, ihn zu bezahlen. Ob aber die Zeit den Chassidismus selbst bei einem so hohen Preis in seiner alten Form weiterleben läßt, bleibt abzuwarten.

EINUNDZWANZIGSTES KAPITEL
Konfessionelle Uneinigkeit

Reform

Die jüdische Reformbewegung begann Anfang des 19. Jahrhunderts in Deutschland. Eine Bewegung, die sich nach den ersten Jahrzehnten abspaltete, gewann in Deutschland kaum an Boden, setzte sich aber in Amerika als «Konservatives Judentum» durch. Reformiertes und konservatives Judentum sind heute die beiden jüdischen religiösen Richtungen außerhalb der Orthodoxie.

Die Reformbewegung verdankte den Zulauf, den sie erhielt und der anfangs sehr groß war, zwei Dingen: der neuen Freiheit durch die Aufklärung und dem heftigen Widerstand der Rabbiner gegen jede Veränderung. Als Tausende von Juden durch die geöffneten Ghettotore strömten und ihren Glauben aufgaben, suchten einige jüdische Gelehrte und führende Prediger nach Mitteln, um weiteren Abfall vom Glauben zu verhüten. Als offensichtliche Lösung bot sich an, die Religion nach deutschen Begriffen leichter und attraktiver zu machen. Allen traditionalistischen Einwänden zum Trotz, machten sie sich mutig ans Werk.

Am Anfang berührten die Veränderungen nur das Ritual: die Gebete wurden auf deutsch gesprochen, die Orgel wurde eingeführt, die Kopfbedeckung in der Synagoge wurde abgeschafft, und die Rabbiner bekamen eine attraktive Amtskleidung. Aber mit solchen Brosamen gab sich die Aufklärung nicht zufrieden. Gesetze und Bräuche wurden in rascher Folge über Bord geworfen. Ein neues Credo kam bei diesen Veränderungen zustande. Das Wesentliche am Judentum war die Verehrung des einen universalen Gottes. Das restliche Werk des Moses war zeitbedingt und galt nicht mehr für die Gegenwart. Daraus folgte, daß auch das allgemeine Gesetz veraltet war, da es auf der Thora beruhte. Unter dieser Voraussetzung arbeiteten die deutschen Juden in einer einzigen Generation eine Religion aus, die nichts verlangte, von allen rituellen Unbequemlichkeiten befreit war, in eleganten Tempeln wohnte und in Ton und Sprache einladend westlich klang. Traditionelle Rabbiner bekämpften die Reformbewegung heftig, hauptsächlich mit angstvollen, emotionsgeladenen Angriffen. Die deutsche Orthodoxie schloß sich erschüttert und stark dezimiert zwar eng zusammen, aber die Reformbewegung siegte und bekam großen Zulauf.

Wir können uns heute nur schwer vorstellen, mit welchem Elan, mit welch glühender Begeisterung die deutschen Reformisten in den ersten Jahren ans Werk gingen. Eine Zeitlang müssen sie geglaubt haben, daß das brüderliche Zusammenleben von Juden und Christen in greifbare Nähe gerückt war. Die Reformjuden gaben alle entscheidenden äußeren Merkmale ihres alten Glaubens auf und paßten sich den Sitten und dem Geschmack ihrer Umgebung an. Sie waren so sicher, daß ihnen das deutsche Bürgertum auf halbem Wege entgegenkommen und sie gemeinsam den Religionsfrieden einführen würden! Die deutschen Juden, die in der Mitte des Jahrhunderts nach Amerika auswanderten, brachten die Reformbewegung mit. Hauptsächlich hier existiert sie noch in unveränderter Form und hat eine ansehnliche Gemeinde. In Deutschland wurde die Reformbewegung von Hitler ausgelöscht.

Die konservative Richtung holt die Reform ein

Innerhalb der Reformbewegung kam es schon sehr früh zu einer ernsthaften Reaktion auf den tiefen Eingriff durch die ungeheuren Veränderungen. Bedeutende reformierte Gelehrte wandten sich scharf gegen den Trend der Bewegung. Sie machten geltend – und nahmen damit Gedanken vorweg, die in der heutigen Soziologie gang und gäbe sind –, daß ein wirksamer Glaube mehr sein mußte als nur eine abstrakte Idee, daß das Leben eine größere Tiefe hatte als die Logik. Zuerst kamen sie kaum gegen die triumphierende Veränderungsfreudigkeit an. Aber heute haben die Konservativen die Reformisten eingeholt. Als ich um 1930 herum kurze Zeit ein Jeschiwa-Gymnasium besuchte, war unter den älteren Schülern ständig von einem verlockenden Ort die Rede, der «Schechters Seminar» hieß. Wer dort studierte, hieß es, flirtete entschieden mit der Abtrünnigkeit; andererseits bekam man dort vielleicht den eleganten Schliff, der zu einer Kanzel in einer reichen konservativen Synagoge führen konnte. Bei den Schülern, die später einmal Rabbiner werden wollten, führte diese Versuchung zu strenger Gewissenserforschung.

Solomon Schechter, der Vater des amerikanischen Konservativismus, war ein hochbegabter Gelehrter. Er war ein Schüler der gemäßigten Richtung in der deutschen Reformbewegung; daher stammt der Name Konservativismus. Bis heute ist das Seminar, das er gegründet hat, eine streng konservative theologische Hochschule, alles andere als die verführerische Mischung aus Monte Carlo und der eleganten Welt New Yorks, die sich die Jeschiwaschüler so gern darunter vorstellten. Die Studenten halten am traditionellen Gottesdienst und Zeremoniell fest und bekommen eine Grundausbildung im jüdischen Recht. Außerdem werden sie in Religionsgeschichte unterrichtet, die Schechters Stärke war.

Schechters Ideen konnten Anfang des 20. Jahrhunderts endgültig Fuß fassen, als sich der Charakter der amerikanischen Judenheit gründlich veränderte. Die Pogrome und Revolutionen in Osteuropa hatten ungefähr zwei Millionen Flüchtlinge nach Amerika gebracht, die direkt aus dem Ghetto kamen. In dem verwirrend neuen Land, in dem sie sich kaum zurechtfanden, waren viele von ihnen keineswegs bereit, den alten Glauben blindlings aufzugeben. Im Gegenteil, sie klammerten sich geradezu daran.

Aber als sie sich allmählich in Amerika eingewöhnten und heimisch fühlten, wurden sie immer mehr zwischen der alten und der neuen Lebensweise hin- und hergerissen. Sie wollten an ihrem Glauben festhalten, aber sie wollten – ganz egal wie – auch möglichst schnell diese Belastung los sein. Die Reformbewegung war ihnen zu kalt und zu fremd; sie fühlten sich nicht wohl, wenn sie mit unbedecktem Haupt auf englisch beten sollten. Ein Rabbiner, der Schweinefleisch aß und nach dem Gottesdienst am Sabbat eine Zigarre rauchte, war einfach schrecklich, selbst wenn er hervorragend reden konnte. Sie mußten sich etwas anderes suchen.

Die Schüler Solomon Schechters boten in ihren neuen konservativen Tempeln gewisse attraktive Dinge der Reformbewegung. Ehemänner saßen mit ihren Frauen zusammen; eine

Orgel spielte; Englisch belebte die zusammengestrichene Liturgie, aber es gab auch ein paar altvertraute hebräische Gebete. Die jungen glattrasierten Rabbiner mit ihrer kultivierten Sprache gehörten eindeutig zur Neuen Welt. Einwanderer, die durch die Umstände gezwungen waren, die Sabbatgebote zu brechen und verbotene Speisen zu essen, konnten es kaum ertragen, der Heiligen Lade und dem Rabbiner der Synagoge gegenüberzutreten. Im Tempel fühlten sie sich weniger unbehaglich. Hier waren sie zufrieden, weil sie am Judentum festhalten konnten, ohne sich wegen der Gesetze, die sie übertraten, dauernd schuldig fühlen zu müssen. Während die Reformbewegung in diesen Jahren nur wenig Anhänger gewann, sorgten die Einwanderer dafür, daß die konservative Bewegung innerhalb eines Jahrzehnts etwa ebenso stark wurde wie die Reformbewegung.

Wenn die erste Generation die konservative Lebensweise attraktiv finden konnte, dann fanden ihre Kinder sie natürlich erst recht sympathisch. Da die jüdische Erziehung der Kinder so unzulänglich war, war ihre Bindung an den alten Glauben zum großen Teil rein gefühlsmäßig und mit der Liebe zu ihren Eltern verknüpft. Einige wären gern zur Reformbewegung übergetreten, aber solange noch ein Elternteil lebte, entschieden sie sich natürlich für den Konservativismus. Wenn sie später wirklich der Reformbewegung beitraten – was viele taten und immer noch tun –, waren sie an mehr Zeremoniell, mehr Riten und mehr Hebräisch gewöhnt, als sie vorfanden. Die Führer der Reformbewegung, die sich den Lehren der deutschen Aufklärung verpflichtet fühlten, konnten die Macht des Mosaischen Gesetzes nicht anerkennen. Trotzdem besteht seit einiger Zeit bei den Reformisten die Tendenz, aus kulturellen Gründen Riten und Symbole wieder mehr zu beachten und auch Hebräisch wieder in größerem Umfang einzuführen.

Die Verwischung der Grenzen

Es kommt also vor, daß sich die Grenzen zwischen den beiden Bewegungen manchmal verwischen. Die sogenannten «liberalkonservativen» Gemeinden unterscheiden sich von der

Reformbewegung wohl vor allem dadurch, daß die Männer mit bedecktem Kopf und Gebetsschal beten und daß das Hebräische stärker betont wird. Ich berufe mich da auf das Buch *Conservative Judaism*, eine tüchtige und sehr wohlwollende Studie des Soziologen Dr. Marshall Sklare, der sagt, daß die Beachtung der Sabbatgesetze, der Speisevorschriften und anderer Vorschriften in diesen Gemeinden immer stärker zurückgeht. Das läuft darauf hinaus, daß die Gläubigen mehr und mehr zur Praxis der Reformisten übergehen.

Daß die Konservativen verschiedene Neuerungen der Reformisten übernehmen und selbst einige einführen, wie zum Beispiel die Erlaubnis, am Sabbat mit dem Auto zum Tempel zu fahren, verteidigen sie damit, daß diese unwichtigen Änderungen den Glauben retten. Der konservative Rabbiner raucht nicht am Sabbat. Er befolgt die Speisevorschriften und besteht darauf, daß sie bei Bewirtungen im Tempel eingehalten werden. Im Privatleben hält er sich an die traditionellen Vorschriften und Bräuche des Judentums. Damit kommt er den Vorwürfen der Reformisten entgegen, daß seine Bewegung einen doppelten Maßstab anlege; einen für den Rabbiner, der praktisch orthodox sei, und einen für die Gemeinde, die praktisch reformistisch sei. Theoretisch ist aber im Konservativismus der Maßstab für Rabbiner und Laien ein und derselbe. Die Schwierigkeit liegt in der Psychologie des Menschen. Die Vermischung der Geschlechter, das Orgelspiel, die Erlaubnis, Auto zu fahren, und die gekürzten Gebete hinterlassen beim Laien den Eindruck, daß er grundsätzlich vom rituellen Gesetz befreit ist. Durch die großen Unterschiede der Religionsausübung zwischen den einzelnen Tempeln und da es an einem einheitlichen konservativen Gesetz fehlt, ist dieser Eindruck sehr schwer zu korrigieren.

Die Orthodoxie
und die abweichenden Richtungen

Zwischen diesen beiden Bewegungen und den zahlreichen und großen Gruppierungen innerhalb der Orthodoxie herrscht im Augenblick eine Art höflicher Friede. Die Bannflüche des 19. Jahrhunderts sind vorbei. Aber unter der friedlichen Oberfläche wird natürlich heftig um Seelen oder zumindest um Mitglieder gekämpft.

Daß sich das in absehbarer Zukunft ändern wird, ist wohl sehr unwahrscheinlich. Die Reformisten können die Autorität des Mosaischen Gesetzes nicht zugeben, ohne sich damit selbst aufzugeben. Die Konservativen können ihre einmal eingeführten Neuerungen nicht wieder abschaffen, ohne damit in der Orthodoxie aufzugehen. Beide Bewegungen haben überall ihre eigenen Einrichtungen geschaffen: Tempel, theologische Hochschulen, Sonntagsschulen, Nachmittagsunterricht und große Mitgliedervereinigungen. Es ist schon öfter vorgekommen, daß eine Institution durch einen Mehrheitsbeschluß ihrer Mitglieder aufgelöst wurde.

Werden die Orthodoxen ihre Treue zum Gesetz aufgeben und die Weisheit der Reformbewegung oder der konservativen Improvisationen einsehen? Die Zeit dafür wäre eigentlich wohl im 19. Jahrhundert gewesen. Die Orthodoxie hat überlebt und sich vom Schlag der modernen Abweichbewegungen erholt. Einzelne fallen natürlich immer ab. Es ist allgemein bekannt, daß laufend Orthodoxe zum Konservativismus und weiter dann zur Reformbewegung abwandern. Trotzdem nimmt die Reformbewegung nicht entsprechend zu, weil dieser Weg oft zu Gleichgültigkeit und schließlich zur endgültigen Abkehr vom Judentum führt. Und merkwürdigerweise werden die Orthodoxen auch nicht weniger. Die Orthodoxie hat durch die Flüchtlinge vor dem Hitlerterror großen Zuwachs bekommen und ist seitdem, wenn nicht alles täuscht, weiter im Wachsen begriffen. Soweit man es beurteilen kann, werden wohl die drei Richtungen zumindest in den Vereinigten Staaten noch lange Zeit nebeneinander bestehen.

Die abweichenden Richtungen können eigentlich kaum wünschen, daß die Orthodoxie verschwindet. Ihre Existenz hängt mehr oder weniger davon ab, daß ein fester Stamm gesetzestreuer Juden die Thorarollen schreibt, die Klassiker studiert, den Glauben so bunt und vielgestaltig wie möglich erhält und für die Richtungen, die weniger Ansprüche stellen, eine Reserve bildet, von der sie sich neue Kraft holen können. Die große Schwäche des konservativen wie des reformierten Judentums liegt – jedenfalls meinem Eindruck nach – darin, daß sie ganz einzugehen drohen, wenn sie nicht ständig durch Juden mit orthodoxer Ausbildung aufgefrischt werden.

Es wird immer wieder behauptet, daß beide Bewegungen den Schock durch die Aufklärung aufgefangen und damit eine große Zahl Juden dem Judentum erhalten haben, die sonst dem alten Glauben völlig verlorengegangen wären. Wenn, wie die Orthodoxen glauben, daß Mosaische Gesetz eine entscheidende innere Kraft besitzt, dann sollten sie geduldig und großzügig abwarten und darauf vertrauen, daß die Abweichler zurückkehren, und zwar zuallererst die intelligentesten. Aber das ist sehr viel verlangt von der Natur des Menschen. Wenn in einer Gegend, in der es seit Jahrzehnten eine Synagoge gibt, plötzlich ein Tempel eröffnet wird und der Synagoge ein paar Ehepaare, die unbedingt nebeneinandersitzen wollen, abspenstig macht, dann ist die Reaktion im allgemeinen alles andere als philosophisch.

Daß Männer und Frauen nebeneinandersitzen durften, war ein großes Plus für die beiden abweichenden Bewegungen. Bis vor kurzem war es ihre Trumpfkarte gegen die Orthodoxie, weil es den Sitten der amerikanischen Mehrheit so viel näher kam. Für die Orthodoxen wurde dieses Detail des Synagogenbrauchs zu einer Frage, die sie besonders eng verband. Seit sie in diesem Punkt angegriffen wurden, verteidigen sie ihn besonders hartnäckig. Daß Männer und Frauen beim Gottesdienst getrennt sitzen, ist das Markenzeichen der neuen orthodoxen Gemeinden geworden. Es ist vielleicht schwer zu verstehen, daß sich eine so alte und ideenreiche Gemeinschaft wie die Judenheit wegen einer solchen Kleinigkeit spalten sollte. Aber wenn man in die Schlacht zieht, weiß man ja nie im voraus, an welcher Stelle man sein Waterloo finden wird.

Eine persönliche Anmerkung

Ich habe mir hier die größte Mühe gegeben, die reformistische und die konservative Bewegung aufrichtig und genau zu porträtieren. Vielleicht sollte ich das Porträt noch durch eine Tatsache korrigieren, die der Leser längst festgestellt hat: meine Sympathien liegen beim traditionellen Judentum, und infolgedessen betrachte ich diese Bewegungen mehr oder weniger als Außenseiter. Einzelne Angehörige dieser Bewegungen haben Großartiges für die jüdische Gelehrsamkeit, die Rettung des Judentums und sein Überleben und für die feste Verankerung der Juden in Amerika und Israel geleistet. Wie können Männer, die solche Leistungen vollbracht haben, sich dann irren, falls sie sich wirklich irren? Die Antwort ist sicher nicht in einem Mangel an Intelligenz oder Begabung zu suchen – und ganz bestimmt nicht in einer größeren Einsicht, die ich ihnen voraus hätte –, sondern in den starken sozialen Kräften, die diese abweichenden Bewegungen geschaffen haben. In der Geschichte eines jeden Volkes gab es Menschen mit großer Tatkraft und hoher Intelligenz, die für die Gesellschaft außerordentlich wichtig waren und trotzdem auf der falschen Seite standen, wenn es um Fragen ging, die nur auf lange Sicht entschieden werden konnten. Vielleicht stehen die Orthodoxen auf der falschen Seite und nicht die anderen. Das wird die Geschichte entscheiden. Ich hatte hier nicht die Absicht, irgendeine Partei im Judentum zu kritisieren, sondern ich wollte die Wahrheit sagen, so wie ich sie verstehe.

Die amerikanischen Juden arbeiten auf sozialem und philanthropischem Gebiet zusammen, ohne Rücksicht auf ihre religiösen Differenzen. Ob es um Hilfe für Israel geht oder um den Bau eines Krankenhauses, oder um die Unterstützung eines jüdischen Projekts, immer arbeiten die Orthodoxen, die Konservativen und die Reformisten einträchtig zusammen. Oft kommen die tatkräftigen Anführer dabei aus den nichtorthodoxen Bewegungen, wenn nicht sogar aus der großen Gruppe der völlig religionslosen Juden. Große Hilfsorganisationen wie B'nai Brith und Hadassa, die für ihre Tatkraft und ihre Leistungen bekannt sind, beschränken sich auf keine religiöse Partei. Eine kleine Tatsache ist vielleicht bezeichnend für den grundsätzlich guten Willen der jüdischen Gemeinschaft: selbst wenn Juden, die sich um keine Vorschriften kümmern, bei irgendeiner gemeinsamen Veranstaltung in der Überzahl sind, sorgen sie gewöhnlich dafür, daß nur koschere Speisen serviert werden, auch wenn es sehr viel mehr kostet. Der Instinkt, der sie dazu veranlaßt, verdient ein hohes Lob, aber alle halten es eigentlich für selbstverständlich.

Wenn das Judentum nur aus Wohltätigkeit, ärztlichen, sozialen und anderen Hilfeleistungen bestünde, wäre die große Mehrheit der Gemeinschaft orthodox. Diese Dinge sind zwar nicht die ganze Thora, aber sie machen einen großen Teil aus. Die Pietisten sind manchmal verzweifelt über die amerikanische Judenheit. Ich für meinen Teil bin stolz darauf, ihr anzugehören, und ich glaube, daß sie ihre große Zeit noch vor sich hat.

Assimilation

«Das beste für uns ist, wenn wir Mischehen eingehen und verschwinden», sagte ein Kommilitone zu mir, als ich siebzehn war. Es war das erste Mal, daß ich die Parole der Assimilanten so laut und eindeutig ausgesprochen hörte. Mir wurde eiskalt. Ich starrte ihn an und fragte mich, ob er das wirklich ernst meinte. Er meinte es ernst. Die Befürworter der Assimilation meinen es immer ernst, auch wenn sich manche Juden beim besten Willen nicht vorstellen können, was in ihren Köpfen vorgeht.

Die Assimilation ist seit sehr langer Zeit eine Hauptpartei der jüdischen Abweichbewegungen. Sie wirkt nicht wie eine Partei, weil sie ihrer Natur nach keine Organisation, keine Tempel, keine Schulen und keine Lehrbücher hat. Aber in freiheitlichen Perioden wie der gegenwärtigen – und in unserer Geschichte hat es mehrere solcher Zwischenspiele gegeben – gehen manchmal die Hälfte aller Juden und mitunter sogar mehr als die Hälfte, dazu über.

Assimilanten wetterwendische Schwächlinge, Verräter, Abtrünnige zu nennen, heißt Nachdenken durch Schimpfen ersetzen. Die Assimilation ist nicht nur weitverbreitet, sondern sie hat auch gewichtige logische Gründe für sich. Das Erstaunliche ist im Grunde, daß die Juden in einer dieser Perioden der Toleranz nicht völlig verschwunden sind. Soll man die Gelegenheit, die Last der gesellschaftlichen Ächtung abzuwerfen und unter den Milliarden anderen Menschen zu verschwinden, nicht schnellstens begeistert beim Schopf packen? Was hat es für einen Sinn, sich – angesichts der düsteren Geschichte der Juden – anders zu verhalten?

Dabei stellt der Assimilant seinen Standpunkt selten so kaltblütig fest wie mein Kommilitone. In der Regel macht er sich auch keinen Plan, wie er am besten verschwinden kann. Er läßt es einfach geschehen. Und es geschieht ganz von selbst, wenn man nicht dazu steht, daß man Jude ist. Nach drei oder vier Generationen gilt die Familie nicht mehr als jüdisch, es sei denn, blutdürstige Irre wie die Nazis machen sich auf die Jagd nach den Großvätern. In einer freien Gesellschaft jüdisch zu bleiben, kostet Mühe. Wenn man sich diese Mühe nicht gibt, verblaßt das Jüdische und stirbt ab. Leute, die die Assimilation aktiv zu beschleunigen suchen, indem sie ihren Namen ändern und ihre Herkunft verbergen oder direkt leugnen, sind Ausnahmen.

Die Assimilation greift zuerst die äußersten Spitzen des Judentums an. Niederlassungen, die weit von den Zentren der Gemeinschaft entfernt sind, lösen sich fast immer sehr schnell auf. In der jüdischen Gesellschaft sind es immer die Reichsten und die Ärmsten, die Gebildetsten und die Ungebildetsten, die Klügsten und die Dümmsten, die zuerst abfallen. Unwissenheit und Dummheit führen dazu, daß man nicht mehr am Glauben festhält. Im Ghetto schwimmen die Ungebildeten und Untüchtigen einfach mit dem Strom mit, aber wenn sie aus ihrer Umgebung gerissen werden, kümmern sie sich immer weniger um ihr Judentum und vergessen es schließlich ganz. Armut treibt die Menschen dazu, die Gesetze nicht mehr zu befolgen, und zermürbt ihre Identität. Das andere Extrem sind die Reichen und Begabten, die schnell Zugang zur nichtjüdischen Welt finden. Da ihnen das Judentum auf dem Weg zum Erfolg hinderlich ist, lassen sie es eben fallen. Am längsten hält sich das Judentum in den mittleren Gruppen, sei es in zionistischer, orthodoxer oder abweichender Form.

Aber auch hier faßt die Assimilation schließlich Fuß. Wenn Professoren und hohe Regierungsbeamte, Filmstars und Millionäre, Schriftsteller und Richter ihre jüdischen Bindungen und Lebensweisen in aller Öffentlichkeit aufgeben – wie es heute in Amerika geschieht und früher in Deutschland, Spanien, Marokko, Rom und Babylon geschah –, dann kann man sich nur wundern, daß überhaupt noch jemand übrigbleibt, der das Judentum weiterträgt. Aber das tut ein übriggebliebener Rest immer, und mit der Zeit erneuert sich das Judentum unter Aufbietung aller seiner Kräfte – und sei es nur, um in der nächsten Periode der Toleranz eine neue Welle begabter Assimilanten hervorzubringen. Man hat sogar behauptet, daß die wahre Mission der Juden, das Geheimnis des Messias-Symbols, darin besteht, der Welt immer wieder einen heiligen Paulus, einen Spinoza, einen Freud oder einen Disraeli zu bescheren. Das ist eine bestechende Idee. Aber eine Schwäche hat sie: wenn es der Assimilation jemals gelingen sollte, die Geschichte zu überrunden, dann würden das Milieu und die Art Menschen, die solche Koryphäen hervorbringen, verschwinden und die Welt bekäme keine mehr zu sehen.

Bei jeder neuen Woge der Assimilation ist der Verlust genialer Persönlichkeiten vorauszusehen. Sie erkennen am schnellsten die Widersprüche zwischen dem Alten und dem Neuen, und sie entscheiden als erste, daß das Judentum veraltet ist. Daß sie die neue Lebensweise so schnell meistern, daß man sie um ihrer Begabung willen mit offenen Armen aufnimmt, genügt ihnen als Antwort auf die Frage, wozu sie auf der Welt sind. Sie schaffen ein Klima, in dem die Assimilation zuerst nur besonders klug ist und dann etwas ganz Normales wird. Die einfachen Leute folgen ihnen massenweise, ohne als Ausgleich große Leistungen vorzuweisen, einfach, weil es immer leichter ist, kein Jude zu sein, wenn der Zusammenhalt in der Gemeinde schwächer wird.

Das Merkwürdige ist, daß diese folgenschwere Abkehr vom Judentum bei den paar Begabten fast nie eine wohlüberlegte Entscheidung ist. Oft waren schon die Eltern so weit vom Judentum abgerückt, daß sie nie Gelegenheit hatten, ihren Glauben wirklich kennenzulernen. Oder wenn die religiösen Vorschriften zu Hause noch eingehalten werden, können sie sich nicht gegen die Interessen, die sich aus ihrer besonderen Begabung ergeben, durchsetzen. Mit fünfzehn Jahren haben sie bereits eine Lebensweise und geistige Einstellung angenommen, die eine spätere Identifizierung mit dem Judentum endgültig ausschließen. Es ist ein verrückter Zufall, wenn sich – wie Heinrich Heine – ein genialer Mensch die Sache mit der Assimilation noch einmal überlegt, den Fall energisch von neuem aufrollt und zu einer gegenteiligen Entscheidung kommt. Und so selten das vorkommt, es kommt leider immer zu spät, sowohl für den Mann selbst wie auch für die Menschen, die ihm gefolgt sind.

Plädoyer eines Assimilanten

«Was Sie hier sagen, ist völlig richtig und im großen und ganzen gut ausgedrückt. Ich bewundere Ihre Kenntnis des Judentums und Ihre Fähigkeit, sich danach zu richten. Theoretisch beneide ich Sie sogar – nicht direkt um das Leben, das Sie führen, aber um Ihre Kenntnis einer Überlieferung und um Ihren Glauben, beides Dinge, die mir völlig fremd sind. Aber für mich ist das Kapitel endgültig erledigt. Wie Sie wissen, habe ich nie geleugnet, Jude zu sein, und ich bin stolz auf meine, wie Sie es nennen, uralte und vornehme Abstammung. Es tut mir leid, aber die jüdische Mission bedeutet mir überhaupt nichts. Sie ist eine Kuriosität der Geistesgeschichte, weiter nichts.

Ich bin mir völlig klar darüber, daß meine Kinder ihre jüdische Identität wahrscheinlich abstreifen werden, und meine Enkelkinder tun es ganz bestimmt. Auf die Gefahr hin, Sie zu beleidigen, muß ich zugeben, daß ich das für gut halte. Mein ganzes Talent, soweit ich eins habe, hat mich nie vor gewissen Stichen und Gemeinheiten bewahrt, die ein Jude immer wieder zu spüren bekommt. Das Leben ist so schon schwer genug. Wenn man es sich ein bißchen leichter zu machen versucht, finde ich das nur vernünftig. Ich wiederhole noch mal, ich habe großen Respekt vor allen, die das Judentum zum Hauptinhalt ihres Lebens machen, und ich bewundere Sie, wenn ich Sie auch nicht ganz verstehe. Vielleicht haben Sie in den Augen des Gottes, an den Sie glauben und ich nicht, sogar recht. Aber im Grunde kommen Sir mir alle vor wie Don Quichotte, der mit verrückter und traurig-komischer Begeisterung in einer rostigen Rüstung auf einer klapprigen Schindmähre auszieht, um einem veralteten Ehrenkodex zu folgen. Ich wünsche Ihnen alles Gute. Wenn sich herausstellt, daß Sie recht haben und daß es wirklich ein Jenseits gibt, dann dürfen Sie mich meinetwegen auslachen, vorausgesetzt, man kann dadrüben überhaupt lachen. Aber ich glaube nicht, daß ich dieses Lachen jemals zu hören bekomme; und ich kann beim besten Willen nicht von Ansichten abgehen, die für mich so klar und unverrückbar feststehen, wie der Himmel über uns.

Sie wollen, daß ich ‹mein Erbe›, noch einmal genau überprüfe. Soll ich mich etwa auch mit aller Gründlichkeit mit dem Islam, dem Buddhismus, dem Katholizismus und mit Zarathustra auseinandersetzen? Und wann soll ich dann meine berufliche Arbeit erledigen? Die jüdische Religion bedeutet für mich genausoviel wie die anderen Religionen: ein Sammelobjekt in einer religionswissenschaftlichen Galerie. Ich kenne ihre generellen Züge: Abraham, Moses, ein einziger Gott, der Auszug aus Ägypten, die Thora, kein Schinken, und das ganze Zeug.

Nein, ich habe den Talmud nicht studiert. Aber ich nehme für mich in Anspruch, einigermaßen intelligent zu sein und in der Gegenwart zu leben. Wenn der Westen dieses speziell jüdische Studium ablehnte und nur die Bibel übernommen hat, gebe ich ihm absolut recht. Hat mir der Rambam irgend etwas zu sagen, was ich nicht bei Kant, Nietzsche und Whitehead finde? Wenn ja, wo sind die Leute, die ihn entdecken? Ich nehme an, er ist eine Art jüdischer Thomas von Aquin. Aber der ist doch ein alter Hut für mich. Ich finde, daß ich anständigerweise über die Hauptfragen der modernen Philosophie Bescheid wissen muß, und im großen und ganzen tue ich das auch. Ich habe nicht die geringste Lust, wieder in die Jeschiwa zu gehen und mich zwischen Schuljungen zu setzen. Ich bin ein erwachsener Mann, ich habe meinen Beruf, und ich wüßte nicht, woran es mir fehlt, daß ich eine so drastische und melodramatische Kur brauchte.»

Ich habe natürlich mit Absicht einen Assimilanten, der sich seine Gedanken macht, erfunden und für seine Partei sprechen lassen. Es wäre ein Spiel mit gezinkten Karten gewesen, wenn ich mir den armen Teufel ausgesucht hätte, der in einer nachgemachten Tudor-Villa in einem New Yorker Vorort lebt und zu einem Spendensammler von United Jewish Appeal* mit leichtem Akzent sagt: «Wer hat Ihnen gesagt, daß ich Jude bin? Bitte verschwinden Sie und lassen Sie mich in Ruhe!» Oder das junge Mädchen, das das Testament seines Großvaters anficht, weil er jedes Enkelkind enterbt hatte, das einen Nichtjuden heiratete. Die Eltern des Mädchens hatten

---

* Eine der größten amerikanischen Organisationen zur Sammlung von Geldmitteln für jüdische Zwecke in Europa, Israel und für jüdische Flüchtlinge in Amerika.

es nicht im jüdischen Glauben erzogen. Sie wollte ihren christlichen Liebsten und außerdem die Aktien und Wertpapiere ihres Großvaters haben, aber nicht seine gräßliche Religion. Ich glaube, sie hat den Prozeß gewonnen.

Diese Menschen – der Erfundene, der so glänzend spricht, und die beiden anderen, deren Verhalten genauso beredt ist – sind für das Judentum verloren, daran ist nichts zu ändern; auf diesem Weg haben wir viel mehr Juden verloren als durch den Hitlerterror. Natürlich bleiben sie als Menschen am Leben. Aber für eine Armee ist es kein großer Unterschied, ob eine Division aufgerieben wird, oder ob alle desertieren und die Uniform wegwerfen.

Unser Glaube lehrt, daß Gott einen Juden noch in seiner letzten Stunde zum Judentum zurückholen kann. Aber normalerweise tötet die Assimilation den Nerv des Judentums in einem Menschen ab. Das ist während unserer ganzen Geschichte vielen Menschen passiert. Mangel an Erziehung, fehlender Wille, drastische Milieuveränderungen, Verfolgung, besondere Interessen, die einen Menschen voll in Anspruch nehmen, geistige Entfremdung – alle diese Dinge können den Nerv abtöten.

Fast immer wird der zuletzt genannte Grund angegeben – geistige Entfremdung. Aber meistens sind das nur Worte, die der vollzogenen Tatsache folgen. Eine Gestalt wie Spinoza, der das Judentum bis auf den Grund erforscht und es dann verwirft, ist so selten, daß man sie fast einmalig nennen könnte. Die meisten Menschen verlieren ihr Judentum, weil sie nie Gelegenheit hatten, es zu fassen zu bekommen. Der Talmud nannte diese große Gruppe «Kinder, die in der Gefangenschaft aufwachsen», und er spricht sie von der Verletzung der Religionsgesetze frei. Unter diesen «Kindern» befanden sich zur Zeit des Talmud einige der wohlhabendsten Leute im Römischen Reich.

Die Unentschiedenen

Es gibt eine Gruppe von Juden, die heute genauso groß ist wie die der Assimilanten, sich aber grundsätzlich von ihnen unterscheidet. Bei ihnen ist der Nerv verletzt, aber noch nicht tot. Sie sprechen und handeln vielleicht wie die Assimilanten. Gewöhnlich sind sie in keiner Tempelgemeinde und befolgen keinerlei Riten. In der Unterhaltung können sie sich heftig über den Konformismus der Religion und den übernatürlichen Gott des Moses ereifern. Trotzdem bringen sie es nicht fertig, sich in aller Ruhe mit dem Dahinschwinden ihres Judentums abzufinden. Der Gedanke, daß ihre Kinder dem Judentum endgültig verloren sein könnten, stört ihren Seelenfrieden, obwohl sie nicht sagen können, warum. Sie schämen sich fast dieses Selbsterhaltungsinstinkts. Diese Menschen sind keine Assimilanten. Sie sind widerstandsfähige Juden, die durch die Katastrophen der letzten zwei Jahrhunderte aus der Bahn geworfen wurden. Daß sie sich immer noch zum Judentum zugehörig fühlen, ist ein reines Wunder. Sie sind genauso wie die gesetzestreuen Juden Zeugen dafür, wie erstaunlich dauerhaft der Geist des Hauses Abraham ist.

Israel

Der gegenwärtige Höhepunkt

Ich habe gesagt, daß Israel im eigentlichen Sinn kein religiöses Land ist. Trotzdem muß die Gründung des Staates Israel zur Zeit den Höhepunkt eines Berichts über die jüdische Religion bilden. Wenn man die Unverschämtheit besäße, Gottes Wege erraten zu wollen, könnte man fast sagen, daß die Aufklärung mit all ihren Aufregungen und katastrophalen Folgen nur stattfand, damit Israel entstehen konnte.

Denn der Aufklärung ist es zu verdanken, daß Israel entstand, dieser neue Triumph des jüdischen Geistes, dieser Staat, der Jahr um Jahr an Stärke und Achtung in der Welt zunimmt, der in Erfüllung gegangene Traum von sechzig Exilgenerationen, das Land der Juden. Noch vor hundert Jahren war es nur eine trügerische Vision der Ghettos, nicht wirklicher vorhanden als die Fußstapfen des Messias. Heute existiert Israel trotz aller Schwierigkeiten durch sein zu rasches Wachstum. Es sitzt im Rat der Nationen. Seine junge Armee hat das Bild des ruhelos wandernden ewigen Juden, der dazu verdammt ist, Beschimpfung und Tod hinnehmen zu müssen, ohne sich wehren zu dürfen, aus dem Gedächtnis der Menschen ausgelöscht. Was Israel in den ersten zehn Jahren seines Bestehens geleistet hat, ist unvergänglich.

Nachdem Titus Jerusalem dem Erdboden gleichgemacht hatte, blieb Zion für die Juden – Vater, Sohn, Enkel und Urenkel – immer das, was für einen Reisenden sein Zuhause ist. Die Jahrhunderte haben nie diesen romantischen Traum eines in alle Winde zerstreuten Überrests einer Nation zerstören können, daß sie eines Tages in das Land zurückkehren würden, das Gott ihnen versprochen hatte. «Nächstes Jahr in Jerusalem» war das Motto, das die Hoffnung der Zerstreuten wachhielt. Ich kann mich erinnern, daß ich mich schon als Kind über die Träumerei gewundert habe, wenn diese Worte während des Passahmahls gesprochen wurden. Trotzdem habe ich erlebt, wie dieser Traum Wirklichkeit wurde.

Nun, da das Wunder geschehen ist, scheint es etwas ganz Alltägliches zu sein, solange man nicht darüber nachdenkt. Man kann den äußeren Gang der Ereignisse, die zur Entstehung Israels führten, rekonstruieren. Aber für mich, und ich glaube, für die meisten Menschen, die sich ein wenig Gedanken machen, bleibt es eins der phantastischsten Geschehnisse der letzten Jahrhunderte. Das Votum der Vereinten Nationen, das Israel schuf, war, glaube ich, gerecht; es war vielleicht der erste große Akt einer internationalen Rechtsprechung, ein schwacher Hoffnungsstreifen am Horizont, der auf eine künftige Weltordnung hoffen läßt.

Die quälenden Spannungen zwischen Israel und seinen arabischen Nachbarn gehen über den Rahmen dieses Buches hinaus. Der arabische Halbmond braucht eine moderne Industrie wie sie Israel hat, und Israel braucht den Handel mit der arabischen Welt und ihre Rohstoffe. Mit der Zeit müßte es zu einem natürlichen Handelsverkehr zwischen beiden kommen. Aber solange sich die Armeen drohend an den Grenzen gegenüberstehen, ist nicht damit zu rechnen.

Wie Israel entstand

Israel bleibt unbegreiflich, wenn man nicht wenigstens die nackten Tatsachen kennt, durch die es entstanden ist. Die weltweiten Veränderungen des 19. Jahrhunderts machten Israel möglich. Die Emanzipation der Juden und die damit verbundene geistige Freiheit, der Aufstieg des Bürgertums und später der Arbeiterklasse gaben der jüdischen Masse neue Kraft. Druckpressen, Eisenbahnen, Telegrafen und bessere Straßen brachten die über ganz Europa zerstreuten und abgeschlossen lebenden jüdischen Bevölkerungsgruppen wieder miteinander in Verbindung. Der Antisemitismus, die Pest dieses Jahrhunderts (die im 20. Jahrhundert unter Juden und Christen wütete und so viele Opfer forderte wie der Schwarze Tod im Mittelalter), beschwor eine Krise herauf, bei der man nicht länger untätig bleiben konnte. Mit dem neuen Transportwesen brauchte man schließlich keine Wunder des Himmels mehr, um ein ganzes Volk irgendwohin zu befördern. Im Mittelalter waren Adlerflügel und die weißen

Schlachtrösser des Messias die Traumsymbole des Zionismus. An ihre Stelle traten die Eisenbahn, das Dampfschiff, das Auto und zu guter Letzt das Flugzeug.

Ein großes Ereignis braucht nicht nur einen äußeren Rahmen, es braucht auch einen Helden. Der wahre Gründer Israels war einer der merkwürdigsten Helden der neueren Geschichte, ein Führer, der ebenso unerwartet auftauchte wie Moses oder Napoleon. Ein freigeistiger Wiener Journalist – ein Boulevardier mit grauen Handschuhen und Zylinderhut, der in Paris genauso wie in Berlin zu Hause war, unwichtige Theaterstücke, Romane, Buchbesprechungen und Pamphlete schrieb – ausgerechnet dieser Mann hatte blitzartig eine großartige Vision des kommenden Judenstaates in Israel. Er schrieb in ein paar Wochen das Buch *Der Judenstaat* herunter, die wahre Unabhängigkeitserklärung des Staates Israel; ein kleines Buch, das einem noch heute die Tränen in die Augen treibt mit seinem nie erlahmenden Feuereifer, seinen kleinen kosmopolitischen Torheiten, seinen grandiosen Stellen, seiner Leidenschaft und seinen erschütternden Ausbrüchen echter jüdischer Prophetie. Das heutige Israel hat alle Stärken und Schwächen dieses Buches. Mit ihm ist das Buch wahr geworden.

Theodor Herzl starb ein paar Jahre, nachdem er das Buch geschrieben hatte, als körperliches Wrack, der verspottete und angefeindete Führer einer kleinen, streitsüchtigen visionären Bewegung, die bei Juden und Nichtjuden auf heftigen Widerstand stieß und von der Verwirklichung des Traums vom Judenstaat so weit entfernt schien wie die Juden zur Zeit Vespasians. Aber nur fünfundvierzig Jahre später – Herzl war mit fünfundvierzig Jahren viel zu früh gestorben – brachten die Führer des neuen jüdischen Staats seine Gebeine von Wien ins Heilige Land und betteten ihn auf dem Mount Herzl zur letzten Ruhe – mit dem Blick nach Osten, nach Jerusalem.

Die heutigen Führer

Als Herzl seinen *Judenstaat* schrieb, wußte er so wenig über die Sache der Juden Bescheid, daß er keine Ahnung von der bereits vorhandenen zionistischen Bewegung in den Ghettos Osteuropas hatte. Er hätte sich nie träumen lassen, daß sein Buch einen Vorläufer hatte, die berühmte Broschüre *Selbst-Emanzipation* des Odessaer Arztes Leo Pinsker. Später sagte Herzl, daß er sein Buch nie geschrieben hätte, wenn er Pinskers Schrift gekannt hätte.

Die «Freunde Zions», wie sich die von Pinsker gegründete Partei nannte, setzten sich für die sofortige Auswanderung aller Juden aus den östlichen Despotien ein, in denen es schon zu blutigen Pogromen gekommen war. Erst einmal mußte man das Volk nach Palästina schaffen, meinten sie, der Staat kam dann schon irgendwie zustande. Das nannten sie «praktischen Zionismus», im Gegensatz zu Herzls «politischem Zionismus», der zuerst eine Großmacht oder auch mehrere Mächte gewinnen wollte, die sich für den neuen Staat einsetzten.

Kommt uns dieser Streit um Theorien heute unwichtig und unverständlich vor? Der Zionismus wäre in seinen Anfängen fast daran zugrunde gegangen, und Herzl starb daran. Jetzt sehen wir, daß beide Seiten recht hatten. Israel brauchte Menschen im Land, und es brauchte die Resolution der Vereinten Nationen, die sofort von den Vereinigten Staaten und der Sowjetunion anerkannt wurde und Herzl noch nach seinem Tode zu einem Triumph verhalf. Die Spaltung zwischen Herzl und den Zionisten Osteuropas gehört zu den tragischen Irrtümern der Geschichte. Menschen begeistern sich für verschiedene Aspekte einer einzigen Wahrheit und sind bereit, für ihren Standpunkt zu sterben oder auch zu töten. Die Zeit vergeht, manchmal sind es nur ein paar Jahre, und dann stellt sich heraus, daß die Todfeinde in Wirklichkeit dasselbe wollten, daß sie auf derselben Seite kämpften und sich nur, weil es so dunkel war, gegenseitig totschlugen.

Herzl verfolgte in den wenigen Jahren, die er noch zu leben hatte, sein Ziel mit erstaunlicher Kühnheit und Kraft. Er stürmte von einer europäischen Hauptstadt zur andern, suchte Fürsten und Bankleute – wenn nötig über die Hintertreppe

– auf und versuchte ihre Unterstützung für seinen Traum zu gewinnen. Er sprach mit den Rothschilds, mit dem deutschen Kaiser, dem Sultan in der Türkei, dem britischen Außenminister, dem König von Italien und dem Papst. Er rieb sich völlig auf mit diesen großartigen Audienzen, die im Grunde sinnlos waren und überhaupt nichts einbrachten. Aber wenn er auch bei den Leuten, die das Geld und die Macht hatten, nichts ausrichtete, so begeisterte sein idealistischer Tatendrang die jüdischen Massen. Die unterdrückte Bevölkerung der Ghettos nannte ihn ganz offen den Messias. Und er war besonders faszinierend, weil er so weit von ihnen entfernt war.

Die zionistischen Führer Osteuropas erkannten seine Genialität und überließen ihm den ersten Platz in der Bewegung. Aber sie schickten laufend weiter Pioniere nach Palästina, eine Politik, die Herzl als ein verhängnisvolles Hindernis auf dem Wege zur friedlichen Anerkennung des neuen Staates durch die Großmächte bekämpfte. Als der große Visionär auf dem Fünften Zionistischen Weltkongreß als Zwischenlösung einen Plan, die Juden in British Uganda anzusiedeln, vortrug, lehnten sie den Vorschlag einstimmig ab und brachen damit seine Macht und ihm das Herz. Ein Jahr später war er tot.

Die zionistische Arbeiterbewegung Osteuropas übernahm daraufhin die Führung, die sie auch heute noch innehat. Ihre Führer waren die emanzipierten Jeschiwastudenten, die sich Kenntnisse über die westliche Welt in den sozialistischen Untergrundgruppen holten, die den Zaren bekämpften; die Mitglieder waren die idealistischen Sozialisten des 19. Jahrhunderts, die dann bald von den eisenharten Kadern Lenins aufgerieben werden sollten. Dieser Ursprung erklärt, glaube ich, zum großen Teil den merkwürdig altmodischen Zug in der Politik Israels, die so ganz anders ist als die hypermoderne Landwirtschaft, Wissenschaft und Armee. An den Grenzen, in den Forschungsinstituten und in den landwirtschaftlichen Kommunen schreibt man das Jahr 1959. In den Polemiken der Zeitungen und in den Debatten der neun Parlamentsparteien hat man oft den Eindruck, noch im Jahr 1905 zu leben. David Ben-Gurion, der Premierminister, ist in der ganzen Welt als ein genialer Mann der Tat bekannt, genau wie Churchill; und genau wie Churchill neigt er in der Innenpolitik zu einer Rhetorik, die aus der Zeit seiner Jugend stammt.

Daher kommt es, daß der Staat Israel, die endliche Erfüllung des ältesten religiösen Traums der Welt, von einem irreligiösen Gründer entworfen und von Männern geschaffen wurde, die zum größten Teil keine gesetzestreuen Gläubigen waren. Natürlich hat es in den vordersten Reihen des Zionismus immer auch religiöse Männer gegeben. Ein großer Teil der jüdischen Massen, der den neuen Staat unterstützte, ist in Israel und auch im Exil der Religion treu geblieben. Es gibt eine starke Thora-Partei im jüdischen Parlament. Und der Zionismus selbst stammt aus der Religion, auf der er letzten Endes beruht, und es ist eine sinnlose Vergeudung von Blut, Geld und Arbeit, wenn man ihn nicht im Licht der uralten Tradition sieht, aus der er seine Lebenskraft zieht.

Das stimmt alles; trotzdem ist Israel im Augenblick sicher nichts anderes als ein tapferer, kleiner weltlicher Staat, eine der vielen nationalistischen Neubildungen in einem Jahrhundert, in dem ständig Regierungen gestürzt werden und neue Nationen entstehen. Wenn es wirklich mehr ist, dann ohne es zu wollen, könnte man sagen. Es hat sich nicht vorgenommen, der Welt einen Messias zu schenken. Es wünscht sich Frieden, Unabhängigkeit und ein gutes Leben für seine Bürger. Der Zionismus, der heute in Israel besteht, läßt sich trotzdem leicht in das Geschichtsbild der jüdischen Religion einordnen. Einen rein religiösen Staat hat es im alten Israel nie gegeben. Es gab religiöse Könige und irreligiöse Könige; Generäle, die den Gläubigen feindlich, und Generäle, die ihnen freundlich gesinnt waren; immer hielt sich ein Teil der Bevölkerung an das Mosaische Gesetz, und ein Teil tat es nicht. David verband nach Moses am großartigsten den Mann der Tat mit dem Mann Gottes. Er ist eine einmalige Erscheinung in den Geschichtschroniken der Bibel. Zur Zeit des zweiten Tempels lief gerade die Priesterschaft zu den Hellenisten über. Wer heute Israel besucht und bekennt, daß er entsetzt sei, Leute am Sabbat rauchen zu sehen, hat seine Bibel oder seine jüdische Geschichte nicht gelesen. Israel ist der Ort, von dem, wie wir glauben, eines Tages das Licht des Herrn ausgehen wird, um nicht nur das Land, sondern die ganze Welt zu erfüllen. Es ist aber, jedenfalls nach jüdischer

Auffassung, nicht der Ort, wo dieses Ereignis schon stattgefunden hat.

Nach dem jüdischen Gesetz ist der moderne Zionismus eine einzige lange Lebensrettungsaktion, um große Menschenmassen vor dem sicheren Untergang zu bewahren. Seit die Griechen auf den glänzenden Einfall kamen, die jüdischen Heere immer am Sabbat anzugreifen – denn anfangs wehrten sich die Soldaten nicht und ließen sich ohne weiteres niedermachen –, hat unser Gesetz bestimmt, daß im Notfall die Lebensrettung wichtiger ist als das Gesetz. Das ist keineswegs der Grund, mit dem irreligiöse Zionisten ihre Aktionen erklären; aber ich glaube, daß sie unter diesem Gesichtswinkel zu verstehen sind.

Natürlich sehen Menschen, die ihr ganzes Leben auf eine bestimmte Weise verbracht haben und darüber grau geworden sind, ihre Lebensweise als die normale an, selbst wenn ihr ganzes Leben ein einziger ständiger Kampf um die Rettung anderer war. Die Männer der Tat, die bei der Entstehung Israels in vorderster Reihe kämpften, wurden immer wieder von frommen Juden angegriffen, deren Leben sie retteten, deren einzige Sorge aber dem Gesetz galt, und die deshalb mit dem unbekümmerten Eingriff der Zionisten in den Gang der Ereignisse nicht einverstanden waren und ihnen ihre religiöse Unwissenheit und ihre Skrupellosigkeit, mit der sie Riten und Bräuche vernachlässigten, vorwarfen. Die Retter ihrerseits bestanden immer stärker auf ihrem weltlichen Grundprinzip und verachteten den Glauben, der sich ihnen in dieser Form darbot.

Ben-Gurion kann nicht wie Eisenhower allen Parteien mit großmütiger Toleranz begegnen. In den zahlreichen Entscheidungen, die er als erster Mann im Staat täglich zu treffen hat, muß er – sowie sie eine religiöse Frage berühren – entweder tun, was die Rabbiner sagen, oder er muß sich gegen sie stellen, oder aber er muß mit ihnen einen Kompromiß aushandeln. Einen anderen Weg gibt es für eine Regierung in Israel nicht. Ben-Gurion und seine Partei stehen oft in Opposition zu den Rabbinern und geben manchmal ganz oder zumindest teilweise nach. Zweifellos opponieren diese hartgesottenen alten Sozialisten manchmal aus reiner Gewohnheit gegen die Rabbiner, aus dem alten rebellischen Geist ihrer Jugend heraus. Aber genausooft, glaube ich, stammt ihre Opposition aus ihrer Überzeugung, was hier und jetzt getan werden muß, um das belagerte Israel am Leben zu erhalten. Wenn aus der religiösen Partei ein neuer, junger David aufsteigen und in Israel ans Ruder gelangen sollte, steht er vor genau demselben Problem. Die Stabilisierung dieser vollkommen neuen Verhältnisse in der Judenheit wird viele Jahre dauern, und es muß dabei zwangsläufig zu Zusammenstößen kommen.

Der Sozialismus Israels scheint mir alles andere als eine welterobernde Ideologie zu sein. Soweit ich die Jugend des Landes kenne, ist ihr Blick nach Westen gewandt. Sie wollen das freie, wagemutige Leben in den Vereinigten Staaten und nicht den Ameisenhaufen Chinas oder den trostlosen Lebensstandard der Länder hinter dem Eisernen Vorhang. Der Geist ist in Israel völlig frei, unzensiert, nicht reglementiert. Aber welche andere Wahl bleibt ihnen? Auch in Amerika hatten wir während der Kriegsjahre die graue Welt der Rationierung und Kontrollen. In einem nationalen Notstand gibt es keinen anderen Weg. Israel lebt in einer ständigen militärischen Krise, und daran wird sich, solange wir leben, auch nichts ändern. Wenn die Wachsamkeit der Nation auch nur ein halbes Jahr lang nachläßt, werden Nassers Armeen Tel Aviv und Haifa niederbrennen. Deshalb bleiben die sozialistische Bürokratie und ihre Zwangsmaßnahmen weiter bestehen, und es ist ein Wunder, daß das Volk trotzdem so heiter und lebensvoll ist.

Diese Überlegungen erklären meiner Ansicht nach, warum so viele gesetzestreue Juden in Israel und in anderen Ländern die neue Nation bejahen, obwohl einige ihrer Führer nicht besonders religiös und andere sogar ausgesprochene Agnostiker sind. Gutwillige Menschen begreifen, daß hier mühsam um ein neues jüdisches Schicksal gekämpft wird, und daß alle Menschen in Israel – abgesehen von ein paar Extremisten – für das Überleben der Juden arbeiten. Gleichgültig, wie scharf die Auseinandersetzungen über die Fragen der Tagespolitik sind – und sie gehen hin und wieder so weit, daß es fast zum Bürgerkrieg kommt –, es gibt nur ein Ziel, und in Ausnahmesituationen stehen alle Menschen einmütig zusammen.

Als ich das erste Mal vom Flugzeug aus die Lichter des Flughafens Lydda aufleuchten sah, empfand ich ein Gefühl der Ehrfurcht, das ich wohl in meinem ganzen Leben nicht mehr empfinden werde. Dann landete das Flugzeug, und ich war in einem Flughafen, der wie jeder andere war, voller Durcheinander und Hast und amtlicher Schwafelei und vielsprachigen Schildern – außer daß eine der Sprachen auf den Schildern die Sprache war, in der ich als Kind die Thora gelernt hatte. Am Ausgang stand aufrecht wie immer mein über neunzig Jahre alter Großvater in seinem langen schwarzen Mantel und seinem runden schwarzen Hut und erwartete mich. Er umarmte mich, und das war für mich der Willkommensgruß auf dem Boden des Heiligen Landes.

Der Boden selbst war natürlich glatt betoniert, aber trotzdem meinte ich seine elektrisierende Wirkung geradezu körperlich zu spüren. Diese romantische Idee verflüchtigte sich schnell, als ich mich um mein Gepäck kümmern und zur Paßkontrolle mußte, wir ganz schnell die neuesten Familiennachrichten austauschten und ich die verwirrenden offiziellen Empfangszeremonien über mich ergehen lassen mußte. Ich gehörte nämlich zu einer amerikanischen Delegation, die unter Führung von Mennen Williams, dem Gouverneur von Michigan, zum siebten Jahrestag der israelischen Unabhängigkeit eine Replik der Freiheitsglocke überreichen sollte. Wir wurden in einen Raum geführt, in dem uns ein Mann vom Außenministerium erwartete. Ich hatte einen würdigen älteren Herrn im formellen dunklen Anzug zu sehen erwartet; vor uns stand ein junger Bursche von Anfang Zwanzig in hellem Anzug und mit Schillerkragen.

Wir mußten sofort weiter nach Jerusalem zu einer Funkübertragung nach Amerika. Ich verabschiedete mich also von meinem Großvater, der in seine Wohnung in Tel Aviv zurückkehrte, und wir fuhren mit einem Tempo los, daß mir die Haare zu Berge standen. Ich bin in Paris Auto gefahren, in Mexiko, in Rom, an der Riviera und auf den Berg-und-Tal-Schnellstrecken von Los Angeles, und ich bilde mir ein, ein ziemlich rasanter Fahrer zu sein. Aber der israelische Fahrer ist, wenn die Straße frei ist, kein Autofahrer, sondern ein

Flugzeugpilot, der nur leider nicht ganz abheben kann, weil sein Wagen keine Flügel hat. Aber er gibt die Hoffnung nie auf und versucht es immer wieder. Manchmal gelingen ihm sogar tatsächlich ein paar Sprünge, die ungefähr so lang sind wie der erste Flug von Orville Wright. 1955 waren die Straßen noch sehr leer. Seitdem haben die israelischen Autofahrer ihr Tempo notgedrungen etwas verringert, aber im Herzen sind sie nach wie vor Flugzeugpiloten. Dieser talentierte Fahrer des Außenministeriums war übrigens ungefähr neunzehn Jahre alt.

Als wir nach Jerusalem kamen, waren die meisten Hauptverkehrsstraßen gesperrt, weil auf den Straßen getanzt wurde. In den ersten paar Jahrzehnten der amerikanischen Unabhängigkeit haben die Leute in Washington und New York wahrscheinlich auch auf der Straße getanzt. Inzwischen sind wir abgeklärt und finden sogar schon Feuerwerke ein bißchen gefährlich, und am 4. Juli veranstalten wir geruhsame Picknicks und fahren an den Strand. Die Israelis sind hundert Jahre hinter uns zurück und tanzen deshalb noch auf der Straße.

Die Polizisten, die an den Absperrungen standen, waren blutjunge Kerle. Ich habe keinen gesehen, der dreißig Jahre alt war. Ungefähr ein Drittel der Menge, die auf dem Hauptplatz unter einer riesigen elektrisch erleuchteten Sieben tanzte, war in Uniform, und zwar Männer wie Frauen – das heißt, auch sie waren wieder eher Jungen und Mädchen. Was mir in dieser Nacht nach dem Wiedersehen mit meinem alten Großvater am meisten auffiel, war die erstaunliche Jugend der Israelis. Dieser Eindruck hat sich auch nie ganz verwischt. Manchmal scheint die Bevölkerung Israels nur aus Kindern und jungen Erwachsenen zu bestehen.

Das ist natürlich eine Illusion; es gibt genauso viele alte Leute wie überall. Aber in einem Pionierland, das von feindlichen Armeen umringt ist, kommt es vor allem auf Energie, Schnelligkeit und moderne Ausbildung an; und deshalb haben die meisten verantwortungsvollen Posten junge Leute, und man trifft überall auf sie. Als ich einmal mit der kleinen israelischen Kriegsmarine zu einem Manöver auslaufen durfte, war der Flottenadmiral ein Mann, der – seinem Aussehen nach – in der amerikanischen Marine vielleicht Kapitänleutnant hätte sein können; aber seine Manöver waren straff und durchaus professionell, und 1958 lieferte seine Flotte ein ausgezeichnetes Seegefecht.

Israel ist landschaftlich wunderschön. Das wird selten erwähnt, weil die Kontroversen um dieses Land und das aufregend Neue an ihm für alle Leute am interessantesten sind. Im Norden gibt es streckenweise Berge, die an die Schweiz erinnern; der mittlere Küstenstreifen läßt an Südkalifornien denken, und der trockene, rote menschenleere Negev mit dem phantastischen Toten Meer wirkt wie eine Marslandschaft. Jedesmal, wenn ich hinkomme, entdecke ich einen neuen hinreißenden Ort. Am liebsten habe ich Haifa, eine weiße, betriebsame Stadt auf sanften grünen Hügeln über dem purpurnen Mittelmeer; dann Jerusalem, dessen erhabenen Zauber ich nicht mit Worten schildern kann, zu dessen alten Hügeln es mich aber jedes Jahr wieder hinzieht; und dann die geheimnisvollen Gipfel Galiläas, von denen man auf den fernen blauen See Genezareth hinunterschaut, so daß man den Eindruck hat, daß Israel eins der größten Länder der Erde ist, und nicht eins der kleinsten. Wenn Israel nicht schon um seiner vielschichtigen religiösen Erinnerungen willen eine Attraktion für Touristen wäre, würde es durch seine landschaftliche Schönheit bestimmt bald ein beliebtes Reiseland werden.

Es ist für mich nicht möglich, mir vorzustellen, was Andersgläubige bei einem Besuch in diesem Land der Juden empfinden. Bei meinem ersten Besuch reiste ich viel mit einem methodistischen Bischof aus San Francisco zusammen, und er war hingerissen und unersättlich, nie zu müde, um nicht auch am Abend noch etwas zu unternehmen. Bestimmt muß das Land für einen ernsthaften Christen geradezu vibrieren vor Erinnerungen. Aber das ganz besondere Gefühl, das einen Menschen überkommt, der sein Leben lang zu einer Minderheit gehörte und sich plötzlich an einem Ort befindet, wo alle Menschen genauso sind wie er – diese außergewöhnliche Verschiebung, die alle Signale des Nervensystems verändert –, das kann, glaube ich, nur ein Jude empfinden, der aus der Diaspora nach Israel kommt. Im Lande geborene Israelis können es sich nicht vorstellen. Es ist ein bißchen so, wie wenn man sich das erste Mal verliebt, oder plötzlich Shakespeare begreift, oder ein Kind bekommt. Das Neue verblaßt allmählich, und man ist wieder derselbe Mensch wie vorher und doch nicht mehr ganz derselbe.

Sie können einen fast umbringen mit ihrer Freundlichkeit, Gastfreundschaft und ihrem demonstrativen Stolz. Man muß die Werke, in denen Pottasche gewonnen wird, sehen, und die Zementfabriken, und die Autofabriken mit ihren Fließbändern, und die Krankenhäuser, und die landwirtschaftlichen Kommunen und die Schwefelbergwerke, und die Jeschiwas, und die technischen Hochschulen, und die Kinderdörfer; natürlich muß man das, und vor allem muß man sich jedes einzelne davon genau ansehen, es sei denn, man kann sich mit Gewalt losreißen und darauf hinweisen, daß man in ein paar Stunden sein Flugzeug bekommen muß. Jeden Abend ist man zu einer Party eingeladen, und dann muß man bei Morgengrauen aufstehen, weil sie mit einem nach Eilath oder Sodom oder an die libanesische Grenze fahren wollen. Meine Frau hat sich einmal dagegen gewehrt und dem Beamten vom Außenministerium mit verzweifelter Entschlossenheit erklärt, daß sie an diesem Morgen nirgendwo hingehen und nichts unternehmen werde, sondern nur ihre Haare waschen und den ganzen Tag in der Sonne sitzen wolle. Er war erschüttert.

Sie sind ein sehr warmherziges Volk. Unsere alte Überlieferung stimmt: wir sind eine Familie. Alle Meinungsverschiedenheiten werden im selben scharfen Ton vorgebracht wie bei einem Krach in der Familie. Alle Festlichkeiten sind wie eine Hochzeit oder ein Geburtstag. Man kann die Leute einfach nicht dazu bringen, die Regierung ganz so ernst zu nehmen wie in anderen Ländern; schließlich ist es doch nur Onkel David oder Vetter Mosche, der eine Rede im Parlament hält. Das muß die israelischen Beamten zeitweilig die Wände hochgehen lassen. Aber es hat auch einiges für sich. Wenn die Familie in Gefahr ist, dann halten sie zusammen, als ob sie alle Brüder wären.

Wenn das Land, das ich beschreibe, wie ein idealistisches Wunderland wirkt, dann bin ich vollkommen an der Sache vorbeigegangen. Ich glaube kaum, daß man irgendwo anders größere Skeptiker und Zyniker findet. Die müde Weisheit der Levante ist nie aus dem Heiligen Land verschwunden. Die jahrhundertealten bitteren Ghettoerfahrungen, die Schrecken der Naziverfolgung, die verlegenen Drehungen und Wendungen der Nationen, die sich selbst dann, als der Rauch aus den Krematorien Hitlers den Himmel verdunkelte, nicht entschließen konnten, den Juden die paar Quadratkilometer zu überlassen, die sie jetzt ihre Heimat nennen, der unnachgiebige und sinnlose Haß der arabischen Führer, die Haltung der Großmächte, die sich nicht zwischen Gerechtigkeit und Öl entscheiden können – alle diese Dinge haben tiefe Spuren in der Mentalität der Israelis hinterlassen. Und man spürt etwas wie eine trotzige Bitterkeit bei ihnen, weil sie wissen, daß sie von den Juden der Diaspora Geld zur Besiedelung und zum Wiederaufbau des Landes brauchen und noch lange brauchen werden.

Israel ist das Land, in dem die Tageszeitungen, die Regenbogenpresse, die schlüpfrigen Illustrierten, die Untertitel von Filmen, die Reklameplakate, die Werbung im Radio, der Geschäftsjargon und der ganze kommerzielle Trubel einer modernen Gesellschaft in der Sprache der Heiligen Schrift abgefaßt sein müssen. Die Spannung ist zu groß. Wenn sie reißt, ist die Reaktion ein bodenloser Zynismus. Israel hat außerdem etwas von dem Zynismus, der für die Länder hinter dem Eisernen Vorhang besonders typisch ist, und der sich ergibt, wenn man zusehen muß, wie sich glänzende sozialistische Parolen in schlimme Bürokratie, privilegierte Cliquen und die unnachgiebige Übermacht der Organisation auflösen.

Alle diese alles andere als märchenhaften Tatsachen gehören heute, nachdem es elf Jahre besteht, zum Land der Juden und scheinen den ersten hinreißenden Eindruck, den der Besucher bekommt, Lügen zu strafen. Aber am Ende behält dieser erste Eindruck doch recht. Das Auge täuscht sich nicht, wenn es ein Land voller Sonne und rapidem Wachstum sieht, Steinwüsten, die auf einmal grün werden, Kinder, so zahlreich wie Äpfel im Oktober, kraftvolle junge Menschen, die kühne Experimente unternehmen, tapfere Soldaten sind und die schwierigsten Aufgaben erfüllen, neue Universitäten und Fabriken, die auf uralten Hügeln entstehen, blühende Wiesen und ein fröhliches Gedränge in den Städten. In Tel Aviv scheint es an jeder Ecke einen Buchladen zu geben. Soviel Lesen, soviel Kaffeetrinken und Teetrinken und so viele Gespräche findet man, wenn überhaupt irgendwo, nur noch in

Paris. Ein Taxifahrer erklärte mir höflich und sachverständig, welche Fehler ich in meinem Buch *Die Caine war ihr Schicksal* gemacht hätte, und zwar in einer Form, die sich nur unwesentlich von den ersten amerikanischen Kritiken vor neun Jahren unterschied. Wissen Sie, ich war ja sein Vetter, mit mir konnte er ganz offen sprechen.

Das kleine Land kann, wenn man weit genug vorausplant, eines Tages vier Millionen Juden ernähren. Die jüdische Bevölkerung Amerikas wird, wie die Judenschaft Babylons in der Zeit des zweiten Tempels, entschieden zahlreicher sein. Ob sie auch wie die babylonischen Juden größere Werke vollbringen und gelehrter werden wird, bleibt abzuwarten. Die Juden Israels haben eine ungeheure Vitalität. Probleme des Religionsgesetzes werden heute am gründlichsten in Israel analysiert und auf ihre Gültigkeit hin untersucht – kein Wunder, da ja das Leben der Nation selbst auf dem Prüfstand steht. Beide Gemeinschaften scheinen für das Überleben der Juden lebenswichtig zu sein, solange der Messias noch nicht gekommen ist.

Epilog

«Wie wollt ihr überleben?»

Ben-Gurion, der weise, hartnäckige alte Baumeister Israels mit der weißen Haarmähne eines Träumers und dem kantigen Kinn eines Generals, sagte in seinem Büro zu mir: «Ihr Juden in den Vereinigten Staaten seid anders als jede andere jüdische Gemeinschaft. Ihr seid keine Fremden in eurem Land, oder jedenfalls nicht mehr als alle übrigen Einwohner, Amerika ist ein Einwandererland. Ihr gehört dahin wie alle anderen auch, und es wird euch gutgehen. Aber wie wollt ihr als Juden überleben?»

Ohne nachzudenken, antwortete ich: «Durch die Religion.» Der alte Sozialist sah mich mit einem unergründlichen Lächeln von der Seite an und legte die Hand auf einen braunen Lederband. «Ich habe die Bibel auf meinem Schreibtisch und auf meinem Nachttisch liegen. Israel wird auf der Bibel aufbauen. Das kann ich Ihnen versprechen. Was die Religion angeht... das steht in den Sternen.» Er zuckte mit den Schultern, und seine Augen schienen sorgenvoll, wie ich fand, in eine ferne Zukunft zu blicken. Wir sprachen von etwas anderem.

In diesem Interview fand ich einen Lichtstrahl, der mir half, mein eigenes seltsames Leben besser zu verstehen.

Obwohl ich als gesetzestreuer Jude lebe, konnte ich nie so tun, als sei ich mir in religiösen Fragen absolut sicher. Ich konnte nie in den Chor miteinstimmen, wenn Reformisten, Konservative und irreligiöse Zionisten öffentlich verdammt wurden; und in allen meinen Reden und Vorträgen habe ich nie die Assimilanten angeprangert. Die Worte Tennysons: «Mehr Glaube lebt im Zweifel, der es ehrlich meint, als in so mancher Konfession...» klangen für mich immer sehr wahr. Vielleicht hielten mich meine jüdischen Freunde für einen verstiegenen Fanatiker, weil ich bei ihnen kein Fleisch essen wollte, aber ich habe mich bei ihnen trotzdem immer recht wohl gefühlt. Ich habe ihre Zweifel verstanden, auch wenn sie meine Enthaltsamkeit nicht verstanden haben.

Ich hatte das Glück, schon als junger Mensch das zu erreichen, was sich viele Amerikaner erträumen: beruflichen Erfolg, einen Haufen Geld, ein Penthouse in New York, Einzug
in Hollywood, die Gesellschaft schöner Frauen, und das alles, bevor ich vierundzwanzig Jahre alt war. Ich leistete nichts
besonders Aufregendes: ich gehörte zum Mitarbeiterstab der
Leute, die Texte für den großartigen Funkhumoristen Fred
Allen schrieben, aber damit schwamm ich in Geld. Ich träum-
te von ernsthafteren Erfolgen als Dramatiker oder Romanschriftsteller – wie mein Noel Airman in *Marjorie Morningstar*
wünschte ich mir nichts anderes als einen Erfolg nach dem
anderen –, aber selbst als ich dieses konventionelle flotte Leben eines Theatermenschen führte und konventionelle Träu-
me hatte, kam mir alles etwas fadenscheinig vor. Ich war
nicht übersättigt oder angewidert. Aber im tiefsten Innern
konnte ich einfach nicht glauben, daß literarischer Erfolg
plus gedankenloses Vergnügen das ganze Leben ausmachen
sollten. Es gehörte noch mehr dazu, zum Beispiel meine persönliche Identität. Menschen, die nur nach Vergnügen, Geld
und Erfolg jagen und keine andere Dimension kennen, sind
mehr oder weniger auswechselbare Ziffern. Mein Großvater
gehörte dazu, der eindrucksvollste Mann, den ich kannte.
Die meisten vernünftigen Bücher, die ich gelesen hatte, gehörten dazu. Nachdem ich nach dem College eine Zeitlang
nur dem Erfolg nachgejagt hatte, fing ich wieder an zu lesen.
Ohne irgendwelche Schlüsse daraus zu ziehen, entschloß ich
mich, als gesetzestreuer Jude zu leben.

Ich setzte meine gesamte Existenz aufs Spiel, nur weil ich
das leise Gefühl hatte, daß es kein trivialer und etwas lästiger
Zufall ist, daß ich Jude bin, sondern das Beste und Wichtigste
in meinem Leben; und daß für einen Juden die klassische Lebensweise die vernünftigste ist. Damit eilte ich meiner damaligen Lektüre und Denkart weit voraus. Ich stand noch ganz
auf dem Boden von Nietzsche, Veblen, Shaw, Marx, Dewey,
Dostojewski und so weiter. Trotzdem ließ ich es darauf an-
kommen und sagte mir: «Vielleicht irre ich mich.» Durch dieses Leben auf ein Risiko hin habe ich Dinge über das Judentum gelernt, die ich auf keine andere Weise hätte lernen können. Der Glaube wäre mir ein Buch mit sieben Siegeln geblieben – außer als Erinnerung an den alten Kinderglauben –,

wenn ich das Experiment nicht gemacht hätte. Es gibt viele Dinge, die man nur dadurch kennenlernt, daß man sie einfach tut.

Einige Dinge, die ich gelernt habe, sind folgende: Man kann die Mosaischen Gesetze befolgen und trotzdem ein normales Leben in der Alltagswelt führen. Das Judentum ist anstrengend und schwierig, wenn man sich geistig damit auseinandersetzt und es praktizieren will; und es ist zur Zeit völlig desorganisiert; trotzdem ist es alles in allem genommen herrlich, ein Weg, um rechtschaffen und fröhlich zu leben. Für jüdische Kinder, die richtig im Glauben erzogen werden, ist dieser Glaube ohne jede Frage eine hervorragende Quelle geistiger Gesundheit und persönlicher Kraft. Außerdem kam ich zu der Überzeugung, daß das Mosaische Gesetz für das Überleben der Juden trotz aller Schwierigkeiten, denen sie ausgesetzt waren, verantwortlich ist, ob man dieses Überleben für wichtig hält oder nicht.

Auf das Thema Kinder möchte ich gern etwas näher eingehen. Viele Leute, die ihre Kinder nicht im jüdischen Glauben erziehen, rechtfertigen sich damit, daß sie «die Kinder nicht beeinflussen wollen. Wenn sie groß sind, können sie sich dann selbst entscheiden». Aber diese Einstellung führt zwangsläufig zur schlimmsten Beeinflussung, der man ein Kind aussetzen kann. Sie erreichen damit nur, daß es als Erwachsener sein Leben lang seine Unwissenheit für vernünftig hält. Welcher Erwachsene setzt sich schon zwischen Schulkinder, um das hebräische Alphabet, die Thora und die Lebensweise der Juden kennenzulernen? Es ist die einfachste Sache der Welt, das, was man als Kind im Religionsunterricht gelernt hat, aufzugeben, wie jeder Leser weiß. Aber es ist ausgesprochene Schwerarbeit, etwas nachzuholen, das man in der Kindheit versäumt hat. Diese Eltern müßten doch auf den Gedanken kommen, daß sie sich in der Frage des Glaubens irren könnten; daß es sinnlos ist, ihre Kinder auf ihre eigene ablehnende Haltung festzulegen. Ich hatte den jüdischen Glauben zur Verfügung, als ich soweit war, daß ich ihn haben wollte – genau wie Mathematik, Geographie und alle anderen Dinge, die ich, lange bevor ich auch nur das geringste Verlangen danach oder Verwendung dafür hatte, in der Schule gelernt hatte.

Ich glaube, die Worte «vielleicht irre ich mich» sind in unserer heutigen Zeit dringend notwendig, sowohl innerhalb wie außerhalb des Judentums. Es gibt viel zuviel, was wir, oberflächlich gesehen, mit absoluter Bestimmtheit wissen. Aber wo sind die Zweifler, die tiefer bohren? Die agnostischen Fragen der vergangenen zwei Jahrhunderte zu wiederholen, heißt nicht zweifeln, sondern in der Schule Gelerntes rezitieren. Ich nehme für mich in Anspruch, daß ich zweifeln kann. Es ist die einzige geistige Fähigkeit, deren ich sicher bin, abgesehen von der Fähigkeit, mit Worten umzugehen, mit der ich meinen Lebensunterhalt verdiene. Ich bezweifelte mit vierundzwanzig Jahren die Verpflichtungen des Showgeschäfts, denen intelligente Menschen rund um mich herum kritiklos ihr Leben widmeten: mehr Geld, größere Projekte, neue Unterhaltungsprogramme, engagiertere Themen und so weiter bis in alle Ewigkeit. Ich bezweifelte die allgemein üblichen naturalistischen Überzeugungen meiner Collegezeit, fünfzehn Jahre bevor die Existentialisten mit ihren Zweifeln daran die Öffentlichkeit verrückt machten (allerdings hundert Jahre, nachdem die ernsthafte Philosophie diese Überzeugungen unterminiert hatte), und ich tauschte sie gegen etwas ein, das mir eher wahr zu sein schien.

Die neue Erlaubnis, zu glauben

«Judentum als Weisheit, als eine Quelle der Identität, als noblesse oblige, als Mittel zum Überleben, gut», sagte einer meiner guten, skeptischen Freunde. «Wenn du nur den übernatürlichen Gott aus dem Spiel ließest, dann könnten wir zu einer Verständigung kommen.»

Er spricht, wie es von ihm zu erwarten ist, er ist ein unverbesserlicher Naturalist.

Der Naturalismus hat zwei Dogmen parat: erstens, daß die Natur das einzige Buch der Offenbarung ist, ein Buch vollkommener Harmonie und Ordnung, wenn man es nur zu lesen versteht; zweitens, daß dieses Buch durch Zufall entstand und von niemand geschrieben wurde. Wenn jemand ein Exemplar von *Tom Jones* nehmen und behaupten würde, daß es niemand geschrieben hat, sondern daß es ganz zufällig aus einem Stück merkwürdig geformtem und beschriftetem Holz entstanden ist, würde er vermutlich sehr wenig Glauben finden. Da das Universum etwas verwickelter, schöner und eindrucksvoller ist als *Tom Jones*, sind die Dogmen von einer zufällig entstandenen Natur Jahrhundert um Jahrhundert mit demselben Unglauben immer wieder abgelehnt worden. Der Glaube an eine sinnvolle Planung des Weltalls ist so alt wie das menschliche Denken. Der Glaube an die zufällige Entstehung der Natur ist ebenso alt. Der Streit zwischen beiden nimmt nie ein Ende, obwohl hin und wieder die eine Seite nachdenklich schweigt.

Ohne Frage hat der Naturalismus, der in den letzten zwei Jahrhunderten triumphierte, die Wissenschaft mit ihren großen Errungenschaften und ihren angsteinflößenden Schrecken hervorgebracht. Das unerschrockene Denken, die exakte Analyse, die Zuversicht, unter zufälligen Erscheinungsformen feste Gesetze zu entdecken, der Entschluß, leichte Glaubensformeln durch scharfes Nachdenken und hartnäckiges Experimentieren zu ersetzen, nichts im Leben unerforscht zu lassen und nichts als selbstverständlich hinzunehmen – diese strenge intellektuelle Einstellung hat die heutige Zeit geschaffen. Die Menschheit kann das Rad nicht mehr zurückdrehen, das wäre Wahnsinn. Die Wissenschaft ist das wichtigste Werkzeug, das wir haben, um Armut und Krankheit zu bekämpfen und mit Naturkatastrophen fertig zu werden. Es stimmt, daß die Entdeckung neuer Kräfte neue und zum Teil fürchterliche Gefahren schafft. Aber wir können sicher nicht unser Los dadurch verbessern oder unsere Sicherheit vergrößern, daß wir uns weniger anstrengen, unseren Verstand zu gebrauchen.

Ob die Entdeckungen der Wissenschaft letzten Endes dazu dienen, Gott zu leugnen oder zu bestätigen, bleibt eine große offene Frage an die Wissenschaftler wie an die Philosophen. Die Wissenschaft sucht nicht so direkt nach der göttlichen Wahrheit wie die Theologie. Aber sie sucht jedenfalls mit unerschütterlichem Glauben nach einer Wahrheit und Harmonie, die ihrer Meinung nach den vielen zufälligen Erscheinungsformen der Welt zugrunde liegen muß. Dabei hat sie trotz aller unlösbaren Paradoxa und Geheimnisse erstaunliche Erfolge aufzuweisen. Für einige tiefgründige und nüchterne Denker ist Gott «eine überflüssige Hypothese»; für andere ebenso ernstzunehmende Denker setzt die Existenz einer alles durchdringenden Wahrheit und Harmonie, und vor allem die reine *Möglichkeit* einer Wahrheit, jemanden voraus, der die endgültige Wahrheit verkündet, eben den Gott, der dem Chaos und dem Dunkel Form verlieh und diese Form aufrechterhält. Aber das Argument, daß die Planmäßigkeit der Schöpfung ein formeller Beweis für die Existenz Gottes sei, ist ziemlich außer Kurs gesetzt, seit Hume und Kant seine logischen Schwächen aufdeckten. Das geschah genau nach den Spielregeln der Philosophie. Man zeigte, daß die offensichtliche Planmäßigkeit nach der exakten formalen Logik noch nicht das Vorhandensein eines einzigen guten Planers, ja, nicht einmal das mehrerer guter Planer beweise; die Planmäßigkeit des Universums könnte, besonders angesichts der offensichtlichen Fehler und Unvollkommenheiten, genauso logisch beweisen, was die heidnischen Religionen mehr oder weniger lehrten – daß die Welt von einer Anzahl mächtiger aber launenhafter und liederlicher Dämonen erschaffen sei und regiert werde. Kant bewies in seiner berühmten Analyse, wie die Vernunft einem Universum, das wir in Wirklichkeit weder sehen noch erkennen können, den Anschein einer Planmäßigkeit gibt. Der Verstand arbeitet mit Kategorien, und alle Sinneserfahrung kann nur durch diese Kategorien vermittelt werden. Die Planmäßigkeit, die die Menschen sehen, sind bis zu einem unbekannten Ausmaß das Werk ihres eigenen Verstands. Das Ding an sich werden sie nie erfassen können.

Das war eine scharfe und überzeugende Beweisführung – zumindest fand man es, wenn man die Bücher Kants las. Ich weiß nicht, wie sie wirkt, wenn sie auf einen so flüchtigen Abschnitt zusammengedrängt ist. Praktisch wird der religiöse Denker immer das Gefühl haben, daß es einen göttlichen Plan gibt, und davon kann ihn auch die genaueste Analyse nicht abbringen. Dieses Gefühl kommt in den Psalmen, bei Hiob und bei Jesaja zum Ausdruck; es gibt kaum einen großen Dichter der Welt, bei dem es nicht durchklingt, und die meisten Menschen verspüren es irgendwann einmal in ihrem Leben. Von ihrer Reaktion darauf hängt es wahrscheinlich ab, ob sie religiös werden oder nicht. Aber einen Agnostiker können sie damit natürlich nicht festnageln und zu einer logisch begründeten Änderung seiner Einstellung bewegen.

Das rein mechanische Universum ist heute sicher genauso überholt wie die Vorstellung, daß die Erde eine flache Scheibe ist. Das göttliche Universum kann anscheinend nicht logisch bewiesen werden. In den modernen existentialistischen Strömungen findet man tief religiöse und völlig atheistische Denker. Es ist eine neue, interessante und völlig unentschiedene Situation. «Nichts ist eine absolute Wahrheit und alles ist erlaubt», ist ein immer wiederkehrender Ruf der verstörten Intelligenz; und wenn mich nicht alles täuscht, kommt dieser Ruf heute am lautesten aus der akademischen Ecke.

Und mit «alles» meinen sie wirklich alles. Selbst der Glaube an den Gott des Moses fände heute wahrscheinlich die Billigung der höchsten intellektuellen Kreise, vorausgesetzt, er ist eine «existentielle Entscheidung» und nicht nur ein Echo der naiven Ansichten des alten Großvaters. Ein Kleid, das wie eine Modetorheit unserer Großmutter von 1925 aussieht, kann entweder ein unmöglicher Fetzen aus der Rumpelkammer sein, oder der letzte Schrei. Das hängt immer nur von der jeweiligen Mode ab.

Der Mosaische Gott

Nun ist der Gott, den wir durch Moses kennengelernt haben, so ungefähr dasselbe wie der moderne Gott der Natur – eine einzige schöpferische, alles in sich vereinigende Kraft –, aber mit einem großen Unterschied. Moses sagte, daß diese Kraft hinter den Erscheinungen kein blind arbeitender Computer ist, sondern ein absichtsvoller Schöpfer, der an den Menschen interessiert ist, sie liebt und in Augenblicken der Offenbarung aussprach, was er von den Menschen verlangt. Das ist kein formales Argument, sondern eine Lehre. Wer Moses folgt – die Juden, die Mohammedaner, die Christen – ist überzeugt, daß der Schöpfer ihm zum Wohl der Menschen einen notwendigen Einblick in die Wahrheit gewährte. Die Einwände gegen den Mosaischen Gott sind jedem klar, der zwanzig Jahre auf dieser Welt gelebt hat. Das Buch Hiob faßt sie ein für allemal zusammen und läßt sie unbeantwortet. Die Erde dreht sich nach dem Gesetz und ist voller Schönheit; das Sternbild des Orion ist ein hinreißender Anblick, und das Pferd ist ein Wunderwerk an vollkommener Konstruktion. Trotzdem sterben unschuldige Kinder, ist die Welt voll anscheinend sinnloser Katastrophen und muß der gerechte Hiob leiden. Ein Jude, der in seiner Religion fest bleiben will, muß Hiob genauso in sich aufnehmen wie Moses. Voltaire und alle großen Rationalisten hielten sich an Hiob, um mit seiner Hilfe eine Theologie zu zerschlagen, die für die forschende Intelligenz zum Gefängnis geworden war. Aber die Lehre des Moses blieb stehen, als die mittelalterliche Theologie zerschlagen wurde. Man lehnt vielleicht den ontologischen Gottesbeweis ab; der Beweis des Rambam, daß es das Böse auf der Welt nicht gibt, läßt einen möglicherweise kalt; die Thora steht über diesen Dingen und geht über sie hinweg.

Die äußeren Grenzen

Befassen wir uns einen Augenblick mit Voltaires Standpunkt, daß die Menschheit so klein sei, so verloren, in dem riesigen Dunkel von Zeit und Raum, ein so kurzlebiges, sich windendes Würmchen auf der Oberfläche einer winzigen Kugel, daß die Vorstellung, Gott könne sich für die Menschen interessieren, einfach albern sei. Dieses anschauliche Argument beruht auf dem Gedanken einer vergleichbaren Größenordnung. Aber wenn man daran denkt, daß Größe nur für uns eine Bedeutung hat und nicht für Gott – denn wenn sich Gott für Größe interessierte, wäre er nur etwas, das mit Größenmaßstäben zu messen ist und nicht eine allumfassende Kraft –, dann bricht das Argument zusammen. Natürlich sind wir winzig; aber der Beteigeuze ist für Gott auch nicht größer, falls es Gott gibt.

Es ist absolut einleuchtend, daß er für das menschliche Schicksal einen Rahmen schuf, der für den Menschen zu groß ist. «Alles machte er schön zu seiner rechten Zeit», sagt der Prediger, «auch das Ewige hat er in des Menschen Herz gelegt, nur daß der Mensch das Werk, das Gott von Anfang bis Ende tat, nicht finden kann.» Die Menschen an den Mikroskopen und Teleskopen bestätigen heute diesen Bericht.

Nach drei Jahrhunderten schwindelerregender kopernikanischer Freiheit hat uns die Wissenschaft wieder in einen etwas größeren ptolemäischen Käfig gesperrt. Diesmal hat sie den Schlüssel weggeworfen. Wir werden nie mehr herauskommen. In diesem neuen Bild unseres runden Käfigs gibt es keine Mutmaßungen mehr. Das kann jeder Hochschullehrer auf ein paar Seiten nachweisen, wenn er sich die richtigen Stellen heraussucht. Wir leben in einer kleinen Kristallkugel. Der Radius ist die Lichtgeschwindigkeit – angesichts der riesigen Entfernungen, die das Licht zurücklegen muß, ein langsamer Schneckengang, aber es gibt keine größere Geschwindigkeit – multipliziert mit der Lebensdauer eines Menschen. Die Weltraumraketen können zur Not bis zu den nächsten Sternen gelangen. Das ist die Endstation, die transparente Grenze des Himmels. Jenseits davon erstrecken sich sphärenweise die ewigen Jagdgründe für Hunderte von Millionen Lichtjahren.

Was liegt jenseits? Unendlichkeit, Zufall, «Natur», der Gott des Moses? Man kann es sich aussuchen. Das Spiel geht nie zu Ende, und der Eintritt ist frei.

Aber die hoffnungslosen Grenzen liegen nicht nur jenseits unseres geschlossenen runden Kristallhimmels. Wir sind überall von ihnen umgeben. In einem einzigen Glas Wasser sind genug davon enthalten, um das maschinelle Universum zu einem Witz zu machen. Mißt man bis zu einer winzig kleinen Größe, sagen die Wissenschaftler, dann ist jenseits davon jede exakte wissenschaftliche Größenbestimmung unmöglich. Innerhalb dieser Grenzen allerdings gehen große Dinge vor, sind riesige Kräfte am Werk, tauchen Entscheidungen auf, die wir nur erahnen können. In der Masse ergibt sich ein Durchschnitt, den wir Gesetz nennen können. Aber das unerbittliche Gesetz von Ursache und Wirkung geht unterwegs verloren; es bleibt eine Erinnerung an das 19. Jahrhundert, wie die Administration des US-Präsidenten Grant.

Über allem schwebt das undurchdringliche Geheimnis der Form. Darwin hat uns gelehrt, wie sich Formen verändern und anpassen. Aber warum Materie und Leben überhaupt eine Form haben, wissen wir nicht; und das überwältigende, das lähmende Rätsel ist, warum die Form bestehen bleibt. «Und die Erde war wüst und leer...» Genau das ist zu erwarten, wenn der blinde Zufall das Gesetz der Welt ist. Was ist geschehen?

Das Paradox der Existenz bleibt bestehen. Entscheiden Sie sich für die eine Seite, und Sie machen sich mit den Dogmen der Zufallsnatur auf den Weg; oder wählen Sie die andere Seite, und – wenn Sie Jude sind – Sie werden wahrscheinlich am Ende des Wegs auf den Gesetzgeber treffen, der Sie schon erwartet. Er wird Sie mit dem Lächeln und der Umarmung meines Großvaters begrüßen. «Wo warst du denn so lange?» wird er sagen. Und Sie werden sich hinsetzen und die Thora mit ihm studieren.

«Das ist mein Gott»

Sie könnten jetzt natürlich sagen:

«Bitte lassen Sie mich in Frieden. Sie spielen liebend gern mit Worten und lesen gern Bücher, und das hat Sie dazu gebracht, das Mosaische Gesetz zu befolgen. Ich wünsche Ihnen alles Gute. Aber ich bin ein vielbeschäftigter Mann. Ich ziehe gerade um, in ein sehr hübsches neues Haus, das allerdings ein bißchen mehr kostet, als ich mir eigentlich leisten kann, ich muß mich also beruflich ganz schön ranhalten. Meine Söhne und meine Töchter werden immer größer, es sind nette Kinder, wirklich, wenn auch manchmal ein bißchen albern. Ich wünschte mir, daß sie ein bißchen mehr vom Judentum wüßten, aber ich wünsche mir eine Menge Dinge für sie, die leider gar nicht in Frage kommen. Ich bin einigermaßen glücklich, ich lebe gern und bin mit meinem Leben zufrieden. Sie gehen Ihren Weg und ich den meinen. Einverstanden?»

Einverstanden. Nur noch ein Wort, und dann ist mein Buch zu Ende.

In den Todeslagern der Nazis haben jüdische Ärzte, Verleger, Kaufleute, Komponisten, Schriftsteller, Rechtsanwälte – die Creme des deutschen Judentums – manchmal zur Bibel gegriffen und sich mühsam abgeplagt, das hebräische Alphabet zu lernen, weil sie, bevor sie in das große Dunkel gehen mußten, wissen wollten, wer sie wirklich waren und warum sie sterben mußten.

Es gibt keine Todeslager in den Vereinigten Staaten, in denen wir leben. Die Geschichte ist unberechenbar, und passieren kann alles. Aber bevor in Washington ein Hitler sitzen kann, muß erst einmal die Zivilisation, in der wir leben, zerstört werden. Das Judentum ist in Amerika von einer ganz anderen Seite her bedroht. Es läuft Gefahr, am Steuer eines hochtourigen Kombiwagens mit einem Haufen Golfschlägern im Kofferraum die Schnellstraße entlangzujagen und auf die angenehmste Weise zu verschwinden... «Mr. Abramson verließ heute morgen nach einem reichlichen Frühstück und anscheinend bei bester Gesundheit sein Haus und wurde seitdem nicht mehr gesehen. Seine letzten Worte waren, daß er vor dem Büro noch eine Runde Golf spielen wolle...» Mr. Abramson stirbt natürlich nicht. Wenn sein Gedächtnisschwund abgeklungen ist, wird er Mr. Adamson sein, und seine Frau und seine Kinder schließen sich ihm an, und alles ist gut. Nur mit der Judenfrage ist es dann in den Vereinigten Staaten vorbei.

Wenn das passieren sollte – und ich glaube nicht einen Moment, daß es wirklich passiert –, wäre das dann eine Lösung, die entweder die Juden oder die Vereinigten Staaten begrüßen würden? Möchte Amerika, daß sein Volk Abrahams verschwindet?

Hitler war einmalig. Hitlers gewaltige Anstrengungen, die Juden zu vernichten, waren kein Zufall oder nur reiner Wahnsinn. Es war die Krönung seiner Karriere. Hitler sah sich als den handelnden Apostel des Propheten Nietzsche, dessen Glaubensbekenntnis war, «Gott ist tot». Nietzsche erkannte in der Mitte des 19. Jahrhunderts, wohin die Ideen seiner Zeit führen mußten. Er sagte alle Schrecken unseres Jahrhunderts voraus und hat sie im Geiste miterlebt. Vielleicht wurde er wahnsinnig, weil er der erste war, der sie erkannte. Wir haben gelernt, diese Dinge gleichgültig hinzunehmen, und kümmern uns nur um unsere eigenen Angelegenheiten. Seine Lösung der Probleme, die er voraussah, war genauso wild und abenteuerlich wie seine Visionen. Er begrüßte den «Tod» des jüdischen Gottes (und damit des Christentums) als einen notwendigen Schritt der menschlichen Rasse zu einer höheren Existenz, zum Zeitalter des gottlosen Übermenschen. Er wollte die Axt an die Wurzel einer seiner

Meinung nach zum Tode verurteilten Gesellschaft und Moral legen; und er machte es mit grauenerregender Brillanz.

Er machte es mit der Feder. Hitler machte Ernst damit. Ein wahnsinniges politisches Genie, ein durch und durch chaotischer Mensch, folgte Hitler, sinnlos und Verderben bringend wie ein Taifun, der Bahn, die Nietzsche vorgezeichnet hatte; er verzerrte und schändete Nietzsches Ideen und ertränkte sie in Blut, aber er folgte ihren Konturen, wie ein Taifun den vorgezeichneten Linien einer Wetterkarte folgt. Sechs Millionen Juden starben. Das war der Tribut des Nihilismus an das Bild, das er selbst vom Gott der Juden geschaffen hatte. Die ganze Geschichte hindurch hat man das merkwürdige Beharrungsvermögen der Juden als Zeugnis für die Gegenwart Gottes im Weltall angesehen. Wenn Gott tot war, gab es nur einen Beweis dafür, ein Ereignis, das diese Tatsache den Herzen der Menschen auf immer einprägen würde – den Tod aller Juden. Es war die Logik des Wahnsinns; aber nach ihren eigenen Begriffen konnte sie nicht vernünftiger sein.

Hitler ist vorübergezogen wie ein Taifun und hat einen Trümmerhaufen, Massengräber, zerfallene Krematorien und verstörte Menschen hinterlassen. Und wie der Wirbelsturm löste er sich in sich selbst auf, verschwand einfach, hinterließ nicht einmal ein Grab. Er hat die Juden nicht ausgerottet. Wenn wir Gottes Zeugen sind, dann lebt Gott noch.

Was sind wir denn sonst? Was bedeutet unsere lange Geschichte? Läuft sie wirklich nur auf fünf Millionen Adamsons in den Vereinigten Staaten hinaus, die am Steuer ihrer Autos sitzen, fernsehen, ein ordentliches Leben führen und keine Spur einer schrecklichen und großartigen Herkunft mehr aufweisen; und auf vier Millionen hebräischsprechender Adamsons in Israel mit ihren eigenen Autos und ihren Fernsehapparaten und ohne jede Erinnerung an Jesaja und Sinai? Haben dafür unsere Väter zwei Jahrtausende lang die schlimmsten Dinge durchgemacht, die einen Menschen treffen können, und trotzdem weitergelebt?

Was mich angeht, ich bekenne mich zu dem festen Glauben, daß unsere Geschichte nicht bedeutungslos ist, und daß der Nihilismus eine Halluzination kranker Menschen ist. Gott lebt, und wir sind sein Volk, dazu auserwählt, in seinem Namen und nach seinem Gesetz zu leben bis zu dem Tag, an dem der Herr einzig und sein Name einzig sein wird. Wir sind entweder gar nichts, oder wir sind ein besonderes Volk, von der Geschichte für ein Schicksal bestimmt, das alle Höhen und Tiefen der menschlichen Erfahrung umfaßt. Wir leben; und wir leben in einer Zeit, in der wir in Freiheit atmen können und unsere zusammengeschmolzene Stärke neu aufbauen können.

«Wozu auserwählt?» sagte der Kapitän eines israelischen Luxusdampfers mit einem bitteren Lächeln zu mir, das zeigte, daß er aus Nazideutschland kam. «Zum Leiden auserwählt?» Dazu auch; das wissen wir nur zu genau. Um diese Auserwähltheit hat sich – bis heute jedenfalls – keine andere Nation gerissen. Die Juden stammen von Abraham ab. Das Wissen um Gott lag ihnen im Blut. Sie sagten «Ja» am Sinai, weil sie nicht anders konnten, und sie begaben sich auf einen Weg der Geschichte, der viel öfter dunkel als hell war, viel öfter blutbefleckt als grün. Aber diese Geschichte macht ihren Ruf, ihre Bedeutung und ihren Ruhm aus.

Ben-Gurion ist ein unendlich weiser, großer Mann, und die Erinnerung an ihn wird lebendig bleiben, weil die Juden unter seiner Führung ihre Fahne wieder auf ihrem eigenen Boden aufziehen konnten. Zwischen seinem Sozialismus und dem Gesetz des Moses braucht man keine Wahl zu treffen. Soziale Gerechtigkeit ist ein Gesetz der Thora und der große Aufruf der Propheten. Sie im Maschinenzeitalter zu verwirklichen, ist eine Aufgabe für das angewandte Gewohnheitsrecht, die es lösen muß. Aber hoch über allen diesen Fragen, so nahe sie uns angehen und so quälend sie sind, steht die Religion, die den Zionismus begründete, mit der Ben-Gurion aufwuchs, und die das Leben und zugleich die Hauptzierde unserer Nation ist. Ohne unser Gesetz wären wir das unwichtigste Volk der Welt.

Ich plädiere hier nicht für eine einzig richtige jüdische Lebensweise. In allem herrscht heute Unruhe, nur die Thora steht unerschüttert fest. Die meisten Juden haben instinktiv den Wunsch, als Juden zu überleben. An diesen Instinkt wende ich mich, und ihn möchte ich bestärken. Vor ein paar Jahrzehnten noch hatten viele Leute das Gefühl, daß sie sich dieses Instinkts schämen müßten. Er war gegen alle Vernunft. Gott war tot. Aber seit die Gottlosigkeit wahnsinnig geworden ist und sich die größte Mühe gab, uns alle zu ermorden, haben wir das Recht, uns anders zu besinnen. Diese altererbte Stimme in unseren Herzen – das sage ich meinen jüdischen Brüdern – ist keine Einbildung oder Irreführung. Sie ist der Anruf unseres tiefsten, wahrsten, besten Selbst. Es gibt Narren, die sie eine Schande für uns nennen. Sie ist unsere Unsterblichkeit.

Unser altes Haus macht ungeheure Veränderungen durch. Die Zeit des schwarzberockten Rabbi mit dem Spazierstock mit silbernem Knauf, des Aristokraten der Gelehrsamkeit aus dem Ghetto, geht zu Ende. Noch vor der Jahrhundertwende wird das Gesetz des Moses in den Händen junger Männer sein, die heute Feldrabbiner in der israelischen Armee oder Marine oder Doktoranden in amerikanischen Universitäten sind. Sie werden genauso religiös sein wie die Führer, die abtreten, aber sie werden neue Entscheidungen treffen. Die unterschiedliche Vermischung von Ghettobrauch und westlichen Sitten, die heute die Religionspraxis kennzeichnet, ist ein Schritt auf dem Weg zur festen Wiedereinführung des Gesetzes in einem starken, dauerhaften Rahmen. Dieser Prozeß wird allerdings langwierig und schwierig sein.

Er wird sich im direkten Verhältnis zur Anzahl der erstklassigen Köpfe unter den Glaubenstreuen der nächsten zwei oder drei Generationen auswirken. Deshalb habe ich mich in diesem Buch, auf die Gefahr hin, langweilig zu werden, immer und immer wieder für die religiöse Erziehung der Kinder eingesetzt, unabhängig von der Einstellung der Eltern. Wie eine Nation im Krieg Waffen braucht, so braucht unser Glaube heute neugierig forschende, intelligente Menschen. Wenn sie zum größten Teil ausfallen, weil ihnen das nötige Wissen fehlt, kann eine größere Renaissance des Judentums verspielt werden. Denn der große, moderne Mosaische Volksentscheid hat schon begonnen. Die Anhänger des Gesetzes, die Menschen, in deren Leben es fortlebt, werden das Resultat bestimmen. Alle Juden – orthodoxe, abweichende, agnostische – haben einen schwerwiegenden Einfluß auf den Entscheid. Aber die Männer und Frauen, die zur Mosaischen Religionsgemeinschaft gehören, werden ihren Verstand und ihre Kraft am unmittelbarsten für das Ergebnis einsetzen.

Wenn ich mich hier ausdrücklich zu dieser Gemeinschaft

bekenne, dann nicht, weil ich sie für vollkommen halte, oder weil ich die Belastungen nicht sehe, die viele in die abweichenden Bewegungen und in die Assimilation getrieben haben. Aber ich spüre es in den Knochen, daß nur das Gesetz das Überleben der Juden sichert. Aus diesem Grund habe ich mich auch keiner der anderen Richtungen angeschlossen. Die Formen dieser Richtungen sind ein angenehmer Kompromiß für Leute, die sich ein leichteres Leben wünschen, als es das Gesetz verlangt, oder die kaum religiös erzogen sind und trotzdem nicht ganz auf ihr Judentum verzichten wollen. Aber die Formen lösen sich mit der religiösen Erziehung der Jugend auf. Sie sind zeitgebunden. Das Gesetz ist ewig; ich jedenfalls sehe es so. Und ich glaube auch nicht, daß sich der Zionismus ohne Moses lange halten kann. Wenn ein Leben gerettet ist, bleibt immer noch die Frage: Was soll aus diesem Leben werden? Die Bestimmung, die uns die Bibel zuschreibt, ist die einzige Antwort, die ich finden kann, und es scheint mir eine glänzende Antwort zu sein.

Ich mag mich irren, vollkommen irren. Alles dreht sich um die entscheidende Frage: Wo liegt die jüdische Stärke wirklich? In hundert Jahren wird die Antwort feststehen. Wir, die wir nicht noch hundert Jahre lang leben, müssen uns selbst entscheiden und danach handeln. Unsere Kinder warten darauf, daß wir ihnen zeigen, was sie tun und wohin sie gehen sollen. Morgen werden wir nicht mehr dasein, und dann sind sie das Haus Abrahams.

Und jetzt wird meine Hand langsam müde. Die Aufgabe hätte einen Esra gebraucht und nicht nur meine bescheidene Feder. Ich habe mir die größte Mühe gegeben, meinen Brüdern klarzumachen, daß unser Mosaisches Gesetz groß und ehrwürdig ist, jetzt genauso wie damals, als wir es bekamen.

«Das ist mein Gott, ihn rühm' ich; Gott meines Vaters, ihn erheb' ich.»

Nachwort 1969
nach dem Sechs-Tage-Krieg

Die Asche und das Gold

Nach zehn Jahren greife ich wieder zu meiner «bescheidenen Feder», um noch ein paar Worte über die letzten zehn Jahre zu schreiben. Für uns Juden ist dieses Jahrhundert das bedeutungsvollste Jahrhundert seit dem Fall Jerusalems im Jahre 70. In den letzten zehn Jahren geschah ein bemerkenswertes – manche würden sagen ans Wunderbare grenzendes – Ereignis: der Sechs-Tage-Krieg. Wir erleben nun die bedenklichen Nachwirkungen dieses berühmten Sieges. Kein Mensch weiß, wie schließlich alles ausgehen wird. Aber auf die Juden in aller Welt hatte er schon jetzt eine radikale Wirkung.

Viele Jahrhunderte lang haben wir die Vertreibung aus unserem Heimatland und die Zerstreuung unseres Volkes nur durch den einmaligen Besitz überlebt, der das Thema meines Buchs *Das ist mein Gott* ist: durch unseren Glauben. Vom Fall Jerusalems bis zur Französischen Revolution – also siebzehnhundert Jahre lang – verband uns die Treue zu dem Gott unserer Väter und zu einer starken kulturellen Struktur, in deren Mittelpunkt das Mosaische Gesetz stand. An dieser Struktur, die im Talmud in allen Einzelheiten festgelegt war, hielt das in alle Welt zerstreute Israel einmütig fest. Sie hat uns am Leben erhalten und miteinander verbunden, auch wenn wir durch Meere und Kontinente getrennt waren.

Seit der Französischen Revolution hat der fortschreitende Verfall und schließliche Zusammenbruch alter Institutionen den Glauben der Menschen zerstört. Das Judentum bildete keine Ausnahme. Im 19. Jahrhundert brach die übereinstimmende Haltung, die unsere in alle Winde zerstreute Nation zusammengeschweißte und am Leben erhielt, zusammen. Ich habe diese moderne Krise in dem Kapitel «Die Gegenwart» beschrieben. Fast zweihundert Jahre lang hat unser Volk nach einem Weg gesucht, um weiterleben zu können, während es seiner alten Existenzgrundlage beraubt war.

Ich glaube, wir haben ihn gefunden. Nach einem Vierteljahrhundert schwerster Erschütterungen und größter Unsicherheit, die eine Folge der deutschen Massaker waren, fand das jüdische Volk in Israel seinen neuen Schwerpunkt. Meiner Ansicht nach haben sich die Juden rein instinktiv darüber geeinigt, daß Israel unser Herz ist und daß Israel leben muß. Mit diesem einstimmigen Beschluß der ganzen Nation ist die Judenschaft nach zwei Jahrhunderten getrennter Wege und größter Unordnung, die uns fast zum Verhängnis geworden wären, wieder einig.

Mit der Vernichtung der europäischen Juden trafen die Deutschen unsere einzigartige, in alle Welt verstreute Nation mitten ins Herz. Die Diaspora hätte in zwei oder drei Generationen verkümmern und aussterben können, aber jetzt wird sie es nicht mehr. Die Vorsehung hat uns ein neues Herz gegeben und es dort wieder eingesetzt, wo es am Anfang unserer Geschichte schlug. Der Donner des Sechs-Tage-Krieges war der Herzschlag der alten Judenschaft, der nach dem lähmenden Schock des Holocaust endlich wieder einsetzte.

Nicht alle Juden verspüren diesen Herzschlag. Die Gleichgültigen und die Assimilanten fallen immer wieder aus der Reihe, heute wie in früheren Zeiten. Auf der rechten Seite haben die Antizionisten so große Angst vor der Belastung einer doppelten Loyalität, daß sie Israel immer noch nicht anerkennen und sich als reine Franzosen, reine Amerikaner oder reine Australier jüdischen Glaubens bezeichnen. Auf der linken Seite beschimpfen ein paar Schreihälse Israel als militaristischen «Aggressor»; sie sind auf geradezu krankhafte Weise taub gegen alle öffentlichen Schwüre der Araber, die seit zwanzig Jahren immer wieder plärren, daß sie das Heimatland der Juden in Asche legen werden. Diese beiden Minderheiten ziehen sich in entgegengesetzten Richtungen vom lebendigen Zentrum unseres Volkes zurück. Sie fallen trotz ihres Geschreis kaum ins Gewicht.

Für uns übrige ist diese neue Einigkeit von entscheidender Tragweite für unser Leben. Als ich *Das ist mein Gott* schrieb, tappte das jüdische Volk noch hilflos im dunkeln, nachdem das Licht des Glaubens mit einem Schlag erloschen war, taumelte es noch geschwächt durch den deutschen Aderlaß. Heute tappen wir nicht mehr im dunkeln, und wir taumeln auch nicht mehr. Wir wissen, wie die Dinge liegen, und wir sind gewappnet. Wir vertrauen auf unsere Brüder in Israel, das unser Herz und unsere Hoffnung ist, und die meisten von uns vertrauen auf Gott – jeder auf seine Weise –, daß er Israel gnädig bleiben werde, Israel, dem dritten jüdischen Reich auf heiligem Boden.

Zionismus des geistigen Zentrums

In diesem Sinn hat der Zionismus, der ursprünglich nur eine Parteiparole innerhalb der Judenheit war, in den letzten zehn Jahren eine zentrale Stellung eingenommen. Nicht der Zionismus Herzls, der alle Juden der ganzen Welt nach Palästina verpflanzen wollte; der ist immer noch ein doktrinärer Zionismus, aber die einstimmige Haltung eines Volkes, zu der er geführt hat, ist etwas anderes. Vor siebzig Jahren stellte sich Herzls großer Gegner Ahad Ha'am den neuen jüdischen Staat als das geistige Zentrum einer regenerierten Diaspora vor. Die Alles-oder-nichts-Zionisten griffen ihn dieses vernünftigen Ziels wegen heftig an und machten ihn lächerlich. Heute scheint er ein Prophet gewesen zu sein. Die Rückkehr der gesamten Judenschaft in das Heilige Land bleibt eine messianische Vision, aber jetzt schon besteht Israel als unser neues geistiges Zentrum. Seit dem Sechs-Tage-Krieg kommen immer mehr Einwanderer nach Israel, allein aus Amerika sind es allmählich viertausend pro Jahr. Auf die Jungen, die Abenteuerlustigen, die Begeisterten wirkt Jerusalem, die Goldene, wie ein Magnet. Aber bisher ist es nur eine Elite, die es nach Israel zieht, nicht die große Masse.

Trotz all seiner unterschiedlichen Richtungen hat der Zionismus das moderne jüdische Problem genau erfaßt. Er sah die Katastrophe in Europa voraus und drängte auf die Rückkehr nach Palästina als einzigen Ausweg. Die Politik der Großmächte hat die verzweifelten Anstrengungen des Zionismus ständig behindert. Als sich der Himmel verdunkelte und der Taifun losbrach, blieben viel zuviele Juden aus Trägheit und Fehleinschätzung ihrer Lage in Europa. Einige wenige wanderten trotz allem, was dagegen sprach, ins Heilige Land aus und konnten sich retten; im Endeffekt ist Israel das Warschauer Ghetto, das rechtzeitig Widerstand leistete und dadurch überlebte. Der Zionismus schuf diesen neuen in der Bibel angekündigten Rest der Überlebenden, und darin liegt sein trauriger geschichtlicher Triumph.

Aber die Gefahren für unser Volk sind immer noch so groß, daß wir – selbst die allerweltlichsten unter uns fast – gezwungen sind, auf weitere Wunder zu hoffen. Das umlagerte Israel hat drei Waffengänge gegen eine gewaltige Übermacht gewonnen, aber seine Feinde rüsten wieder auf, führen weiter Krieg an den Grenzen, schwören immer noch, daß sie ihm ein schnelles, blutiges Ende bereiten werden; und die Sowjetunion unterstützt sie dabei ganz offen, als ob die Übermacht gegen den winzigen jüdischen Staat nicht schon überwältigend genug wäre. In der Sowjetunion werden die Juden kulturell systematisch abgewürgt; man versucht einen kalten Holocaust, bei dem sie zwar physisch überleben, aber ihre Identität die Gosse hinuntergespült wird. Eine seltsame, bösartige Besessenheit treibt die gegenwärtigen Führer des großen russischen Volkes dazu, drei Millionen Juden kein Denkmal über Babi Jar, keine jüdischen Schulen oder hebräischen Zeitungen zu erlauben; andererseits aber niemand auswandern zu lassen, der seine jüdische Identität wahren möchte. Die Juden, die soviel unter den Deutschen gelitten haben, in diese grausame Zwangslage zu bringen, ist in den Augen der ganzen Welt eine Schande für die russische Regierung. Alle Menschen, die guten Willens sind, warten darauf, daß sich dieser entsetzliche anormale Zustand möglichst bald ändert. Bis dahin ist die Existenz Israels für diese unglücklichen, zum Schweigen verurteilten Juden der einzige Hoffnungsschimmer.

Unter dem Schutz der größten demokratischen Macht der Welt sind die amerikanischen Juden sicher. Aber der ständige Druck des Konformismus unterhöhlt langsam und stetig unser jüdisches Erbe. Auch für uns ist Israel ein Gottesgeschenk, ein neuer Quell der Kultur, des Geistes und – für die Gläubigen – des Glaubens.

Wie steht es mit dem Glauben?

Ja, wie steht es mit dem Glauben? «Wie ist es», sagte der Mann am Strand von Fire Island, als wir uns zehn Jahre, nachdem ich dieses Buch geschrieben hatte, trafen – zehn Jahre, in denen sich die Gefahren alle verschärft haben, «sind Sie immer noch religiös?»

Ich kann nur für mich selbst sprechen, was ich im übrigen das ganze Buch hindurch getan habe, aber ich muß sagen, daß ich während der ganzen gewaltigen Veränderungen in der jüdischen Geschichte mit all ihren Wundern und Schrekken immer von Herzen gern an unserem Gesetz festgehalten habe. Ich sehe durchaus, daß sich unsere Lebensweise und die Form unseres Gottesdienstes verändert, so wie sie sich verändert haben, als wir von Ägypten in die Wüste zogen, als wir nach der Zeit in der Wüste zur Zeit der Richter kamen, von der Zeit der Richter zur Zeit der Könige, vom ersten Tempel zum zweiten Tempel, vom Zweiten Reich in die langen Jahrhunderte der Zerstreuung. Das Judentum ist sehr stabil und sehr anpassungsfähig.

Welche neuen Formen und Lehren sich in Israel herausbilden werden, welches Wort Gottes von Jerusalem ausgehen wird, kann ich nicht voraussagen. Ich glaube, daß die Thora auch in dieser neuen Epoche ein Grundpfeiler unserer Nation sein wird, so wie sie es in allen anderen Epochen war, die zum Teil genauso irreligiös waren wie unsere Zeit und zum Teil sogar noch brutaler und zügelloser.

Eins glaube ich mit Sicherheit sagen zu können: daß die neue Einigkeit eine kulturelle Renaissance bewirkt. Der Tiefstand war schon vor einiger Zeit erreicht. Hebräisch oder sogar Jiddisch zu lernen, ist für die neue Generation nicht mehr lästig und langweilig, sondern für jeden, der intelligent genug ist, selbstverständlich. Das bedeutet durchaus noch keine Rückkehr zur Religion. Aber wenn Hebräisch in der Diaspora erst einmal wiederauflebt, wie jetzt schon in Israel, dann stehen unsere Klassiker bereit, die von Gottesfurcht erfüllt sind. Ich sehe in absehbarer Zeit noch keine messianische Zeit kommen, wenn ich auch darauf hoffen kann. Aber ich sehe mit eigenen Augen, wie eine in alle Winde zerstreute Nation wieder zusammenrückt und sich auf ihre Quellen besinnt. Die letzte und endgültige Quelle der Juden ist und bleibt ihr Erbe.

Aber das moderne Denken und einige schauerliche Realitäten unserer Zeit, die mindestens so schrecklich sind wie die im Buch Hiob geschilderten, stehen der Frömmigkeit im Wege. Das weiß ich sehr gut. Wie in diesem unsterblichen Buch gibt es für einige Anfechtungen vielleicht nie eine andere Antwort als die des gebrochenen Hiob: «Ich weiß, daß mein Erlöser lebt.» Für den großen Geschichtsphilosophen Vico war das jüdische Volk von dem Gesetz, daß alle Völker untergehen müssen, ausgenommen. Das Geheimnis lag seiner Ansicht nach darin, daß die Juden das wahre Wort Gottes besaßen; das befreite sie zwar nicht von den Zufällen und Schrecken der Geschichte, aber es zeigte ihnen einen Weg, sie lebend zu überstehen. Das ist mein Gott.

Israel war in uralter Zeit der Ort, wo Er wohnte. Die Gläubigen vertrauen darauf, daß die Erlösung schon begonnen hat und daß die Mission der Juden, unabhängig davon, wie lange es noch dauert bis sich das Wort erfüllt, nicht mehr im Überleben besteht – worin sie fast zweitausend Jahre lang bestanden hat –, sondern darin, Zion wiederaufzubauen als angemessenen zukünftigen Wohnort für den Friedensfürsten.

Die Juden sind merkwürdigerweise eine Art Pilot-Volk. Die ganze Welt scheint auf eine Zeit des Gerichts zuzusteuern, nach dem die Menschheit – vielleicht durch die Kinder, die heute schon geboren sind – ein goldenes Zeitalter oder eins, das nur noch aus Asche besteht, erlebt. Wir Juden haben unser Zeitalter aus Asche durchgemacht, und wir haben es überlebt – knapp, aber wir haben es überlebt. Unter Kämpfen und Gefahren, die sich immer noch vor uns auftürmen, haben wir unseren Weg nach Jerusalem, der Goldenen, gefunden, und wir bauen sie wieder auf. Aus diesem Wunder der Geschichte können alle Menschen Hoffnung schöpfen.

Anmerkungen

Mein Buch ist beendet. Die folgenden Anmerkungen sollen den Text etwas eingehender erläutern und zu weiterer Lektüre anregen. Wer Zeit und Lust hat, sich mit diesen willkürlich zusammengestellten Kommentaren zu befassen, findet vielleicht hier und da etwas für ihn Interessantes.

Die Anmerkungen können die skizzenhafte Darstellung einer Weltreligion nicht in einen Bericht verwandeln, der ihrer Bedeutung entspricht. Jedes Kapitel meines Buches behandelt ein Thema, das in der hebräischen Literatur und in einigen Fällen auch in der Weltliteratur unendlich viele Bücher füllt. Vielleicht läßt sich das Judentum überhaupt nicht in einem kurzen Buch darstellen, oder vielleicht war ich auch nur meiner Aufgabe nicht ganz gewachsen. Aber jeder, der sich vornimmt, den durchschnittlichen Leser kurz und treffend über die jüdische Religion zu unterrichten, wird feststellen, daß er genau wie ich ganze Bände auslassen muß.

Ich habe für dieses Buch zwar umfangreiche wissenschaftliche Vorarbeiten unternommen, aber ich habe mich trotzdem nicht nur auf mich selbst verlassen. Ein hervorragender amerikanischer Talmudgelehrter hat das Manuskript während der ganzen Niederschrift immer wieder Kapitel für Kapitel durchgesehen und auf sachliche Fehler überprüft. Da ich wußte, daß Gelehrte oft verschiedener Auffassung sind, habe ich zum Schluß das druckfertige Manuskript drei anderen kritischen und sehr beschlagenen Rabbinern vorgelegt. Die Abschnitte über Archäologie und wissenschaftliche Bibelkritik wurden von einem Fachgelehrten überprüft, der selbst einiges auf diesem Gebiet veröffentlicht hat. Die Hinweise auf die klassische und moderne Philosophie hat der Ordinarius der philosophischen Fakultät einer großen Universität genau unter die Lupe genommen. Wenn es um rein fachliche Dinge ging, habe ich mich den Korrekturen der Fachleute gebeugt; wenn es darum ging, eine Ansicht zu äußern, habe ich oft auf meinem eigenen Standpunkt beharrt.

Dieses Buch, das in großen Umrissen den jüdischen Glauben darstellen will, beansprucht, wie ich kaum sagen muß, keinerlei Autorität in strittigen religionsgesetzlichen Fragen. Für solche Fragen sind nur die zugelassenen Rabbiner zuständig. Die hebräischen Worte in diesem Buch habe ich eher allgemeinverständlich als wissenschaftlich genau übertragen. Mir ging es darum, ein Wort zu finden, das leicht lesbar ist und trotzdem möglichst ähnlich wie das hebräische Wort klingt; eine vollkommene Transkription des Hebräischen ist sowieso kaum möglich.

Als ich das Buch überarbeitete, habe ich buchstäblich Hunderte von Dingen in die Anmerkungen verwiesen und dann auch da wieder gestrichen. Wenn ich alle diese erläuternden Kommentare und Interpretationen beibehalten hätte, wäre eine umfangreiche Konkordanz herausgekommen, und kein kurzer Wegweiser. Ich habe immer und immer wieder gestrichen, um die Grundzüge dieses gewaltigen Themas möglichst klar herauszustellen.

Nach einigem Überlegen habe ich auch numerierte Hinweise auf die Anmerkungen im Haupttext weggelassen. Ich selbst begrüße solche Hinweise in einem Fachbuch, aber nicht in einem Buch, das möglichst in einem Zug durchgelesen werden soll.

Prolog

S. 19: *Kierkegaard ... steht heute im Mittelpunkt neuer geistiger Bewegungen.*

Ich führe seine Beliebtheit als ein Symptom an. Ich bin nicht ganz so leicht bereit wie die neuen Denker, die traditionelle Philosophie, die gesamte analytische Erkenntnis von Plato und Aristoteles an bis zu James, Santayana und Whitehead über Bord zu werfen und nur noch die genialen Vulkanausbrüche Nietzsches und Kierkegaards gelten zu lassen.

Die Tatsache, daß der Existentialismus auf der Linie Kierkegaards und Dostojewskis wieder einen «anständigen» Weg zum religiösen Glauben eröffnet, regt mich nicht auf. Das hat Pascal schon viel früher getan; außerdem war der Weg ja nie wirklich verschlossen, sondern nur durch Haufen von dicken Büchern verstopft. Ich glaube nicht daran, daß der Zugang zur Religion für einen modernen Menschen unbedingt durch bittere Verzweiflung führen muß, wenn ich auch die literarische Brillanz einiger existentialistischer Schriftsteller rückhaltlos bewundere.

Man sollte zumindest *Furcht und Zittern* lesen, damit man überhaupt weiß, wovon die Rede ist; und Kafkas *Prozeß*, der nicht nur eine Art Evangelium der neuen Philosophie, sondern einer der wenigen, völlig unabhängigen Romane der letzten hundert Jahre ist. *Der Mythos von Sisyphos* und *Der Mensch in der Revolte* von Camus informieren den Leser über den neuesten Stand der Geisteshaltung, wenn auch nicht der Literatur, auf diesem Gebiet.

S. 23: *Das jüdische Volk ist über dreitausend Jahre alt.*

Die ausführlichste Darstellung der Geschichte der Juden ist das elf-
bändige Riesenwerk von Heinrich Graetz. Das heißt allerdings nicht,
daß ich es als zuverlässiges oder auch nur fachmännisches Ge-
schichtswerk empfehlen kann. Graetz war ein begeisterter und leidenschaftlicher Schriftsteller, der in seiner eigenen Welt lebte, seine
Meinungen und Vorurteile freimütig äußerte und sich großzügige
Freiheiten erlaubte, wenn es ihm zupaß kam. Aber er schreibt außerordentlich lebendig und anschaulich, und wenn man sich einen Überblick über irgendeinen Zeitabschnitt unserer dreitausendjährigen Geschichte verschaffen will, sollte man mit Graetz anfangen. Wenn
man dann genauer über eine bestimmte Periode Bescheid wissen will,
muß man sich in der Bibliothek die Fachliteratur darüber zusammen-
suchen.

Der Hinduismus soll eine ebenso lange Tradition haben wie das
Judentum oder sogar noch älter sein; und es gibt heilige Schriften
der Chinesen, die noch vor dem Pentateuch entstanden sein sollen.
Aber weder Indien noch China haben meines Wissens ein Volk aufzuweisen, das auf so einzigartige Weise wie die Israeliten entstanden
ist, oder das wie sie eine phantastische Reihe von schwierigsten Umständen, die das Ende jedes anderen Volkes bedeutet hätten, überlebt hat. Gerade dieses lange Überleben gegen alle geschichtliche Logik ist so bemerkenswert und sucht nach einer Erklärung, obwohl
die Langlebigkeit an sich schon erstaunlich genug ist.

S. 25: *Dann kam die Archäologie.*

Der amerikanische Archäologe Nelson Glueck, dem einige große
Entdeckungen zu verdanken sind, schreibt in seinem neuen Werk
Rivers in the Desert:
«Es läßt sich mit Bestimmtheit sagen, daß keine archäologische
Entdeckung bisher den Angaben der Bibel widersprochen hat. Dut-
zende von archäologischen Funden haben die geschichtlichen Dar-
stellungen der Bibel entweder in großen Umrissen oder in genauen
Einzelheiten bestätigt. Umgekehrt hat eine richtige Beurteilung bibli-
scher Beschreibungen oft zu erstaunlichen Entdeckungen geführt.
Sie bilden lauter Steinchen in dem riesigen Geschichtsmosaik der Bi-
bel, deren historische Treue fast unglaublich ist.»
Diese Feststellung Dr. Gluecks stieß bei einigen gebildeten Leuten
auf scharfe Kritik, weil sie befürchten, die Leute könnten sie als Auf-

forderung ansehen, die Bibel wortwörtlich zu nehmen wie die Fundamentalisten.

Allerdings machen sich die Fundamentalisten, die früher die archäologische Erforschung der geschichtlichen Genauigkeit der Bibel für eine Blasphemie erklärten, reichlich lächerlich, wenn sie heute die Ergebnisse glückstrahlend begrüßen. Aber ihr Standpunkt war nie vertretbar, und das Judentum hat ihn auch nie eingenommen.

Dr. Glueck ist Reformrabbiner, aber die Reformbewegung hat sich nicht auf die wörtliche Unfehlbarkeit der Bibel festgelegt. Seine Feststellung deckt sich mit allem, was ich bei meiner sonstigen Lektüre über Archäologie feststellen konnte. Es bestehen immer noch große archäologische Lücken. Aber im allgemeinen ist die Rückkehr zu der Einstellung, daß die Bibel ein Konglomerat aus ungeschichtlichen Mythen und Legenden ist, wissenschaftlich undenkbar.

Die Bibel ist und bleibt in erster Linie ein großartiges religiöses Dokument. Sie offenbart ihre religiöse Botschaft zum Teil als geschichtliche Erzählung. Die Wissenschaft des 20. Jahrhunderts kommt zu dem Urteil, daß dieser Bericht, soweit es sich an der Grabungsstätte aus uralten Ruinen und Funden konkret rekonstruieren läßt, auf Wahrheit beruht.

Zweites Kapitel: Das Vorherrschen der Symbole

S. 41: *Wir werden uns viel Zeit nehmen müssen für Symbole und Zeremonien.*

Wer Thorstein Veblen gelesen hat, wird sofort merken, wer meine Quelle für einen großen Teil dieses Kapitels war. Ich liebe ihn sehr und bin der Ansicht, daß man wenigstens *Die Theorie der feinen Leute* von ihm gelesen haben sollte, und ich empfehle jedem Leser, der es noch nicht kennt, dieses Versäumnis möglichst schnell nachzuholen. Der geheimnisvolle, etwas scharlatanhafte Stil des Autors wird ihn zwar am Anfang irritieren, bis er dahinterkommt, daß es sich um eine herrliche Satire handelt. Ich habe ihn den Studenten in meinem englischen Seminar zu lesen gegeben, und es hat mir immer Spaß gemacht, zuzusehen, wie es ihnen allmählich dämmerte, daß sie es mit einer Satire zu tun hatten.

Tocqueville hat in seinem Werk *Demokratie in Amerika* dasselbe schon viel früher und manchmal auch tiefschürfender und sehr viel direkter gesagt. Wer sich ernsthaft mit dem amerikanischen Leben befassen will, sollte dieses Buch lesen; es ist wunderbar geschrieben, aber sehr komprimiert und schwierig und lang.

S. 47: *Ich hatte das Wort «Konformismus» ... oft gehört.*

Wenn der Leser *Die einsame Masse* nicht kennt, dann ist er in Bezug auf Konformismus nicht auf der Höhe und sollte sich das Buch schleunigst ansehen.

Die Autoren sind der Ansicht, daß die fremdbestimmte Lebensweise für das heutige Amerika typisch ist. Der fremdbestimmte Mensch verfolgt ziel- und formlos «das Richtige», das, was die große Masse im Augenblick zu tun scheint. Er kommt dazu, wenn die traditionsbestimmte Norm zusammenbricht und ihm die geistige oder moralische Kraft fehlt, sein Schicksal selbst zu bestimmen.

Diesem unerwünschten Verhalten steht die *Autonomie* gegenüber, die bewußte und selbstbestimmte Wahl von Werten im Licht reifer, kritischer Intelligenz. Autoren verlangen es; und die Moralisten haben seit eh und je diese harte Forderung gestellt.

Natürlich würden sie einen Juden, der ohne viel zu fragen oder zu überlegen, die jüdischen Religionsgesetze befolgt, «traditionsbestimmt» nennen. Ob sie einem Juden, der die Sache gründlich durchdacht hat und im Judentum die vernünftigste Lebensweise für sich selbst sieht, Autonomie zubilligen, kann ich nicht sagen.

Viertes Kapitel: Der Sabbat

S. 58: *Die Gesetze über die Sonntagsruhe...*

Es gehört zur Ironie der Gesetze über die Sonntagsruhe, daß dort, wo christliche Gemeinden streng auf der Einhaltung dieser im Judentum begründeten Gesetze bestehen, die glaubenstreuen Juden am meisten darunter zu leiden haben. Sie halten den Sabbat ein und dürfen auch am Sonntag nicht arbeiten. Der jüdische Kaufmann hat nur fünf Tage, um seinen Lebensunterhalt zu verdienen, der christliche sechs, ein Unterschied, der sich in der Konkurrenzgesellschaft verheerend auswirken kann. Juden, die darum bitten, den am Sabbat geschlossenen Laden am Sonntag offenhalten zu dürfen, bekommen üblicherweise zur Antwort, daß die Christen stark in der Mehrheit sind – was sicher stimmt – und daß sich die Juden deshalb an die christliche Arbeitswoche halten müßten – was keineswegs die logische Folge ist. Das Problem ist kompliziert und wird immer schwieriger, je mehr Juden die Sabbatruhe ernst nehmen.

S. 64: *Sein ... Wesen besteht im zeremoniellen Verzicht auf alle Tätig-keiten.*

Die peinlich genaue Befolgung der Sabbatruhe geht bei den From-men so weit, daß sie nicht einmal werktägliche Dinge berühren und noch vor Beginn des Sabbats alle möglichen Vorkehrungen treffen, um ohne ihr Zutun zu Licht und Wärme zu kommen. Die Sabbat-bräuche und -sitten sind vielschichtig. Man darf nicht vergessen, daß ihr Kernpunkt erstens die Ruhe und zweitens die mystische Vorstel-lung dieses Tages ist. Die Gesetze und Bräuche stehen seit uralten Zeiten unter diesen beiden Vorzeichen. Wenn jemand wieder nach dem jüdischen Religionsgesetz leben will, fängt er irgendwo an und kommt dann mit der Zeit auch wieder zur Einhaltung der Sabbatru-he. Und eines Tages ist sie ihm zur zweiten Natur geworden. Ich ha-be mein ganzes Leben lang Fromme gekannt, und es war nicht ei-ner unter ihnen, der nicht seine ganz bestimmten, persönlichen kleinen Eigenheiten zum Zeichen der Sabbatruhe gehabt hätte. Mein Groß-vater pflegte seinen Gebetsmantel auf eine ganz besondere Weise zu-sammenzurollen und wegzulegen.

S. 66: *Die Literatur ist sehr umfangreich...*

Rabbi Dr. Moses David Tendler, ein hervorragender amerikanischer Naturwissenschaftler und außerdem ein orthodoxer Talmudkenner von einigem Rang, las mein Kapitel über den Sabbat und stellte fest, daß ich anscheinend an sämtlichen Hauptpunkten vorbeigegangen war. Aber ich will ihn lieber selbst zu Wort kommen lassen, als Ge-danken in mein Buch aufzunehmen, die nicht von mir stammen.

«Der Sabbat bringt vier Grundgedanken zum Ausdruck», sagte er. «Erstens bringen wir, indem wir diesen Tag einhalten, unseren Glau-ben an den Schöpfungsakt zum Ausdruck und bekräftigen damit un-ser Glaubensbekenntnis. Ebenso wichtig ist die Abfuhr, die er der menschlichen Überheblichkeit erteilt – ‹aus eigener Kraft und mit meinen eigenen Händen habe ich das alles geschaffen›. In Wirklich-keit kann der Mensch nichts anderes tun, als die in der Natur vor-handenen Kräfte und Stoffe zu benützen. An einem von sieben Ta-gen darauf zu verzichten, ist wie nichts anderes dazu geeignet, das Bild, das sich die Menschheit von sich selbst macht, wieder einiger-maßen zurechtzurücken; und wenn die moderne Gesellschaft etwas verzweifelt nötig hat, dann ist es die Wiedergewinnung der Demut und Selbsterkenntnis.

Drittens ist der Mensch, der am Sabbat auf jede Arbeit und alle technischen Mittel zur Unterhaltung verzichtet, gezwungen, sich wieder auf die rein menschlichen Freuden des Lebens zu besinnen –

zum Beispiel, selbst über etwas nachzudenken, oder sich seiner Familie zu widmen, wozu er vor lauter Arbeit und Vergnügungssucht sonst nie Zeit hat.

Aber das Aufregendste am Sabbat scheint mir die Art, wie er das Paradoxe des Judentums – das Gleichgewicht zwischen Askese und Luxus, zwischen Ernst und Vergnügen – in einem einzigen zyklisch wiederkehrenden Ereignis darstellt. Man neigt immer wieder dazu, unseren Glauben entweder als rein einschränkend oder als rein weltlich abzustempeln. Daß das Judentum im Hier und Jetzt genauso zu Hause ist wie im strengen Dienst Gottes, führt zu einer ausgeglichenen Lebensweise, die einmalig ist. Wir lassen uns nicht in Kategorien einordnen und unser Sabbat auch nicht. Er bietet uns die Freude an den besten Dingen dieser Welt und ist gleichzeitig ein formeller Verzicht darauf, sie zu benützen. Dieses Leitmotiv zieht sich durch das ganze Judentum.»

Vielleicht findet der Leser das besser als alles, was ich in meinem Kapitel über den Sabbat geschrieben habe, aber das kann ich dann nicht ändern. Wenn dieser Mann schon ein Buch über das Judentum geschrieben hätte, wäre ich nie auf den Gedanken gekommen, selbst eins zu schreiben. Aber der Talmud und sein Mikroskop lassen ihm keine Zeit für andere Dinge.

Fünftes Kapitel: Die Naturfeste

S. 68: *Die gesetzlichen Vorschriften sind ähnlich, wenn auch etwas milder.*

Die größere Milde der Feiertagsgesetzgebung bezieht sich auf das Arbeitsverbot. Die Übertretung des Sabbat-Gebots wurde strenger bestraft. Bestimmte Arbeiten, die unmittelbar mit den Festvorbereitungen zusammenhängen, wurden von der Thora ausdrücklich erlaubt, einschließlich des Gebrauchs von Feuer und des Lastentragens.

S. 69: *Das Synedrium verkündete ... einen Schaltmonat.*

Man sollte meinen, Schaltjahre zu verkünden, wäre eher Aufgabe des Königs als des Synedriums. Aber das Gewohnheitsrecht schloß den König von der Teilnahme an der Entscheidung über Schaltjahre aus. Der König galt als interessierte Partei und durfte deshalb an diesem gerichtlichen Verfahren nicht teilnehmen. Seine Soldaten bekamen einen jährlichen Pauschalsold. In Schaltjahren dienten sie ihm dreizehn Monate lang, wurden aber nur für zwölf Monate bezahlt.

S. 74: *In der Zwischenzeit, der sogenannten Festwoche, geht fast alle Arbeit ihren gewohnten Gang.*

Die Vorschriften über die Arbeit an den Wochentagen des Festes sind sehr komplex. Der springende Punkt ist, daß gearbeitet werden darf, wenn sich andernfalls ein finanzieller Verlust ergeben könnte; gewöhnlich gehen also die meisten Menschen ihrer beruflichen Tätigkeit nach. Sehr strenggläubige Juden vermeiden soviel Arbeit wie möglich. Mein Großvater, der ein großer Briefeschreiber war, schrieb keinen einzigen Brief während der Festtage.

S. 76: *Zum Hauptfestmahl werden Milch- und Mehlspeisen serviert...*

Der Brauch, zu Pfingsten Milchspeisen zu essen, ist uralt. Die Erklärungen dafür, die ich gehört habe, scheinen erst im nachhinein entstanden zu sein; zum Beispiel die Ansicht, daß die am Pfingsttag durch die Thora verkündeten neuen humanen Schlachtmethoden nicht am selben Tag durchgeführt werden konnten. Der Brauch scheint mit dem allgemein üblichen Fleischgenuß an Festtagen, dem herkömmlichen Zeichen für Wohlleben, im Widerspruch zu stehen; aber die Gesetzestreuen halten auf der ganzen Welt daran fest. Ich kenne einen hervorragenden jüdischen Gelehrten, der zuerst eine kleine Milchspeise verzehrt, dann ein Tischgebet spricht und nach einer kurzen Pause eine reguläre Feiertagsmahlzeit mit Fleisch zu sich nimmt. Wenn ich in der übrigen Zeit so enthaltsam wäre wie er, würde ich es vielleicht auch so machen.

Der Wilnaer Gaon, eine Autorität des polnischen Judentums aus neuerer Zeit, verbot die Blumendekoration in der Synagoge zu Pfingsten, weil sie der Praxis in den polnischen Kirchen ähnelte; aber der Brauch ist trotzdem wieder aufgelebt und setzt sich in den Vereinigten Staaten und Israel immer mehr durch.

S. 77: *Man kann die Hütte im eigenen Garten aufstellen.*

Die Vorschriften für den Bau einer Sukko füllen zahlreiche Seiten im Gesetzeskodex und im Talmudabschnitt *Sukkos.* In der Hauptsache geht es darum, wie man es nicht machen darf. Wie man eine Laubhütte richtig baut, erklärt einem jeder Rabbiner. Einer alten Tradition zufolge hängt die Laubhütte mit der «Wolkensäule» Gottes zusammen, unter deren Schutz die Juden in der Wüste wanderten.

S. 83: *...so lebendigen Handlungen wie die Reinigung des Hauses von allem Gesäuerten oder dem Umzug mit dem Palmzweig.*

Bei der Betrachtung der Naturfestsymbole vermissen ein paar Leser hier vielleicht eine eingehende Behandlung der einladenden Freudschen Möglichkeiten: die Hefe als Samen, Palmzweig und Esrog als Phallussymbol, die Sukko als mütterlicher Schoß und so weiter. Soweit ich weiß, gibt es irgendwelche gelehrten Abhandlungen über diese bedeutungsvollen Ideen, aber sie sind mir nie untergekommen. Ich bin zwar, wie jeder vernünftige Mensch heute, ein großer Bewunderer Freuds, aber ich teile doch nicht ganz den Glauben der orthodoxen Freudianer, daß seine Lehre ein Universalmittel zur Lösung aller Fragen ist, und deshalb gehe ich hier nicht näher auf diese Dinge ein. Andere bedauern vielleicht, daß ich nicht ausführlich auf Ähnlichkeiten zwischen primitiven oder archaischen Fruchtbarkeitszeremonien und den jüdischen Riten eingegangen bin. Ich hätte es getan, wenn ich mehr Platz gehabt hätte. Es gibt keine bessere Möglichkeit zu zeigen, warum das Judentum überlebte, während andere alte Religionen längst verschwunden sind. Die Formen eines Erntefestes sind begrenzt und voraussehbar; wenn die alten jüdischen Symbole keine Ähnlichkeit mit den im Leben der Menschheit ständig wiederkehrenden Symbolen hätten, wäre das Judentum keine Religion von dieser Welt, sondern von einem anderen Stern. Aber die Unterschiede sind auffallend und entscheidend. Es gibt keine Magie in der jüdischen Religion, keine Obszönität, keine Beschwörung der Götter, keine Hoffnung, die Natur durch phantasievolle Kunststücke und Zauberformeln manipulieren zu können. Die Thora bietet dem, der den Palmzweig schwenkt, nichts weiter als das Gefühl der Identität mit ganz Israel und der freudigen Verehrung des Herrn. Die Tatsache, daß uns unsere Riten aus grauer Vorzeit überkommen sind, scheint mir nur für ihre dauerhafte Symbolkraft zu sprechen.

Sir James Frazers *Der goldene Zweig: Eine Studie über Magie und Religion* ist bei weitem das farbigste und interessanteste Buch, das ich auf diesem Gebiet kenne, wenn auch die Gelehrten seine Ansichten für etwas überholt halten. Das Werk besteht aus zwölf Bänden, aber es gibt eine von ihm selbst verfaßte Kurzfassung in einem Band.

Sechstes Kapitel: Die Hohen Feiertage

S. 84: *Für die Andächtigen ist weiße Kleidung vorgeschrieben...*

Die weißen Gewänder am Jom Kippur bedeuten nach der Tradition die weißen Sterbekleider der frommen Juden, die *Tachirim*. Sie sind ein Symbol der Reinheit und wie die weißen Leinengewänder zugeschnitten, die Aaron und seine Söhne im Heiligtum trugen.

S. 88: *Beim ersten schrillen Ton des Widderhorns...*

Die Symbolik des Widderhorns hat eine ganze eigene Literatur geschaffen. Die Legende sieht eine enge Verbindung mit der Opferung Isaaks auf dem Berge Moria, bei der im letzten Augenblick ein Widder auftauchte und an seiner Stelle als Opfer dargebracht wurde. Die Opferung Isaaks (die *Akeda*) taucht in unseren Gebetbüchern als eins der wichtigsten Ereignisse unserer Geschichte immer wieder auf, und die Rosch-Haschana-Liturgie ist voll davon. Überraschenderweise teilt der dänische Existentialist Kierkegaard die jüdische Ansicht von der Akeda. *Furcht und Zittern* hat viel Ähnlichkeit mit der Predigt eines alten Maggid über dieses Thema.

S. 90: *Aber das unsterbliche Israel ist mehr.*

Der Abschnitt über «das unsterbliche Individuum» stützt sich in vielem auf Sir Henry Maines *Ancient Law*, obwohl dieses hervorragende Buch das römische Recht behandelt und wenig über die jüdische Tradition sagt.

S. 92: *Der Griffel, der am ersten Tag geschrieben...*

Es lohnt sich, den berühmten Vierzeiler Omars mit einer merkwürdig ähnlichen Talmudstelle zu vergleichen, die Rabbi Akiba zugeschrieben wird:

«Er pflegte zu sagen: Alles ist nur als Darlehen gegeben, und ein Netz ist über allen Lebenden ausgebreitet. Der Laden ist geöffnet, der Kaufmann borgt, das Buch ist offen, die Hand schreibt, wer leihen will, komme und leihe, die Schuldeinforderer gehen beständig umher jeden Tag, sie fordern Bezahlung vom Menschen, ob er einverstanden ist oder nicht, sie haben Ausweise, worauf sie sich stützen, das Urteil ist ein Urteil der Wahrheit, und alles ist für das Mahl in der künftigen Welt vorbereitet.»

Die überraschende Wendung im letzten Satz macht den Unterschied zwischen Judentum und Pessimismus aus.

S. 97: ... *die Befreiung der persischen Juden von ihrem Hitler ähnlichen Unterdrücker Haman.*

Einige Bibelkritiker bezweifeln die Zuverlässigkeit des Buches Esther, so wie andere früher die reale Existenz des Moses und den Auszug aus Ägypten anzweifelten. Solche kritischen Theorien tauchen auf und verschwinden wieder, wenn die Archäologie neue Tatsachen zutage fördert. In den Anmerkungen zum 14. Kapitel findet der Leser einen Kommentar zur allgemeinen Theorie der Bibelkritik.

Purim erinnert an eine halbmilitärische Operation, ähnlich wie der Auszug aus Ägypten und wie das Passahfest fällt es auf eine Vollmondnacht. Das Datum wurde von Haman durch das Los bestimmt, wahrscheinlich eine von mehreren Vollmondnächten, in der er eine Art Bartholomäusnacht unter den Juden veranstalten wollte. Durch einen Erlaß des Königs durften sich die Juden in letzter Minute bewaffnen und verteidigen, und sie konnten einen großen Sieg über ihre Feinde erringen. Auch im Zweiten Weltkrieg richteten sich Schlachtpläne oft nach dem Vollmond; und wenn es wieder einen Krieg geben sollte, wird man ihn wohl wieder auszunützen versuchen. Unser anderes Vollmondfest ist Sukkos, das Erntefest.

Achtes Kapitel: Die Gebete, die Synagoge und die Beter

S. 109: *Moses betete, und Miriam wurde vom Aussatz geheilt.*

Der «Aussatz» der Bibel kann kaum die Krankheit gewesen sein, die wir heute unter diesem Namen kennen. Die Symptome und der Verlauf der *Zora'as,* wie die Krankheit auf hebräisch hieß, werden im Leviticus ganz genau geschildert. Trotz einiger Ähnlichkeiten unterscheidet sie sich wesentlich von der Lepra. Erstens einmal konnte die Zora'as in ein paar Wochen abheilen; zweitens konnte sie ganz sichtbar Kleidung und Wände befallen, die vernichtet werden mußten, wenn die Reinigung nichts nützte. Die Beschreibung deutet auf einen infektiösen Schimmel- oder Pilzbefall hin, der den Nahen Osten in biblischer Zeit heimsuchte und der, soweit ich weiß, heute kaum mehr vorkommt – oder sogar ganz ausgerottet ist. Daß die Krankheit im Altertum existierte und eine außerordentliche Gefahr war, geht eindeutig aus den Isolierungsvorschriften im Leviticus hervor. Wir sind – hoffentlich – die Zora'as los. Das moderne Hebräisch bezeichnet mit dem Wort die Lepra.

S. 111: *Natürlich ist es unmöglich, Jiddisch wieder als Sprache der Gemeinschaft einzuführen...*

Die Zukunft des Jiddischen.

Eine generelle Wiederbelebung des Jiddischen unter den Juden in Amerika halte ich für sehr unwahrscheinlich. Die Renaissance der jüdischen Kultur, die zur Zeit stattfindet, konzentriert sich auf das Neuhebräische. Daß die früher einmal so großartige jiddische Presse und das jiddische Theater in Nordamerika immer mehr dahinschwinden, ist zwar tragisch, aber die Ursachen sind nur allzu verständlich. Ich empfinde es als einen besonderen Vorzug, daß ich zu einer Zeit aufwuchs, als diese Kultur noch sehr stark und lebendig war, so daß ich Jiddisch mühelos lernen konnte.

Jiddisch ist eine herrlich ausdrucksvolle und kraftvolle Sprache, die auf dem Mittelhochdeutschen aufbaut, zahlreiche Lehnworte aus anderen Sprachen hat und mit den Maximen, idiomatischen Redewendungen und Gemeinplätzen der jüdischen Gelehrsamkeit durchtränkt ist. Durch diese Vielschichtigkeit wird die Sprache erstaunlich lebendig. Jeder, der sie spricht, klingt immer ein bißchen wie ein Dichter oder Philosoph. Sie wird in hebräischer Schrift geschrieben und gedruckt. In Israel können über die Hälfte der Älteren Jiddisch. Für die kleine Gruppe der Ultraorthodoxen auf der ganzen Welt bleibt Jiddisch die Umgangssprache.

Es ist sicher falsch, zu glauben, daß Jiddisch schon sehr bald völlig aussterben wird. Zumindest ein literarisches Genie, Scholem Alejchem, hat ein umfangreiches Werk in dieser Sprache hinterlassen, und im 19. Jahrhundert gab es viele ausgezeichnete Autoren, die nur wenig hinter ihm zurückstehen. Allein eine solche Literatur ist schon ein wichtiges Mittel im Kampf um die Erhaltung einer Sprache. Noch wichtiger ist – für Leute, die gern nach ökonomischen Gesichtspunkten urteilen – die Tatsache, daß Jiddisch die Lingua franca der beträchtlichen und immer mehr wachsenden jüdischen Gemeinden in Süd- und Mittelamerika ist. Dort spielt das Jiddische in Wissenschaft und Presse eine große Rolle. Ich war hingerissen, als ich in Mexiko vierjährige Kinder aus wohlhabenden und sehr kultivierten Familien traf, die sich in Jiddisch ebenso mühelos wie in Spanisch ausdrücken konnten. Buenos Aires hat hochqualifizierte jiddische wissenschaftliche Verlage. Ich glaube, die Sprache wird noch lange Zeit überleben, wenn auch ihr literarischer Höhepunkt vielleicht im 19. Jahrhundert erreicht war. In unserer Zeit hatten wir in dem verstorbenen Scholem Asch einen weltbekannten Autor, der jiddisch schrieb; selbst seine christlichen Erzählungen waren in dieser Sprache verfaßt.

Es ist ein Jammer, daß der große Scholem Alejchem in Übersetzungen genau wie Molière und aus gleichem Grund sehr viel verliert; Humor und Poesie lassen sich am allerschwersten übersetzen. Asch hingegen, ein klarer, einfacher Romanschriftsteller, läßt sich glänzend übersetzen. Man sagt, daß sich Scholem Alejchem, ins Neuhebräische übersetzt, wie im Original liest. Ich habe die Übersetzungen nicht gelesen, aber ich hoffe, daß es stimmt.

S. 116: *Glaubensbekenntnis und Pflichtgebet*

Der volle Text des Sch'ma und der Schmone Esre.

Der vollständige Text des Sch'ma:
Höre, Israel, der Ewige, unser Gott, der Ewige ist einzig!
Gelobt sei der Name der Herrlichkeit seines Reiches
immer und ewig.

Du sollst den Ewigen, deinen Gott, lieben mit deinem ganzen Herzen und deiner ganzen Seele und deinem ganzen Vermögen. Es seien diese Worte, die ich dir heute befehle, in deinem Herzen. Schärfe sie deinen Kindern ein und sprich von ihnen, wenn du in deinem Hause sitzest und wenn du auf dem Wege gehst, wenn du dich niederlegst und wenn du aufstehst. Binde sie zum Zeichen auf deinen Arm, und sie seien zum Denkband auf deinem Haupte. Schreibe sie auf die Pfosten deines Hauses und deiner Tore!

Und es sei, wenn ihr auf meine Gebote hört, die ich euch heute gebiete, den Ewigen, euren Gott, zu lieben und ihm zu dienen mit eurem ganzen Herzen und eurer ganzen Seele, so werde ich den Regen eures Landes zu seiner Zeit geben, Frühregen und Spätregen, du wirst dein Getreide einsammeln und deinen Most und dein Öl. Ich werde Gras deinem Felde geben für dein Vieh, du wirst essen und satt werden. Hütet euch, daß euer Herz nicht verführt werde und ihr abweichet und fremden Göttern dient und euch vor ihnen bückt. Da würde der Zorn des Ewigen wider euch entbrennen, er würde den Himmel verschließen, daß kein Regen fällt, und die Erde ihren Ertrag nicht gibt, und ihr würdet bald zugrunde gehen aus dem guten Lande, das der Ewige euch gibt. Legt diese meine Worte in euer Herz und in eure Seele, bindet sie zum Zeichen auf euren Arm, und sie seien zum Denkband auf eurem Haupte. Lehret sie eure Kinder, davon zu sprechen, wenn du in deinem Hause sitzest und wenn du auf dem Wege gehst, wenn du dich niederlegst und wenn du aufstehst. Schreibe sie auf die Pfosten deines Hauses und deiner Tore. Auf daß sich eure Tage vermehren und die Tage eurer Kinder auf dem Erdboden, den der Ewige euren Vätern zugeschworen, ihnen zu geben, wie die Tage des Himmels über der Erde.

Und der Ewige sprach zu Moses also: Sprich zu den Kindern Israel und sage ihnen, sie sollen sich Schaufäden machen an die Ecken ihrer Kleider für ihre Geschlechter und sollen an den Schaufäden der Ecke einen Faden von himmelblauer Wolle anbringen. Sie seien euch zu Schaufäden, ihr sollt sie sehen und aller Gebote des Ewigen gedenken und sie erfüllen, auf daß ihr nicht eurem Herzen und euren Augen nachspähet, denen ihr nachbuhlet. Auf daß ihr gedenkt und alle meine Gebote erfüllet und heilig seiet eurem Gotte. Ich bin der Ewige, euer Gott, der ich euch aus dem Lande Ägypten geführt, euch zum Gotte zu sein, ich bin der Ewige, euer Gott.

Dieses Gebet ist eine Kompilation. Der erste Vers ist Deuteronomium 6, 4. Der zweite stellt die traditionelle Antwort dar, die im Tempel auf einen Segensspruch erfolgte. Der erste lange Abschnitt ist Deuteronomium 6, 5–9; der zweite Deuteronomium 11, 13–21. Der dritte ist Numeri 15, 37–41.

Hier folgen die achtzehn Danksagungen des täglichen Gottesdienstes:

1 Gelobt seist du, Ewiger, unser Gott und Gott unserer Väter, Gott Abrahams, Gott Isaaks und Gott Jakobs, großer, starker und furchtbarer Gott, höchster Gott, der du beglückende Wohltaten erweisest und Eigner des Alls bist, der du der Frömmigkeit der Väter gedenkst und einen Erlöser bringst ihren Kindeskindern um deines Namens willen in Liebe. König, Helfer, Retter und Schild!

Gelobt seist du, Ewiger, Schild Abrahams.

2 Du bist mächtig in Ewigkeit, Herr, belebst die Toten, du bist stark, um stets zu helfen. Du ernährst die Lebenden mit Gnade, belebst die Toten in großem Erbarmen, stützest die Fallenden, heilst die Kranken, befreist die Gefesselten und hältst die Treue denen, die im Staube schlafen. Wer ist wie du, Herr der Allmacht, und wer gleichet dir, König, der du tötest und belebst und Heil aufsprießen läßt.

Gelobt seist du, Ewiger, der du die Toten wieder belebst!

3 Du bist heilig, und dein Name ist heilig, und Heilige preisen dich jeden Tag. Selah!

Gelobt seist du, Ewiger, heiliger Gott!

4 Du begnadest den Menschen mit Erkenntnis und lehrst den Menschen Einsicht, begnade uns von dir mit Erkenntnis, Einsicht und Verstand.

Gelobt seist du, Ewiger, der du mit Erkenntnis begnadest!

5 Führe uns zurück, unser Vater, zu deiner Lehre, und bringe uns, unser König, deinem Dienste nahe und laß uns in vollkommener Rückkehr zu dir zurückkehren.

Gelobt seist du, Ewiger, der du an der Rückkehr Wohlgefallen hast!

6 Verzeihe uns, unser Vater, denn wir haben gesündigt, vergib uns, unser König, denn wir haben gefrevelt, denn du vergibst und verzeihst.

Gelobt seist du, Ewiger, der du gnädig immer wieder verzeihst!

7 Schaue auf unser Elend, führe unseren Streit und erlöse uns rasch um deines Namens willen, denn du bist ein starker Erlöser.

Gelobt seist du, Ewiger, der du Israel erlösest!

8 Heile uns, Ewiger, dann sind wir geheilt, hilf uns, dann ist uns geholfen, denn du bist unser Ruhm, und bringe vollkommene Heilung allen unseren Wunden, denn Gott, König, ein bewährter und barmherziger Arzt bist du.

Gelobt seist du, Ewiger, der du die Kranken deines Volkes Israel heilst!

9 Segne uns, Ewiger, unser Gott, dieses Jahr und alle Arten seines Ertrages zum Guten, gib Segen der Oberfläche der Erde, sättige uns mit deinem Gute und segne unser Jahr wie die guten Jahre.

Gelobt seist du, Ewiger, der du die Jahre segnest!

10 Stoße in das große Schofar(horn) zu unserer Befreiung, erhebe das Panier, unsere Verbannten zu sammeln, und sammle uns insgesamt von den vier Enden der Erde.

Gelobt seist du, Ewiger, der du die Verstoßenen deines Volkes Israel sammelst!

11 Bringe unsere Richter wieder wie früher und unsere Ratgeber wie ehedem, entferne von uns Seufzen und Klage, regiere über uns du, Ewiger, allein in Gnade und Erbarmen und rechtfertige uns im Gericht.

Gelobt seist du, Ewiger, König, der du Gerechtigkeit und Recht liebst!

11a Den Verleumdern sei keine Hoffnung, und alle Ruchlosen mögen im Augenblick untergehen, alle mögen sie rasch ausgerottet werden, und die Trotzigen schnell entwurzle, zerschmettre, wirf nieder und demütige sie schnell in unseren Tagen.

Gelobt seist du, Ewiger, der bricht des Feindes Macht und die frechen Übermütigen beugt!

12 Über die Frommen und Gottgeweihten und die Alten deines Volkes, des Hauses Israel, und über den Rest ihrer Gesetzeslehrer, und über die Fremdlinge, die aus Frömmigkeit zu dir sich bekehren, und über uns möge dein Erbarmen rege werden, Ewiger, unser Gott! Und gib heilvollen Lohn allen denen, die vertrauen auf deinen Namen in Wahrheit, und laß unser Teil mit dem ihren vereint sein ewiglich, und laß uns nicht zuschanden werden; denn auf dich haben wir vertraut.

Gelobt seist du, Ewiger, Stütze und Zuversicht der Frommen!

13 Nach Jerusalem, deiner Stadt, kehre in Barmherzigkeit zurück und nimm deinen Wohnsitz in ihr, wie du verheißen, und baue sie bald in unseren Tagen, einen ewigen Bau, und den Thron Davids richte bald in ihr auf.

Gelobt seist du, Ewiger, der du Jerusalem erbaust!

14 Den Sproß Davids, deines Knechtes, lasse bald hervorsprießen, und seine Macht hebe sich durch deine Hilfe, denn auf deine Hilfe hoffen wir den ganzen Tag.

Gelobt seist du, Ewiger, der da sprossen läßt des Heiles Macht!

15 Höre unsere Stimme, Ewiger, unser Gott, sei mild und barmherzig gegen uns und nimm in Barmherzigkeit und Huld unser Gebet an; denn du, o Gott, hörst Gebet und Flehen. Und so laß uns denn, o König, nicht leer zurückkehren aus deinem Angesicht! Denn du erhörst das Gebet deines Volkes Israel in Erbarmen.

Gelobt seist du, Ewiger, der hört das Gebet!

16 Laß dir wohlgefallen, Ewiger, unser Gott, dein Volk Israel und sein Gebet, und führe zurück den Tempeldienst in deine heiligen

Hallen, die Feueropfer Israels und sein Gebet nimm in Liebe an mit Huld, und zum Wohlgefallen stets vor dir sei der Gottesdienst Israels deines Volkes. Und schauen mögen unsere Augen, wenn du zurückkehrst nach Zion in Barmherzigkeit.

Gelobt seist du, Ewiger, der zurückbringen wird seine Herrlichkeit nach Zion!

17 Wir danken dir und bekennen, daß du bist der Ewige, unser Gott und unserer Väter Gott, auf immer und ewig. Hort unseres Lebens, Schild unseres Heils bist du durch alle Geschlechter. Wir danken dir und verkünden dein Lob für unser Leben, das in deine Hand gegeben ist, wegen unserer Seelen, die dir anvertraut sind, und wegen deiner Wunder, die an jedem Tag uns geleiten, und wegen deiner unvergleichlichen Taten und Gnadenbezeugungen zu jeglicher Zeit, abends und morgens und mittags, Allgütiger, denn nicht geht zu Ende deine Barmherzigkeit, du Allerbarmer, denn kein Aufhören kennt deine Huld! Von jeher hoffen wir auf dich!

Und für dies alles sei gesegnet und erhoben dein Name, unser König, beständig auf immer und ewig.

Und alles, was lebt, danke dir, Selah! Und rühmen möge es deinen Namen in Wahrheit, o Gott, du unser Schutz und unser Beistand, Selah!

Gelobt seist du, Ewiger, Allgütiger ist dein Name, und dir ist es schön, ein dankendes Bekenntnis abzulegen!

18 Laß Frieden, Heil und Segen, Gunst, Gnade und Erbarmen kommen über uns und über ganz Israel, dein Volk. Segne uns alle, unser Vater, insgesamt mit dem Lichte deines Antlitzes! Denn in dem Lichte deines Angesichts gabst du uns, Ewiger, unser Gott, die Lehre des Lebens und die Liebe zur Milde und Menschlichkeit, und Gerechtigkeit und Segen und Erbarmen und Leben und Frieden. Und laß es dir wohlgefällig sein, zu segnen dein Volk Israel zu jeder Zeit und Stunde mit deinem Frieden!

Die abendlichen Lobpreisungen des Achtzehn-Gebets sind der Tradition nach ein freiwilliges Gebet, weil es im Tempel kein reguläres abendliches Opfer gab, das ihm entsprach, sondern nur das aus dem Tagesopfer herrührende Fleisch verbrannt wurde. Heute ist das Achtzehn-Gebet fester Bestandteil der Liturgie des Abendgottesdienstes. Innerhalb der zwei Hauptrichtungen der Liturgie, der aschkenasischen und der sephardischen, gibt es in den Gebetbüchern der verschiedenen Länder kleinere Unterschiede. Die Chassidim, die zur aschkenasischen Gruppe gehören, haben ihr eigenes Gebetbuch, das Elemente aus beiden Liturgien mischt und viele Einflüsse aus der Kabbala aufgenommen hat (vgl. Anmerkung Seite 339 f.).

Neuntes Kapitel: Nahrung, Kleidung, Behausung

S. 129: *Von im Wasser lebenden Tieren dürfen Juden nur Tiere mit Flossen und Schuppen essen.*

Die Ichthyologie kennt vier Arten von Schuppen bei Fischen: Schuppen der Cykloiden, der Knochenfische, der Knorpelfische und der Schmelzschupper. Nur Fische der ersten beiden Arten sind eßbar. Haifische oder Aale zum Beispiel gehören zu einer der beiden letzten Gruppen und sind deshalb verboten. Ein kompetenter Wissenschaftler hat mir erklärt, daß auch der Stör zu den verbotenen Fischen gehört, obwohl sich Laien seit Jahren um die Zulässigkeit des Störs streiten.

S. 129: *Insekten scheiden völlig aus.*

Eine ganz bestimmte Heuschreckenart wird von der Bibel ausdrücklich als eßbar erklärt, Heuschrecken wurden im Altertum im Nahen Osten überall gegessen, genau wie noch heute. Die Heuschrecken fressen die Ernte; sie enthalten also viel Protein und Kohlehydrate, und die Menschen ergänzen ihre Nahrung, indem sie die Tiere rösten oder einmachen und essen. Eine hervorragende Erzählung von David Garnett, *Die Heuschrecken kommen,* baut auf der Eßbarkeit der Heuschrecken auf. Nach dem jüdischen Gewohnheitsrecht ist die genaue Definition der eßbaren Arten verlorengegangen, weshalb diese Insekten generell verboten sind. Aber in einigen Niederlassungen im Nahen Osten kennt man die entscheidenden Merkmale der eßbaren Art noch ganz genau. Neulich hörte ich, daß ein jemenitischer, sehr orthodoxer Medizinstudent an einer amerikanischen Universität bei einem Präparierkurs über Insekten den Assistenten, einen jüdischen Biologen, darauf aufmerksam machte, daß die Heuschrecken, die gerade seziert wurden, zur eßbaren Art gehörten. Das entscheidende Merkmal war der hebräische Buchstabe *Ches,* der sich klar und deutlich auf dem Hinterleib des Insekts abzeichnete. Er lieferte auch sofort den Beweis, daß sie eßbar und koscher waren (jedenfalls soweit es ihn betraf), indem er ein paar Heuschrecken aß. Ich fragte einen berühmten Rabbiner, ob er sich richtig verhalten hätte. Vollkommen richtig, bekam ich zur Antwort; aufgrund der talmudischen Regel: «Er kann sich auf eine dauernde Tradition von seinen Vätern her berufen.» Ich nehme an, wenn ich je eine Heuschrecke mit einem *Ches* auf dem Hinterleib fangen sollte, müßte ich auf diesen Leckerbissen verzichten, weil ich diese Tradition nicht habe. Ich bin bereit, diese Entbehrung mit innerer Stärke auf mich zu nehmen.

S. 129: *«Koscher bedeutet rein».*

Hygienische Erklärung der Speisegesetze.

Maimonides führt in seinem «Führer der Verirrten» die Speisegesetze fast ausschließlich auf zwei Grundlagen zurück: auf die Gesundheit und die Beseitigung des heidnischen Aberglaubens. Seine ausführliche Erklärung des Verbots, Blut zu trinken, nimmt in erstaunlicher Weise Frazers im *Goldenen Zweig* vertretene Auffassung von Sympathiezauber in primitiven Religionen vorweg. Ich glaube, er hat als erster die Bedeutung des Thoragesetzes im Kampf gegen das Schamanentum genau erkannt.

Er zitiert zwei Meinungen des Talmud über die Speisegesetze im allgemeinen. Die eine sagt, daß sich eine vernünftige Grundlage dafür finden läßt. Die andere stützt sich auf ihren symbolischen Charakter; durch die Befolgung werden Glauben, religiöse Hingabe und die jüdische Identität ausgedrückt. Wenn ich mich bei meiner Behandlung der Speisegesetze zum größten Teil auf die zweite Meinung festgelegt habe, dann nicht aus Opposition gegen Maimonides (ein geradezu grotesker Gedanke). Ich bin gern bereit, die sanitären und hygienischen Motive zuzugeben. Die moderne Medizin konnte die Ansichten des Maimonides weit besser erhärten als er selbst. Wir wissen, daß aus Milch und Fleisch gemischte Speisen, auch wenn sie oft als besonders delikat gelten, ein geradezu idealer Nährboden für Bakterien sind und sehr sorgfältig zubereitet und aufbewahrt werden müssen. Wir wissen auch, daß die Verwendung von Blut ebenso riskant ist. Krebse und Hummer zersetzen sich ebenso schnell wie Geflügel in Sahnesoße und können zu Vergiftungen führen. Man erkennt immer mehr die Gefahren gesättigter Fettsäuren, die besonders im Nierenfett enthalten sind. Die relative Unverdaulichkeit von Schweinefleisch und die Gefahr eines Trichinenbefalls sind wissenschaftlich festgestellt worden und wurden von Maimonides nur empirisch erkannt.

Aber obwohl das alles stimmt, muß ich leider dabei bleiben, daß es für den modernen Menschen nur von zweitrangiger Bedeutung ist. Maimonides war Arzt und lebte in einer Zeit, in der Schmutz und Seuchen überall verbreitet waren. Wenn er die sorgfältige Handhabung und strenge Auswahl der jüdischen Küche mit der Unsauberkeit und Gleichgültigkeit, der er überall sonst in den Küchen begegnete, verglich, schien ihm der gesundheitliche Aspekt der Thoragesetze das wichtigste zu sein. Heute haben zivilisierte Länder mehr oder weniger den Standard der jüdischen Nahrungsmittelhygiene eingeholt, obwohl sehr viele Nichtjuden auch heute noch lieber koscheres Geflügel und Fleisch essen, weil sie sich davon eine größere Garantie für Frische und sorgfältige Überwachung versprechen.

Das Überleben der jüdischen Gemeinschaft in einer Industriegesellschaft mit starker Neigung zum Konformismus ist heute ein großes Problem, und infolgedessen sieht man natürlich, wie die Gesetze dazu dienen, Identität und Disziplin auszudrücken. Die Zeiten ändern sich und damit auch die Beurteilungen. Beide talmudischen Ansichten über das Gesetz scheinen heute berechtigt zu sein. Aber von welchem Standpunkt man auch ausgeht, die Gesetze aufzugeben bedeutet immer, ohne jeden sinnvollen Grund auf eine wichtige Triebfeder des Judentums zu verzichten.

Natürlich sind sie manchmal unbequem, aber nicht annähernd so unbequem wie die Einkommensteuer. Man tut, was man muß, damit die Dinge, die einem wichtig sind, erhalten bleiben.

Das Gefühl, durch die Befolgung der Speisegesetze etwas entbehren zu müssen, ist fast immer nur die Angst vor der Umstellung. Jeder, der sie befolgt, weiß, daß auch eine rituell geführte Küche außerordentlich reichhaltig und schmackhaft sein kann.

In kleinen Details der Speisegesetze gibt es unendlich viele Abwandlungen. Was der eine Rabbi für erlaubt ansieht, hält der andere für verboten, aber die Hauptgesetze hält jeder in der Mosaischen Gemeinschaft ein. Einer meiner Lehrer, der es mit der Befolgung der Gesetze peinlich genau nahm, erklärte mir einmal, daß die strenge Befolgung der Speisegesetze über die Hauptgesetze hinaus eine Frage des religiösen Temperaments sei. Mein Großvater fand es normal und wünschenswert, lieber dreißig Jahre lang auf Rindfleisch zu verzichten, als Fleisch zu essen, bei dem er sich nicht persönlich von der ordnungsgemäßen Schächtung überzeugen konnte. Trotzdem hatte er nichts dagegen, daß ich solches Fleisch aß. Wir hatten eben ein verschiedenes Temperament. Ob sein Temperament «überlegen» oder «extravagant», «anständig» oder «fanatisch» war, diese Frage muß der Leser ganz nach seinem eigenen Temperament entscheiden.

Ein Jude, der nicht mit diesen Gesetzen aufgewachsen ist oder überhaupt nicht als Jude erzogen worden ist, kann seine Identität – wenn er es wünscht – am besten wiedergewinnen, wenn er beschließt, die Speisegesetze zu befolgen und noch am gleichen Tag damit anfängt. Wenn er, ohne übergenau sein zu wollen, auf die verbotenen Speisen verzichtet, wird er das Gefühl haben, zum Judentum zu gehören. Von da aus kann er dann weitermachen, die jüdische Religion studieren und sein Leben Schritt für Schritt, wie sich die Gelegenheit ergibt, neu aufbauen.

S. 139/140: *Beim Morgengebet tragen die Männer einen viereckigen Schal mit Quasten.*

Im alten Israel war ein viereckiges Gewand allgemein üblich. Heute hat sich die Kleidung geändert, und deshalb legen wir einen rechteckigen Schal um, um dem Gebot genau zu entsprechen.

Es gibt in der Bibel ein Verbot, bei der Herstellung von Kleidern Wolle und Leinen zusammen zu verwenden. Maimonides führt auch diesen Symbolismus auf die Absicht zurück, Praktiken des Sympathiezaubers auszurotten: die Götzenpriester trugen Gewänder, die aus diesen beiden Materialien bestanden, als Zeichen ihrer Macht über das Pflanzen- und Tierreich, während ihr Amtsstab aus einem Mineral hergestellt war. Sehr fromme Leute untersuchen neue Kleider vor dem Kauf ganz genau, um sicherzugehen, daß sie keine *Schatnes,* eine Mischung aus Leinen und Wolle, enthalten, nicht einmal im Nähgarn oder im Steifleinen der Einlagen.

Eine Reihe frommer verheirateter Frauen tragen in der Öffentlichkeit stets eine Kopfbedeckung, meistens einen Hut. Die *Scheitel* oder Perücken ihrer Großmütter, die manche statt eines Hutes tragen, sind inzwischen große Mode geworden.

S. 140: *Behausung*

Ein Gesetz der Thora befiehlt, daß beim Bau eines neuen Hauses das Dach mit einer Brüstung umgeben sein muß (Deuteronomium 22, 8), «damit kein Blut komme auf dein Haus, wenn jemand davon herabfiele». Der Talmud leitete von diesem Vers die Gesetze der Haftpflicht ab und gab außerdem den moralischen Kommentar dazu. Wer fällt, sagten die Rabbiner, fällt, weil es der Wille Gottes ist, aber du mußt dafür sorgen, daß dein Haus nicht das Werkzeug zu seinem Sturz ist.

Zehntes Kapitel: Geburt und Anfang: Männer und Frauen

S. 151: *Das Verbot von Musikinstrumenten wie der Orgel...*

Das gesetzliche Verbot des Orgelspiels fällt unter das allgemeine Verbot, an Feiertagen Apparate zu benutzen, die versagen könnten und sofort repariert werden müßten. Der Verzicht darauf zur Erinnerung an den Untergang des Tempels ist Teil einer umfassenden

Tradition. Die Erinnerung an die Zerstörung des Tempels durchzieht das ganze jüdische Leben; das Zerbrechen eines Glases bei der Hochzeitszeremonie soll daran erinnern; fromme Juden lassen beim Bau eines Hauses einen Teil unvollendet, als Symbol für das zerstörte Haus Gottes, das immer noch darauf wartet, wiederaufgebaut zu werden.

Elftes Kapitel: Liebe und Ehe und gewisse moderne Variationen

S. 166: *Wenn der Leser den diskreten Ehebruch und homosexuellen Verkehr billigt...*

Über vornehme Variationen im Sexualleben kenne ich nichts Aufschlußreicheres als Burtons erstaunlichen Essay, mit dem seine (ungekürzte Übersetzung) von *Tausendundeine Nacht* schließt. Sie heilt den Leser von der Idee, daß das moderne Laster in irgendeiner Weise neu oder auch nur erfinderisch sei. Die sexuellen Verirrungen in Ägypten und Kanaan, die von der Bibel bloßgestellt wurden, sind in den Mittelmeerländern niemals ausgestorben. Unsere Romanciers und Dramatiker wissen heute zu berichten, daß dort gerade der richtige Ort für solche Zerstreuungen ist.

Zwölftes Kapitel: Tod

S. 171: *Selbst im Talmud wird die Vorstellung vom Jenseits nur schattenhaft in Bildern und Gleichnissen gezeigt.*

Es wäre falsch, das jüdische Jenseits erklären zu wollen, weil niemand genau weiß, was die Parabeln und Metaphern besagen sollen, aber einige Punkte sind doch klar und wert, wiederholt zu werden. Nach unserer Überlieferung haben die Gerechten aller Glaubensbekenntnisse teil an der zukünftigen Welt; mit keinem Wort wird gesagt, daß das Heil nur durch unsere Gemeinschaft erworben werden kann. Wir kennen auch nicht die Vorstellung von einer ewigen Verdammnis. Der Sünder, lautet eine Ansicht, büßt seine Strafe, wie sie auch immer sein mag, ein Jahr lang ab und nicht länger. Nirgendwo in der jüdischen Lehre ist von einer Bestrafung ohne Ende die Rede.

S. 191: *Wellhausens unausgegorene Phantasie von einer geschichtlichen Entwicklung Israels ... wird heute nicht mehr ernst genommen.*

Die meisten akademisch gebildeten Leser haben wahrscheinlich eine ungefähre Vorstellung von der bibelwissenschaftlichen Hypothese Graf und Wellhausens. Wenn man daran glaubte, ging es ganz allgemein darum, den größten Teil des Alten Testaments, und vor allem die fünf Bücher Moses, als einen zusammengeschusterten Haufen sehr später Fälschungen statt authentischer Dokumente des Altertums in Mißkredit zu bringen. Ich kann die Hintergründe dieser Theorie und ihren Aufstieg und Fall für Leser, die sich dafür interessieren, kurz zusammenfassen. Sieht man in der Bibel eine Sammlung sehr alter Bücher, dann kann jeder erkennen, daß sie alle Kennzeichen ihres hohen Alters und der Zeit ihrer Entstehung trägt. Sie enthält schwierige und unklare Stellen. Verse widersprechen einander. Wiederholungen treten auf. In Chronologie, Gesetz und Bericht gibt es Diskrepanzen. Das alles war den jüdischen Gelehrten schon immer klar, seit der Kanon festgelegt wurde. Der Talmud ist voll von Diskussionen über diese Schwierigkeiten. Hinweise darauf finden sich in den laufenden Kommentaren zum Bibeltext in den Ausgaben für Studenten. Die Kommentare sind manchmal überzeugend, manchmal sehr gequält. Die Kommentatoren sind untereinander uneins. Sie bestreiten offen die Auslegung der Talmudgelehrten. Letzten Endes muß der Student alle diese Fragen selbst entscheiden, so gut er kann.

Im 17. Jahrhundert, als die Theologen die Bibel dazu benutzten, den Fortschritt der Vernunft und des Wissens zu blockieren, ging die in die Defensive gedrängte neue wissenschaftliche Intelligenz gegen die Bibel vor und griff gezielt die schwachen Stellen an. Soweit ich weiß, wurde die allgemeine Theorie der modernen Bibelkritik zuerst von Spinoza in seinem *Traktat über Theologie und Politik* formuliert, wenn er auch vieles Hobbes verdankte. Als rebellischer Talmudstudent wußte Spinoza genau, wo er ansetzen mußte, und er war einer der scharfsinnigsten Denker aller Zeiten – der außerdem brillant formulieren konnte.

Spinozas Gedanke ist, in kurzen Worten, daß die Bibel ein literarisches Werk ist wie jedes andere Buch, wenn auch vielleicht größer als die meisten anderen. Sie wurde nicht von Gott in feuerglühenden Lettern geschrieben, unantastbar und ewig gültig. Das war nur bildlich zu verstehen. Sie war zu verschiedenen Zeiten von Menschen mit Tinte auf Pergament geschrieben worden. Sie unterlag deshalb der literarischen Analyse. Überlieferungen über ihre Entstehung waren nicht das letzte Wort. Sie konnten falsch sein. Eine vernunftbestimmte Erforschung des Textes mußte die Wahrheit über ihre Verfasser und die Tatsachen ihrer Entstehung ans Licht bringen. Er führte in großen Umrissen alles auf, was wir heute unter Bibelkritik verstehen: stilistische Unterschiede, Wiederholungen, chronologische Widersprüche, grammatikalische und sprachliche Eigenheiten und so weiter. Er stützte sich dabei stark auf einen orthodoxen jüdischen Kommentator von hohem Rang, auf Ibn Esra, indem er oft die Schwierigkeiten, auf die Ibn Esra hingewiesen hatte, aufgriff und auf eine neue, vernichtende Weise interpretierte.

Dieses Tor, das Spinoza 1670 aufstieß, führte zunächst nur auf einen dornenvollen Weg voller Schwierigkeiten. Diese Art zu schreiben trug einem Verachtung, Verfolgung, Verfemung, möglicherweise Gefängnis und eventuell sogar den Tod ein. Aber innerhalb eines Jahrhunderts stürmte Voltaire durch die Bresche und bahnte einen breiten Weg. Nach Voltaire wurde die vernunftbestimmte Analyse der Bibel geradezu ein Sport, an dem sich jeder beteiligen konnte.

Die Auszeichnung, als erster Fälscherabsichten bei der Zusammenstellung der Bibel zu unterstellen, kommt, glaube ich, dem deutschen Theologen de Wette zu, der 1806 einen schonungslosen Angriff auf die Zuverlässigkeit der Chroniken veröffentlichte. Trotzdem bleibt die Theorie von der Fälschung der biblischen Dokumente stets mit dem Namen eines anderen Deutschen verknüpft, mit dem Geschichtsprofessor Julius Wellhausen, der die Fälschungen, die de Wette auf die Chroniken beschränkt hatte, praktisch auf die ganze Bibel ausdehnte. Vor allem die Thora des Moses, behauptete Wellhausen, war vom ersten bis zum letzten Wort ein einziger großaufgelegter Schwindel.

Wellhausen hat wenig eigene Gedanken beigetragen, und er betonte auch immer wieder, daß alles Verdienst seinen Vorläufern zukomme. Der Grundgedanke der Theorie Wellhausens, der zum größten Teil von Astruc, de Wette und Graf stammte, war, daß das Alte Testament von den priesterlichen Kanonisierern unter Esra zur Zeit des zweiten Tempels auf ungeheuerliche Weise umfrisiert, verfälscht oder einfach erfunden worden war. Die Priester gaben vor, die vorhandenen Heiligen Bücher Israels in einem Kanon festzulegen. In Wirklichkeit aber bastelten sie ein riesiges Machwerk zusammen, das nur einem einzigen Zweck diente: ihre eigenen Ansprüche auf Macht und Geld abzusichern. Ihr Hauptziel war, eine Unwahrheit als unverbrüchliche Wahrheit hinzustellen und zu untermauern: daß Moses der Gesetzgeber war und Salomo den zentralen Gottesdienst in einem bestimmten Heiligtum, dem Stiftszelt und später dem ersten Tempel, endgültig eingeführt hatte. Wellhausen behauptete, es hätte nie ein Stiftszelt gegeben. Die Beschreibung im Leviticus mit ihrer Überfülle an altertümlichen Worten und Einzelheiten war genauso eine Fälschung wie die pseudo-antiken Dichtungen Chattertons und Ossians. Auch der Bericht über den zentralen Gottesdienst in Salomos Tempel im Buch der Chronik war nichts weiter als eine großangelegte Erfindung der Priester.

Von dieser Voraussetzung ging Wellhausen aus und entwickelte eine neue Evolutionstheorie der Geschichte Israels. Es gab keine Offenbarung am Sinai. Moses war nicht der Stifter des Glaubens. Die hebräische Religion entwickelte sich aus einem rohen, anthropomorphen Polytheismus. Moses, falls er überhaupt gelebt hatte, sah sich als Jünger eines lokalen Donnergottes oder Berggottes, der sich möglicherweise in einem realen heiligen Stein manifestierte («Der Fels, untadelig ist sein Tun, denn alle seine Wege, sie sind recht»). Nach und nach entwickelten die Propheten in Kanaan einen geläuterten Glauben; der aber wurde von den Fälschern hoffnungslos verzerrt und verfälscht.

Um diese neuartige Sicht zu untermauern, veröffentlichte Wellhausen 1875 seine *Prolegomena zur Geschichte Israels,* ein umfassendes Werk von fast fünfhundert enggedruckten Seiten mit vielleicht fünftausend Hinweisen auf Bibelstellen. Er durchforschte das Alte Testament vom ersten Wort der Genesis bis zum letzten Wort der Chroniken und erläuterte seine These mit ständigen Hinweisen auf Kapitel und Verse. Über eine Generation lang waren die *Prolegomena* das führende Werk der Bibelkritik. Die meisten Bibelkritiker fielen vor ihm um wie die Fliegen.

Ich habe Wellhausens *Prolegomena* gelesen und seine sämtlichen Texthinweise auf das Alte Testament im hebräischen Original nachgeprüft. Es ist gut möglich, daß sich nach mir niemand mehr diese Mühe macht. Das Buch ist heute ein Museumsstück, und selbst Studenten der Bibelkritik müssen es nicht mehr durchackern. Aber ich fand, ich sei es meinen Lesern schuldig. Ich werde versuchen, das Buch zu beschreiben, das eine Zeitlang eine Art Bibel mit umgekehrten Vorzeichen für Ungläubige war.

Wellhausen beginnt mit der Ankündigung seines grandiosen Themas: die Fälschung der Priester, das nicht existierende Stiftszelt und die erfundene Doktrin des zentralen Heiligtums. Dann stürzt er sich auf seine Hauptaufgabe: die Bibel soll mit ihren eigenen Worten, wie er sagt, den wahren Sachverhalt darstellen.

Seine Methode ist simpel, aber die Ausarbeitung im Detail ist grandios. Alle Bibelstellen, die seine These unterstützen oder ihr wenigstens nicht widersprechen, sind authentisch. Wo ihm der Text widerspricht, sind die Verse nicht echt. Jeden Vers, der ihn nicht unterstützt, greift er heftig an. Er weist jedesmal nach, daß er grammatisch falsch ist, oder daß er voll innerer Widersprüche ist, oder daß er eine Reihe fehlerhafter Wörter enthält, oder daß er den zeitlichen Zusammenhang nicht wahrt. Es gibt keine Stelle, die er nicht wegerklären oder auslöschen kann. Wenn er die offenkundige Bedeutung hebräischer Wörter verändern muß, macht er auch das. Er nennt das «auf Vermutung beruhende Wortberichtigung». Er sieht offenbar sehr bald ein, daß er trotz allem die eine hartnäckige Frage nicht zum Schweigen bringen kann: wie kommt es dann aber, daß Hunderte und Aberhunderte von Bibelversen seiner Theorie eindeutig widersprechen? Wellhausen löst das Problem, indem er eine erstaunliche hypothetische Figur einführt, den Interpolator oder «Einschieber», eine Art Meisterfälscher. Dieser Mann (oder vielleicht waren es auch mehrere Männer) muß offenbar schon vor zweitausenddreihundert Jahren Wellhausens Theorie vorausgesehen und deshalb überall in der Heiligen Schrift vorsorglich Texte eingeschoben haben, die dieser Theorie widersprechen!

Mit der Entdeckung des Interpolators war Wellhausen alle Schwierigkeiten los. Alle logischen Einwände lassen sich mit dieser Figur wunderbar entkräften. Bibelstellen, die Wellhausen offensichtlich widersprechen, werden nicht nur als unecht erklärt, sondern sogar noch in Beweise zugunsten Wellhausens verwandelt. Natürlich nennt Wellhausen den Interpolator nicht mit Namen. Er personifiziert ihn nicht einmal als einzelne Figur. Er zitiert nur auf jeder zweiten Seite etwa einen Interpolator herbei, der dann seine Pflicht tun muß. Wenn alles andere Wellhausen im Stich läßt – Grammatik, zeitliche Kontinuität, Gottesnamen oder offene Verfälschung des klaren hebräischen Wortsinns –, dann muß der Interpolator her.

Dieser seltsame Spuk im Priesterkleid ist der eigentliche Schlüssel zu den *Prolegomena*. Natürlich ist es sehr gut möglich, daß sich im Laufe der Jahrtausende Einschiebungen in das Alte Testament eingeschlichen haben. Aber wenn ein Historiker in einem Text, der sich so lange und so gut gehalten hat, viele Dutzende, ja Hunderte von Versen findet, die seiner Lieblingstheorie widersprechen, und daraus dann den Schluß zieht, daß diese Tatsache ein Beweis für das Wirken eines hellseherischen Interpolators ist, dann scheint sein Werk doch die Grenze zu einer literarischen Kuriosität, die systematisch den Irrglauben predigt, zu überschreiten.

Für uns ist es rätselhaft, wie sich ein derartiges Werk jemals, und sei es auch nur ein paar Jahrzehnte lang, im Bereich der ernsthaften Wissenschaft behaupten konnte. Aber die Geschichte der Wissenschaft zeigt, daß jede mit genügend Nachdruck vorgetragene Hypothese großen Erfolg haben kann, wenn keine soliden Tatsachen vorhanden sind. Entscheidend war vermutlich, daß der Gedanke der Evolution 1875 in der Luft lag. Darwin war zwar immer noch umstritten, aber es lag schon auf der Hand, daß er sich durchsetzen würde. Eine Theorie, die den Entwicklungsgedanken auf die Religion des Alten Testaments übertrug, war ungeheuer schick und aufregend, selbst wenn sie die Bibel auf den Kopf stellte. Wellhausens Dokumentation war zwar grell und verdreht und alles andere als wissenschaftlich exakt, aber sie überwältigte allein schon durch die ungeheure Masse winziger wissenschaftlicher Details. Seine Kontruktion hielt sich, auch wenn sie allmählich immer mehr erschüttert wurde, bis in die dreißiger Jahre unseres Jahrhunderts. Bei manchen populärwissenschaftlichen Schriftstellern, die sich nicht so schnell umstellen können, ist sie in gewissem Umfang auch heute noch zu finden. Die ernsthafte Bibelkritik hat sie fallenlassen.

Die Fälschungstheorie wurde von drei Seiten aus angegriffen und zu Fall gebracht. Der erste Angriff kam von der Archäologie, die um 1890 herum ihre ersten wirklichen Ergebnisse vorlegen konnte. Wellhausens Darstellung der frühesten jüdischen Kultur erwies sich als reines Phantasieprodukt, sobald die Archäologie einige seiner Spekulationen durch Tatsachen ersetzen konnte. Eine seiner wichtigsten Voraussetzungen war zum Beispiel, daß die Schrift in Mosaischer Zeit praktisch unbekannt war. Die Archäologen fanden ganze Berge von Beweisen für das Gegenteil. Die Mosaische Zeremonie des Stiftszeltes hatte er sehr spät angesetzt und für eine Einrichtung aus der Zeit nach dem Exil gehalten. Die Archäologie entdeckte in den Nachbarkulturen der Mosaischen Zeit so viele Parallelen, daß die jüdischen Riten offensichtlich aus derselben uralten Zeit stammten. Das Stiftszelt selbst war die Hauptstütze der Wellhausenschen Theorie. Er hatte erklärt, es sei eine absolute Fiktion, da es überhaupt nicht zu einem Leben in der Wüste oder zur damaligen Zeit paßte. Auch hier wieder bewiesen die Entdeckungen der Archäologie das genaue Gegenteil (Einzelheiten darüber finden sich in Albrights *Von der Steinzeit zum Christentum*).

Während die Archäologie die Theorie von außen her zerschlug, untergruben Wellhausens eigene Schüler sie mit einer Art wissenschaftlicher Termitenarbeit von innen her. Sie fuhren fort, die Bibel nach seiner Methode zu analysieren, und begannen in den alten angeblichen Quellenschriften ihres Professors immer noch mehr hypothetische Quellenschriften zu entdecken. Zum Schluß häuften sich etwa dreißig verschiedene Quellenschriften, Editoren und Interpolatoren auf. Wellhausens Jünger entdeckten in einem einzigen Vers der Thora Spuren von einem halben Dutzend Quellenschriften. Als dieser Punkt erreicht war, begannen auch die leidenschaftlichsten Anhänger der Theorie einzusehen, daß sie einfach absurd war.

Aber es gab keinen Weg zurück. Ebensogut hätte man versuchen können, aus einem Rührei wieder ein rohes Ei zu machen. Die Advokaten der neuen Quellenschriften waren in allen Punkten genauso vorgegangen wie Wellhausen und hatten diese eindeutigen Ergebnisse erreicht. Argumente, die sich auf mangelnde Kontinuität, Stiländerungen, unterschiedliche Gottesnamen und sprachliche Eigentümlichkeiten beriefen, führten entweder zu einer in Atome aufgelösten Bibel, oder sie bewiesen überhaupt nichts.

Natürlich hatten die Gelehrten endlich doch einsehen müssen, daß literarische Analyse keine wissenschaftliche Methode ist. Der literarische Stil ist fließend und ändert sich ständig, er ist bestenfalls ein Palimpsest oder ein Potpourri. Shakespeare ist in den Romanen von Dickens zu entdecken; Scott schrieb Kapitel von Mark Twain; Spinoza ist voll von Descartes und Hobbes. Shakespeare hat sämtliche Stilarten übernommen und war gleichzeitig der größte Meister des Stils, den es gibt. Seit Generationen hat man immer wieder durch literarische Analyse zu beweisen versucht, daß jeder andere Shakespeares Werke geschrieben haben konnte, bloß nicht Shakespeare selbst. Ich glaube, durch literarische Analyse ließe sich auch beweisen, daß ich sowohl *David Copperfield* als auch *In einem andern Land* geschrieben habe. Ich hätte nichts dagegen einzuwenden.

In den dreißiger Jahren dieses Jahrhunderts verwarf eine neue skandinavische Schule der Bibelkritik offiziell Wellhausens gesamte Theorie.

Es gab nie einen Widerspruch, und die moderne Bibelkritik geht seither völlig neue Wege. Ivan Engnell, der zu dieser Schule gehörte, versetzte den *Prolegomena* den Todesstoß, indem er Wellhausens gespenstischen Schurken von einem Interpolator genau analysierte und mit schallendem Gelächter davonjagte. Er bezeichnete ihn ironisch als eine *interpretatio europeica moderna*. In dem Netz angeblicher Interpolationen sah er das Selbstbildnis eines europäischen Stubengelehrten, der sich geduldig durch die Bibel quält, um eine Hypothese zu konstruieren, die im 19. Jahrhundert verhaftet ist, und diese seine Vorstellung dann in die Welt des 5. Jahrhunderts vor Christus zurückzuprojizieren. Als er das demonstriert hatte, blieb von Wellhausens Theorie nicht viel übrig.

Der Leser darf sich nun aber nicht vorstellen, daß die Bibelkritik damit endgültig das Handtuch geworfen hat und die Unfehlbarkeit jedes einzelnen Bibelworts anerkennt. Das Neue an der heutigen Bibelkritik ist ihre Bescheidenheit und offen zugegebene Unsicherheit, die eine Folge des Zusammenbruchs der Wellhausenschen Theorie ist. Diese Gelehrten beginnen sich von einem kollektiven Alpdruck zu erholen. Sie sind nicht besonders erpicht darauf, sich sofort wieder in ein neues Abenteuer zu stürzen. Es gibt zwar noch graubärtige Prolegomanen, die sich um keinen Preis der Welt von ihrem Glauben an Wellhausen abbringen lassen. Wenn man sein ganzes Leben lang an eine Theorie geglaubt und sie an jüngere Menschen weitergegeben hat, dann ist es hart, zusehen zu müssen, wie sie in die Brüche geht. Aber der größte Teil der Bibelkritiker hat die ganze Methode der literarischen Analyse endgültig ad acta gelegt.

Im Augenblick besteht die Tendenz, langsam vorzugehen, die umfangreichen und ständig neu auftauchenden Entdeckungen der Archäologie zu verarbeiten, sich mehr mit dem Studium alter Sprachen zu beschäftigen und moderne Vermutungen mindestens so sehr in Frage zu stellen wie die alten Überlieferungen. Die skandinavischen Gelehrten neigen dazu, die Theorie der Quellenschriften ganz aufzugeben und die lange mündliche Überlieferung für sehr zuverlässig zu halten. Die Vorstellung von einem priesterlichen Betrug in der Bibel wird allgemein abgelehnt. Die Verwendung von Gottesbezeichnungen als Indiz beim Vergleich von Dokumenten wird stark angegriffen. Im Grunde war nie viel damit anzufangen, weil die Namen wiederholt zwischen den «Dokumenten» hin und her wechseln. Das hielt man früher für das Werk der Interpolatoren, aber für diese übereifrigen Gespenster hat das Ende der Geisterstunde geschlagen und sie sind endgültig verschwunden. Alles, was zu Wellhausens Zeit als absolut sicher galt, wird heute angefochten, sogar die Datierung des Deuteronomiums. Angesichts dieser völlig ungeklärten Sachlage ist es schwer, etwas Übereinstimmendes zu beschreiben, aber ich will es jedenfalls versuchen.

Der Mosaische Ursprung und Inhalt der Thora gilt heute als unumstößlich sicher. Die Kritiker streiten sich nur noch darum, wie das Gesetz des Moses bis zu uns gekommen ist, und wie zuverlässig der Text ist. Es wird allmählich klar, daß es in der Bibelforschung zwei große Entwicklungen gegeben hat: die Textanalyse und die Archäologie. Zuerst kam die Textanalyse. Da es keine Tatsachenbeweise gab, flüchtete sie sich in Phantasievorstellungen und mußte zwangsläufig auf die Nase fallen. Die Archäologie schlug den Weg zurück zur Überlieferung ein. Mit Hilfe der archäologischen Funde und des entscheidend wichtigen Studiums der alten Sprachen, hofft die Kritik mit der Zeit ein nüchternes Bild – das allerdings immer zum großen Teil auf Mutmaßungen angewiesen sein wird – von der Zusammensetzung der biblischen Bücher konstruieren zu können.

Wer sich weiter mit diesem Thema beschäftigen will, ist sein Leben lang mit Literatur versorgt. Wenn er Zeit findet, sollte er versuchen, die *Prolegomena* zu lesen, und sei es nur aus reiner Neugier. Er müßte dabe. aber ständig die Bibel zur Hand haben, damit er den Professor bei seinen verrückten Bibelüberarbeitungen beobachten kann. Ohne Kenntnis des Hebräischen kann man leider nicht erkennen, welche Freiheiten er sich mit der alten Sprache geleistet hat, aber wie gewaltsam und willkürlich er mit dem Text umspringt, ist auch in der Übersetzung leicht zu erkennen.

Als moderne und glänzend geschriebene Darstellung gelehrter Bibelkritik ist Albrights *Von der Steinzeit zum Christentum* meiner Ansicht nach unübertroffen. Walter Kaufmanns *Critique of Religion and Philosophy* macht Wellhausens «idiotischen Fälschern» den Garaus. Es ist ein ernsthaftes, oft sehr geistreiches Werk eines nichtreligiösen Mannes, in seiner Art das Beste, was ich seit Bertrand Russell gelesen habe. Daneben gibt es natürlich noch ganze Bibliotheken höherer Bibelkritik, die bis auf Spinoza zurückgehen. Wer sich dafür interessiert, kann *ad libitum* weitermachen. «Höhere» Bibelkritik bedeutet übrigens den Versuch, aus dem Text Daten, Verfasser und Herkunft der Quellen festzustellen; im Gegensatz dazu bemüht sich die «niedere» Bibelkritik, die genaueste und zuverlässigste Textversion Wort für Wort wiederherzustellen.

Fünfzehntes Kapitel: Der Talmud

S. 194: *Der Talmud ist ein Buch mit sieben Siegeln.*

Einige wenige christliche Gelehrte wie Danby, Moore und Herford haben es zu einer beachtlichen Kenntnis des Talmud gebracht. Was das heißt, kann nur ein Jude richtig würdigen, der von Kindheit an den Talmud studiert hat. Abgesehen von dem knorrigen, entsetzlich komprimierten Stil selbst, hat sich in den ständigen Abkürzungen die Tradition des mündlichen Lernens erhalten. Einige Spalten des Talmud und fast die ganzen Kommentare sehen wie Algebra aus: verwirrende kleine Gruppen aneinandergereihter Anfangsbuchstaben, statt Wörtern oft nur die ersten paar Buchstaben einer Redewendung, von der man annahm, daß sie dem Leser so vertraut war, daß sich der Drucker den vollen Wortlaut ersparen konnte. Es gibt kein einziges brauchbares Wörterbuch für diese Abkürzungen; eins zusammenzustellen hieße, ein neues Wörterbuch des jüdischen Rechts zu verfassen. Man muß sich wohl oder übel mit der Tradition des mündlichen Lernens anfreunden, wenn man diese Sätze entziffern will. Ich lernte sie, oder jedenfalls die meisten, von meinem Großvater, aber trotzdem bin ich immer noch ziemlich hilflos, wenn unbekannte neue auftauchen. Wie es Danby, Moore und Herford geschafft haben, kann ich mir kaum vorstellen; sie müssen jahrelang mit ausgesprochenen Talmudexperten gearbeitet haben.

S. 195: *Die helleren Spalten sind Kommentare . . .*

Raschi.

Daß ein Mann wie ich den Talmud studieren kann, beruht auf der an der Innenseite neben dem Haupttext gedruckten Kolonne. Das ist der Kommentar Raschis, eines französischen Juden, der vor etwa tausend Jahren lebte. Raschi ist der größte Lehrer des Judentums. Es ist sicher nicht zuviel gesagt, wenn man sagt, daß er den Talmud am Leben erhielt und dem ganzen jüdischen Volk und nicht nur ein paar Eingeweihten zugänglich machte. Er schrieb einen geradezu beneidenswerten Prosastil – klar wie Quellwasser, kurz, lebendig, exakt; und wie die größten stilistischen Meister voller Wärme und fast im Plauderton. Raschi nimmt einen an die Hand und führt ihn durch den Talmud. Er geht davon aus, daß man kaum Aramäisch versteht, daß die Kenntnisse im Hebräischen wahrscheinlich auch nicht sehr groß sind, daß man sich im Talmudrecht nicht auskennt und daß es einem schwerfällt, einer Beweisführung zu folgen. Er bevormundet einen nie, brüstet sich nie mit seiner Gelehrsamkeit und denkt nicht daran, zu moralisieren. Er möchte, daß man weiß, was der Talmud bedeutet. Wenn man ihn zusammen mit Raschi studiert, findet man es gewöhnlich heraus.

Die Spalte auf der anderen Seite des Haupttextes heißt *Tosephos* oder Zusätze. Das sind subtile und interessante technische Kommentare, die im Laufe mehrerer Generationen von einer Schule von Analytikern ausgearbeitet wurden, die zum großen Teil Schüler oder Nachkommen Raschis waren. An der Fähigkeit, einen Tosephos-Kommentar zu entwirren, erkennt man den berufsmäßigen Talmudgelehrten. Die winzigen Subkolonnen am Rand verweisen auf Thoraverse oder die Gesetzeskodizes; oder sie geben andere Lesarten an.

Die großen Kommentatoren sind fast immer unter ihren Initialen bekannt; so ist Raschi die Abkürzung für *Rabbi Sch'*lomo *Izchaki.*

Raschi schrieb außerdem einen Kommentar über die Thora, den man als Kind genauso studieren muß wie den Text des Moses selbst.

Er ist in der Hauptsache eine Zusammenstellung klassischer Exegese in der klaren, sparsamen Sprache Raschis, sowie gelegentliche Erklärungen schwieriger Thoraausdrücke. Seine Arbeit über den Talmud steht auf einer ganz anderen Stufe; sie ist die logische Analyse des Gewohnheitsrechts *par excellence.* Das ernsthafte Studium der hebräischen Jurisprudenz beginnt mit Raschis Talmudkommentaren, und Raschi ist und bleibt eine der endgültigen Autoritäten.

S. 196: *...während ich mich mit dem Aramäischen herumschlug...*

Aramäisch war seit der Zeit der Bibel die vorherrschende semitische Sprache in Mesopotamien und Palästina. In den späteren Büchern der Propheten gibt es aramäische Passagen. Zur Zeit des Talmud war es die Umgangssprache der Juden. Die Heiligen Bücher wurden in *Targums,* das heißt ins Aramäische, übersetzt, und aramäische Gebete wurden in die Liturgie aufgenommen. Es ist mit dem Hebräischen etwa so verwandt wie Französisch mit Spanisch oder vielleicht sogar noch näher. Wenn man Hebräisch kann, kommt man einigermaßen mit einem aramäischen Text zurecht und braucht nur hin und wieder im Wörterbuch nachzuschlagen. Talmudstudenten lernen Aramäisch nebenbei, weil im Talmud soviel Aramäisch steht. Raschi hilft über schwierige Stellen hinweg. Höchstwahrscheinlich hat auch Jesus von Nazareth Aramäisch gesprochen. Er lebte um die Mitte der tannaitischen Periode. Und Paulus von Tarsus war nach seiner eigenen Aussage ein Schüler des Tannaiten Rabbi Gamaliel.

S. 200: *Das also ist in ganz kurzen Umrissen der Talmud.*

Wir haben hier über den Babylonischen Talmud oder Talmud Bavli gesprochen. Es existiert noch eine andere Bearbeitung, der Jerusalemer Talmud, der selbst unter jüdischen Gelehrten die Domäne einiger weniger Spezialisten ist. Seine Gemara ist fragmentarisch und das Aramäische schwieriger; außerdem fehlt die endlose Reihe brillanter Kommentatoren, die im Laufe der Jahrhunderte die dunklen Stellen des Babylonischen Talmud durchleuchtet haben. Trotzdem ist der Jerusalemer Talmud eine Hilfe, wenn es darum geht, schwierige und entstellte Passagen des Babylonischen Talmud zu enträtseln, und in jeder Generation konsultieren Juristen bei besonders schwierigen Fragen des Religionsgesetzes beide Fassungen. Es ist fast das Kennzeichen eines jüdischen Weisen, möchte ich sagen, daß er mit dem Jerusalemer Talmud völlig vertraut ist.

Es ist vielleicht kein Zufall, daß das maßgebliche Gewohnheitsrecht in den Akademien des Exils und nicht in den Schulen der kleineren Gemeinschaft, die im Heiligen Land blieben, ausgearbeitet wurde. Der Brennpunkt des jüdischen Lebens hatte sich ins Exil verlagert. Das große Problem war, im Exil zu überleben. Diese Situation bestand vom Jahre 70, als die Römer Jerusalem und das alte jüdische Reich zerstörten, bis zur Geburt des neuen Staates Israel im Jahre 1948. Jetzt besteht zum ersten Mal seit zweitausend Jahren die Möglichkeit, daß sich das Zentrum des jüdischen Lebens wieder in das Heilige Land zurückverlagern kann. Aber die meisten Juden leben immer noch außerhalb Israels; und die Konfrontation eines Exiljudentums mit einer sich sehr schnell entwickelnden israelischen Einstellung dazu ist das Aufregendste im Leben eines modernen Juden.

Der Talmud ist nicht das einzige Werk aus der Zeit der jüdischen Weisen, das überlebt hat. Es gibt viele Gesetzessammlungen wie die Tosefta, Sifra und Sifri und Sammlungen der Haggada wie der Große Midrasch. Von einer modernen Autorität des Religionsgesetzes wird erwartet, daß er mit dieser ganzen Literatur vertraut ist.

Die Kabbala.

Viele Leute verknüpfen den Talmud irgendwie mit der Kabbala, da es in beiden Büchern um die jüdische Lehre geht und beide selbst für den Gebildeten geheimnisvoll und oft unverständlich sind. Aber die Bücher haben überhaupt nichts miteinander zu tun.

Der Talmud ist, wie ich gezeigt habe, die Hauptquelle unseres Gewohnheitsrechts. Seine Schwierigkeit besteht darin, daß er so komprimiert und – in den juristischen Debatten – häufig so schwer verständlich ist. Aber er ist ein absolut konkretes Buch, das nur erklärt und erläutert. Sein Licht ist das Tageslicht. Sein gesamter Inhalt ist dem geübten und scharfsinnigen Juristenverstand zugänglich. Seine Hilfsmittel sind Lernen, Tatsachen, Logik und Forschung, die klassischen Werkzeuge der Intelligenz.

Die Kabbala hingegen lebt in der geheimnisvollen Mondscheinwelt des Mystizismus, und ihr Licht ist der phosphoreszierende Glanz der okkulten Vorstellungswelt. Sie ist eine gesonderte und geheimnisvolle Lehre für einige wenige. Sie steht außerhalb der Hauptlinie der maßgeblichen Tradition und nimmt keinen Bezug auf unser Gesetz, obwohl sie auf das Denken und Verhalten ihrer Anhänger, die immer wieder mystische Sekten bildeten, einen beachtlichen Einfluß hatte. Es gibt ein überaus reichhaltiges kabbalistisches Schrifttum, das zum Teil von sehr berühmten Rabbinern stammt. Alle diese mystischen Schriften stehen in engem Zusammenhang mit einem seltsamen, sehr umstrittenen Buch, dem *Sohar* oder der Strahlung. Von diesem Buch war die Rede, wenn jahrhundertelang heimlich und verstohlen hinter vorgehaltener Hand von der «Kabbala» gesprochen wurde. Heute ist alle Heimlichtuerei unnötig. Die Kabbala liegt jetzt in Übersetzungen vor, und jeder, der will, kann sie lesen. Das Tageslicht tut dem Text nicht gerade gut. Ich bin überzeugt, daß Kabbalisten jede Übersetzung für verlorene Liebesmüh und für völlig wertlos halten.

Der Sohar ist in schwierigem Aramäisch geschrieben, und selbst wer den Talmud lesen kann, dringt nicht durch die undurchsichtige Oberfläche. Formal ist er ein fortlaufender Kommentar zum Pentateuch, aber die Bibelworte sind nur gewissermaßen die Abschußbasis, von der aus die Raketen esoterischer Phantasie in den Himmel schießen. Es wimmelt von verborgenen Bedeutungen, Welten hinter den Welten, Heerscharen von Engeln und Dämonen und Zahlen und Namen mit übernatürlichen Kräften. Ich kenne Gelehrte, die dieses Werk mit Begeisterung studieren, und andere, nicht weniger Gelehrte, die es als verworren und schädlich ablehnen.

In der namhaften jüdischen Literatur scheiden sich die Geister, wenn es um die Kabbala geht. Einige Autoren greifen sie offen an. Sie behaupten, daß sie die Engelslehre und Schwarze Magie Zarathustras in einen vernunftbestimmten Glauben einführe und nichts weiter als ein steriler, zermürbender Zeitvertreib für die Intelligenz sei. Andere entdecken unter der verwirrenden Sprache und den dunklen, gleichnishaften Allegorien eine großartige und visionäre Poesie. Der Sohar ist zweifellos ein Buch voll dynamischer Kraft und Inspiration, und er ist die Quelle der chassidischen Bewegung, einer ausdrucksvollen Manifestation jüdischer religiöser Inbrunst in neuerer Zeit.

Sein Ursprung ist so dunkel wie seine Diktion. Seine Anhänger schreiben das Werk einem frühen Tannaiten, Simon ben Jochai, zu. Gelehrte sind der Ansicht, daß es sich um eine im 13. Jahrhundert zusammengetragene Sammlung älteren Materials handelt. Mein Großvater hat den Sohar nicht studiert und empfahl mir, meine Zeit lieber auf das Studium des Talmuds zu verwenden; es konnte also nicht ausbleiben, daß meine gelegentlichen amateurhaften Abstecher in die Kabbala zu nichts führten. Obgleich das Studium der Kabbala nicht zur allgemeinen Lehre gehörte, sondern eine ausgesprochene Geheimwissenschaft ist, nannten und nennen es bedeutende Gelehrte – auch aus heutiger Zeit – eine wesentliche jüdische Quelle der Kraft und Erleuchtung. Wenn das wirklich stimmt, dann steht sie jedenfalls der normalen Intelligenz nicht zur Verfügung wie die Bibel und der Talmud, und das ist alles, was ich im Augenblick bei dem wenigen, das ich darüber weiß, dazu sagen kann.

In *Gog und Magog* zeichnet Martin Buber ein lebendiges und ergreifendes Bild der Kabbalisten des 19. Jahrhunderts, die versuchten, den Verlauf der napoleonischen Kriege mit magischen Beschwörungen zu beeinflussen. In diesem Bericht kann man vielleicht noch etwas wie Ironie und Humor entdecken, aber die große kabbalistische Welle, die ein Jahrhundert zuvor als die Sabbatianische Bewegung hereinbrach, war alles andere als komisch. Tausende von Juden waren wie hypnotisiert und fest davon überzeugt, daß ein merkwürdiger junger Träumer aus Smyrna namens Sabbatai Zwi der Messias sei. Zuerst fand er nur unter den Kabbalisten Anhänger, aber dann verbreitete sich seine Bewegung immer mehr und artete zu einer Massenhysterie aus. Das Ende waren Anarchie im Ghetto, große Verluste an Menschenleben und materiellem Besitz und eine entsetzliche Enttäuschung. Der «Messias» trat zum Islam über, um sein Leben zu retten, und wurde ein einfacher Handlanger am türkischen Hof. Aber die Erinnerung an seine Bewegung ist auch jetzt noch nicht ganz erloschen. Es gibt immer noch hier und da ein paar Sabbatianer, die an Sabbatai Zwi glauben. In einem kürzlich erschienenen Buch des früheren Präsidenten von Israel, Jitzchak ben Zwi, das *The Exiled and the Redeemed* heißt, findet man einen erstaunlichen Bericht über eine jüdische Geheimsekte in der Türkei, in deren Liturgie immer noch der Name des unglückseligen Sabbatai Zwi eine Rolle spielt. Außerdem berichtet das Buch hochinteressant über andere seltsame jüdische Sekten, die erst bekannt wurden, als sie nach Israel zurückkehrten.

Sechzehntes Kapitel: Das jüdische Gewohnheitsrecht

S. 205: *Zum Beispiel erlaubte die Thora die Sklaverei; das jüdische Recht erlaubt sie nicht mehr.*

Die Thora und die Sklaverei.

Ich werde oft gefragt, warum die Thora die Sklaverei nicht abgeschafft hat.

Die Thora stellt den großen Eingriff Gottes in die Geschichte der Menschheit als eine Befreiung aus der Sklaverei dar. Ihr Zivilgesetz beginnt (Exodus 21) mit der Einschränkung der Gültigkeit des Kaufvertrags, die den Sklavenbesitzer vor eine Reihe von Schwierigkeiten stellt, und mit der Vorschrift, daß Sklaven zur Entschädigung für bestimmte erlittene Schäden freigelassen werden sollen. Das Gewohnheitsrecht machte die Sklavenhaltung so schwierig, daß der Talmud sagt: «Wer einen Sklaven kauft, kauft sich einen Herrn.» Das galt ganz besonders für einen jüdischen Sklaven; keine Macht der Welt konnte ihn länger als sieben Jahre festhalten, es sei denn, er bat um einen formellen Gerichtsbeschluß, daß er ständig Sklave bleiben dürfe; aber selbst dann wurde er im fünfzigsten Jahr, dem Halljahr, zwangsläufig frei.

Die allgemeine Wirtschaft des Altertums beruhte auf der Arbeit Leibeigener. Juden, die in Kriegsgefangenschaft gerieten, wurden automatisch zu Leibeigenen, und sie machten es umgekehrt mit ihren Gefangenen genauso. Die Thora konnte nichts daran ändern, es sei denn, daß wie durch ein Wunder plötzlich eine Industriegesellschaft entstanden wäre, die Sklavenarbeit zu einem Anachronismus machte. Die Entwicklung zum Maschinenzeitalter ist ein historischer Prozeß und nicht eine Sache inspirierter oder weiser Gesetzgebung. Vor dreitausend Jahren konnte die Sklaverei nicht abgeschafft werden; aber man konnte die Lehre verkünden, daß sie ein Übel ist, und damit den ersten Schritt zu ihrer Abschaffung tun. Moses wollte, daß sein Gesetz sofort durchführbar war und nicht «im Himmel oder jenseits der Meere» lag. Es mußte im Jahre 1200 v. Chr. sofort in

Kraft treten. Die ökonomischen Gesetze der Thora änderten sich, wenn sich die Zeiten änderten, durch den in diesem Kapitel beschriebenen und von Moses vorgesehenen Abänderungsmodus.

S. 208: ...*der Sadduzäer oder der Karäer.*

Wir wissen wenig über die Sadduzäer. Sie waren eine Sekte in talmudischer Zeit und offenbar mit den hellenistischen Elementen in der Priesterschaft verbunden. Sie werden bei Talmuddebatten als Redner der Opposition zitiert. Sie sind schon vor langer Zeit spurlos verschwunden; nur im Talmud und in einigen Hinweisen im Neuen Testament und bei Josephus Flavius werden sie noch erwähnt.

Die Karäer unternahmen den einzigen ernsthaften Versuch in der jüdischen Geschichte, das Gewohnheitsrecht, die im Talmud festgelegte Überlieferung unseres Rechts, abzuschaffen und nur nach dem in der Thora festgelegten Gesetz des Moses zu leben. Ihre Bewegung entstand im 8. Jahrhundert als politische Bewegung gegen das Gaonat. Ihr Hauptargument – modernen Ohren keineswegs fremd – war, daß die Rabbiner über dem Mosaischen Gesetz ein von Menschen geschaffenes Lehrgebäude errichtet hätten, und daß ihre Lehren keine bindende Kraft besäßen. Die Geschichte der Bewegung ist aufschlußreich und sehr traurig.

Die Thora ist wie jedes geschriebene Gesetz zu kurz, um auf Einzelfälle einzugehen. Man braucht das Gewohnheitsrecht, um sie mit der weiten Spanne und den unzähligen Einzelheiten des täglichen Lebens in Einklang zu bringen. Wenn man das Gewohnheitsrecht, das auf die Zeit der Propheten zurückgeht, ablehnt, muß man sich zwangsläufig ein eigenes Gewohnheitsrecht schaffen. Das machten die Karäer denn auch. Innerhalb von ein paar Generationen hatten sie eine Art karäischen Talmud und ein kodifiziertes Gesetz entwickelt, das in einigen Punkten liberaler, und in sehr vielen Punkten weit strenger war als das traditionelle jüdische Recht. Die Versuche der Bewegung, in ihren Bräuchen und Praktiken um jeden Preis anders zu verfahren als die übliche jüdische Tradition, wurden allmählich geradezu grotesk. Das Karäertum hatte früher einmal beträchtliche Kraft und brachte bedeutende Gelehrte hervor. Heute ist es praktisch ausgestorben. Ein paar Sippen leben noch in Kleinasien, wandern aber zum größten Teil nach Israel aus.

Der Name Karäer wird von der hebräischen Wurzel *Kara* abgeleitet, die das geschriebene Wort in der Thora bedeutet.

S. 210: *Einige Lehrer dieses mündlichen Gesetzes besaßen ein besonders hohes geistiges und moralisches Prestige.*

Ich glaube kaum, daß irgendeine andere Nation oder Religion in ihrer Geschichte eine Gruppe wie die jüdischen Talmudisten aufzuweisen hat, die liebevoll die «Chasal» genannt werden – die Anfangsbuchstaben des hebräischen Ausdrucks, der übersetzt *Die Weisen, möge ihr Andenken zum Segen gereichen,* heißt. Ihre Aussprüche, ihre Gedanken, ihre Lebensweise sind Leitsterne für das jüdische Denken geworden. «Unsere Chasal haben gesagt... Die Chasal haben entschieden... Wie es die Chasal ausdrückten...» Sie waren keine Heiligen, sondern ganz gewöhnliche Menschen; viele von ihnen waren einfache Arbeiter, und nur ganz wenige waren wirklich reich. Die Periode der Pharisäer war eine Zeit ungewöhnlicher Geistesdemokratie. Nur drei Dinge verliehen hohes Ansehen: Gelehrsamkeit, Frömmigkeit und Intelligenz. Diese Bewertung galt während der ganzen Ghettozeit. Bis zum 20. Jahrhundert hatte die Tochter einer reichen Kaufmannsfamilie, die einen völlig mittellosen, aber hervorragenden Gelehrten heiratete, nach allgemeiner Ansicht eine glänzende Partie gemacht, weil die Familie dadurch Anschluß an die Elite fand. In unserer Zeit ist dieses Wertsystem sehr verblaßt, ob nur zeitweilig oder für immer, weiß kein Mensch. Aber die jüdische Hochachtung vor dem Lernen bleibt, wenn man sie heute ganz allgemein auf Kunst und Wissenschaft bezieht, ein hervorstechender Wesenszug unseres Volkes. Er geht auf den Einfluß und das Beispiel unserer Weisen zurück.

Siebzehntes Kapitel: Vom Talmud zur Gegenwart

Dieses Kapitel wird den gelehrten Leser, der mein Buch so weit gelesen hat, durch seine niederschmetternden Auslassungen und Kürzungen vielleicht am meisten ärgern und erschüttern.

Wie kann man die Rischonim besprechen, ohne Rabbenu Gerschom, den Rambam, den Raschbo und ein Dutzend anderer hervorragender Leuchten zu erwähnen; sie zusammen mit den Acharonim in ein einziges mageres Kapitel drängen und diese letzte große Schicht von Juristen, die Quelle fast aller unserer heutigen Rechtsentscheidungen, völlig übersehen; an der jüdischen Dichtung und Philosophie des Mittelalters vorbeigehen, ohne ein Wort über Judah Halevi, Ibn Gabirol und die Meister der Liturgie zu verlieren; so überragende Gestalten wie den Radak und Ibn Esra einfach mit Schweigen übergehen; den Wilnaer Gaon nur nebenbei erwähnen, statt ein ganzes Kapitel über ihn zu schreiben? Kann so eine zusammengedrängte Darstellung eine Information liefern, die diesen Namen überhaupt noch verdient? Genau hier, in diesem Kapitel, habe ich Tausende und Abertausende von Wörtern gestrichen, die ich mit

Freude und großer Sorgfalt geschrieben hatte. Man hat mir erklärt – und sicher mit Recht –, daß ich unmöglich erwarten kann, den normalen Leser mit einer detaillierten Übersicht über eine komplizierte und vielseitige religionsgesetzliche Literatur von über tausend Jahren fesseln zu können. Ich fürchte, der Leser findet sogar den übriggebliebenen Rest noch reichlich akademisch.

Wenn ich etwas von dem, was ich aufgegeben habe, wieder aufnehmen sollte, würde ich vor allem bei Ibn Esra verweilen, glaube ich, und bei M'iri von Perpignan, zwei Lehrern, die mir, mit Ausnahme von Raschi, mehr geholfen haben als alle anderen. Wenn dieses Buch einigen Widerhall findet, schreibe ich vielleicht eines Tages noch ein Buch über diese Männer. Hier habe ich versucht, dem Leser die Hauptumrisse des jüdischen Rechts zu vermitteln. Aus der Vogelperspektive hat man zwar einen größeren Überblick, aber die Einzelheiten gehen zum großen Teil verloren.

S. 215: *Die Gaonim waren Universitätspräsidenten.*

Saadja, der Sohn Josephs und einer der letzten Gaonim, ist der bekannteste Gaon. Es ist bezeichnend für den damals einsetzenden Zug des jüdischen Volkes nach Westen, daß er in Ägypten geboren wurde. Er war etwa Mitte Dreißig, als er nach Sura, eine der zwei großen babylonischen Schulen, berufen wurde, um das Gaonat zu übernehmen, und er brachte den neuen Geist der Diaspora, eine vor allem auf Forschung ausgerichtete Denkweise, die sich unter dem Einfluß der westlichen Kultur entwickelt hatte, nach Babylon. In seinen Schriften, die ein letzter strahlender Höhepunkt des Gaonats waren, kündigt sich die neue Ära bereits an. Die Fragen, die uns heute bedrängen, bedrängten auch Saadja. Sein Buch *Glauben und Wissen* behandelt im wesentlichen das Problem, das seitdem alle jüdischen Denker beschäftigt hat, die Konfrontation des Mosaischen Erbes mit den Gedanken des Westens. Es ist geistig noch völlig im Mittelalter verankert, aber es ist trotzdem voller Weisheit und Vernunft.

S. 220: *Er hatte die Frechheit, das Gesetz auszulegen, ohne seine Quellen anzugeben...*

Maimonides' «Waffenträger», die Kommentatoren, haben längst die fehlenden Quellenangaben der Mischne Thora nachgeholt. Wir wissen heute, auf wen seine Entscheidungen zurückgehen, und wir wissen, welche Entscheidungen er persönlich getroffen hat.

S. 221: *«Der Führer der Verirrten».*

Allgemeine Anmerkung.

Das zweite große Werk des Maimonides, sein *Führer der Verirrten,* goß Öl in die Flammen der Opposition, denn hier behandelte er ausschließlich den Konflikt zwischen Wissenschaft und Religion, wie wir es heute nennen würden. Wie um den modernen Charakter des Werks zu unterstreichen, schrieb er es in arabischer Sprache, dem Englisch seiner Zeit und Umgebung. Er stellte das Judentum der aristotelischen und mohammedanischen Philosophie gegenüber und vertrat die Sache unseres Glaubens in einer Form, die, in ein modernes Vokabular übertragen, sich noch heute behaupten kann. Sein Thema waren die großen moralphilosophischen Fragen: das Problem des Bösen, freier Wille gegen Fatalismus, die Natur Gottes, die Schwierigkeiten der Heiligen Schrift, die Möglichkeit der Offenbarung. Wenn man mit dem Führer zurechtkommen will, braucht man eine gute Grundlage in griechischer Philosophie und zumindest elementare Kenntnisse des mittelalterlichen christlichen und mohammedanischen Denkens. Thomas von Aquin und die späteren Scholastiker sollen genauso wie die mohammedanischen Philosophen dem Rambam einiges verdanken. Die Rabbiner sind der Ansicht, daß der Führer der Verirrten die höchste Leistung eines talmudischen Meisters auf dem außerhalb der Religion liegenden Gebiet der spekulativen Metaphysik ist; brillant, wie auch sehr bedenklich.

Was mein Großvater sagen würde, wenn er wüßte, daß der ehrfurchtgebietende *Führer der Verirrten* heute für nicht einmal zwei Dollar in englischer Übersetzung als Taschenbuch zu haben ist, und daß amerikanische Studenten ihn an einem einzigen Wochenende überfliegen und dann seelenruhig einen zwanzig Seiten langen Aufsatz darüber schreiben, kann ich mir beim besten Willen nicht vorstellen. Aber mein Großvater hatte ja immer den Eindruck, daß Amerika, oder zum mindesten der ihm bekannte jüdische Teil Amerikas, mehr oder weniger verrückt ist.

Maimonides schrieb noch eine Reihe anderer Bücher. Am besten kenne ich seinen Kommentar zur Mischna, ursprünglich auf arabisch geschrieben, ein Wunder an gedanklicher und stilistischer Klarheit. Es hat keinen Sinn, sich mit irgendeinem Traktat des Talmud zu befassen, ohne vorher nachzulesen, was der Rambam über die Mischna zu sagen hat; er erspart einem mehrere Wochen Arbeit, indem er Thema und Struktur der juristischen Diskussion kurz und übersichtlich erläutert. Es ist interessant, daß die guten Kommentatoren, Männer wie der Rambam, Raschi, Ibn Esra, Malbim, alle erstklassige Schriftsteller waren.

S. 221: *... der Einstellung der frommen Juden ... zu Maimonides...*

Das ironische Ende der Geschichte dieser großen an Ironie so reichen Karriere ist vielleicht die Form, in der die Mischne Thora heute erscheint. Eine Hauptabsicht des Rambam war es, den Konflikt der Autoritäten zu vermeiden, indem er dem Leser die reine Halacha und sonst nichts vermittelte. Einer seiner heftigsten Gegner, ein französischer Talmudist namens Abraham ben David, schrieb zu jedem Kapitel der Mischne Thora eine beißende Polemik; und dieser Kommentar (der Ravad) wird in allen Ausgaben des Rambamschen Werks mitgedruckt – selbstverständlich in kleinerem Druck –, bohrt sich wie ein Stachel in die glatte Seite des Maimonidischen Textes und hinterläßt lauter ausgefranste Stellen, wo der Autor eine klare, glatte Linie beabsichtigt hatte. Natürlich kamen die Waffenträger ihrem Rambam zu Hilfe, und ihre Kommentare werden auch mitgedruckt. Fast auf jeder Seite des Buches, das geschrieben wurde, um alle Diskussionen zu beenden, toben sich nun zum Teil sehr scharfe Diskussionen aus, die manchmal von drei oder vier verschiedenen Seiten geführt werden.

Dieses Verfahren der Drucker hat nichts mit Bösartigkeit oder einer Ablehnung des Rambam zu tun. Sie folgen nur dem alten jüdischen Instinkt, alle unterschiedlichen Meinungen festzuhalten, um durch die Auseinandersetzung schließlich zum Gesetz zu gelangen. Das letzte Wort hat immer die Thora. Die ganze übrige Überlieferung besteht aus den ausgewogenen Entscheidungen nach endlosen Debatten. Es ist kein Zufall, daß die Mischna ständig von abweichenden Meinungen berichtet, oder daß die Gemara die Form eines fortwährenden Streitgesprächs angenommen hat. Das Studium des Talmud ist die Übersicht über alte Schlachten. Man kommt zum Kern der Dinge, wenn man untersucht, was beide Seiten dazu zu sagen haben; und in der Jeschiwa muß der Student imstande sein, sowohl die Logik in den abgelehnten Ansichten Schammais als auch in den Entscheidungen Hillels aufzuzeigen. Maimonides bot den Juden das einzige Geschenk an, das sie von niemand annehmen werden, außer vielleicht vom Messias: ein Ende der Kontroversen.

S. 222: *... eines anderen großen Kodifikators, des Tur ...*

«Der Tur» wird so genannt, weil er seinen Kodex in vier Abteilungen oder Reihen (die Turin) einteilte, entsprechend den vier Edelsteinreihen auf dem Brustschild des Hohenpriesters. Er hieß Rabbi Jakob ben Ascher und lebte im 14. Jahrhundert in Deutschland. Die jüdische Gelehrsamkeit in Deutschland, die eine riesige Bibliothek füllt, ist erschöpfend und genau. Jahrhundertelang war die deutsche Judenschaft bekannt für ihre Frömmigkeit, und erst nach der Aufklärung wurde der jiddische Ausdruck «e Teitscher» gleichbedeutend mit einem verwestlichten Agnostiker.

S. 224: *Wie Caro ins Heilige Land zurückkehrte, so kehrte sein Hand-buch zum einfachen Gesetz zurück.*

Da Caro in Spanien und später in Palästina lebte, schrieb er das Ge-setz nach der sephardischen oder mediterranen Tradition auf. In Nordeuropa gab es bereits einen zweiten gut informierten Zweig der jüdischen Exilgelehrsamkeit, die aschkenasische oder deutsche Tra-dition. «Aschkenas» ist ein biblischer Name für eine der Familien Noahs, die sich nach der Sintflut über die ganze Welt verbreiteten, und wurde nach jüdischer Auffassung immer mit den Deutschen identifiziert. In der Literatur heißt es oft, daß die Praxis der Aschke-nasim strenger und der wissenschaftliche Ton schwerfälliger und ernster sei als ihr südliches Pendant. Man denkt unwillkürlich an den generellen Unterschied zwischen dem lateinischen und dem nordi-schen Temperament und ist versucht, Schlüsse über den Einfluß des Klimas auf Denken und Gesetz zu ziehen. Ich bezweifle, ob eine ernsthafte Analyse ergeben würde, daß sich diese einfache Vorstel-lung auf die jüdische Literatur anwenden läßt. Beide Traditionen ha-ben ihre strengen und ihre milden Seiten. Die Kodizes der Südländer Maimonides und Caro sind, glaube ich, auch für die strengsten For-derungen rigoros genug.

Um Caros Kodex im Norden einzubürgern, mußte man ihn trotz-dem Schritt für Schritt abändern und der aschkenasischen Linie an-passen. Rabbi Moses Isserles (der Ramo) aus Krakau führte diese Aufgabe in einem laufenden Kommentar zum Gedeckten Tisch durch, dem «Tischtuch». Seine Schrift ist kein Angriff auf Caros Werk, sondern eine respektvoll vorgebrachte abweichende Meinung und eine Darstellung der aschkenasischen Praxis in allen Punkten, in denen sich die beiden Traditionen unterscheiden. Heute sind diese Anmerkungen in allen Ausgaben des Schulchan Aruch in Klammern gesetzt direkt in den Text Caros eingeschaltet. Damit erreichte Isser-les einen zwar abhängigen, dafür aber ständigen Platz in der wesent-lichen jüdischen Gesetzesliteratur.

S. 224: *Die Bibliothek meines Großvaters...*

Die Bücher meines Großvaters sind heute als selbständige Sammlung in der Hauptbibliothek des Oberrabbinats von Israel im Hechal Schelomo, einem eindrucksvollen Gebäude in Jerusalem, unterge-bracht, das Sitz des zentralen Rabbinatsgerichts ist. Diese Sammlung enthält natürlich außer den Spezialwerken, für die sie besonders be-rühmt ist, alle wichtigen Kodizes und Autoritäten. Werke wie der Talmud, der Rambam und der Schulchan Aruch sind inzwischen so oft und in soviel verschiedenen Ausgaben neu aufgelegt worden, daß man sie jederzeit neu oder antiquarisch erwerben kann. Aber er besaß Dutzende von Büchern, die praktisch unersetzlich sind.

S. 226: *Die Kandidaten müssen sich einer juristischen Prüfung in hebräischem Gesetz – der Semicha – unterziehen...*

Der Titel «Rabbiner» wird sowohl von der orthodoxen wie auch von den abweichenden Richtungen verliehen. Das Reformjudentum erkennt die Mosaische Satzung oder das Gewohnheitsrecht nicht an und verleiht deshalb keine Semicha. Seine Seminaristen studieren das Gesetz als einen Teil der jüdischen Geschichte. Das konservative Judentum verlangt zur Verleihung des Titels «Rabbiner» keine Semicha; es erteilt den Titel Theologiestudenten, die sich weniger umfangreichen Prüfungen als Lehrer und Prediger unterziehen müssen. Aber Studenten können auch die Semicha bekommen. Für alle orthodoxen Rabbiner ist die Semicha Vorschrift. Es gibt den allgemeinen akademischen Grad, und es gibt einige höhere Grade für Gelehrte, die Spezialgebiete beherrschen.

Zwanzigstes Kapitel: Die Orthodoxie

S. 240: *Der Grundschulunterricht findet meist in Ganztags- oder Tagesschulen statt.*

Tagesschulen

Die Tagesschulen verstoßen nach einigen Kritikern gegen die Idee der Demokratie, weil bei ihnen eine Trennung der Kinder nach der Religionszugehörigkeit vorliegt. Jüdische Eltern, die diese Ansichten teilen, bringen ihren Widerspruch dadurch zum Ausdruck, daß sie ihre Kinder nicht einschreiben lassen. Hier soll diese Frage, die heftig umstritten ist, nicht entschieden werden. Einige Dinge sind ja nun völlig klar. In unseren Zeiten gibt es keinen anderen Weg, um das Mosaische Gesetz aufrechtzuerhalten, als die moderne Schule. Das alte, auf dem Separatismus aufgebaute Schulwesen gehört der Vergangenheit an. Die Talmud-Thora-Schule war ein Lückenbüßer, auch wenn sie noch heute vielen Kindern ein nützliches elementares Wissen vermittelt. Die Sonntagsschule bietet nur das Allernotwendigste, in ein oder zwei Wochenstunden ist die Weitergabe einer Kultur, wie sie das Judentum darstellt, jedoch unmöglich. Alles weist darauf hin, daß wir uns entweder des modernen Schulwesens bedienen müssen oder nichts in Händen behalten. Es gibt viele Juden, denen ein tiefgründiges Wissen um jüdische Dinge überflüssig erscheint, und für sie haben die Tagesschulen keinen Wert. Für die Orthodoxen bildet sich hier der maßgebliche Schultyp heraus.

Man könnte sagen, daß alle Privatschulen dem einen oder anderen Zweck zuliebe die Kinder voneinander «trennen». Trennen ist hier ein schlechter Ausdruck, man sollte lieber auswählen sagen. Die persönliche Einstellung zu den Dingen bestimmt unser Vokabular. Das Judentum hat sich immer um ein nach Ausdehnung und Tiefe bedeutendes Unterrichtswesen geschart. Die Tagesschule stellt einen ernsten Versuch dar, das Judentum im modernen Dasein zu bewahren. Ob man das für erreichbar oder wünschenswert hält, ist eine andere Sache. Gewiß ist der Lehrplan für viele Eltern und Kinder zu anspruchsvoll, und die jüdischen Fächer werden zu intensiv betrieben, weshalb die öffentlichen Schulen oder nichtreligiösen Privatschulen ihrem Geschmack besser entsprechen.

Einundzwanzigstes Kapitel: Konfessionelle Uneinigkeit

S. 246: ...*die beiden jüdischen religiösen Richtungen außerhalb der Orthodoxie.*

Es gibt noch kleinere abweichende Bewegungen wie die «Reconstruction» und die «Jewish Science». Aber sie sind für die Konservativen und die Reformisten, die in ganz Nordamerika und in einigen Gemeinschaften Europas und Afrikas ihre Anhänger haben, keine ernsthaften Rivalen. Außerhalb Amerikas sind die Orthodoxen die fast unbestrittene Hauptgemeinde des Judentums.

Die Reconstruction-Bewegung, die sich vor allem um eine soziologische und kulturelle Annäherung an das Judentum bemüht, gruppiert sich um den hervorragenden Prediger und Schriftsteller Dr. Mordecai Kaplan. Die Praxis der Reconstruction ist dieselbe wie die der Konservativen. Dr. Kaplan hatte einen glänzenden Mitarbeiter, Rabbi Milton Steinberg, der leider sehr jung starb. Ich bedaure, daß ich nichts über die Jewish Science weiß. Sie wird von Tehilla Lichtenstein geführt, der Witwe des Gründers Dr. Morris Lichtenstein.

S. 247: *Traditionelle Rabbiner bekämpften die Reformbewegung heftig...*

Als die Reformbewegung in Deutschland auf dem Höhepunkt stand, gab es heftige Gegenangriffe durch aufgeklärte Verteidiger der Orthodoxie, Männer wie Moses Mendelssohn und Samson Raphael Hirsch. Aber alles, was sie sagten, war in den Wind gesprochen. Heute sind die Gedanken Hirschs ein wichtiger Beitrag zur Neo-Orthodoxie. Seine *Neunzehn Briefe über Judentum,* die er unter dem Pseudonym Ben Usiel veröffentlichte, sind immer noch ein lesbares und kraftvolles Buch.

Zweiundzwanzigstes Kapitel: Israel

S. 261: *Nachdem Titus Jerusalem dem Erdboden gleichgemacht hatte...*

Der Zionismus begann schon in vorgeschichtlicher Zeit, an dem Tag, an dem Abraham seine Heimat in Mesopotamien verließ und nach Palästina zog. Der Auszug aus Ägypten unter Moses war die erste nationale Tat des Zionismus. Das Alte Testament spricht in allen Büchern von dem Band zwischen dem jüdischen Volk und Zion, dem Heiligen Land. Wenn ein Kind mit dem Studium der Thora beginnt, stellt es fest, daß Raschi – in der ersten Anmerkung zum ersten Vers – sagt, der Schöpfungsbericht sei die moralische Grundlage für den jüdischen Besitzanspruch auf Zion als sein Erbteil. Auf dem Berg Zion in Jerusalem lag die alte Hauptstadt des Heiligen Landes; aber der Name wird seit biblischer Zeit immer stellvertretend für den heiligen Boden selbst gebraucht.

S. 268: *Der Sozialismus Israels scheint mir alles andere als eine welt-eroberne Ideologie zu sein.*

In den bäuerlichen Kommunen, den erstaunlichen *Kibuzzim,* brennt die Flamme des sozialistischen Ideals immer noch so hell wie, glaube ich, wie in keinem der großen Länder hinter dem Eisernen Vorhang. «Von jedem entsprechend seiner Fähigkeit, für jeden entsprechend seinen Bedürfnissen» ist dort kein Schlagwort, sondern das Gesetz des täglichen Lebens. Einige junge Leute verlassen die Kommunen wieder; die Anforderungen, die an die menschliche Natur gestellt werden, sind ihnen zu schwer. Aber andere gründen neue Kommunen und suchen sich absichtlich gefährliche Grenzgebiete für ihre Farmen aus, um nicht nur ertragreiche Felder, sondern auch starke militärische Stützpunkte zu schaffen. Ich glaube allerdings, daß die Triebfeder dieser idealistischen Bewegung kein abstrakter Sozialismus ist, sondern der Instinkt, das Land aufzubauen und zu verteidigen, auch wenn der Sozialismus die Parolen liefert. Es gibt religiöse und nichtreligiöse Kommunen. Kein Besucher sollte versäumen, sie zu besuchen; sie sind reine Wunderwerke.

S. 276: *Ich setzte meine ganze Existenz aufs Spiel...*

Die Entscheidung, mit dem eigenen Leben zu experimentieren, indem man nach den Gesetzen der jüdischen Religion lebt, kommt mir auch heute noch nicht als ein verwegenes oder verrücktes Glücksspiel vor. Schlimmstenfalls läßt man sich auf eine Lebensweise ein, die in Theorie und Praxis einige Anforderungen stellt, aber während man auf bestimmte Speisen, eine gewisse Bewegungsfreiheit an Feiertagen und einige andere Annehmlichkeiten verzichtet, tauscht man dafür die Möglichkeit ein, wieder den Anschluß an eine große geistige Bewegung zu gewinnen und – darum geht es in Wirklichkeit – die Hoffnung, Gott zu finden. Ich habe mich auf viel wildere Abenteuer eingelassen, bei denen es nichts zu gewinnen gab, das sich damit vergleichen läßt. Ich sehe keinen «Sprung in die Absurdität», wie ihn die Existentialisten für den modernen religiösen Menschen vorschreiben. Was ist am Judentum absurd? Es hat die Thora. Seine Helden sind menschlich. Seine Geschichte stimmt genau. Seine religiöse Bildersprache ist unsterblich. Seine Vorschriften sind verständlich. Moses ist ein ebenso überzeugender Gesetzgeber wie jeder andere, der je gelebt hat. Die Propheten sind Apostel der sozialen Gerechtigkeit, nach der die ganze Welt heute strebt. Ist es absurd, nach Gott zu suchen? Nicht nach ihm zu suchen, ist genauso absurd, wenn man bedenkt, wie das Leben heute aussieht. Niemand kann die Entscheidung treffen, wenn ihn nicht sein Herz dazu treibt, aber er kann sie treffen, ohne seine Vernunft oder seinen kritischen Verstand aus dem Spiel zu lassen. Im Gegenteil, vielleicht erzwingt gerade sein kritischer Verstand die Entscheidung.

S. 285: *Hitler sah sich ... als den Apostel Nietzsches...*

Nietzsche und die Nazis.

Während der Hitlerzeit bestand eine weitverbreitete Tendenz, die von den Nazis selbst sorgfältig gefördert wurde, die Philosophie Nietzsches mit den Doktrinen des Nazismus gleichzusetzen. Das war ausgesprochen ungerecht gegen einen der außergewöhnlichsten Denker der letzten Jahrhunderte. Nietzsche war genausowenig ein Nazi wie er ein christlicher Sektierer war. Er schrieb eine schonungslose Kritik der europäischen Gesellschaft, die sich in mancher Beziehung als erschreckend prophetisch erwies. Sein Stil war romantisch, wild, oft dunkel und schwer verständlich, aber alles in allem hat vielleicht kein Philosoph seit Plato lebendiger und mitreißender geschrieben.

Seine Bücher sind voll von antisemitischen Sätzen und Abschnitten. Aber gleichzeitig schimpft er höhnisch und verächtlich auf den üblichen Antisemitismus, der sich immer mehr bemerkbar machte, und den er für bösartig und idiotisch hielt. Nietzsche war gegen die Juden, weil er erkannte, welche Aufgabe sie in der Welt hatten. Er empfand große Hochachtung vor dem Alten Testament und sah in ihm den wahren Ursprung der christlichen Zivilisation, die er für todkrank hielt. Der Jude war für ihn die Verkörperung einer «lebensverneinenden» Moral, deren Vernichtung er als seine Mission ansah. Nietzsche bezeichnete sich selbst als den ersten Immoralisten. Aber seine Beschimpfung der Juden war eine philosophische Polemik und nicht ein Schlachtruf zur Aufwiegelung des Pöbels.

Nachdem das klargestellt ist, bleibt es trotzdem dabei, daß – jedenfalls meiner Meinung nach – an Nietzsches Namen Blut klebt; daß die maßlose (und oft, glaube ich, nicht mehr ganz normale) Übersteigerung dieses großartigen Schriftstellers dazu beitrug, der Barbarei des 20. Jahrhunderts alle Schleusen zu öffnen. In seinem *Ecce Homo*, der Abschiedsbotschaft vor seinem endgültigen geistigen Zusammenbruch, sagt er selbst:

«Ich bin ein *froher Botschafter*, wie es keinen gab, ich kenne Aufgaben von einer Höhe, daß der Begriff dafür bisher gefehlt hat; erst von mir an gibt es wieder Hoffnungen. Mit alldem bin ich notwendig auch der Mensch des Verhängnisses. Denn wenn die Wahrheit mit der Lüge von Jahrtausenden in Kampf tritt, werden wir Erschütterungen haben, einen Krampf von Erdbeben, eine Versetzung von Berg und Tal, wie dergleichen nie geträumt worden ist. Der Begriff Politik ist dann gänzlich in einen Geisterkrieg aufgegangen, alle Machtgebilde der alten Gesellschaft sind in die Luft gesprengt – sie ruhen allesamt auf der Lüge: es wird Kriege geben, wie es noch keine auf Erden gegeben hat. Erst von mir an gibt es auf Erden *große Politik*...

Ich bin bei weitem der furchtbarste Mensch, den es bisher gegeben hat; dies schließt nicht aus, daß ich der wohltätigste sein werde. Ich kenne die Lust am *Vernichten* in einem Grade, die meiner *Kraft* zum Vernichten gemäß ist – in beiden gehorche ich meiner dionysischen Natur, welche das Neintun nicht vom Jasagen zu trennen weiß. Ich bin der erste *Immoralist*: damit bin ich der *Vernichter* par excellence. –»

Jeder, der Nietzsches Hauptwerk gelesen hat, wird mir zustimmen, glaube ich, daß diese Stelle nicht willkürlich aus dem Zusammenhang gerissen ist, sondern eine für ihn typische Feststellung ist.

Kein Mensch kann wirklich glauben, daß Hitler nicht durch diesen Zug Nietzsches, sich als Würgeengel zu sehen, beeinflußt wurde. Er klingt im ganzen *Mein Kampf* durch, manchmal blechern und

kreischend, manchmal brüllend und tobend, immer falsch und miß-
tönend, aber immer nach der gleichen Melodie. Man kann sich gut
vorstellen, daß sich Hitler genau diese Passage aussuchte, um sie sich
jeden Morgen und jeden Abend vorzubeten, so wie ein frommer
Mensch sein tägliches Morgen- und Abendgebet spricht.

Mit diesem Credo brachte man es auch fertig, das Gemetzel von
Auschwitz und Bergen-Belsen anzuordnen oder sich sogar die Berge
von Frauen- und Kinderleichen genau anzusehen und trotzdem jede
Nacht ruhig und unbeschwert bis zum Morgen durchzuschlafen.

Wenn Nietzsches Saat aufging und sich seine tanzenden, lachen-
den, sonnigen Übermenschen, die helläugigen herzensfrohen Jasa-
ger, die harten Immoralisten und Anbeter des Dionysos, als der Ab-
schaum der deutschen Irrenhäuser herausstellten, dann ist damit
noch kein Beweis für oder gegen seine Kritik an Europa erbracht. Sie
ist ein geschichtlicher Kommentar, mit dem sich intelligente Leute
immer noch herumschlagen.

Denker wie Albert Camus und Walter Kaufmann, die der festen
Überzeugung sind, daß der Mensch in einer Welt ohne Gott zu sich
selbst finden muß, geben sich mit Recht die größte Mühe, Nietzsche
von den Nazis zu trennen. Niemand hat die Sache der Gottlosigkeit
kraftvoller vertreten als Nietzsche, und so bald wird es auch niemand anderem gelingen; die Gottlosen unserer Zeit, die guten Willens sind (und solche Menschen hat es seit Epikur immer gegeben),
können nicht darauf bestehen, daß die bewußte Perversion dieser
meisterhaften Formulierung Nietzsches nur eine Vorwegnahme der
irrsinnigen Aussprüche eines Goebbels war. In Kaufmanns ausge-
zeichnetem Buch über Nietzsche wird dieser Irrtum mit genauen Un-
terlagen endgültig widerlegt. Die Nazis haben Nietzsche herabge-
würdigt, falsch ausgelegt und mißbraucht. Aber daß er diesem Mißbrauch aufs äußerste entgegenkam, daß sein Einfluß auf inferiore
Geister stark und ungeheuer verheerend war, und daß er mordlusti-
gen Nihilisten unabsichtlich ein ehrbares und geistsprühendes Vokabular von Begriffen und Parteiparolen zur Verfügung stellte – das
bleiben meiner Ansicht nach und bei allem Respekt vor Nietzsches
großartigen Verteidigern eindeutige Tatsachen der jüngsten Vergangenheit. Aber trotz dieser Tatsachen sind Nietzsches Meisterwerke
nach wie vor wert, gründlich studiert zu werden.

Erklärung jüdischer Ausdrücke

Die Aussprache des Hebräischen ist von Land zu Land verschieden. Bestimmte, vielgebrauchte Ausdrücke klingen oft nur sehr entfernt an das klassische Hebräisch an, namentlich dann, wenn sie in das Jiddische eingegangen sind. Einige hebräische Buchstaben können zudem nur annähernd in lateinischer Schrift wiedergegeben werden. Die hier gebotene phonetische Schreibweise dürfte jedoch den Leser instand setzen, die Worte so auszusprechen, wie es bei den meisten Juden üblich ist.

Bei der Aussprache des klassischen und heute in Israel gesprochenen Hebräischen liegt die Betonung fast immer auf der letzten Silbe. In Amerika wird im allgemeinen die vorletzte Silbe betont, wie es in Osteuropa üblich war. So wird zum Beispiel das Wort Menora, das Leuchter bedeutet, in Israel Menorá ausgesprochen, in Amerika meistens Menóire, ganz zu schweigen von der großen Gruppe, die nach Art der litauischen Juden Menéjre sagt.

Das Hebräische kennt zwei Kehllaute, das Chet und das Kaph, die beide ähnlich wie das «ch» in dem Wort Macht ausgesprochen werden. Ich habe die verschiedensten Buchstabenkombinationen angetroffen, die den Unterschied zwischen den beiden Lauten ausdrücken sollten. Da sie mir alle ihre Nachteile zu haben schienen, wird hier durchgehend nur «ch» verwandt.

ACHARONIM – «Spätere». Jüdische Juristen und Kommentatoren vom 17. Jahrhundert etwa bis zur Gegenwart.

AD LO JODA – «Bis er keinen Unterschied mehr zu machen weiß». Die Bezeichnung für das Straßenfest in Israel am Purimfest. Der Ausdruck kommt im Talmud vor, wo gesagt wird, daß man an diesem Festtag so viel trinken darf, bis man keinen Unterschied mehr zwischen dem Helden und dem Bösewicht der Esthergeschichte machen kann.

AKEDA – «Binden». Der Genesisbericht über Abraham, der in seinem Glauben auf die höchste Probe gestellt wird und seinen Sohn auf einem Altar festbindet, um ihn auf Gottes Geheiß zu opfern. Als das göttliche Verbot folgte, brachte er einen Widder dar.

ALIJA – «Hinaufgehen». Aufruf, sich zum Vorlesungspult in der Synagoge zu begeben und dort einen Segen über einen Thoraabschnitt zu sprechen. Auch Einwanderung nach Palästina.

AMORÄER – «Die Ausleger». Die Generationen palästinensischer und babylonischer Rechtsgelehrter im 3.–5. Jahrhundert, deren religionsgesetzliche Diskussionen und Berichte den Hauptteil des Talmud ausmachen.

Aw – Elfter Monat des jüdischen Kalenders, der zwischen Juli und August fällt.

Azeres – Schlußversammlung. Der Talmud bezeichnet damit Pfingsten (Schawuos) sowie den achten Tag des Laubhüttenfestes (Sukkos).

Bar Mizwa – «Gebotspflichtiger». Die Zeremonie anläßlich des dreizehnten Geburtstages eines Knaben, der von diesem Zeitpunkt an für sein Verhalten die religiöse Verantwortung übernimmt, wie ein Erwachsener zum Gebet verpflichtet ist und beim Zehn-Männer-Quorum in der Synagoge als Mann zählt.

Bas Mizwa – Eine moderne Zeremonie der Reformbewegung und der konservativen Richtung für Mädchen als Parallele zur Bar Mizwa.

Bris – «Bund». Beschneidungsfeierlichkeit.

Chanukka – «Einweihung». Das Fest der Lichter, mit dem die Wiedereinweihung des zweiten Tempels nach dem Sieg der Makkabäer über die griechischen Seleuziden gefeiert wird.

Cheder – «Zimmer». Das Schulzimmer des Ghettos, das Anfang des 20. Jahrhunderts von ostjüdischen Einwanderern in Amerika eingeführt wurde, dann aber bald durch die Talmud-Thora- und die Tagesschule ersetzt wurde.

Dino de malkuto dino – «Das Gesetz der Regierung ist verbindliches Gesetz». Diese berühmte talmudische Entscheidung, die im babylonischen Exil von dem Tannaiten Samuel (3. Jahrhundert) getroffen wurde, bildete die Grundlage für die staatsbürgerliche Treuepflicht der Juden außerhalb des Heiligen Landes. Sie verleiht den Gesetzen des Wohnlandes die volle Sanktion des Religionsgesetzes.

Dreidl – Ein vierseitiger Kreisel oder «Trendel», mit dem Kinder am Chanukkafest «Einsatz und Gewinn» spielen.

Esrog – Die in Palästina heimische zitronenartige Frucht, die bei der Feier des Laubhüttenfestes (Sukkos) gebraucht wird.

Gehenna – «Das Tal Hinnom». In der Parabel der Ort der Vergeltung nach dem Tode. Das Tal Hinnom in Jerusalem ist nach der Überlieferung der Ort, an dem die Kanaaniter ihren Götzen Menschenopfer darbrachten.

Gemara – «Das Vollendete». Aufzeichnung der Debatten über das mündliche Gesetz in den Hochschulen von Babylonien und Palästina zwischen dem 3. und 5. Jahrhundert, die zusammen mit der Mischna (s. d.) den Text des Talmud ausmachen.

Geonim – «Eminenzen». Die Oberhäupter der zwei großen Gelehrtenschulen (Akademien) zu Sura und Pumbedita (Babylonien), die religionsgesetzlich richtunggebenden Autoritäten für das ganze Judentum vom 5.–10. Jahrhundert.

GESERA – «Verordnung». Die Entscheidungen ordinierter Rechtsgelehrter nach dem Vorbild der traditionellen Rechtsprechung, durch die das mündliche Gesetz sich ändernden sozialen und wirtschaftlichen Bedingungen angepaßt wurde.

GILGUL – «Rollen». Der Gedanke der Reinkarnation, ein wichtiger Zug des Kabbalismus.

GLAT KOSCHER – Fleisch, das unter Aufsicht des Rabbinats nach den rituellen Vorschriften geschlachtet und zum Genuß freigegeben wurde.

HAGGADA – «Erzählen» oder Geschichte. Sammelbegriff für den gesamten nicht religionsgesetzlichen, also ethischen, poetischen, geschichtlichen, wissenschaftlichen und allegorischen Teil der klassischen jüdischen Literatur, im Gegensatz zur *Halacha,* dem Gesetz. *«Die* Haggada» ist die Erzählung der Geschichte vom Auszug aus Ägypten, ein uraltes Buch, das beim *Seder,* dem Pessachfestmahl, im Chor gelesen wird.

HALACHA – «Der Weg, oder das Gehen». Das jüdische Recht, das auf dem geschriebenen Mosaischen Gesetz der Thora beruht und in seinen Einzelheiten zuerst als mündliches Gesetz (lex non scripta) geprägt wurde und später in den Kodizes, Entscheidungen, Fallsammlungen und Gerichtsurteilen des Gewohnheitsrechts schriftlich festgehalten wurde und heute auch weiterhin wird.

HASKALA – «Erkenntnis». Die abendländische Aufklärung innerhalb des europäischen Ghettos, über die es im 19. Jahrhundert im Judentum zu prinzipiellen Auseinandersetzungen kam.

JAHRZEIT – Mittelhochdeutsch = Jahrestag. Bezeichnung der jährlichen Gedenktage an den Tod eines nahen Angehörigen, an denen es Brauch ist, das Kaddisch-Gebet (s. d.) zu sprechen.

JARMULKE – Käppchen, das von orthodoxen Juden getragen wird.

JÜDISCHKEIT – Deutsch-jiddischer Ausdruck zur Bezeichnung der traditionell-religiösen Kultur des Judentums.

KABBALA – «Überlieferung». Die esoterische mystische Literatur, in deren Mittelpunkt das Buch *Sohar* steht. Von besonderer Bedeutung in der Theorie und Praxis des Chassidismus.

KADDISCH – «Heiligung». Ein altes aramäisch-hebräisches Gebet, das im täglichen Gottesdienst mehrmals als Schlußstück einzelner Abschnitte gesagt wird. Das letzte Kaddisch eines Gottesdienstes wird von Leidtragenden unisono rezitiert.

KARÄER – Anhänger der Schrift, von *kara* = lesen, das heißt, der Thora. Eine Bewegung, die im 8. Jahrhundert entstand und dem Gewohnheitsrecht des Talmud und den auf ihm fußenden Entscheidungen der Rabbiner die Rechtmäßigkeit und Gültigkeit absprach. Das Karäertum entwickelte im Laufe der Zeit sein eigenes Gewohnheitsrecht, das bizarre Abweichungen von der Ursprungstradition aufweist. Es hielt sich mit schwindender Energie und Anhängerschaft bis zum 19. Jahrhundert und ist heute praktisch ausgestorben.

KINNOS – «Klagelieder». Mittelalterliche Trauergesänge über den Untergang Zions in der Liturgie des 9. Aw.

KIBBUZIM – Auf genossenschaftlichen Grundlagen aufgebaute, meist landwirtschaftliche Siedlungen in Israel.

KOL NIDRE – «Alle Gelübde». Aramäisches Gebet, das den Gottesdienst am Abend des Versöhnungstages (Jom Kippur) einleitet und unbesonnene oder, wie in Zeiten religiöser Verfolgung, erzwungene religiöse Gelübde widerruft.

LAG BA-OMER – «Der 33. Tag im Omer». Siehe *Omer* und *Sefira* S. 76. Am Lag Ba-Omer werden die Trauergebräuche der Sefira-Periode aufgehoben.

LATKE – Eine Art Kartoffelpuffer.

LULAW – Palmzweig, der zusammen mit dem *Esrog* in den liturgischen Festriten des Laubhüttenfestes geschwenkt wird.

MAFTIR – «Der Abschließende». Der letzte, der an einem Sabbat oder Feiertag zur Vorlesung der Thora aufgerufen wird. Zur Vorlesung aus dem Pentateuch kommt hier noch ein Abschnitt aus den Propheten hinzu.

MAGGID – «Verkünder». Prediger, religiöser Volksredner.

MASCHGIACH – «Aufpasser». Ein Inspektor, der die rituelle Herstellung von Lebensmitteln und Speisen überwacht; auch der Direktor einer Talmudhochschule (Jeschiwa).

MAZZO – Ungesäuertes Brot, für den Genuß an den Pessach-Tagen vorgeschrieben.

MEGILLA – «Rolle». Auf Pergament geschriebenes, auf- und zusammenrollbares Buch. Traditionellerweise werden fünf Bücher der Bibel als Rollen (Plural: Megillot) bezeichnet: das Hohelied, das Buch Ruth, das Buch Esther, der Prediger und die Klagelieder. Wird von Megilla schlechthin gesprochen, so ist damit das Buch Esther gemeint.

MEKIL – «Ein Erleichterer». Einer, der für seine großzügige Auslegung der Gesetzesvorschriften bekannt ist, im Gegensatz zum *Machmir,* dem «der erschwert», einem Rigoristen.

MELAMMED – «Der Unterweisende». Jüdischer Elementarschullehrer früherer Zeiten.

MENORA – An Chanukka benutzter Leuchter. Der Leuchter gehörte zu den Kultgeräten im Stiftszelt und in den beiden Tempeln.

MESUSA – «Türpfosten». Bezeichnung des in einer Hülle aufbewahrten Röllchens, das das «Höre Israel» (Sch'ma) und andere biblische Stellen enthält und an den Türen der jüdischen Wohnungen angebracht wird.

METURGEMAN – «Dolmetscher». Der Meturgeman übersetzte in talmudischen Zeiten die hebräischen Vorträge der Rechtsgelehrten während des Vortrags in die aramäische Umgangssprache.

MIDRASCH – Jüdische Auslegung der Bibel, fast gleichzeitig mit der Niederschrift der Mischna entstanden, auch Midraschsammlungen. Gleich dem Talmud enthalten sie nebeneinander Halacha und Haggada.

MIKWE – «Sammlung des Wassers». Rituelles Tauchbecken zwecks kultischer Reinigung und Weihung.

MINJAN – «Zahl oder Quorum». Mindestzahl von zehn über dreizehn Jahre alten männlichen Betern, die für bestimmte Gemeindegebete, wie z. B. das *Kaddisch* (s. d.), vorgeschrieben ist.

MISCHNA – «Lehre». Eine systematische Sammlung der mündlichen Lehre des Judentums, die von Rabbi Jehuda ha-Nassi, dem Patriarchen von Palästina, Ende des 2. Jahrhunderts redigiert wurde und als das allgemein anerkannte Religionsgesetz den Kern des Talmud bildet.

MISCHNE THORA – «Zweite Thora». Die große, von Maimonides geschaffene Kodifizierung des jüdischen Gesetzes aus dem 12. Jahrhundert.

MOHEL – Vollzieher der Beschneidung.

MUSSAF – Zusatzgebet an Sabbat- und Festtagen, schließt an das Morgengebet an.

NETURE KARTA – «Wächter der Stadt». Eine kleine, in Jerusalem ansässige Gruppe jüdischer Glaubensfanatiker.

NIGGUN – «Melodie». Die traditionelle Vortragsweise der Gebete in der Synagoge. Die Melodien wechseln je nach Feiertagen und Tageszeit.

NISSAN – Der siebte Monat des jüdischen Kalenders, der zwischen die Frühlingsmonate März und April fällt. Bei Vollmond beginnt das Pessachfest.

OMER – Ein jüdisches Hohlmaß, wahrscheinlich zwischen drei und vier Liter. Am zweiten Pessach-Tag, dem Beginn der Gerstenernte, wurde im Tempel ein Omer Gerste als Feldfruchtgabe dargebracht, s. *Sefira*.

PESSACH – Das Passahfest.

PURIM – Das Estherfest.

RISCHONIM – «Die Ersten». Die jüdischen Rechtslehrer und Kommentatoren, die zwischen dem 10. und 17. Jahrhundert das Gewohnheitsrecht weiterentwickelten. Sie lebten zumeist in Europa und in den Mittelmeerländern.

ROSCH HASCHANA – «Beginn des Jahres». Das jüdische Neujahrsfest um die Neumondtage der Herbst-Tagundnachtgleiche.

SABORÄER – «Erklärer» oder «Erwägender». Bezeichnung der

Rechtsgelehrten des 6.–8. Jahrhunderts, die den Babylonischen Talmud überarbeiteten.

SCHABBAT – Der Sabbat.

SCHAMMES – Eigentlich: Schammasch, «Diener». Der Synagogendiener, der meist für die Kultgeräte und den reibungslosen Ablauf der Gottesdienste verantwortlich ist.

SCHATNES – Gespinst aus Flachs und Wolle, nach Mosaischem Gesetz nicht zur Herstellung von Bekleidung verwendbar.

SCHAWUOS – «Wochen». Das Pfingstfest, Abschluß der sieben Wochen der *Sefira* (s. d.), fünfzig Tage nach dem zweiten Pessachtag. Das Fest wird auch als «Tag der Gesetzgebung» bezeichnet, da es mit der Offenbarung am Sinai zusammenfällt.

SCHEILE (Scha'ale) – «Frage». Eine religionsgesetzliche Anfrage. Die Antwort heißt *Tschuwa*. Diese Rechtsgutachten bedeutender rabbinischer Autoritäten («Responsen») machen einen wichtigen Teil des jüdischen Rechtsstudiums aus.

SCHEITEL – Die Perücke, die die verheiratete Frau im Ghetto trug. Von manchen frommen Jüdinnen heute noch in modischen Abwandlungen getragen.

SCHIWA – «Sieben». Die erste Trauerwoche nach dem Ableben eines nahen Anverwandten.

SCHLACHMONES – «Das Schicken von Geschenken». Brauch am Purimfest.

SCHLOSCHIM – «Dreißig». Der erste Trauermonat nach einem Todesfall, wobei die *Schiwa* miteinbezogen wird.

SCH'MA – «Höre». Das Glaubensbekenntnis des Judentums, Deuteronomium, 6,4: «Höre, Israel! Der Ewige ist unser Gott; der Ewige ist Einer.»

SCHMINI AZERES – «Achter Tag, Schlußversammlung». Der letzte Feiertag des Laubhüttenfestes (Sukkos), an dem Hütte, Palmzweig und Esrog entfallen.

SCHMONE ESRE – «Achtzehn». Das Hauptgebet in der jüdischen Liturgie, das am Wochentag dreimal, an Sabbat- und Feiertagen viermal und am Versöhnungstag fünfmal gesagt wird. Es wird auch *Amida*, «Das Stehen», genannt, weil man es stehend spricht, oder *Tefilla*, «Gebet» schlechthin.

SCHOFAR – Ein Widderhorn, das an den Hohen Feiertagen in der Synagoge geblasen wird.

SCHOCHET – Metzger, der die Schächtung der Speisetiere (Geflügel und Vieh) nach jüdischer Vorschrift vollzieht.

SCHULCHAN ARUCH – «Gedeckter Tisch». Kompendium des heutigen jüdischen Ritualgesetzes in systematischer Anordnung von Joseph CKaro verfaßt.

SEDER – «Ordnung». Die Pessachmahlzeit, so genannt, weil das

Mahl mit einer traditionellen Reihenfolge von Feierlichkeiten, Symbolen, Gesängen und Gebeten, wie sie in der *Haggada* (s. d.) aufgezählt werden, eingenommen wird.

SEFIRA – «Zählung». Die Tag für Tag gezählte Periode vom zweiten Tag des Passahfestes bis Pfingsten (Schawuos). Auch «Omerzählen» genannt, weil sie mit der Darbringung des Gersteopfers im Tempel begann. In unserer Zeit eine Periode nationaler Halbtrauer. Vgl. das Kapitel Naturfeste.

SEMICHA – «Herbeibringen oder Handauflegen». Die Ordination eines Gelehrten zum Rabbi, gleichbedeutend mit dem Titel eines Doktors der Rechte. Für einen orthodoxen Rabbiner Vorschrift.

SIMCHAS THORA – «Gesetzesfreude». Festtag beim Abschluß der jährlichen Thoravorlesung, mit dem gleichzeitig ein neuer Zyklus beginnt. In der Diaspora ein eigener Tag, der zweite Tag von *Schmini Azeres* (s. d.). In Israel Teil von *Schmini Azeres*.

SUDA – «Bankett». Die festliche Purimmahlzeit, aber auch jede Festmahlzeit aus religiösem Anlaß.

SUKKO – «Eine Hütte»; «Obdach». (Urspr. Tabernakel oder Stiftszelt). Laubhütte, in der die Juden die für das Laubhüttenfest vorgeschriebene Zeit verbringen.

SUKKOS – «Das Laubhüttenfest», das im Herbst zur Vollmondzeit beginnt und acht Tage dauert. (Außerhalb Israels neun Tage.)

TALLIS – Gebetschal mit den vom Mosaischen Gesetz vorgeschriebenen Schaufäden (= Zizit).

TAMMUS – Zehnter Monat des jüdischen Kalenders, Juni–Juli.

TANNAITEN – «Lehrer». Bezeichnung der Gesetzeslehrer vom 2. Jahrhundert vor bis zum 2. Jahrhundert nach Christus, deren Lehren den Inhalt der *Mischna* und verwandter religionsgesetzlicher Literatur bilden.

TARGUM – «Übersetzung», insbesondere die aramäischen Übersetzungen der Bibel, von denen der Targum des Proselyten Onkelos die berühmteste ist.

TEFILLIN – Gebetsriemen.

TISCHA BE AW – Der neunte Tag des Monats Aw, der jüdische Nationaltrauertag zur Erinnerung an die Zerstörung der beiden Tempel.

TOSSEFOS – «Zusätze». Fortlaufender Kommentar zum Talmud, meistens von den *Rischonim* (s. d.) Frankreichs, Spaniens und Deutschlands verfaßt.

TREFE – «Zerrissen». Nach dem Ritualgesetz für den Genuß untersagtes Fleisch, das Gegenteil von *Koscher.* Im übertragenen Sinn jeder Fehler bei religiösen Verrichtungen und Praktiken.

TSCHUWA – «Rückkehr», Reue; auch die Antwort auf eine religionsgesetzliche Anfrage.

Schlußwort

Als ich dieses Buch schrieb, habe ich eine Reihe von Fachleuten konsultiert.

Rabbi Dr. Moses David Tendler, Talmudgelehrter und Mikrobiologe an der Jeshiwa University, hat mir in Herbst 1957, als ich ihm einen ersten Entwurf von etwa einem halben Dutzend Kapiteln zu lesen gab, sehr zugeredet, das Buch zu schreiben. Es las dann das druckfertige Manuskript und gab mir außerordentlich wertvolle Hinweise zu einzelnen Punkten. Das vollständige Manuskript wurde außerdem von Rabbi Leo Jung, Rabbi Joseph Lookstein, Rabbi Adrian Skydell und Rabbi Arthur Hertzberg auf alles, was die jüdische Religion betrifft, hin durchgesehen. Dr. David Noel Freedmann, eine Autorität auf dem Gebiet der Bibelkritik, und Reverend Dr. C. Leslie Glenn von der Washingtoner Kathedrale haben es ebenfalls gelesen und mit mir durchgesprochen. Der bekannte Romanautor Calder Willingham kritisierte es vom literarischen Standpunkt aus. Mr. Jerome Hellerstein von der juristischen Fakultät der New Yorker Universität stellte mir die Frage, die ich im Prolog erwähnt habe, und die schuld daran ist, daß ich dieses Buch endlich schrieb; und er las das Manuskript vom Standpunkt des Naturalisten aus durch.

«Als Letzte und Liebste», wie es im Hebräischen heißt, hat meine Frau Betty Sarah Wouk mehr zu diesem Buch beigetragen als zu allen meinen anderen Arbeiten; und sie hat mir bei allen sehr viel geholfen. Ihr ehrliches und kluges Urteil waren bei der Arbeit an *Das ist mein Gott* entscheidend wichtig.

In der Erstausgabe habe ich diese Mitarbeiter zwar erwähnt, aber nicht namentlich genannt. Da ich auf scharfe Kritik an einem Buch gefaßt war, das mit einem so hohen Anspruch geschrieben war, wollte ich Vorwürfe und Tadel lieber allein auf mich nehmen. Inzwischen sind Jahre vergangen. Trotz all seiner Fehler und Schwächen behauptet das Buch seinen Platz, wenn sich jemand über Religionsfragen orientieren will. Deshalb habe ich in dieser Neuauflage meine Helfer dankbar aufgeführt und endlich bekannt, was ich ihnen schuldig bin.

Aspem, Colorado, 1 Tammuz 5733 – 1. Juli 1973